"十四五"职业教育国家规划教材

高等职业院校技能型紧缺人才培养培训工程配套教材·汽车运用与维修专业

汽车维修业务接待
（第3版）
（含教学视频）

金加龙　主　编

郭宏伟　吕凤军　张　杰　副主编

电子工业出版社

Publishing House of Electronics Industry

北京·BEIJING

内 容 简 介

本书针对"汽车维修业务接待"岗位应掌握的知识进行翔实的介绍，主要包括汽车维修业务接待的素质与职责、优质服务的礼仪与接待技巧、汽车维修制度、汽车维修合同、汽车配件知识、汽车维修成本与维修合同、三包索赔与机动车辆保险、财务知识、汽车维修接待软件的使用与维修服务核心流程等内容。本书立足实际、内容全面、条理清晰、通俗易懂、实用性强。

本书可作为高职高专院校汽车运用与维修技术、汽车营销与服务、新能源汽车运用与维修，以及汽车车身维修技术等专业的教材，也可作为汽车维修业务接待员培训教材，同时亦可供汽车维修企业管理人员和检验人员参考。

未经许可，不得以任何方式复制或抄袭本书之部分或全部内容。
版权所有，侵权必究。

图书在版编目（CIP）数据

汽车维修业务接待：含教学视频/金加龙主编. —3 版. —北京：电子工业出版社，2019.10 (2025.8 重印)
ISBN 978-7-121-37752-5

Ⅰ．①汽⋯ Ⅱ．①金⋯ Ⅲ．①汽车维修业－商业服务－高等职业教育－教材 Ⅳ．①U472.31

中国版本图书馆 CIP 数据核字（2019）第 240089 号

责任编辑：程超群　　文字编辑：徐　萍
印　　刷：三河市华成印务有限公司
装　　订：三河市华成印务有限公司
出版发行：电子工业出版社
　　　　　北京市海淀区万寿路 173 信箱　邮编 100036
开　　本：787×1 092　1/16　印张：17.75　字数：454 千字
版　　次：2008 年 9 月第 1 版
　　　　　2019 年 10 月第 3 版
印　　次：2025 年 8 月第 20 次印刷
定　　价：55.00 元

凡所购买电子工业出版社图书有缺损问题，请向购买书店调换。若书店售缺，请与本社发行部联系，联系及邮购电话：(010) 88254888, 88258888。

质量投诉请发邮件至 zlts@phei.com.cn，盗版侵权举报请发邮件至 dbqq@phei.com.cn。
本书咨询联系方式：(010) 88254577, ccq@phei.com.cn。

前　　言

我国作为世界汽车生产和消费大国，汽车服务业的快速发展和汽车消费的持续增长，为国民经济的增长产生了巨大拉动作用。汽车维修服务业是为汽车使用者提供服务和保障的行业。现在很多汽车维修企业十分注重"标准化""规范化"服务，都建立了宽敞明亮的业务大厅，客户接待达到"星级"服务标准，并实行明码标价，建立电话回访制度，实行24小时服务，提供汽车救援抢修等服务。"客户满意度第一"早已成为汽车售后服务企业经营的目标。

在汽车维修服务核心流程中，"汽车维修业务接待"是一个非常重要的工作岗位。汽车维修业务接待作为汽车维修企业的"窗口"，代表着企业的形象。客户在接受服务时，把业务接待服务质量的高低、维修估价是否合理、收费结算过程是否流畅作为衡量企业形象好坏的标准。客户通过维修业务接待可直接感受到企业的服务质量和维修质量，从而影响客户对汽车维修企业、对品牌的满意度和忠诚度。实践也证明，训练有素的业务接待员都给本企业带来了丰硕的经济效益和社会效益。汽车维修业务接待这一岗位越来越显示出其必要性和重要性，也越来越受到汽车维修行业管理部门与企业领导的关注和重视。

我国汽车专业职业教育事业取得了长足发展，为汽车服务行业输送了大量的人才。随着汽车服务产业的迅猛发展，社会对汽车专业人才提出了更高的要求。进一步深化人才培养模式、课程体系和教学内容的改革，不断提高办学质量和教学水平，培养更多适应新时代需要的具有创新能力的高技能、高素质人才，是汽车专业教育的当务之急。

本书是专门针对"汽车维修业务接待"岗位而编写的教材。本教材通过对汽车维修服务市场的实际调研及汽车服务行业专家的参与指导，从大量汽车维修企业特别是汽车4S企业对于汽车维修业务接待岗位实际所需的知识与能力出发，内容涵盖了要成为一名合格的汽车维修业务接待员所必需的知识，主要包括汽车维修业务接待的素质与职责、优质服务的礼仪与接待技巧、汽车维修制度、汽车维修合同、汽车配件知识、维修成本与维修合同、家用汽车三包索赔与机动车辆保险知识、财务知识、汽车维修接待软件使用与汽车维修服务核心流程等内容。

本书提供配套的教学资源，需要者可在华信教育资源网（www.hxedu.com.cn）注册后免费下载。另外，通过扫描书中二维码，可在线进行相关测试、观看微课视频、阅读拓展知识及获取附录内容（建议在WiFi环境下进行相关操作）。

本教材由浙江交通职业技术学院金加龙老师担任主编，浙江交通职业技术学院郭宏伟、吕凤军和张杰老师担任副主编。其中，金加龙编写绪论、单元1、单元2、单元10和单元11，并负责收集附录；郭宏伟编写单元3和单元4；吕凤军编写单元5和单元9；东风日产南方杭城专营店服务经理杨莉编写单元6；广汽本田浙江之田配件经理叶先进编写单元7；张杰编写单元8。

本书在编写过程中，得到了东风日产南方杭城专营店、浙江元通龙通丰田汽车销售有限公司、浙江元通全通汽车销售公司、浙江和诚阳光汽车有限公司、浙江万国汽车销售公司、浙江瑞泰别克汽车销售公司、绍兴恒泰科技有限公司（恒泰汽车维修软件）、北京运华天地科技有限公司（汽车售后服务软件）与浙江交通职业技术学院等单位和专家给予的大力支持和无私帮助，在此谨致谢意。另外，在编写过程中，参考了国内外有关的论著、教材和报刊，在此深表谢意。

  本书知识点与技能点微课的计划编制、内容选定、素材提供、脚本制作、拍摄等工作，得到东风日产南方杭城专营店服务经理杨莉、广汽本田浙江之田配件经理叶先进、浙江瑞泰别克汽车销售公司服务经理金虎威的全程参与、合作与指导，在此也致以诚挚的谢意。

  由于编者水平有限，时间仓促，书中难免存在疏漏和不足之处，恳请读者和业内专家批评指正。

  编者联系邮箱：649706612@qq.com。

编　者

本书视频目录

序号	视 频 文 件	序号	视 频 文 件
1	课程介绍.mp4	30	汽车配件的分类与编号.mp4
2	汽车售后服务.mp4	31	配件库房与发货管理.mp4
3	汽车维修业务接待.mp4	32	配件进货管理.mp4
4	发型要求.mp4	33	配件采购管理（ABC法）.mp4
5	名片交接.mp4	34	汽车维修合同的使用.mp4
6	基本仪态-坐姿.mp4	35	汽车维修合同的鉴证与仲裁.mp4
7	基本仪态-站姿.mp4	36	汽车维修价格结算方法.mp4
8	基本仪态-走姿.mp4	37	票据与税收.mp4
9	基本仪态-蹲姿.mp4	38	车辆三包索赔.mp4
10	如何介绍他人.mp4	39	车辆三包规定.mp4
11	握手.mp4	40	机动车辆保险投保.mp4
12	电话礼仪.mp4	41	机动车辆保险理赔.mp4
13	着装礼仪.mp4	42	汽车售后服务管理软件.mp4
14	倾听.mp4	43	客户招揽.mp4
15	客户异议.mp4	44	汽车维修服务流程.mp4
16	客户抱怨与投诉处理.mp4	45	客户预约.mp4
17	提问.mp4	46	客户接待.mp4
18	沟通.mp4	47	环车检查.mp4
19	4P和4C.mp4	48	维修客户关怀.mp4
20	客户关怀.mp4	49	维修项目确认和费用说明.mp4
21	客户期望.mp4	50	车辆问诊.mp4
22	客户满意.mp4	51	作业进度监督.mp4
23	客户档案管理.mp4	52	维修作业管理.mp4
24	汽车修理.mp4	53	维修增项处理.mp4
25	汽车维修质量控制.mp4	54	汽车完工检验.mp4
26	汽车维护.mp4	55	车辆清洁与整理旧件.mp4
27	汽车铭牌识读.mp4	56	交车前确认.mp4
28	车辆识别.mp4	57	结算与交车.mp4
29	汽车配件成本核算方法.mp4	58	跟踪回访服务.mp4

目　录

- 绪论 …………………………………… (1)
  - 思考与练习 ………………………… (4)
- 单元1　汽车售后服务 ………………… (5)
  - 1.1　汽车售后服务概述 ……………… (5)
    - 1.1.1　汽车售后服务的基本概念 …………………………… (5)
    - 1.1.2　汽车售后服务的内涵 … (6)
    - 1.1.3　汽车售后服务的主要特征 …………………………… (6)
    - 1.1.4　我国汽车售后服务现状 …… (7)
    - 1.1.5　汽车售后服务业的发展对策 ………………………… (9)
    - 1.1.6　创新型汽车售后服务模式 …………………………… (9)
  - 1.2　汽车维修业务接待 ……………… (10)
    - 1.2.1　汽车维修业务接待的作用 ……………………… (11)
    - 1.2.2　汽车维修业务接待应具备的条件 ……………… (13)
    - 1.2.3　汽车维修业务接待的素质要求 ……………… (13)
    - 1.2.4　汽车维修业务接待职业道德规范 ……………… (14)
    - 1.2.5　汽车维修业务接待员的职责 ………………………… (15)
    - 1.2.6　汽车维修业务接待员的职业准则 ……………… (16)
  - 知识拓展 …………………………… (17)
  - 思考与练习 ………………………… (18)
  - 能力训练 …………………………… (18)
- 单元2　服务理念 ……………………… (19)
  - 2.1　企业文化 ………………………… (19)
    - 2.1.1　企业文化的内涵 ……… (19)
    - 2.1.2　企业文化建设 ………… (24)
  - 2.2　企业精神 ………………………… (25)
  - 2.3　企业形象 ………………………… (27)
    - 2.3.1　企业形象的要素与特征 … (28)
    - 2.3.2　企业形象的作用与树立 … (29)
  - 2.4　5W2H方法与PDCA循环 ……… (29)
    - 2.4.1　5W2H方法 …………… (29)
    - 2.4.2　PDCA循环 …………… (30)
  - 2.5　5S活动 …………………………… (33)
    - 2.5.1　5S的内容 ……………… (33)
    - 2.5.2　实施5S的目的 ………… (34)
    - 2.5.3　5S活动推行步骤 ……… (35)
    - 2.5.4　5S的效果 ……………… (38)
    - 2.5.5　5S推行要领 …………… (38)
    - 2.5.6　5S检查要点 …………… (40)
    - 2.5.7　5S管理规范表 ………… (40)
  - 2.6　早会管理 ………………………… (42)
  - 知识拓展 …………………………… (46)
  - 思考与练习 ………………………… (46)
  - 能力训练 …………………………… (46)
- 单元3　服务礼仪 ……………………… (47)
  - 3.1　礼仪 ……………………………… (47)
    - 3.1.1　礼仪的定义 …………… (47)
    - 3.1.2　礼仪的基本原则 ……… (47)
    - 3.1.3　礼仪的作用 …………… (48)
  - 3.2　基本礼仪 ………………………… (49)
    - 3.2.1　仪容仪表 ……………… (49)
    - 3.2.2　基本仪态 ……………… (51)
    - 3.2.3　基本礼仪规范 ………… (56)
    - 3.2.4　职场礼仪 ……………… (69)
  - 3.3　业务接待礼仪规范 ……………… (73)
    - 3.3.1　基本举止规范 ………… (73)
    - 3.3.2　基本礼仪要求 ………… (74)
  - 知识拓展 …………………………… (75)
  - 思考与练习 ………………………… (75)
  - 能力训练 …………………………… (75)

·VII·

单元4 客户接待与投诉处理 ……(76)
4.1 接待客户的准备 ……(76)
4.2 言谈的技巧 ……(77)
4.2.1 言谈的原则 ……(77)
4.2.2 交谈的内容 ……(79)
4.2.3 交谈的方式 ……(79)
4.3 倾听的技巧 ……(81)
4.3.1 倾听的目的 ……(81)
4.3.2 倾听的注意事项 ……(81)
4.4 与客户沟通的技巧 ……(83)
4.4.1 与客户沟通的原则 ……(83)
4.4.2 与客户沟通的要点 ……(83)
4.5 处理客户异议的技巧 ……(84)
4.5.1 客户异议概述 ……(84)
4.5.2 处理客户异议的原则 ……(86)
4.5.3 处理客户异议的技巧 ……(87)
4.5.4 价格异议的处理 ……(89)
4.6 处理客户投诉的技巧 ……(90)
4.6.1 接待客户投诉的技巧 ……(92)
4.6.2 处理愤怒客户的技巧 ……(97)
知识拓展 ……(98)
思考与练习 ……(98)
能力训练 ……(99)

单元5 客户关系管理 ……(100)
5.1 客户关系管理概述 ……(100)
5.1.1 客户关系管理的内容 ……(101)
5.1.2 客户关系管理的理念 ……(102)
5.1.3 客户关系管理的意义 ……(103)
5.2 客户期望与客户满意 ……(103)
5.2.1 客户期望 ……(103)
5.2.2 客户满意 ……(106)
5.3 客户关怀与客户满意 ……(110)
5.3.1 客户满意分析 ……(110)
5.3.2 客户满意因素 ……(111)
5.3.3 客户关怀的基本原则 ……(113)
5.3.4 客户关怀的要点 ……(114)
5.3.5 客户与企业关系的处理 ……(115)
5.4 客户档案 ……(116)
5.4.1 客户分类 ……(116)
5.4.2 客户档案概述 ……(118)
5.4.3 客户档案管理 ……(119)
5.5 会员折扣管理 ……(122)
5.6 会员积分管理 ……(122)
5.7 跟踪回访管理 ……(122)
5.8 短信群发管理 ……(123)
5.9 紧急救援管理 ……(123)
知识拓展 ……(124)
思考与练习 ……(124)
能力训练 ……(124)

单元6 汽车维修管理 ……(125)
6.1 汽车维修制度 ……(125)
6.1.1 汽车维护制度 ……(126)
6.1.2 汽车修理制度 ……(130)
6.1.3 汽车维修工种 ……(131)
6.1.4 汽车维修工艺 ……(132)
6.2 汽车维修质量控制 ……(134)
6.2.1 汽车维修质量控制的基本条件 ……(134)
6.2.2 质量控制的工作内容 ……(135)
6.3 汽车维修设备简介 ……(136)
6.3.1 发动机故障诊断设备 ……(136)
6.3.2 底盘故障诊断设备 ……(137)
6.3.3 汽车电控系统诊断设备 ……(137)
6.3.4 汽车维护设备 ……(138)
6.3.5 汽车修理设备 ……(139)
知识拓展 ……(140)
思考与练习 ……(140)
能力训练 ……(140)

单元7 车辆识别与汽车配件管理 ……(141)
7.1 车辆识别 ……(141)
7.1.1 汽车铭牌与铭牌识读 ……(141)
7.1.2 车辆识别代号 ……(142)
7.1.3 汽车电子标识 ……(147)
7.2 汽车配件基本知识 ……(149)
7.2.1 汽车配件的分类 ……(149)
7.2.2 汽车配件的标识 ……(151)
7.2.3 汽车配件的编号 ……(152)

• VIII •

7.2.4 汽车配件成本的核算
　　　　　方法 …………………… (155)
7.3 汽车配件的管理 …………………… (156)
　　7.3.1 配件的采购管理 ………… (157)
　　7.3.2 配件的进货管理 ………… (158)
　　7.3.3 配件的库房管理 ………… (159)
　　7.3.4 配件的发货管理 ………… (164)
　　7.3.5 仓库条码管理系统
　　　　　简介 …………………… (164)
知识拓展 …………………………… (166)
思考与练习 ………………………… (166)
能力训练 …………………………… (166)

单元8 汽车维修合同与财务结算 ……… (167)
8.1 汽车维修合同 …………………… (167)
　　8.1.1 汽车维修合同的特征与
　　　　　作用 …………………… (167)
　　8.1.2 汽车维修合同的主要
　　　　　内容 …………………… (168)
　　8.1.3 汽车维修合同的使用 …… (168)
　　8.1.4 汽车维修合同的填写
　　　　　规范 …………………… (170)
　　8.1.5 汽车维修合同的鉴证与
　　　　　仲裁 …………………… (172)
8.2 财务结算 ………………………… (173)
　　8.2.1 一般财务知识 …………… (173)
　　8.2.2 汽车维修价格结算的
　　　　　基本知识 ……………… (180)
　　8.2.3 汽车维修价格结算的
　　　　　计算方法 ……………… (181)
　　8.2.4 汽车维修价格结算常用
　　　　　单据 …………………… (183)
知识拓展 …………………………… (187)
思考与练习 ………………………… (187)
能力训练 …………………………… (187)

单元9 汽车售后服务管理软件 ………… (188)
9.1 汽车售后服务管理软件的
　　选择与使用 ……………………… (188)
9.2 软件的基本功能介绍 …………… (189)
　　9.2.1 系统的特点 ……………… (190)
　　9.2.2 系统的进入 ……………… (190)

　　9.2.3 接车 ……………………… (191)
　　9.2.4 车间的调度 ……………… (192)
　　9.2.5 库房的管理 ……………… (193)
　　9.2.6 结算 ……………………… (197)
　　9.2.7 统计查询 ………………… (199)
知识拓展 …………………………… (207)
思考与练习 ………………………… (208)
能力训练 …………………………… (208)

单元10 车辆三包索赔和车辆保险理赔 … (209)
10.1 车辆三包概述 …………………… (209)
　　10.1.1 车辆三包的定义 ………… (209)
　　10.1.2 车辆三包的原则 ………… (209)
　　10.1.3 车辆三包的责任 ………… (210)
　　10.1.4 车辆三包内容的
　　　　　　告知 …………………… (211)
10.2 车辆三包索赔 …………………… (212)
　　10.2.1 车辆三包索赔的
　　　　　　意义 …………………… (212)
　　10.2.2 车辆三包索赔的
　　　　　　内容 …………………… (213)
　　10.2.3 车辆三包索赔的
　　　　　　条件 …………………… (213)
　　10.2.4 车辆三包责任免除 ……… (216)
　　10.2.5 车辆三包索赔的
　　　　　　形式 …………………… (216)
　　10.2.6 车辆三包争议的
　　　　　　处理 …………………… (217)
10.3 车辆保险理赔 …………………… (219)
　　10.3.1 机动车辆保险概述 ……… (219)
　　10.3.2 机动车辆保险的
　　　　　　种类 …………………… (221)
　　10.3.3 机动车辆的投保 ………… (224)
　　10.3.4 保险车辆理赔的
　　　　　　流程 …………………… (225)
　　10.3.5 保险车辆维修的
　　　　　　流程 …………………… (227)
知识拓展 …………………………… (227)
思考与练习 ………………………… (228)
能力训练 …………………………… (229)

单元 11　汽车维修服务流程……………（230）
　11.1　客户招揽……………………（233）
　11.2　预约…………………………（234）
　11.3　接待…………………………（240）
　11.4　维修作业与增项处理………（247）
　11.5　竣工检验……………………（256）
　11.6　结算/交车…………………（259）
　11.7　跟踪回访服务………………（262）
　知识拓展……………………………（265）
　思考与练习…………………………（265）
　能力训练……………………………（266）
附录A　汽车标准与规范………………（271）
参考文献…………………………………（272）

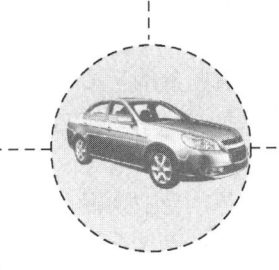

绪　　论

汽车维修业务接待，也称汽车服务顾问（Service Adviser，SA），是汽车售后服务的关键岗位。

在为汽车用户提供服务和保障的汽车售后服务业中，汽车维修业务接待岗位起着十分重要的作用。在汽车维修服务流程中的汽车维修业务接待环节，"汽车维修业务接待"是与客户直接接触的一个重要的"窗口"，在这个环节中客户将直接感受企业文化、服务质量和维修质量，进而影响客户对维修企业及汽车品牌的满意度和忠诚度，最终影响汽车维修企业的业绩与生存。目前，汽车维修业务接待已成为国内汽车维修企业特别是汽车4S企业经营管理的重要组成环节。

然而，通过我们多年对汽车维修行业、企业与高职院校的调查发现，一方面，大量的汽车维修企业对于"汽车维修业务接待"岗位人员的需求量非常大；同时，汽车营销与服务、汽车运用与维修技术、汽车电子技术等专业的毕业生，对于"汽车维修业务接待"岗位，不论毕业实习还是毕业就业，都非常踊跃，且就业形势良好；另一方面，学生对于"汽车维修业务接待"或"汽车服务顾问"工作岗位的了解较少，或相关知识的学习不全面、不系统，只有为数不多的学校专门针对"汽车维修业务接待"工作岗位设置了相应的课程。

学生对"汽车维修业务接待"的岗位职责、知识、能力与技巧要求等，缺乏应有的了解与学习，特别是对于"汽车维修业务接待"的服务流程，没有进行系统的学习与必要的训练，广大学生心里没有底，心中发怵；另外，目前只有为数不多的院校对"汽车维修业务接待"岗位开设了具有针对性的课程与实训内容，原因是培养计划的制订、各课程的设置只着眼于专业大方向，而没有着眼于专业毕业生的各个具体就业岗位，没有做到岗位的细化与课程内容的对应，没有完全从毕业生就业的各个岗位针对知识与能力的需要来制订培养计划、设置专业课程。

浙江省汽修类专业中高职衔接课题研究报告《浙江省汽修类专业中高职教育衔接调查问卷》统计结果表明，高职汽车服务类专业学生毕业时应具备的能力，前三项分别是：组织、协调、沟通与管理的能力；展示汽车服务礼仪的能力；汽车维修业务接待的能力。反映出"汽车维修业务接待"课程在汽车服务类企业用人要求中的重要性与地位。

同样，在《汽车整车维修企业开业条件》（GB/T 16739—2004）国家标准，以及《机动车维修业开业条件》（DB32/T 1692.1—2010）地方标准中，"汽车维修业务接待"岗位的设定作为企业开业的必备条件，以提高汽车维修行业的整体服务水平。

另外，根据交通运输部交通职业教学指导委员会的方针，交通高职教育改革的重点是在原有的"模块化""理实一体"等教学改革的基础上，逐步深化"工学结合""项目引导""任务驱动"等教学改革，更加注重职业岗位的要求。而《汽车维修业务接待》就是"项目引导"型教材，它采用"任务驱动"方式，从分析"汽车维修业务接待"或"汽车服务顾问"的岗位要求和职责出发，介绍本岗位所需的知识、能力与技巧，进而组织编写教材，并且教材的编写由从事汽车维修服务的"能工巧匠"全程参加。

1. 课程性质

本课程面向汽车维修业务接待（汽车服务顾问，SA）岗位，培养汽车售后服务的核心能力，即培养学生针对汽车维修业务接待岗位的技能，是高职汽车服务类专业（如"汽车运用与维修技术""汽车营销与服务"等专业）的核心课程。

本课程标准以汽车服务类专业学生的就业为导向，根据行业专家对汽车服务类专业所涵盖的岗位群进行的任务和职业能力分析，同时遵循高等职业院校学生的认知规律，紧密结合职业资格证书中的相关要求，确定课程的工作模块和课程内容。

2. 课程内容

本课程内容是通过任务引领型的项目活动，带领学生掌握汽车维修业务接待的技能和相关理论知识，掌握汽车售后服务的汽车维修业务接待流程，能够承担完整的汽车维修业务接待工作任务；同时培养诚实、守信、善于沟通和合作的品质，为发展职业能力奠定良好的基础。

为了充分体现任务引领、实践导向课程思想，本课程按照常见汽车售后服务的汽车维修业务接待这个具体工作岗位，在汽车维修服务基本流程中的知识与能力要求，安排课程内容，如客户接待、维修项目确定、维修派工、维修项目解释说明、客户抱怨应对、客户档案分类管理和信息回访等环节，并选择具有代表性的品牌汽车售后服务从接待维修车辆进厂到客户回访的整个流程为载体组织课程内容。

本教材根据汽车维修业务接待岗位的素质要求，组织以下教学内容：

（1）知道客户接待的基本服务礼仪，特别是熟悉电话礼仪、名片礼仪。

（2）具备基本的沟通技巧，具有良好的与客户沟通的技巧，会与维修技师进行良好的沟通、协调，能处理价格异议、客户投诉和具备面对愤怒客户的处理技巧。

（3）熟练使用汽车售后服务软件，懂得Office软件的操作，会使用Excel进行统计分析。

（4）知道家用汽车三包索赔与汽车保险理赔知识，会处理汽车三包索赔与汽车保险索赔。

（5）了解基本的档案管理知识。会建立客户档案，负责客户的跟踪服务，填写跟踪服务表；会建立业务档案，负责填写业务接待的各种报表（业务接待统计表等）。

（6）熟悉汽车维修业务接待的流程与业务接待工作内容；掌握汽车维修业务的接待技能与技巧；知道汽车维修业务接待员的行为规范。

①预约：了解消费心理学，掌握客户的消费心理，会对顾客进行需求分析，准确掌握客户的需求；负责客户的咨询解答工作，开发新客户市场。

②接待：接待车主，受理车主的维修项目。

③问诊（初步检测）：知道汽车基本性能，会判断汽车基本故障；对车辆进行预检，正确描述汽车故障并确认故障，知道确认故障症状的询问技巧。

④确定维修项目：与技术部联系、进行检测、确诊修理项目；确定零配件供应方式及价格（自供、厂购）。

⑤估算车辆维修价格：知道零部件知识、零部件价格，了解行业的收费标准，会根据工时定额标准正确报价，正确评估汽车维修价格；了解财务知识，会计算汽车维修的收入。

⑥车辆维修工单（合同）或维修委托书：知道汽车维修工单（合同）或维修委托书的形式与内容，会正确填写与管理汽车维修合同或委托书。

⑦派工和维修作业：会车辆的交接登记；受理车主的附加要求；填写综合单，并及时传递到车间和有关部门。

⑧跟踪车辆维修进程：负责在追加项目和配件时与客户的联系工作；负责车钥匙的保管和传递登记手续。及时向客户反馈信息，对维修进度看板进行更新。

⑨终检与交车：会向客户交车；陪同客户完成结账、收款工作。

⑩跟踪回访：掌握跟踪回访客户的方式与内容，回访后将信息反馈给服务经理。

3．课程目标

本课程的目标是在掌握现代汽车维修企业的车辆维修生产运作管理、生产技术管理等方法与流程的基础上，注重汽车维修服务职业岗位对人才知识和能力的要求，力求与"汽车维修业务接待"职业资格标准衔接；本专业学生应达到汽车修理工（中级）与汽车销售顾问资格证书等相关技术考证的基本要求。

（1）认知目标：
- 熟悉5S现场管理与检查内容；
- 掌握家用汽车三包与保修原则和范围；
- 掌握与客户进行正确电话沟通的方法与内容；
- 掌握正确处理价格异议的方法；
- 掌握客户抱怨的处理方法；
- 熟悉处理客户投诉流程与内容；
- 掌握预约的流程与内容；
- 掌握汽车维修业务接待的流程与内容。

（2）能力目标：
- 具有较强的口头与书面表达能力、人际沟通能力；
- 具有团队精神和协作精神；
- 具有良好的心理素质和克服困难的能力；
- 会与客户建立良好、持久的联系；
- 会在汽车维修接待中正确运用电话礼仪规范，接打电话；
- 能熟练操作汽车维修服务软件；
- 会建立、更新与使用客户档案；
- 会进行保养车辆的预约操作；
- 会车辆接车操作；
- 会车辆环车检查操作；
- 会车辆维修增项处理、单证填写操作；
- 会车辆交车操作；
- 会回访跟踪的操作。

4．课程的学习

学习本课程，应注意以下几点：

（1）理论联系实际。既要注意学习理论，又要将理论学习与实际应用联系起来。

（2）注重各品牌汽车服务流程与服务技巧的比较和学习。虽然汽车维修服务流程基本相同，但是各大汽车品牌厂家，均有各自的企业文化、服务理念与服务手段，因而具体的服务流程与服务标准存在差别。所以，在学习时要注意相互比较、融会贯通。

（3）适当地进行记忆与训练。本课程的学习涉及与经管类相关的知识，在理解的基础上配合适当的记忆，会起到事半功倍的效果。

（4）要注意本课程内容的提升与相关学科的关系。随着社会的进步与发展，本课程的研究内容也在不断扩展。在学习时，要注意结合相关学科的知识来理解本课程。

课程介绍

思考与练习

1．本课程的性质与内容是什么？

2．通过课余时间参观汽车4S店，谈一谈在汽车"4S"服务企业中，从事"汽车维修业务接待"岗位工作的内容。

单元 1 汽车售后服务

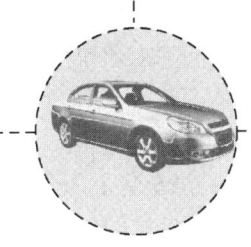

【学习目标】
1. 了解汽车售后服务的重要性；
2. 熟悉汽车售后服务的经营模式；
3. 掌握汽车维修业务接待的岗位与工作职责。

1.1 汽车售后服务概述

1.1.1 汽车售后服务的基本概念

1. 服务

服务是指服务提供者通过提供必要的手段和方法，满足接受对象需求的过程。在这个过程中，服务的供应方通过运用任何必要的手段和方法，满足接受服务对象的需求。

服务的基本特征：

（1）不可触摸性。与实体货物比较，服务很少是可触摸的，服务中很少有或没有货物，主要或全部由不可触摸的要素组成。

（2）不可分性。服务的生产与消耗是无法分开的，也就是服务的生产与消费同时发生，也称为"生产与消耗不可分性"。

（3）不均匀性。服务的质量和水平与服务提供者、服务接受者和时间等因素密切相关，甚至随着这些因素而发生变动，因此服务比生产和货物的消费有更大的可变性。

（4）不可存储性。服务提供给顾客的是一种不能存储的体验和经历，是不能像有形产品那样在仓库中存储的。

2. 汽车售后服务的范畴

汽车售后服务是指将与汽车相关的要素同客户进行交互作用或由顾客对其占有活动的集合。

依据汽车在使用过程中服务的范围不同，汽车售后服务有狭义和广义之分。

狭义的汽车售后服务系统是指从新车进入流通领域，直至其使用后回收报废的各个环节涉及的各类服务，包括汽车销售、广告宣传、贷款与保险资讯等营销服务，以及整车出售及其后与汽车使用相关的服务，包括维修保养、车内装饰、金融服务、车辆保险、三包索赔、二手车交易、报废车回收、事故救援和汽车文化等。

广义的汽车售后服务则可延伸至汽车生产领域，如原材料供应、产品开发、设计、质量控制、产品外包装设计及市场调研等。

汽车售后服务指客户接车前后,由汽车销售部门为客户所提供的所有技术性服务工作。它可能在售前进行,也可能在销售时进行,但更多的是在车辆售出后,按期限所进行的质量保修、维修、技术咨询及配件供应等一系列服务工作。这些服务内容一概称为传统服务,而在现代服务理念指导下的汽车售后服务就不再局限于传统服务,其所包含的内容将更新,牵涉面将更广。

1.1.2 汽车售后服务的内涵

(1) 汽车售后服务的目标是满足客户需求,实现客户满意。实现客户满意是汽车售后服务的终极目标。汽车售后服务的本质是服务,汽车售后服务的质量是汽车售后服务企业的生命。用户的满意程度反映了对汽车售后服务的认同程度,所以,汽车售后服务必须突出服务质量,以提高客户满意度为中心。

(2) 汽车售后服务的精髓在于汽车售后服务系统的整合,一体化思想是现代汽车售后服务的基本思想。汽车售后服务链是把整个汽车售后服务系统从原材料采购开始,经过生产过程和仓储、运输及配送到达用户,以及用户使用过程的整个过程看作一条环环相扣的链,努力通过应用系统的、综合的、一体化的先进理念和先进管理技术,在错综复杂的市场关系中使汽车售后服务链不断延长,并通过市场机制使得整个社会的汽车售后服务网络实现系统总成本最低。

(3) 现代汽车售后服务的界定标志是信息技术。现代汽车售后服务与传统汽车售后服务的不同点在于,现代汽车售后服务是以信息作为技术支撑来实现其整合功能的。现代汽车售后服务对信息技术的依赖达到了空前的程度,可以说,现代信息技术是现代汽车售后服务的灵魂。现代汽车售后服务和信息技术融为一体,不可分割。

(4) 现代汽车售后服务呈现出系统化、专业化、网络化、电子化和全球化的趋势。汽车售后服务系统化是系统科学在汽车售后服务中应用的结果。人们利用系统科学的思想和方法建立汽车售后服务体系,包括宏观汽车售后服务系统和微观汽车售后服务系统。

(5) 可持续发展是现代汽车售后服务的重要内容。汽车行业的迅速发展,最直接的后果是汽车保有量的激增,使城市交通阻塞,噪声与尾气污染加重,对环境产生了较大的负面影响,增加了环境负担。现代汽车售后服务要从节能与环境保护的角度对汽车售后服务体系进行改进,不断提高汽车售后服务水平,以促进经济的可持续发展。

1.1.3 汽车售后服务的主要特征

1. 系统性

系统性是汽车售后服务的主要特点。汽车本身就是一个复杂的系统。汽车售后服务所涉及的主要内容是由原材料和配件供应、物流配送、售后服务、维修检测、美容装饰、智能交通和回收解体等相互关联组成的有机整体。

2. 广泛性

汽车售后服务系统涉及的因素很多,涉及的学科领域也较为广泛,如行为科学、工程学、数学、环境学、法律学、管理学和经济学等。从逻辑学的层面上讲,涉及了系统设计、系统综合、系统优化和最优决策等各个方面;从时间关系看,包括了规划、拟定、分析和运筹等各个阶段。

3. 经济性

国际汽车市场上,汽车销售和售后服务的利润水平都很高。国际著名咨询公司麦肯锡的研究结果显示，从销售额看，在成熟的汽车市场中，服务占33%，配件占39%，零售占7%，而制造商仅占21%。汽车售后服务业，在美国被誉为"黄金产业"。汽车售后服务业的利润来源，成为汽车产业可持续发展的重要支柱。汽车后市场规模在2016年迈过万亿元（人民币）大关之后继续保持高速成长，2018年中国汽车后市场容量已远超1.3万亿元人民币，成为仅次于美国2 410亿美元的全球第二大市场。

4．后进性

自汽车诞生之日起就有了汽车服务活动的发生，但汽车售后服务工程的形成却只有短短的几十年时间。汽车售后服务技术的发展落后于汽车制造技术的发展，汽车售后服务工程的产生要比汽车运用和制造的历史短暂，即后进性。究其原因主要有以下两个方面。

（1）随着生产水平的提高和科技的发展，汽车售后服务水平也在不断提高，逐步走向现代化。只有到了生产高度发展和产品较为丰富的时期，服务成本相对上升的矛盾突出后，汽车售后服务工程的重要性才被人们认识，从而促进汽车售后服务工程的研究和发展。也就是说，汽车售后服务工程是在生产发展到一定水平之后，适应社会经济的需要才产生的，这是形成汽车售后服务工程后进性的根本原因。

（2）汽车售后服务工程是融合了许多相邻学科的成果以后逐渐形成和发展的，如电子技术、系统工程和技术经济学等都是汽车售后服务工程学科形成的重要基础。汽车售后服务工程学科对实践的指导作用，对社会经济和生产发展的价值体现，也必然依赖于相关学科的支持才能得以实现。因此，汽车售后服务工程只能在这些学科出现之后才能得以诞生和发展。

1.1.4　我国汽车售后服务现状

1．底子薄，基础差

在改革开放初期，我国的汽车用户主要是公务机构和各类社会团体，对汽车售后服务的要求不高，不能够对汽车售后服务业发展形成足够的压力；同时，汽车服务业一直受到国家的保护，缺乏外来竞争。目前，我国的汽车售后服务业虽然得到了很大程度的发展，但仍然存在一些服务"盲点"，许多汽车生产厂商建立的销售系统还不能有效地和社会服务系统进行有机整合，其他服务类别也是各自为政。

2．相关法律和法规有待完善

国内汽车行业由于制造及销售环节的暴利持续时间过长，对于汽车售后服务的关注严重不足，甚至有许多不规范的情况发生。这说明我国的汽车售后服务市场急需建立诚信机制。

2004年10月1日，《缺陷汽车产品召回管理规定》已经正式施行；2012年6月27日，《家用汽车产品修理、更换、退货责任规定》已经由国家质量监督检验检疫总局局务会议审议通过，已于2013年10月1日起施行。但是，其他大量在用汽车"三包"服务制度希望能够早日正式出台，有了这些法律法规的保障和规范，汽车售后服务行业才能真正走上良性的发展轨道。

3．多种机制并行

从目前的汽车售后服务方式分析，我国汽车售后服务主要有两大经营模式，即"四位一体"和"连锁经营"。

第一种是以"四位一体"为核心的汽车特许经营模式。汽车4S店是一种以"四位一体"为核心的汽车特许经营模式，包括整车销售（Sale）、零配件供应（Spare part）、售后服务（Service）和信息反馈（Survey）。

1998年，广本、别克、奥迪率先在我国建立了汽车品牌专卖店，即4S店，这种形式得到了制造商的青睐。"四位一体"这一模式对于前几年我国汽车工业发展的初期阶段是比较适用的，因为当时少数几种品牌占据了绝对的控制地位。但是，在目前新车迭出的中国车市，这种方式已经渐渐显露其弊端，加上在实际实施中的许多不规范做法，"四位一体"的生存压力正在不断加大。比如，国内消费者对一些4S店反映较多的问题有"小病大修""过度维修""虚假维修"等现象，以及服务水平、维修技术名不副实。曾经有专业机构对目前国内汽车售后服务市场做过一项调查。调查显示，国内近40%的汽车消费者认为目前汽车企业售后服务一般；25.8%的消费者认为维修费用高；14.43%的消费者认为服务收费不合理；14.3%的消费者认为汽车零配件价格不合理；9.77%的消费者认为排除故障不及时。

　　第二种是以美国为代表的连锁经营模式。这种服务模式在美国兴起，在最近20多年时间里迅速发展起来，而且正向着走品牌化经营之路、观念从修理转向维护、高科技不断渗透等方向快速发展。

　　例如，美国NAPA公司，是以经营汽车配件起家的，后来在丰厚利润的吸引下投入汽修业，成为汽车连锁业的龙头老大。NAPA公司以特许加盟的方式发展汽车配件连锁店。

　　AUTOBACS是日本最大的汽车用品超市。在AUTOBACS的汽车超市连锁店里，从汽车的日常维护、维修、快修、美容，到各种品牌零配件的销售，甚至对车辆进行改造等服务一应俱全，能够一次性满足车主的全部要求。

　　其他的还有AUTOZONE以直营方式发展的汽配连锁店；YELLOWHAT、PEPBOYS都是以汽配销售与汽车维修服务为一体的连锁店；AAA是以汽车救援为主的连锁店。

　　近几年，浙江省推出了"浙江快修"品牌："金丰快修""元通快修""小拇指微修"等连锁品牌。目前，各种快修连锁店也正在不断快速地成长。应该大力发展"连锁经营"，将其作为目前汽车4S方式必不可少的有益补充并加以推广，然后向着数量多、分布广、维修质量好、效率高、形式多样、可选择性强的方向发展，全面提高汽车售后服务水平。

4．市场秩序混乱

　　当前汽车售后服务市场秩序混乱，主要表现为以下3个方面：

　　（1）市场运作混乱。尤其是流通领域，混乱发展的局面十分明显。

　　（2）价格体系和执行混乱。在汽车流通领域、汽车维修服务领域、汽车保险领域和厂商的质量维修环节，普遍存在着服务透明度低、收费混乱的现象。

　　（3）市场竞争秩序混乱。由于汽车售后服务业经营门槛低，导致从业者数量众多，竞争手段贫乏，为达到吸引客户的目的，不惜采取低价恶性竞争手段，这也是汽车售后服务产业诸多问题的重要根源。

5．品牌优势不突出

　　国内汽车售后服务市场最显著的特点是品牌优势不突出、企业规模较小、持续经营能力差、行业门槛比较低等。与国外连锁化汽车售后服务巨头相比，我国的汽车售后服务提供商普遍缺乏较成熟的服务品牌，对企业通过差异化服务实现可持续发展产生了较大影响。

6．专业人才不足

　　由于汽车业发展相对较快，但相关培训又较少，导致从业人员不能及时进行自我知识更新，造成目前汽车售后服务与贸易专业人才相对短缺。企业缺乏提高服务标准的推动力，从而不能满足消费者日益提升的汽车售后服务需求。人员知识结构的不合理，制约了汽车售后服务贸易的快速发展。

7．服务理念落后

国外售后服务的立足点是提高保质期限，保证正常使用期，推行"保姆式"品牌服务，而我国售后服务的立足点还是"坏了保障修理"。国外售后服务项目多，零部件、销售、维修和保养"一条龙"，而我国则是维修服务较单一。与国外的汽车售后服务相比，我汽车售后服务的意识虽有所提高，但是仍然相对落后。

1.1.5　汽车售后服务业的发展对策

1．建立"服务于人，信誉于己"的售后服务理念

把汽车售后服务放在重要战略位置，把汽车售后服务作为维护品牌、提高企业形象、参与国际竞争和全球经济一体化、全面进军国际市场的有力保障。把汽车售后服务管理作为汽车产品质量的延伸，奉行"用户第一，质量第一"的经营宗旨，在激烈的市场竞争中获得良好的市场信誉。

2．打造一个有竞争力的维修网络，作为售后服务的强大载体

强大载体为汽车售后服务的高效、快速开展提供了可靠保障。世界著名品牌汽车企业奔驰公司就建立了世界上最庞大的维修服务系统，在德国有3 000家奔驰汽车维修站，在国外17个国家还设有4 000家服务站。如果顾客在途中发生故障，打个电话维修部门就能派人驾车前来修理，尽量当天完成。因此奔驰汽车在德国及世界各地广受用户欢迎。

3．建立一支过硬的业务骨干和技术骨干队伍

汽车售后服务虽然是一项商业性的工作，但它也是一项技术性很强的工作。因此，要有一支强大的售后服务技术骨干队伍，定期开展业务技术培训，有条件的企业可委托大专院校代培，不断充实他们的专业技术知识，才能使他们适应不断变化的市场形势，更好地开展售后服务工作。

4．建立完善的信息反馈系统

要创造持久服务的优势，需要获得各方面的新而准确的信息，为此，企业必须通过对故障新车准备、质量担保、专题跟踪、网点巡视、用户投诉、生产质量、新产品、网点的经营管理情况等信息的收集整理，建立完善的用户信息管理系统、内部故障信息反馈和改进渠道、重大和批量用户故障反应机制系统、网点考核管理系统和产品信息系统等。针对网点反馈信息和相关部门发现的重要疑难故障，由售后服务部门成立专门小组，依照专门的工作流程，对网点进行援助和指导，以便于企业的竞争。

5．提高管理层的人员素质

管理层的人员素质是关系企业兴衰、影响企业效益的关键因素。在我国汽车售后服务业要与国际接轨之际，我们迫切需要既精通外语，又具有一定管理能力，同时还要熟悉国际法通则的高素质经营管理人员，如"汽车职业经理人"，为及时了解世界最新信息、争取市场主动权提供保障。

1.1.6　创新型汽车售后服务模式

1．汽车售后服务品牌化

借用品牌管理思想，通过定位、包装、宣传和实施，在用户中形成预期的知名度、美誉度和认可度，最终达到促进汽车产品销售、提高市场占有率的目的。汽车产品服务品牌角色应该定位为一个企业的连带品牌。所谓连带品牌，即自身品牌附加于汽车产品主品牌之上，在品牌表现时，应将这一附加品牌与主品牌一同列出。汽车售后服务品牌化关键在于准确定位和实现方式的选择。

（1）品牌命名。汽车整体产品可以分为实体产品与附加服务。在品牌定位的过程中，实体产品的品牌就是我们平时所说的主品牌，而服务与产品是截然不同的，所以服务应该有自己的品牌。通过一个企业的服务连带品牌，建立品牌效应，使消费者认识并接受这种服务，从功用和情感方面获得利益。在进行汽车产品服务品牌命名时还必须考虑到产品服务品牌的核心价值。通过汽车产品服务品牌，能够让用户明确地识别并记住此连带品牌的利益与个性，促使用户认同、喜欢乃至偏爱一个品牌。例如，"别克关怀"，它既体现了其主品牌"别克"，也体现出其核心价值是关爱每一部别克车，关怀每一个别克用户，从设计到推广，无不是围绕核心价值展开的。

（2）品牌化策略。成功的汽车售后服务品牌的实现，要根据企业产品自身的特色、客户的需求，以及企业自身的能力来设计，而不是过度地追求服务的响应时间、完成速度及服务时间的长度。东风商用车"关爱每部车"在内容设计时，就考虑到了用户及自身的特色，将服务内容确定为延长保修期服务、附加升级服务、超值维护服务和超前保养服务。这些服务项目还组成不同的服务包，以不同的特色迎合不同用户的需求。汽车售后品牌应因产品和用户的差异而选择不同的内容和不同的推广方式。

2. 汽车售后服务CI模式的实现

汽车售后服务的企业形象（Corporate Identity，CI）规范体系化关键在两个方面，即先进的服务理念规划和可操作的标准的制订。

（1）先进的服务理念规划。紧跟先进销售理念的变化。汽车产品概念正在被需求取代，价格概念正在被成本取代，渠道概念正在被方便取代，促销概念正在被沟通取代。所有特约服务站应当是"四位一体"与形象统一的。

（2）制订可操作的标准。将服务理念、客户精神由标准核心流程渗透到每一项服务之中。统一的维修设备配置和集中采购，统一的维修配件标准，统一的维修技术标准，统一的维修索赔标准，从整体上体现管理的先进性。例如，一汽大众的售后服务CI化模式既体现了服务的体贴入微与主动，又显示出了对服务过程的严格控制，同时又通过保持一致性保证了服务的质量，为汽车售后服务提供了有益的借鉴。

3. 汽车俱乐部制创新模式

汽车俱乐部制是指汽车售后服务采用俱乐部形式进行。汽车俱乐部是为了满足消费者需求而建立的一个与汽车用户共同追求生活品质、分享新资源、新科技的亲情化组织。在汽车俱乐部里，会员在享受汽车高品质生活的同时，会体会到一种前所未有的乐趣，即享受特有的尊贵权益和贴切的亲情服务，获得直达个人需求的个性化服务，享受再购买汽车产品的会员优惠，还会被邀请到汽车俱乐部结识天南地北的会员朋友，参加汽车知识的培训，另外还可以推行"会员卡"给用户带来衣食住行各方面的增值权益。这种有形的顾客组织使企业更好地为用户服务，实现与用户的零距离，并与用户保持长久的联系。

汽车俱乐部使汽车售后服务的内涵也越来越丰富，毫无疑问，只有更加专业规范的服务才有更大的生存发展空间。

1.2 汽车维修业务接待

汽车所有者身份的变化，带来了客户需求的多样性。汽车维修企业为满足客户需求，树立企业形象，提高企业的竞争力，纷纷在企业内开展宾馆式服务，设置汽车维修业务接待这一岗位。经过几年的发展，业务接待已逐渐成为汽车维修企业经营管理中的一个重要岗位。维修业务接待的好坏已作为衡量汽车维修企业好坏的直接标准，汽车制造厂也将业务接待作为企业营销战略的一个重要组成部分。

汽车维修企业的服务对象群体与以前相比发生了质的变化。这些拥有汽车的车主，主要以家庭用车为主，他们不仅要求维修质量优良，而且还需要热情接待、费用合理等优质的服务。如果一个企业虽然维修质量优良，但没有一个良好的客户休息环境和优秀的业务接待，客户到企业修车时，又经常遇到一件或几件不满意的事，感觉对自身不重视，例如，回答自己提出的问题不专业，故障判断没有针对性，维修环境差，设备精度不高，管理乱，维修人员工作责任心不强，经理或技术经理什么都不管，忙乱无序，服务质量与维修收费的比例不合理等。当客户遇到上述一件或几件事时，势必引起客户的不满，甚至抱怨。客户主观上对企业做出"不正规、档次低、服务差、条件差、维修质量不怎么样"的结论，从而在客户心中留下"恶感"，在以后的质量保证期内，即使一点小的故障也会引起客户的雷霆震怒，除在周围朋友中损坏企业的形象外还会向行业管理部门投诉，使得企业不仅得不到新的客户群，还会逐步流失老的客户群，这就是现实中二类维修企业"客户少、回头客少、业务少"的"三少"现象的原因之一，也是很多4S店价格虽高，但仍然顾客盈门的原因之一。因此，我们可以这么说，随着汽车售后服务市场的进一步发展，业务接待不是万能的，但没有业务接待却是万万不能的。其重要性主要体现在以下几方面。

（1）汽车维修业务接待岗位的设立，充分体现了汽车维修企业的经营管理规范化程度。

（2）汽车维修业务接待可带动协调各个管理环节，有利于提高工作效率。

（3）汽车维修业务接待可作为企业与客户之间的桥梁，协调双方的利益，提高双方的信任度，从而凝聚广大客户，提高企业的经济效益和社会效益。

1.2.1 汽车维修业务接待的作用

客户来修车，第一步踏入的是企业的接待大厅，大厅的环境决定着客户对企业的第一印象。因此从企业本身来说，设置业务接待大厅要从全盘考虑，布置要结合所修的主导车型进行个性化设计，力求具有较强的舒适性、较好的亲和力、力显庄重性和技术性。同时，应加强业务接待人员素养培训，提高接待员的服务水平和素质，使客户信任企业，使客户愿意在企业修车，从而将客户变为企业的"回头客"。如图1-1所示为顾客满意与4S店收益的关系。

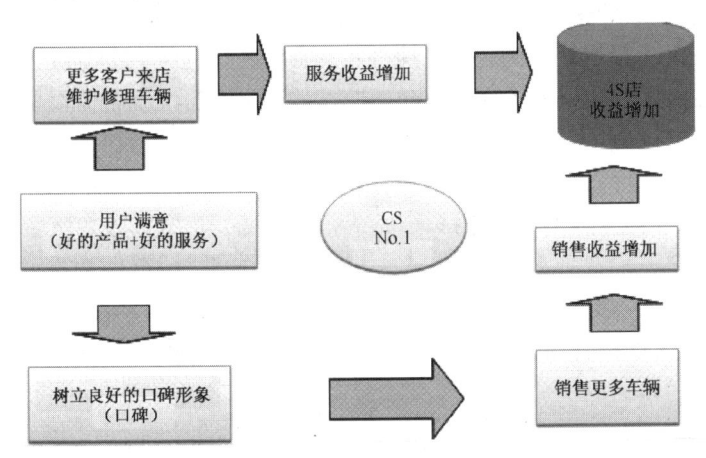

图1-1　顾客满意与4S店收益的关系

从很多企业的成功经验来看，只有在汽车维修业务接待这个"第一窗口"彻底改善服务，才能降低不满意的发生。维修业务接待员这个岗位正是由此而生的，它对汽车维修企业的发展有着至关重要的作用。汽车维修业务接待（服务顾问）岗位定位如图1-2所示。

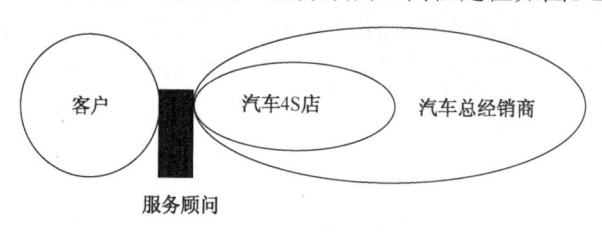

图1-2　汽车维修业务接待（服务顾问）岗位定位

1．代表企业的形象

汽车维修企业的特征主要由企业精神、企业效率、企业信誉及经营环境等组成。良好的企业形象会在公众中产生深刻的认同感和信任感，进而转化为巨大的经济效益。维修业务接待在客户中的形象就是企业特征的直接反映，是企业的"窗口"代表，其言谈举止、待人接物、服务水平等直接关系到企业形象的好坏。

2．影响企业的收益

维修业务接待要对承修车辆在维修前进行估价，对在维修过程中所发生的费用进行统计核实，并向客户解释相关费用的收取标准，听取客户的意见并向上级部门反映，在双方完全认同的条件下收取相关费用。其维修估价的合理性，收费结算过程的流畅性，发生费用结算纠纷处理的灵活性，都直接影响着企业的信誉、企业的收入和企业的效益。

3．反映企业技术管理的整体素质

维修业务接待在接车、估价等过程中所表现出来的解决问题和处理问题的能力，直接体现了企业技术水平的高低。其从接车到交车的全过程中有关工作的条理性、周密性和灵活性直接体现了企业服务和管理水平的高低。

4．沟通维修企业与车主之间的桥梁

维修业务接待有许多不同的名称，如服务顾问、服务专员、维修顾问、诊断顾问等，这个角色之所以重要在于他是顾客进厂碰到的第一人，如果服务好、顾客信赖度高，也可能是顾客在服务厂唯一接触的人。因为顾客的时间有限、专业不足，所以很容易将爱车交给业务接待后就放心等待结果。因此，从理论上讲，来厂维修的客户是由业务接待从头到尾完成接待工作的。

如果维修业务接待服务好，则顾客对企业信赖度就高。业务接待的专业性为顾客所依赖，同时只要说服力强，就可以对顾客给出最合适的建议，这既是维修企业重要的业绩来源，同时又有助于业绩的稳定提升。

维修业务接待需掌握汽车维修企业的工作流程及工作进度，其目的是为确认顾客的车辆维修进度，了解能否在顾客认知的时间内顺利完成，或者是提早告知顾客车辆的状况，使车主能有心理准备。

最后，维修业务接待还必须站在顾客的立场，为顾客检查爱车，使顾客从进厂到交车能接受完整的服务，以达到顾客满意，从而提高顾客满意度。最终提高顾客对汽车品牌的忠诚度和对汽车维修企业的忠诚度。

1.2.2　汽车维修业务接待应具备的条件

从各汽车4S店的调查现状和汽车工业的发展水平来看,一个合格的汽车维修业务接待必须具备下列条件:

(1) 具有汽车维修专业大专以上文化程度,或者取得中级维修工技术证书,以及具有在维修岗位5年以上的工作经验;

(2) 品貌端正、口齿伶俐,会说普通话,具有较强的语言表达能力和随机应变能力;

(3) 熟悉汽车维修、汽车材料、汽车配件知识及汽车保险知识,并有一定的实践经验;

(4) 接受过业务接待技巧的专业培训;

(5) 熟悉汽车维修价格结算的工艺流程、工时单价和工时定额,具有初步的维修企业财务知识;

(6) 有驾驶证,会企业内维修软件的一般使用;

(7) 接受过专业培训,经主管部门考核合格,熟悉国家和汽车维修行业的相关价格、法律、法规和政策;

(8) 具有高度的责任心、良好的职业道德和心理素质。

1.2.3　汽车维修业务接待的素质要求

1. 品格素质要求

(1) 忍耐与宽容是优秀接待人员的一种美德。忍耐与宽容既是一种美德,也是面对无理客户的法宝。面对客户要包容和理解。良好的服务就是让客户满意。在工作中要像对待朋友那样对待客户,要有很强的包容心,包容客户的一切,树立"客户就是上帝"这一现代服务理念。

(2) 不轻易承诺,说了就要做到。不轻易承诺,说到就要做到。因此业务接待不要轻易地承诺,随便答应客户,这样极易使工作陷于被动。业务接待必须要注重自己的诺言,一旦答应客户,就应竭力做到。

(3) 勇于承担责任。业务接待需经常承担各种各样的责任和失误。工作中出现问题和失误的时候,同事之间不应相互推卸责任,而要勇于承担责任,积极主动解决问题以消除客户的不满和抱怨。

(4) 拥有博爱之心,真诚对待每一个人。拥有博爱之心,真诚地对待每一个人,这个博爱之心是指"人人为我,我为人人"的思想境界,热爱客户就像热爱自己一样。

(5) 谦虚是做好客户服务工作的要素之一。一个业务接待拥有较强的专业知识,靠专业知识和技能提供服务,面对相对外行的客户极易产生自满,这是客户服务的大忌。在客户面前炫耀自己的专业知识、揭客户的短处,这是不礼貌的行为,更无法提供让客户满意的服务。业务接待在拥有了较高的服务技巧和专业知识后,更应谦虚。

(6) 强烈的集体荣誉感。客户服务强调的是一个团队精神,企业的业务接待,需要互相帮助,必须要有团队精神。业务接待所做的一切,不是为表现自己,而是为了能把整个企业客户服务工作做好。这里谈到的就是团队集体荣誉感,强烈的集体荣誉感也是对业务接待品格方面的要求。

2. 技能素质要求

(1) 良好的语言表达能力。良好的语言表达能力是实现与客户沟通的必要技能和技巧。

(2) 丰富的行业知识及经验。丰富的行业知识及经验是解决客户问题的必备武器,不管做哪个行业都需要具备专业知识和经验。不仅能跟客户沟通、赔礼道歉，而且要成为产品的专家，能够解释客户提出的问题，并帮助客户解决实际问题。因此，业务接待要有很丰富的行业知识和经验。

（3）熟练的专业技能。熟练的专业技能是客户服务人员的必修课。每个业务接待都需要学习多方面的专业技能。

（4）优雅的形体语言表达技巧。掌握优雅的形体语言表达技巧，能体现出业务接待的专业素质。优雅的形体语言的表达技巧指的是气质，内在的气质会通过外在形象表露出来。举手投足、说话方式、笑容，都能说明业务接待是否足够专业。

（5）思维敏捷，具备对客户心理活动的洞察力。思维敏捷，具备对客户心理活动的洞察力是做好客户服务工作的关键所在。

（6）具备良好的人际关系沟通能力。业务接待具备良好的人际关系沟通能力，跟客户之间的交往会变得更顺畅。

（7）具备专业的客户服务电话接听技巧。专业的客户服务电话接听技巧是业务接待的另一项重要技能，业务接待必须掌握如何接客户服务电话、如何提问的技巧。

（8）良好的倾听能力。良好的倾听能力是实现客户沟通的必要保障。与客户交谈时应"三分说，七分听"，学会倾听，善于倾听，应借助目光、体态与客户产生互动。只有互动式的倾听才能真正实现与客户的有效沟通。

3．综合素质要求

（1）"客户至上"的服务观念。"客户至上"的服务观念要始终贯穿于客户服务工作中，因此，需要具备一种"客户至上"的、整体的服务观念。

（2）工作的独立处理能力。优秀的业务接待必须能独当一面，具备工作的独立处理能力，能自己妥善处理客户服务中的棘手问题。

（3）各种问题的分析解决能力。优秀的业务接待不但需要能做好客户服务工作，还要善于思考，提出工作的合理化建议，有分析解决问题的能力，能够帮助客户去分析解决一些实际问题。

（4）人际关系的协调能力。优秀的业务接待不但要能做好客户服务工作，还要善于协调同事之间的关系，以达到提高工作效率的目的。人际关系的协调能力是指在客户服务部门中，协调好与员工、同事间的关系，若同事之间关系紧张，会直接影响客户服务的工作效果。

1.2.4　汽车维修业务接待职业道德规范

汽车维修业务接待员职业道德规范是在汽车维修职业道德的指导下，结合业务接待工作的特性形成的，一般可归纳为：真诚待客、服务周到、收费合理、质量保障。

1．真诚待客

真诚待客是指要主动、热情、耐心地对待来厂修理的车主或驾驶员，认真聆听和记录客户的述说。耐心、诚实、科学地回答客户提出的每一个问题，理解客户的要求，最大限度地满足客户的期望并与之达成共识。

客户到企业来修车、选购零配件或是咨询有关事宜，归纳起来无非有两个要求。一是对物质的要求，希望能得到满意的商品；二是对精神的要求，希望他（她）的到来能被重视，能得到热情的接待。如果业务接待是按"真诚待客"的要求接待了他，对他的欢迎、对他的尊重，以及对他的关注都会打动他，业务接待员的谈吐举止及服务热情会给他留下既深刻又美好的印象。客户在精神上得到满足从而对业务接待员产生好感，进一步对企业产生好感与信任。真诚待客做得好,将会给客户在下一步与企业要进行的经营活动开个好头。

对待新客户是这样,对待老客户更要维护好与企业已形成的良好关系,不要因为已经熟识了而怠慢老客户。对待老客户更要热情周到,真诚待客。无论是新客户还是老客户,都要同等对待,做到前后一致、亲疏一致。

2. 服务周到

服务周到是指在维修的全过程中向客户提供全方位的优质服务。汽车维修业务接待在维修前应该认真倾听客户对车故障的描述,初步诊断出汽车故障,对维修内容、估算费用和竣工时间进行详细说明,并得到客户的认同,还要向客户提供有关汽车保养等方面的建议和其他有关信息;在维修过程中要及时与车间沟通,确保修理项目合理,避免重复收费和无故增加一些不必要的修理项目;需要增加维修项目时,要耐心、详细地向客户说明,同时要征得客户认可;随时了解维修进度,督促维修车间按时完工,如发现不能按时完工,要及早通知客户,说明原因,取得客户的谅解;结算前要向客户详细说明维修内容,维修费用的组成,并征得客户认可;交车时要简要介绍修车过程中的一些特殊情况,车子现在的状况及使用中的注意问题等;在维修后应该建立健全汽车维修技术档案,并及时回访。回访客户时要诚恳,对客户提出的所有问题要认真调查。

3. 收费合理

收费合理是指汽车维修企业在承接汽车维修业务时,要做到价格公道,付出多少劳务,就收取多少费用,严格按照交通行政管理部门制定的、备案的或企业公布的汽车维修工时定额和收费标准核定企业的维修价格;还体现在严格按照工作单上登记的维护、修理项目内容进行收费,不能为了达到多收费的目的擅自改变修理范围和内容,更不能偷工减料,以次充好。这种行为是一种自毁信誉、自砸牌子的短期行为。

4. 质量保障

质量保障主要是指保证修车的质量。修车过程中各道工序要严格按照技术要求和操作规程进行。使用的原材料及零配件的规格、性能要符合规定的标准。要按规定的程序严格进行检验与测试,使汽车故障完全排除,原来丧失的功能得以恢复,让车辆使用寿命得以延长等。

汽车维修质量是修车客户最关心的问题。修车质量好,如"一次修复率高",客户满意度就高,保证质量是实现客户利益的重中之重,也是确保企业继续在市场竞争中取得优势的保障。

1.2.5 汽车维修业务接待员的职责

国家标准《汽车维修业开业条件》(GB/T 16739—2014)和地方标准《机动车维修业开业条件》(DB32/T 1692.1—2010)中,把汽车维修业务接待员作为一个必须具备的岗位提出,以期提高汽车维修行业的整体服务水平。业务接待人员的主要职责有以下几个方面:

(1)保持接待区整齐、清洁;

(2)快速向前、热情地接待客户,了解客户的需求及期望;

(3)接收车辆、初步诊断车辆的问题,评估维修内容,提供给车主汽车的专业知识及更换意见,与车主意见达成一致;

(4)估计维修费用或征求有关人员意见,并耐心向客户说明收费项目及其依据,得到客户认同后开出维修单;

(5)掌握维修进度,增加维修项目或延迟交车时及时联络客户,取得客户的同意和理解;

(6)确认车辆的问题是否解决;

(7) 妥善保管客户车辆资料；
(8) 建立客户档案；
(9) 协助车主完成结账程序并目送车主离开；
(10) 宣传本企业，推销新技术、新产品，解答客户提出的有关问题；
(11) 听取客户的意见和建议，及时向上级汇报；
(12) 不断学习新知识、新政策，努力提高自身业务水平。

1.2.6 汽车维修业务接待员的职业准则

职业准则是从事一定职业的人长期在职业生活中工作必须遵守的规则。这些规则通常有准点准时、言而有信、以客户为中心、以同事为客户、理解第一、忍让为先、微笑服务。

1. 准点准时

做到准时是一个基本的礼节问题，它代表着对一个人的尊重。为做到准时，必须遵守如下规则：

(1) 制订一份作息时间表。严格按照规定时间来控制自己何时起床、何时赶班车、何时下班等。

(2) 制订一份工作时间安排表。严格按照规定时间完成各项具体工作，如何时完成统计报表、何时整理新客户资料、何时向经理汇报工作等。

(3) 日常工作要有条有理。一切先后有序，按部就班，井井有条，清晰地反映出你的时间观念。

(4) 与客户或同事会面，首先要做到准时，一般来说要提前10～15分钟到达。

(5) 当出现不准时情况时，一是要查明原因，如与客户会面迟到的原因是交通堵塞、行驶线路搞错等；二是要找出纠正办法，如调整时间、改变行驶路线等。

2. 言而有信

与客户打交道，最重要的一点就是必须遵守诺言。如果对客户的许诺不能兑现，通常两次以后，客户就会离开另谋他厂。

为了养成言而有信的职业习惯，通常应该注意以下几个方面：

(1) 没有把握的事不得随意应承；

(2) 即便是有把握的事，也要经过周密的、反复的考虑，才能说"可以"；

(3) 在没有弄清楚客户所需要的信息的情况下，不能随意答应客户的要求；

(4) 当时不能回答的问题，不能说"这事我没办法帮助您"，应晚些时候再给客户一个肯定的答复；

(5) 对已许诺过的客户，把姓名、许诺的事项等记录在备忘录上，便于随时查看落实情况，以免遗忘。

除上述几个方面外，在承诺时还应留有充足的余地。通常在许诺时应注意"只答应客户有把握的事，而不是客户希望做到的事"。为了做到承诺留有余地，通常要注意以下几个方面：

(1) 对没有把握的事，不要一口应承，应说"这件事我没有十分把握，但我一定尽力，争取把这件事办好"；

(2) 对有把握的事，也不要把话说死，要留有余地，应说"我看这件事问题不大，我想会解决好的"；

(3) 对于没有把握的事，也不能说"这事难办，您找别人吧"，要留有余地，主动为客户想些办法、出些主意，表现出对客户的关心和真诚。应该说："我可以通过采购员和某个厂家帮助解决您的问题，一旦有了结果，我会马上通知您，您看这么办可以吗？"

3. 以客户为中心

切实做到以客户为中心，须养成为客户做些分外的、力所能及的服务的习惯。为客户所做的分外服务对维修业务接待来说可能是举手之劳，但对客户来说却是解决了他的难处。关键时的一点微小服务可能给客户留下深刻印象，无形中会加固客户对企业的信任感。

4. 以同事为客户

以同事为客户将会提高维修企业内部交际的整体素质，提高内部人员工作的主动性、积极性和协作互助的精神，扩大企业经营能力。对维修业务接待个人来说，把同事看作客户，有利于业务范围的扩大，有利于工作开展得更加顺利。对维修企业来讲，加大了对外部客户服务的合力。

例如，一位客户咨询的信息业务接待员不清楚，那么可以与同事联系沟通。若平时相处得很好，他就会很负责地告诉你有关信息。这种间接服务就在于平时是否将同事作为客户对待，同事有没有从自己这儿得到周到、热情的服务。

5. 理解第一

一个人无论服务技能多么娴熟，都难免有使客户产生不悦的时候。在这种情况下，要养成对客户表示理解的习惯。当遇到客户充满不悦时，尽管自己不同意他的观点，但也要对客户表示理解。可以使用以下的用语来表示对客户的理解，如"我理解您为什么那样想""我了解您的想法""您说的我都听到了""出了这种事，真对不起"等。

6. 忍让为先

在工作中，无论工作多么出色，也难免遇到大发雷霆、吹毛求疵的客户。当这种情况出现时，一定要记住，必须遵守忍让为先的原则，要以高度的涵养妥善处理好与这类客户的关系。

切记在客户怒气冲天时，不可运用过激的语言与其针锋相对，否则，不但问题得不到解决，而且会导致局面越来越糟糕，难以收拾。

7. 微笑服务

微笑服务是情感服务，微笑具有沟通感情、传递信息的作用。微笑会使人产生亲切、热情、平易近人的感觉，业务接待必须养成微笑服务的习惯。在与客户面对面的情况下要做到微笑服务，接听电话时更要采用微笑服务。微笑会改变你的口形，使声波更流畅，声音更动听，更容易被客户接受。接听电话时客户虽然见不到人，但凭友好、温和的语气，会十分准确地感觉到接待员在微笑着跟他通电话。

知识拓展

♣ "100-1=0"定律：让每一个顾客都满意。

"100-1=0"定律最初来源于一项监狱的职责纪律：不管以前干得多好，如果在众多犯人里逃掉一个，便是永远的失职。在我们看来，这个纪律似乎过于严格了。但从防止罪犯重新危害社会来说，百无一失是极为必要的。后来，这个规定被管理学家们引入到了企业管理和商品营销中（包括服务行业），很快就得到了广泛的应用和流传。

管理启示

对顾客而言，服务质量只有好坏之分，不存在较好、较差的比较等级。好就是全部，不好就是零。"千里之堤，毁于蚁穴"，这是一个众人都明白的道理，"100-1=0"道理其实异曲同工，但是，或者有许多的生产经营者不一定能明白。更重要的是，要明白不难，难的是做到，某企业做到了，所以它成功了。

顾客的购物标准很简单：谁对我好，谁的服务能让我满意，我就买谁的东西。100个顾客中有99个顾客对服务满意，但只要有1个顾客对其持否定态度，企业的美誉就立即归零。

思考与练习

1. 汽车售后服务的主要特征是什么？
2. 我国汽车售后服务主要的经营模式是什么？
3. 汽车维修业务接待的素质要求是什么？
4. 汽车维修业务接待员的职责是什么？
5. 汽车维修业务接待员的职业准则是什么？

能力训练

1. 针对某汽车维修企业，谈谈创新型汽车售后服务的模式。
2. 针对汽车维修业务接待岗位，做一份汽车维修业务接待岗位的职业规划。

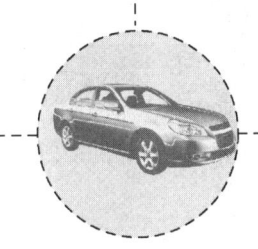

单元 2 服务理念

【学习目标】
1. 了解企业文化、企业精神与企业形象的内涵；
2. 会运用"5W2H""PDCA"等方法开展工作；
3. 会"5S"现场管理；
4. 会开企业早会。

2.1 企业文化

2.1.1 企业文化的内涵

企业文化（Corporate Culture）是所有团队成员共享并传承给新成员的一套价值观、共同愿景、使命及思维方式等组成的其特有的文化形象。它代表了组织中被广泛接受的思维方式、道德观念和行为准则。

企业文化的核心是企业理念。企业的成功来自成功的企业理念，作为核心地位的企业理念无时无刻不在起着指导作用，如丰田汽车公司的"丰田之路"（THE TOYOTA WAY），是丰田的企业文化，也是丰田企业发展的基础，如图2-1所示；"客户至上"服务理念，如图2-2所示。企业理念能指导企业内部与外部的各项工作，指导企业文化的方向，影响企业文化的形成、传播和发展。

在市场经济条件下，企业的改革使企业的生产经营管理不能脱离周围的市场环境。随着现代科技的发展，各企业产品之间的差别也逐渐减小。因此要推动企业的发展，就需要实施差别化策略，创建企业独特的个性，创建企业文化，并借助企业文化树立企业品牌意识。

人们在企业这个小社会中从事着物质或精神的生产经营管理活动，长期耳濡目染，必然会逐步形成某种共同的职业习惯、思维方式和精神状态。所谓企业文化，就是指企业职工在长期生产经营管理活动中形成的企业形象和企业精神，包括企业经营价值、经营思想、群体意识和行为规范的总和。

西方企业文化具有注重理性、强调制度、重视契约、追求绩效的特点，而东方企业文化则体现出适应环境、吃苦耐劳、英勇勤奋的特点。

1. 企业文化的亲缘性

由于企业管理的对象是人，而人又具有社会性，即当人生活在一定历史文化背景下时，会深受所处环境的影响，因此企业文化具有很强的文化亲缘特性。

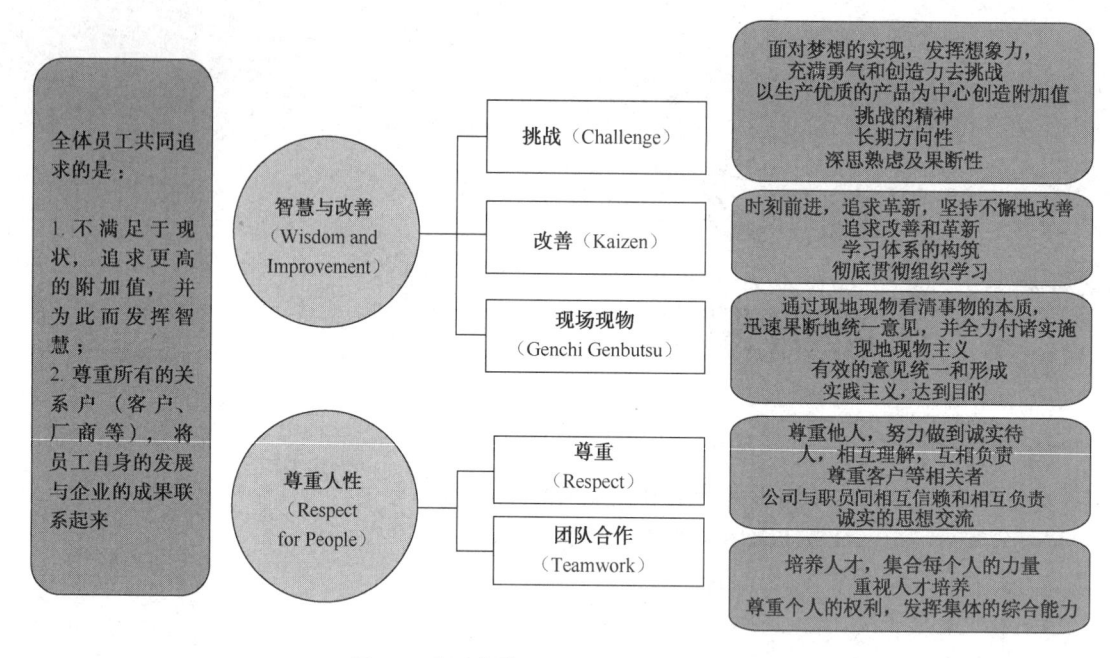

```
全体员工共同追求的是：

1. 不满足于现状，追求更高的附加值，并为此而发挥智慧；
2. 尊重所有的关系户（客户、厂商等），将员工自身的发展与企业的成果联系起来
```

智慧与改善（Wisdom and Improvement）
- 挑战（Challenge）: 面对梦想的实现，发挥想象力，充满勇气和创造力去挑战 以生产优质的产品为中心创造附加值 挑战的精神 长期方向性 深思熟虑及果断性
- 改善（Kaizen）: 时刻前进，追求革新，坚持不懈地改善 追求改善和革新 学习体系的构筑 彻底贯彻组织学习
- 现场现物（Genchi Genbutsu）: 通过现地现物看清事物的本质，迅速果断地统一意见，并全力付诸实施 现地现物主义 有效的意见统一和形成 实践主义，达到目的

尊重人性（Respect for People）
- 尊重（Respect）: 尊重他人，努力做到诚实待人，相互理解，互相负责 尊重客户等相关者 公司与职员间相互信赖和相互负责 诚实的思想交流
- 团队合作（Teamwork）: 培养人才，集合每个人的力量 重视人才培养 尊重个人的权利，发挥集体的综合能力

图2-1　丰田之路（THE TOYOTA WAY）

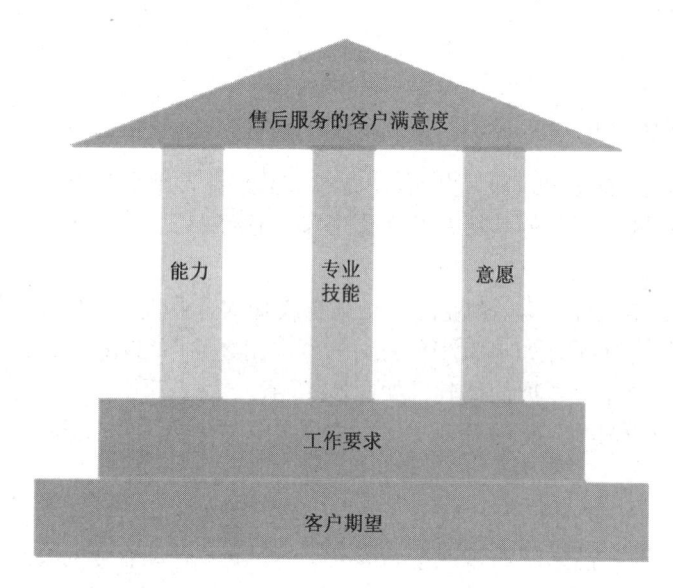

图2-2　"客户至上"服务理念

（1）日本文化是一种孤岛文化，其强烈的民族危机感使日本人的内聚力十分强烈，其大和民族特色将员工和企业紧密相连，劳资双方同舟共济，使员工具有强烈的主人翁责任感。因此他们崇尚家属主义和集体主义精神，讲究忠心。社会评价体系也不是以能力为主，而是以资历为主。在这种文化背景下形成的日本企业，其人力资源管理理念、年功工资制和终身雇用制都曾是日本企业获得成功的法宝。

（2）美国文化则是一种移民文化，文化的核心是个人崇拜，因此他们崇尚个人利益，强调创新精神，并常以老大自居。这种文化特点反映到企业的人力资源管理理念上，就表现为美国企业的考核评价都以个人能力为基础，员工与企业之间仅是松散的契约关系，员工流动性很大。

（3）中国由于实施了几千年的君主制度，悠久的人治文化历史虽然积累了深厚的治人之道，但中国的传统文化又重理轻法，且带有明显的功利特征，习惯于模糊性思维，忽视基础理论研究，轻视法律和技术。另外，由于中国地大物博，中国人的危机意识较为薄弱，且自我感觉良好，人际关系松散；又过分地重视人情和讲究排场，面子观念较重。

2．企业文化的客观性

从企业诞生时起，在企业自身生产经营管理的长期实践中，以及在所处社会的政治经济和地理环境等综合作用下，都会在自觉或不自觉地孕育并发展着自身的企业文化，不同的企业具有不同的企业文化。

（1）企业文化是客观存在的。当人们并未意识到企业文化的存在时，或者虽有意识却并未对它进行剖析和挖掘时，只是在任其发展着。只有当人们意识到它的存在时，并在企业生产经营管理实践中从自发到自觉，不断地摒弃和抑制其中的消极因素，不断地形成积极向上的企业文化，借助于这种企业文化，才能更好地为企业的生产经营管理服务。

（2）企业文化是现代企业的精神支柱。倘若没有这种精神支柱，就会出现信仰危机与道德危机，就会出现人心涣散，结果滋生各种形式的违法乱纪。倘若树立良好的企业文化，就会齐心协力、同舟共济。企业文化是把精神引导和制度约束相结合的现代化管理方式。

应注意人力资源管理中的文化亲缘特性，提高企业中全体员工的政治思想素质和心理素质。因为只有抓住了人心，才谈得上企业精神的企业形象，才谈得上企业全体员工的同舟共济。

3．企业文化的本质

企业文化包括企业经营哲学、价值观念、人际关系、传统习惯、规章制度和精神风貌等。企业文化的实质是以人为本，并以文化为手段，激发职工的自觉性。企业文化的最终目标就是要提高企业全体员工的思想文化和行为素质。

企业文化的本质，既是一种社会文化，也是一种经济文化。企业文化的核心是要以人为本，尊重人、信任人，从而把人置于整个企业生产经营管理活动中的主体地位，要求企业加强民主管理，强化群体意识和团队精神，并加强企业中的精神文明建设和政治思想工作，在吸取传统民族文化精华和先进管理思想的基础上，为企业建立明确的价值文化体系和企业行为规范，从而将企业目标和员工个人目标有机地结合起来，实现企业内部的物质、精神和制度的最佳组合。

企业文化既取决于企业生产经营管理的特点，也取决于企业中高层管理人员和全体员工的个人素质及价值趋向。现在许多优秀的企业家都在生产经营管理实践中，以身作则、树立典型、宣传推广、强化行为，有意识地加强企业中的政治思想工作，积极地培育企业文化；通过优秀的企业文化，不断地调整企业形象和个人形象，发展人际关系，揭示和补充现代企业管理能力，使企业获得更快的发展。

4．企业文化的构成

企业文化可归纳为浅层次的物质文化、深层次的制度文化和核心的精神文化3个部分。其中，物质文化是基础，制度文化是关键，精神文化是灵魂。企业文化的构成包括以下5个要素。

（1）企业价值观：指企业管理的基本思想和信仰，也是企业文化的核心。

（2）企业环境：指影响企业文化形成和发展的环境因素。

（3）模范人物：指企业文化的人格化，可为全体企业员工提供具体的楷模形象。

（4）企业礼仪：指企业在日常生产经营管理活动中作为惯例和常规的行为方式。

（5）文化网络：指企业管理组织中用以沟通思想的方式和手段。

企业价值观是企业文化中的关键因素。企业环境将会影响企业价值观的形成。模范人物和企业礼仪是用以引发、维护和强化企业价值观的。企业文化网络则在企业中起群体沟通的作用。若将企业文化从企业管理的特定概念来研究，它包括企业形象及企业精神。其中，企业形象是企业文化的表现，企业精神则是企业文化的核心。

5. 企业文化的特征

（1）企业文化强调企业共识。企业文化强调企业内部全体员工的共同价值观念，强调群体意识和团队精神，追求企业职工意识的一体化。这种一体化要求企业全体员工在企业生产经营管理的所有服务过程和工作过程中具有统一的公共行为。

（2）企业文化强调自觉意识。企业文化是企业中全体员工的共同意识，不再强制人们去遵守各种硬性的规章制度和企业纪律，而是通过启发来达到企业的自控或自律，强调人的自觉意识和主动意识，自觉和主动地遵守各种硬性的规章制度和企业纪律。自控或自律的企业文化，不仅有利于改善现代企业中的人际关系，而且有利于发挥每个员工的主观能动性，提高企业管理的整体效率。

（3）企业文化强调有特色的企业形象。每个企业在不同的国家或区域中受着不同民族文化的影响，而且每个企业都具有不同的管理思想和管理模式，因此不同的企业必然会形成不同的企业文化。产品的差别化减小也要求企业具有不同的企业文化，每个企业必须根据其自身特点，创造出自身独特的企业文化特色。

（4）企业文化有着模糊而相对稳定的企业目标。企业文化只是一种理念，企业文化不是企业管理制度，不可能明确规定或告诉企业员工在处理每个问题时的具体方式方法，它只可能给企业员工的生产经营管理活动提供一种指导思想和行为准则。因此，优秀企业文化的目标既清晰而又模糊。企业文化不应随企业产品更新、组织结构变革、企业领导人的更换而变化。当然，企业文化也是在发展着的，它需要随着社会文化的发展和企业环境的变化而进行相应的调整和提高。丰田汽车公司的目标如图2-3所示。

图2-3 丰田汽车公司的目标

6. 企业文化的功能

尽管企业文化并不等于企业管理，但却可强化企业管理，而且还能补充传统企业管理所没有的新功能。

（1）凝聚功能。现代企业之所以要倡导企业文化，是因为现代企业文化体现着企业全体员工强烈的"群体意识",而这种群体意识既是企业利益,也是全体职工共荣共存的根本利益和共同利益。自觉和主动地用企业利益来替代个人利益,通过企业文化,将分散的个体力量凝聚成整体力量,同舟共济。为此,不仅现代企业特别强调群体意识和团队精神,而且现代企业中的每个员工也会强调群体意识和团队精神,从而使现代企业中的每个员工都产生出浓重的归属感、荣誉感和目标服从感。

(2)导向功能与约束功能。

①现代企业也是人的组合。现代企业文化讲的是企业共同利益,全体企业员工有着共同的价值观念和价值目标,因此在企业文化凝聚力和感召力的精神作用下,统一企业全体员工的观念和行为,而每个员工也会根据企业大多数人的共识和需要,自觉和主动地调整自己的言论和行为;即使是少数未取得共识的人,由于企业文化精神意识的强制性,再加上企业精神与良好风气的激励作用,以及企业管理规章制度的约束等,也会迫使他们按照企业大多数人的共识和需要去纠正自己的言行偏差。这种规范企业整体价值观和员工整体言行的作用,就是企业文化的导向作用。

②现代企业文化对于现代企业中每个员工的言行都具有无形的约束力。虽然不是明文硬性规定,但却是以潜移默化的方式规范着企业群体的道德规范和行为准则,从而使企业全体员工产生出自控意识,达到自我约束。所有违背企业文化和伤害企业利益的言行,都将受到群体舆论和感情压力的无形约束。

(3)协调功能。现代企业文化不仅规范着企业的整体价值观和员工的整体言行,而且还能使企业全体员工创造出和谐的工作环境,促进员工之间的共同语言和相互信任,有利于人际关系的协调和改善。

(4)塑造形象功能。现代企业文化集中地概括了企业的服务宗旨、经营哲学和行为准则。因此优秀的企业文化可以通过每项业务往来,向社会展现出企业的管理风格、经营状态和精神风貌,从而树立起良好的企业形象。良好的企业形象和企业文化是现代企业巨大的无形资产。如图2-4所示,企业文化是丰田企业的管理基础与生存根本。

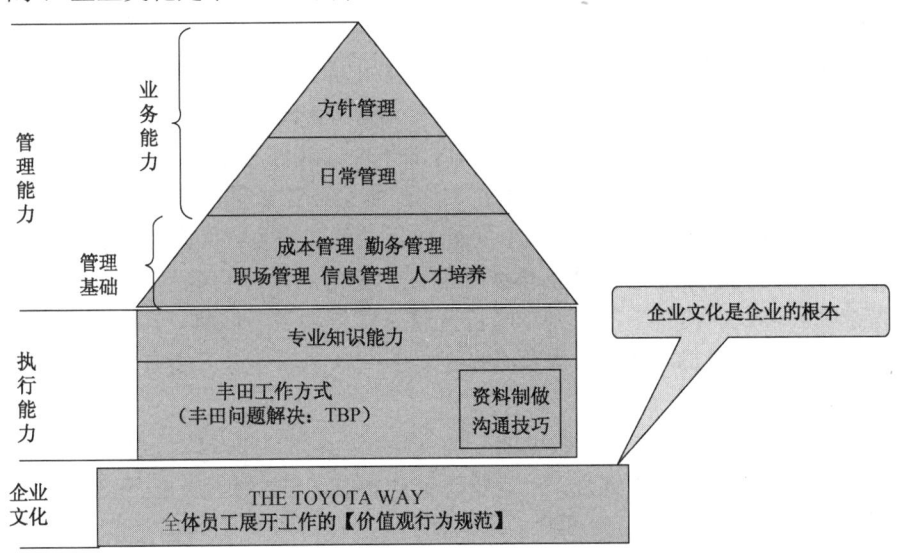

图2-4 企业文化是企业的根本

7．企业文化的价值

（1）企业文化的经济价值。优秀企业文化的表现形态虽然只是一种企业形象和企业精神，但却是企业巨大的无形资产。其经济价值表现在以下两方面。

①在市场经济条件下，企业的发展经常会受到市场经济发展状况的制约。优秀的企业文化应该是可以较好地适应市场经济规律的文化，应该使企业具有独特而成功的生产经营管理特色。例如，企业对客户的诚信，可以使企业形成良好的商誉，而良好的商誉又可以使企业得到消费者的信赖与支持，增强企业的竞争力，从而给企业带来丰厚的利润等。

②优秀的企业文化不仅能使企业的全体员工达成共识，从而凝聚、引导、激励和约束着企业全体员工的心理意识及其行为，还能体现"以人为本"的思想，从而促进企业深化改革，并充分发挥企业全体员工的聪明才智和劳动积极性，积极参与企业管理，提高企业的经营管理效率和生产劳动效率，最终给企业带来良好的经济效益。

（2）企业文化的社会价值。企业文化的价值不仅能够提高企业的经济效益，还能够提高人的思想觉悟和政治思想品德，从而开创企业文明和社会文明，继承和发展社会文化，创造企业文化的社会价值。

①企业文化必然体现国家的民族传统文化，如我国企业的企业文化也必然会继承和弘扬我国民族的传统文化。

②企业精神和企业道德风尚等是可以通过企业对内部员工进行精心培养的，这不仅可使企业员工由此得到全面的发展，同时也会通过企业的对外服务和信息交流，把本企业文化传播给社会，从而也为整个社会的精神文明做出贡献。

2.1.2　企业文化建设

由于企业的主体是人，因此现代企业要在市场竞争中求得生存与发展并立于不败之地，不仅需要有物质优势，更需要有精神优势。这种精神优势可以通过企业文化和群体意识去建设和培育，并由此统一企业全体员工的思想和行为，从而可以增强企业的内聚力和外引力。

1．企业文化建设的原则

（1）共性和个性相统一的原则。企业的外部环境构成了企业文化的共性，而企业内部条件的发展过程构成了企业文化的个性。要搞好企业文化建设，既要把握民族的时代特色，又要突出本企业的自身特点，从而把企业外部环境和内部条件、共性和个性有机地结合起来。

（2）继承与创新相统一的原则。虽然企业文化是本企业在长期的生产经营管理实践中逐步形成的，但也要适应不断变化的市场形势，不断地充实新的内容，从而使企业文化具有鲜明的时代感和时效性。为此要继承本企业的传统文化、不断创新，达到继承与创新相统一。

（3）先进性和群众性相统一的原则。倘若企业文化只满足于现状，就会缺乏先进性，但倘若脱离现实去追求过高目标，就会失去群众基础。因此，创建先进而又有实效的企业文化，必须将先进性与群众性相结合。

（4）微观和宏观相统一的原则。微观的企业文化是企业的精神灵魂，宏观的企业文化是国家的民族精神。将微观与宏观相结合，才能体现企业利益与国家利益、经济效益与社会效益相统一。

（5）内聚性与竞争性相统一的原则。内聚性是指企业内部的聚合能力，而竞争又是市场经济的必然产物。企业文化建设需要通过企业内部的真诚合作和团结一致，而形成内聚力，并通过这种内聚力，使企业职工在遵守竞争规则的前提下一致对外地参与市场竞争。

2．企业文化建设的条件与方法

（1）企业文化建设的条件。现代企业文化的建设常受到内部或外部条件的限制。

①企业文化建设需要有宽松和谐的改革环境，这就需要深化企业体制改革，以理顺关系，充分调动各方面的积极性和创造性。

②企业文化是要依靠企业家来创立、倡导和培养的，企业文化实际上就是企业家个体人格的群体化。应建立高素质的企业家群体，并以他们的气质和魅力来赢得企业职工的追随和模仿。

③建设企业文化必须要注重企业全体员工的政治思想、科学文化和技术业务的教育培训，以全面提升职工素质，造就一支训练有素的职工队伍。

④要形成具有凝聚力的企业文化，就必须建设企业利益的共同体，创造民主和谐的企业环境。

（2）企业文化建设的方法。

①宣传教育法。宣传教育法是建设企业文化的基本方法，包括企业文化意识的教育和培训、开展企业文化的宣传和教育，以及组织职工参加各种可以建设企业文化的业余文体活动等。

②严爱并济法。创建企业文化，既要严格管理，又要情感投资，即既要有法规的约束，又要有感情的激励。"软硬"结合，将积极强化与消极强化相结合。

③环境优化法。人都喜欢优美的环境，通过营造和优化环境，可以培养企业员工的兴趣和热爱，从而培养其为企业乐于奉献、勇于创新、不断进取的荣辱感和责任感。

④全方位有效激励法。有效激励法是调动人们主观能动性、创建企业文化的重要方法。全方位的激励，包括精神激励、责任激励、成就激励、智力激励、关怀激励、目标激励和物质激励等。但这些激励在具体运用中还须因人、因时、因地制宜地进行。

3．企业文化建设的对策和策略

企业文化建设是一项综合性系统工程，需要有系统的规划和持续的努力。只有面对现实，着眼未来，脚踏实地，不断探索，创造有利条件，运用有效方法，采取适当战略战术，才能创造出优秀的企业文化来。

（1）倡导危机管理，是创建企业文化的先导。适当的忧患意识可以使人产生紧迫感、危机感、责任感和压力，再通过正确的引导即可将压力变为动力，从而使人求变、求新、不断开拓进取。

（2）树立企业信仰，是创建企业文化的宗旨。树立企业信仰是创建企业文化的宗旨，而强化政治思想、培养企业精神是创建企业文化的当务之急。

（3）抓住时代特点，体现企业个性，是创建企业文化的核心。创建企业文化要体现民族精神和时代精神，这就不仅要吸收外国文化，更要注重民族文化，即要从企业的实际出发，结合企业的内外环境，选择和培育既符合企业实情又具有明显特色的企业文化。

（4）建设五项工程，培养五种精神，是创建企业文化的支柱。所谓五项工程，是指理论工程、物质工程、制度工程、精神工程和行为工程；五种精神是指主人翁精神、群体精神、竞争精神、开创精神和艰苦创业精神。

（5）进行系统教育，是创建企业文化的基础。企业文化建设必须目标明确，系统规划，并通过各种形式，从企业文化的宣传教育抓起，奠定基础，发扬光大。

（6）创造家庭环境、改善职工生活，是创建企业文化的手段。

2.2 企业精神

企业精神（Enterprise Spirit）是指企业员工所具有的共同内心态度、思想境界和理想追求。

它表达着企业的精神风貌和企业的风气。企业精神是企业文化的一项重要而复杂的内容，是企业全部的精神现象和精神活力。

1. 企业精神的内涵

企业精神是现代意识与企业个性相结合的一种群体意识。每个企业都有各具特色的企业精神，它往往以简洁而富有哲理的语言形式加以概括，通常通过厂歌、厂训、厂规、厂徽等形式形象地表达出来。它可以激发企业员工的积极性，增强企业的活力。企业精神，是企业经营宗旨、价值准则、管理信条的集中体现，它构成企业文化的基石。

企业精神的内容具体表现在：坚定的追求目标、强烈的群体意识、正确的竞争原则、鲜明的社会责任和可靠的价值观念及方法论，等等。

企业精神包括以下三个内容：

（1）员工对本企业的特征、地位、形象和风气的理解和认同；

（2）由企业优良传统、时代精神和企业个性融会的共同信念、作风和行为准则；

（3）员工对本企业的生产、发展、命运和未来抱有的理想和希望。企业可以根据自己的情况提炼出能够充分显示自己企业特色的企业精神。

2. 企业精神的基本特征

从企业运行过程中可以发现，企业精神具有以下基本特征：

（1）企业现实状况的客观反映。企业生产力状况是企业精神产生和存在的依据，企业的生产力水平及由此带来的员工、企业家素质对企业精神的内容有着根本的影响，也只有正确反映现实的企业精神，才能起到指导企业实践活动的作用。

（2）全体员工共同拥有、普遍掌握的理念。只有当一种精神成为企业内部的一种群体意识时，才可被认作是企业精神。企业的绩效不仅取决于它自身有一种独特的、具有生命力的企业精神，而且还取决于这种企业精神在企业内部的普及程度，取决于是否具有群体性。

（3）稳定性和动态性的统一。企业精神一旦确立，就相对稳定，但这种稳定并不意味着它就一成不变了，它还是要随着企业的发展而不断发展的。同时，形势又不允许企业以一个固定的标准为目标，竞争的激化、时空的变迁、技术的飞跃、观念的更新、企业的重组，都要求企业做出与之相适应的反应，这就反映出企业精神的动态性。稳定性和动态性的统一，使企业精神不断趋于完善。

（4）具有独创性和创新性。每个企业的企业精神都应有自己的特色和创造精神，这样才能使企业的经营管理和生产活动具有针对性，让企业精神充分发挥它的统率作用。任何企业的成功，无不是其创新精神的结果。

（5）要求务实和求精精神。企业精神的确立，旨在为企业员工指出方向和目标。所谓务实，就是应当从实际出发，遵循客观规律，注意实际意义，切忌凭空设想和照搬照抄。求精精神就是要求企业经营上高标准、严要求，不断致力于企业产品质量、服务质量的提高。

（6）具有时代性。企业精神是时代精神的体现，是企业个性和时代精神相结合的具体化。优秀的企业精神应当能够让人从中把握时代的脉搏，感受到时代赋予企业的勃勃生机。

3. 企业精神的核心理念

企业精神的核心，是指企业在生产经营管理活动中的基本理念，即企业价值观念的规范化和信念化，包括企业道德、企业基本信仰、企业的经营目的和经营动机，以及企业的经营管理指导思想等；也是企业全体员工的创新、合作和奋斗的精神气质，以及良好的精神面貌、言行作风、人际关系、工作态度和献身精神等。

（1）企业精神体现着企业的精神面貌。企业精神是企业赖以生存和发展的精神支柱,它决定着企业的成败兴衰。企业精神体现着企业的精神面貌。

企业形象取决于企业精神,而企业精神反过来也促进着企业形象。一个企业能否具有良好的企业形象,关键取决于企业员工的企业精神。

（2）以企业精神为核心的企业文化,是将企业家人格化。以企业精神为核心的企业文化,实际上也是将企业精神及企业形象人格化。它是企业家德、才、创新精神、事业心和责任感的综合反映。也就是说,有什么样的企业家,便有什么样的企业文化,即企业形象与企业精神。

4．企业精神在塑造企业形象中的作用

现代商品中的文化含量、文化附加值越来越高,由文化所产生的经济效益和社会效益也越来越高,因此,必须充分认识到企业精神在塑造企业形象中的作用,发挥其特有的导向、凝聚、教育和约束作用。

1）导向作用

企业精神不仅是一个企业的精神支柱,而且体现着一个企业在社会中确立良好形象的战略意识,它一旦转化为企业员工的内在需要和动机,就会产生目标导向作用,企业员工就会时时以企业精神为标杆来衡量和调整自身的行为,以符合企业的基本要求。

2）凝聚作用

企业精神为全体员工提供了共同的价值观,因此它对企业员工有着巨大的内聚作用。观念相同的人们之间比较容易沟通,也比较容易达成行为一致,而观念不同的人们则不容易沟通。企业精神促使员工把自己的切身利益同企业的生存和发展紧密联系在一起,热爱自己的企业,自觉维护企业的声誉和形象,与企业同呼吸、共命运,为实现企业的目标而努力工作。

3）教育作用

企业精神的教育作用就在于形成企业员工共同信奉的价值观念;企业精神为做好新时期思想政治工作提供了新途径。调整培育健康正确的企业精神能够促进思想政治工作的实效,使企业文化更好地为企业的生产经营服务。

4）约束作用

企业精神的核心内容是价值观,它能够衍生出严格的行为规范和道德标准,对员工的行为起到规范和约束作用。企业精神的约束作用即表现在此。

2.3 企业形象

企业形象（Corporate Identity）是指人们通过企业的各种标志（如产品特点、行销策略、人员风格等）而建立起来的对企业的总体印象,是企业文化建设的核心。企业形象是企业精神文化的一种外在表现形式,它是社会公众与企业接触交往过程中所感受到的总体印象。这种印象是通过人体的感官传递获得的。企业形象能否真实反映企业的精神文化,以及能否被社会各界和公众舆论所理解和接受,在很大程度上取决于企业自身的主观努力。

良好的企业形象也是企业的最佳资产,不仅可以美化环境、净化风气、赢得更多客户和公众的支持,为企业带来极高商誉和信用,还可使企业在相同的生产经营管理条件下增强筹资能力和"筹才"（即吸引人才）能力,从而提高企业的竞争力。

2.3.1 企业形象的要素与特征

1．企业形象的基本要素

企业形象的基本要素包括品牌形象、服务形象、经营管理形象、员工形象、公共关系形象和企业环境形象等。

（1）品牌形象。品牌形象是指企业主导经营的产品（如销售或维修的汽车）的品牌、档次及质量，以及因此而配备的设备类型、档次及质量。企业的品牌形象将关系到企业的技术能力与信誉，是企业形象中最基本的要素。企业的品牌形象也是企业销售和维修质量、服务形象与工作质量的综合反映。为了能在社会公众心目中创立和留下独特与良好的企业品牌形象，企业名称、企业商标和企业广告必须简明扼要、寓意美好、构思精巧，能给人们留下深刻的记忆。显然，企业的品牌形象是企业的无形资产，能给企业带来巨额利润。

（2）服务形象。服务形象是指企业的服务方式、服务项目、服务态度和服务质量等。通过企业的服务形象，可给社会公众留下深刻的整体印象，特别是使消费者产生满意度和信赖感。显然，在产品高度趋同的情况下，企业有特色的服务形象是现代企业的竞争焦点。它不仅构成了企业品牌形象的重要方面，还增加了现代企业的附加值。

（3）经营管理形象与员工形象。现代企业的生产经营管理活动都不是孤立的，当它与外界打交道时，企业的经营管理状况及员工的言行都会给社会公众留下或褒或贬的印象。因此，企业经营管理形象与员工形象不仅是企业品牌印象的主题内容，还决定着社会公众对于企业印象的整体褒贬。

企业的生产经营管理形象，包括企业的经营理念、经营作风、经营方式、经营成果、管理组织、管理制度、管理基础工作、企业经济实力，以及企业文化氛围等。在员工形象中，包括企业管理者形象和企业员工形象。前者包括企业领导班子及企业内部各层次管理人员的能力、素质、气度、办事效率和工作业绩等；后者包括企业员工的文化素质、技术水平、职业道德和精神风貌等。

（4）公共关系形象。公共关系形象是指企业在公共关系活动中给社会公众留下的印象。企业的公共关系形象能够有效地扩大企业影响，并争取社会公众对企业的理解和信任。

企业在日常的生产经营管理活动中不断地与外部经营环境谋求协调，并通过各种场合表现着企业的品牌形象，如保证产品质量与服务质量，遵纪守法、照章纳税，支持公益事业，承担社会责任，对厂商、银行、客户讲求诚信，与社会各界保持着良好的公共关系等。因此，企业的公共关系形象既是塑造企业形象的重要途径和手段，也是企业形象的一个重要组成部分。

（5）企业的环境形象。企业的环境形象是指企业通过其生产经营场所、建筑特色、装饰风格和生产设备等反映出来的外观形象。企业的环境形象犹如人的仪表服饰，它反映着企业的经营风格和审美观念，从而给社会公众留下强烈的第一印象。

2．企业形象的基本特征

（1）客观性。企业形象不能自我感觉良好，而要以企业经营理念和职业道德，以及通过具体的生产经营管理活动表现出来，最终由全体员工及社会公众（特别是客户）进行客观评价和鉴别，即企业形象具有客观性。

（2）整体性。企业形象是留在社会公众心目中综合和全面的印象，企业形象好的企业应该是外在表现与内在质量完美统一。评价一个企业必须要整体考察，即不仅要看它是否有装饰华丽的外观，更要看它是否有内在的经营管理素质；不仅要看它能否保证其产品质量，更要看它能否保证其服务质量与工作质量。

（3）稳定性。良好的企业形象需要企业全体员工的不断努力，是日积月累形成的。同样，树立了良好的企业形象，就应该保持其相对稳定性，好让社会公众永久地记存和识别。

（4）可塑性。企业形象不仅是可以塑造的，而且是应该不断完善的。通过企业全体员工的努力，依靠优良的产品服务和服务质量，并开展积极主动的公共关系活动，不仅可以使原来不好的企业形象变好，而且可以使好的企业形象进一步增辉。

2.3.2 企业形象的作用与树立

1．企业形象的作用

（1）企业形象是为客户服务的重要组成部分。如果公司的企业形象不好，就不可能有更多的客户。

（2）良好的企业形象会让客户认为你的公司有着良好的组织性、高效率、专业化。

（3）良好的企业形象会积极地、正面地影响全体员工，极大地鼓舞全体员工的工作积极性和自豪感，使员工更加努力地完成好各项工作任务。

（4）良好的企业形象还会起到"名牌效应"的作用，有时公司的某种产品质量与市场同类产品质量相比存在差距，但客户就认定你们公司的产品好。虽然，这并不公平，但客户就乐意这样选择。

2．企业形象的树立

良好的企业形象是由多方面的工作成果综合而成的，以下几个方面应达到规定的要求。

（1）厂容、绿地、停车场、通道清洁，无烟头、痰迹、纸屑、积水、杂物，灯箱、广告牌、旗帜、指示牌清洁，完好有效。

（2）生产环境干净、整洁，设备与工具齐全有效、摆放整齐、无油污。

（3）生活环境清洁、卫生，无异味、无蚊蝇。

（4）个人着装清洁整齐，面带笑容，精神饱满。个人办公环境清洁、无尘，文件书籍摆放整齐，不摆放与工作无关的物品。

（5）业务环境干净整洁，办公设备齐全有效、清洁整齐。厂内应设有醒目、规范的企业标志；业务接待室应悬挂维修许可证、营业执照、税务登记证和特种行业证。

（6）制度健全。例如，业务接待制度、交车制度、客户查询制度、返修车处理制度、售后跟踪服务制度、增加维修项目的管理制度和客户自备料管理制度。

（7）员工培训率和持证率达标。

2.4　5W2H方法与PDCA循环

2.4.1　5W2H方法

"5W2H"方法，首创于第二次世界大战中美国陆军兵器修理部。由于"5W2H"方法简单、方便，易于理解与使用，目前广泛应用于企业管理和技术活动中。另外，它对于决策和执行性的活动措施也非常有帮助，也有助于弥补考虑问题的疏漏。

"5W2H"方法，也即"七何原则"，如表2-1所示。

表2-1　5W2H方法

WHY	目的	为什么？为什么要这么做？理由何在？原因是什么
WHAT	内容	是什么？目的是什么？做什么工作
WHERE	地点，担当部门	何处？在哪里做？从哪里入手？在何处进行
WHEN	时间，期限	何时？什么时间完成？什么时机最适宜
WHO	人物	谁？由谁来承担？谁来完成？谁负责？和谁一起合作？由谁监督控制
HOW	方法，手段	怎样做？怎么做？如何提高效率？如何实施？用什么方法进行
HOW MUCH	数量	多少？做到什么程度？数量如何？质量水平如何？多少费用

例如："张秘书，请你将这份调查报告复印2份，于下班前送到总经理室交给总经理；请留意复印的质量，总经理要带给客户参考。"

根据所介绍的"5W2H"方法将该案例进行任务分解，如表2-2所示。

表2-2　运用5W2H方法的任务分解

WHY	为什么	要给客户参考
WHAT	做什么	调查报告的复印
WHERE	地点	总经理室
WHEN	时间	下班前
WHO	执行者	张秘书
HOW	怎么做	复印品质好
HOW MUCH	工作量	2份

可以看出用该方法所传递的信息非常准确，且简明扼要地说明了理由和过程。

5W2H方法的应用：

（1）企业品质管理；

（2）产品设计开发与创新；

（3）工作任务的分配；

（4）信息的发送与接收；

（5）工作总结。

另外，5W2H方法也可用于接受领导布置的任务、向领导汇报工作、普通开放式提问、拨打电话时客户资料的准备、接听电话时客户资料的记录、维修接待流程的接车问诊环节等场合。例如：如果业务接待在给客户拨打电话前，采用5W2H方法准备客户资料，并制成表格，整理后再拨打电话，可以做到信息不遗漏且准确；接听电话也是如此。

养成良好的工作习惯，做任何工作都应该从5W2H来思考，这才有助于我们的思路的条理化，杜绝盲目性。

2.4.2　PDCA循环

所谓PDCA循环，是由美国统计学家戴明博士提出来的，所以又称为"戴明环"。它反映了质量管理活动的规律。PDCA循环是提高产品质量、改善企业经营管理的重要方法，是质量保证体系运转的基本方式。它可以概括为"一个过程，四个环节，八个步骤"。一个过程即管理过程，四个环节又称为PDCA循环，四个环节分八个步骤进行，如图2-5所示。

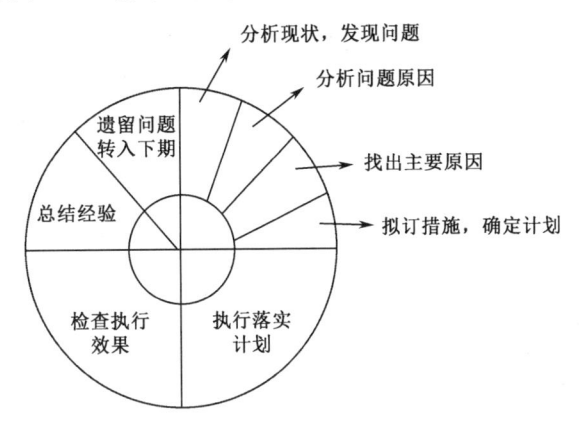

图2-5 PDCA循环的八个步骤

1. PDCA循环的四个环节

（1）P（Plan）计划。制订质量目标、活动计划、管理项目和实施方案。

（2）D（Doing）执行。根据预定计划和措施要求，努力贯彻和实现计划目标和任务。

（3）C（Check）检查。就是对执行结果和预定目标进行检查，检查计划执行情况是否达到预期的效果，其中哪些措施有效，哪些措施效果不好，成功的经验是什么，失败的教训又是什么，原因在哪里，所有这些问题都应在检查阶段调查清楚。

（4）A（Action）处理。包括两个步骤，根据上阶段检查的结果，把成功的经验肯定下来并制订为标准，以指导实践，对失败的教训也要加以总结整理，记录在案，以供借鉴。把没有解决的遗留问题，转入下一个管理循环，作为下一个阶段的计划目标。

2. PDCA循环的八个步骤

（1）分析现状，发现问题；

（2）分析问题中的各种影响因素；

（3）分析影响问题的主要原因；

（4）针对主要原因，采取解决的措施（可以使用5W2H方法）；

- 为什么要制订这个措施？
- 达到什么目标？
- 在何处执行？
- 由谁负责完成？
- 什么时间完成？
- 怎样执行？
- 需要多少费用？

（5）执行，按措施计划的要求去做；

（6）检查，把执行结果与要求达到的目标进行对比；

（7）标准化，把成功的经验总结出来，制订相应的标准；

（8）将没有解决或新出现的问题转入下一个PDCA循环中去解决。

3. PDCA循环的七种工具

PDCA循环的七种工具是指在质量管理中广泛应用的直方图、控制图、因果图、排列图、相关图、分层法和统计分析表等。PDCA循环步骤与主要方法如表2-3所示。

表2-3 PDCA循环步骤与主要方法

环节	步 骤	主 要 方 法
P	分析现状，发现问题	排列图、直方图、控制图
P	分析各种影响因素或原因	因果图
P	找出主要原因	排列图、相关图
P	针对主要原因，制订措施和计划	回答"5W2H"
D	执行、实施计划	—
C	检查计划执行结果	排列图、直方图、控制图
A	总结成功经验，制订相应标准	制订、修改、检查规程或制度
A	把未解决或新出现的问题转入下一个PDCA循环	—

4．PDCA循环的三个特点

（1）大环套小环。如图2-6所示，一环扣一环，小环保大环，推动大循环。如果将整个汽车维修企业的工作比喻为一个大的PDCA循环，那么各个车间、小组或职能部门则都有各自的PDCA循环。

（2）阶梯式上升。PDCA循环不是停留在一个水平上的循环，每循环一次，就解决一部分问题，取得一部分成果，水平就上升一个台阶。到了下一个循环，就有了新的目标和内容，如图2-7所示。

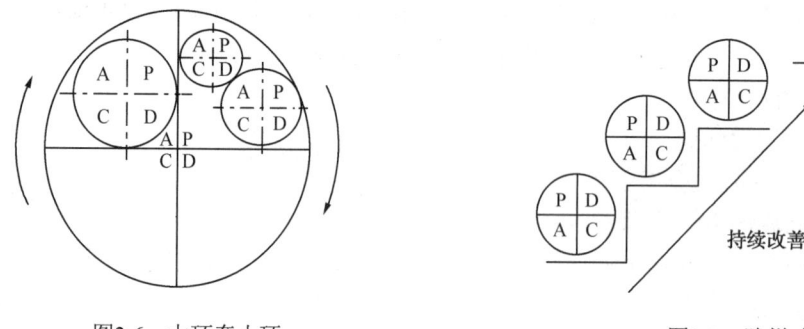

图2-6 大环套小环　　　　　图2-7 阶梯式上升

（3）统计的工具。PDCA循环应用了科学的统计观念和处理方法，作为推动工作、发现问题和解决问题的有效工具。

PDCA循环的四个过程不是运行一次就完结了，而是周而复始地进行。一个循环结束了，解决了一部分问题，可能还有问题没有解决，或者又出现了新的问题，再进行下一个PDCA循环，以此类推。

总之，PDCA工作循环，对总结检查的结果进行处理，成功的经验加以肯定并适当推广、标准化；失败的教训加以总结，未解决的问题放到下一个PDCA循环里。

例如：企业希望通过培训的方式来改变人们的行为、知识、技能、态度，可以采用和遵循PDCA工作循环，如图2-8所示。

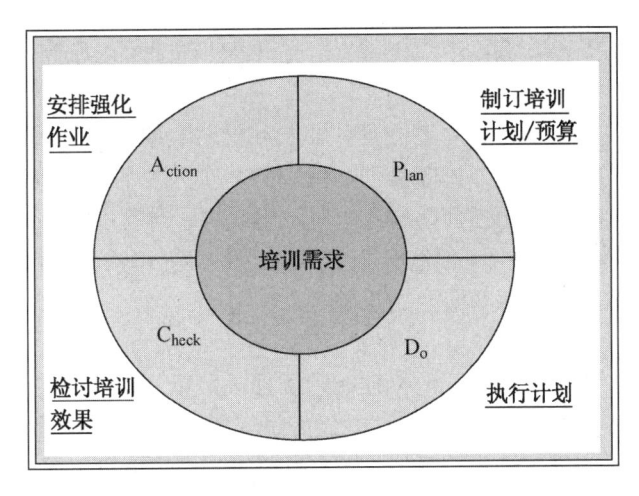

图2-8 企业培训的PDCA循环

2.5 5S活动

5S活动是日本企业率先提出并广泛采用的一种生产现场管理方法。通过5S活动的开展，日本大多数企业创造了高速发展的奇迹。5S的内容就是整理（SEIRI）、整顿（SEITON）、清扫（SEIKETSU）、清洁（SEISO）和素养（SHITSUKE）5个项目。

2.5.1 5S的内容

5S活动提出的目标简单而明确，就是要为员工创造一个干净、整洁、舒适、合理的工作场所和空间环境。5S的倡导者相信，保持工厂干净整洁，物品摆放有条不紊、一目了然，能最大限度地提高工作效率和鼓舞员工士气，并且让员工工作得更安全、更舒适，从而将资源浪费降到最低点，如表2-4所示。

表2-4 5S的基础概念

5S项目	定义	说明	效果	目的
整理 SEIRI	清理杂乱	分类整理，清理出要与不要的物品，不要的予以撤除处理	作业现场没有放置任何妨碍工作或有碍观瞻的物品	降低作业成本
整顿 SEITON	定位定容	规划安置，将要留用的物品加以定位和定容	物品各安其位，可以快速、正确、安全地取得所需要的物品	提高工作效率
清扫 SEIKETSU	无污无尘	清扫工作场所，把物品、设备、工具等弄干净，并去除污染源	工作场所无垃圾、无污秽、无尘垢	提高产品质量
清洁 SEISO	保持清洁	保持工作现场无污无尘的状态，并防止污染源的产生	明亮清爽的工作环境	激励员工士气
素养 SHITSUKE	遵守规范	使大家养成遵守规定、自觉自发的习惯	全员主动参与，养成习惯	防治工作灾害

1. 整理

整理就是把工作中的任何物品区分为常用的、不常用的和不用的，对于它们可做如下处理。

（1）常用的：放置在工作场所容易取到的位置，以便随手可以取到，如工具、油盘和抹布等。

（2）不常用的：储存在专有的固定位置，如发动机吊装架和量具等。

（3）不用的：应及时清除掉，如废机油、废旧料和个人生活用品等。

通过整理要达到工作场所无任何妨碍工作、妨碍观瞻、无效占用作业面积的物品，以腾出更大的空间，防止物品混用、误用，创造一个干净的工作场所。这是树立良好工作作风的开始。有的日本企业的口号即为"效率和安全始于整理"。

2．整顿

把需要的人、事、物加以定量、定位地布置和摆放，以便在最快的速度下取得所需物品。通过整顿把有用的物品按规定分类摆放好，并做好适当的标识，杜绝乱堆乱放、物品混淆不清，避免该找的东西找不到等无序现象的发生。整齐明快的工作环境可以减少寻找物品的时间，消除过多的积压物品。

3．清扫

将工作场所内所有的地方清扫干净，包括工作时产生的灰尘、油泥，工作时使用的仪器、设备和材料等。

（1）清扫地面、墙上、天花板上的所有物品。

（2）清理、润滑仪器设备和工具等，对破损的物品进行修理。

（3）对洒漏的机油、防冻液等进行清扫，防止污染环境。

通过清扫使工作场所保持一个干净、宽敞、明亮的环境，以维护生产安全，保证工作质量，同时也可以发现问题。例如，发现了滴漏的废机油，要检查是维修时车辆的润滑系统存在问题，还是盛机油的容器泄漏造成的。清扫时在地面上发现了螺母，就应马上追查螺母的来源。

4．清洁

清洁的目的是消除工作场所产生脏、乱、差的源头。它是在前三者之后的维护，以保持最佳状态。

（1）落实5S工作责任人，负责相关的5S责任事项。每天上下班花3~5分钟做好5S工作。

（2）经常性地自我检查、相互检查，专职定期或不定期检查等。

（3）要求不仅物品、环境要清洁，而且员工本身也要"清洁"，工作服要清洁，仪容仪表要整洁。

（4）员工不仅形体上要清洁，而且精神上也要"清洁"，要礼貌待人，友好和善。

5．素养

养成良好的工作习惯，遵守纪律。素养即教养，提高人员素质，使其养成严格遵守规章制度的习惯和作风是5S的核心。素养要求员工工作时精神饱满，遵守劳动纪律。

2.5.2　实施5S的目的

一个实施了5S活动的公司可以改善其品质、提高生产力、降低成本、确保准时交货、确保安全生产和保持员工高昂的士气。概括起来讲，推行5S最终要达到以下8个目的。

1．改善和提高企业形象

整齐、清洁的工作环境，易于吸引客户，让客户有信心；同时，由于口碑相传，会成为其他公司学习的对象。

2．促成效率提高

良好的工作环境和氛围，有修养的工作伙伴，物品摆放有序，不用寻找，员工可以集中精神工作，工作兴趣高，效率自然会提高。

3．改善零件在库周转率

整洁的工作环境，有效的保管和布局，彻底进行最低库存量管理，可做到必要时能立即取出有用的物品。工作间物流通畅，能够减少甚至消除寻找、滞留时间，改善零件在库周转率。

4．减少甚至消除故障，保障品质

优良的品质来自优良的工作环境。通过经常性的清扫、点检，不断净化工作环境，避免污物损坏机器，维持设备的高效率，提高品质。

5．保障企业安全生产

储存明确，物归原位，工作场所宽敞明亮，通道畅通，地上不会随意摆放不该放置的物品。如果工作场所有条不紊，意外的发生也会减少，安全当然就会有保障。

6．降低生产成本

通过实施5S，可以减少人员、设备、场所和时间等的浪费，从而降低生产成本。

7．改善员工精神面貌

人人都变成有修养的员工，有尊严和成就感，对自己的工作尽心尽力，并带动改善意识（可以实施合理化提案改善活动），增强组织的活力。

8．缩短作业周期

由于实施了"一目了然"的管理，使异常现象明显化，减少了人员、设备和时间的浪费，生产顺畅，提高了作业效率，缩短了作业周期，如图2-9所示。

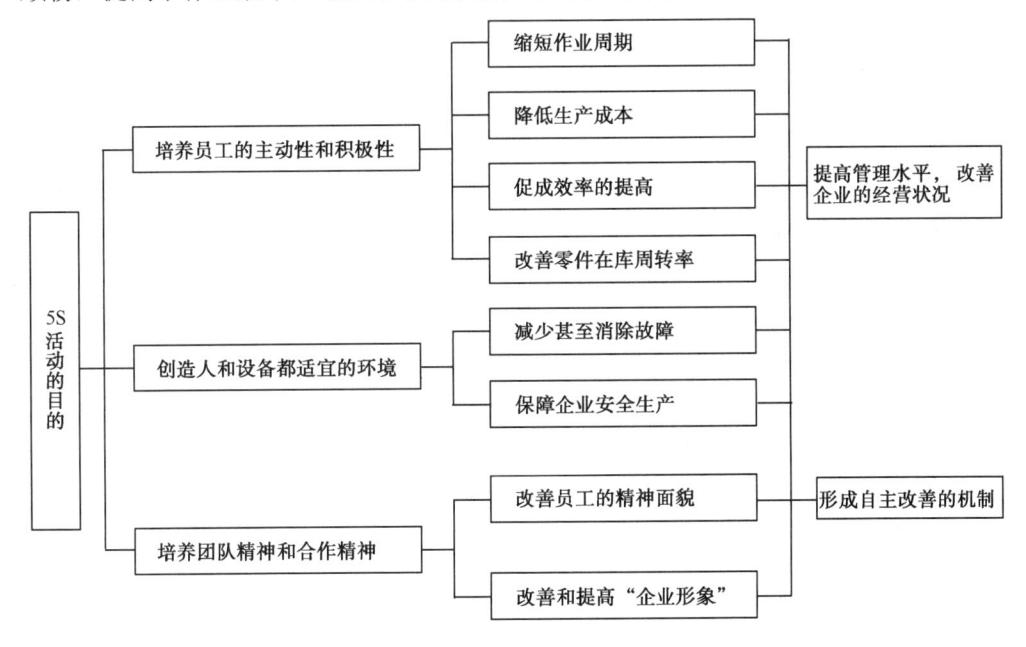

图2-9　实施5S活动的目的

2.5.3　5S活动推行步骤

掌握了5S的基础知识，尚不具备推行5S活动的能力。因推行步骤、方法不当导致5S活动事倍功半,甚至中途夭折的事例并不鲜见。因此,掌握正确的步骤、方法是非常重要的。5S活动推行的步骤如下。

1. 成立推行组织

企业领导必须重视此项工作,把5S管理纳入议事日程,企业一把手任组长,车间、配件、服务主管任组员,可根据需要设立副组长或秘书。小组主要负责以下工作:

(1) 制定5S推行的方针目标;

(2) 制订5S推行的日程计划和工作方法;

(3) 负责5S推行过程中的培训工作;

(4) 负责5S推行中的考核及检查工作。

2. 制定5S管理规范、标准和制度

成立组织后,要制定5S规范及激励措施。根据企业的实际情况制定发展目标,组织基层管理人员进行调查和讨论活动,建立合理的规范和激励措施。

(1) 5S规范表。规范表的内容将在后面具体介绍。

(2) 标准、制度。制定工作场所必要物品定位标准、工作场所清扫标准和清洁制度、检查考评制度、岗位责任制和奖惩条例等。

3. 宣传和培训工作

很多人认为维修工作的重点是质量和服务,将人力放在5S上纯粹是在浪费时间;或者认为工作太忙,搞5S是劳民伤财;又或者认为搞5S是领导的事,与我无关等。因此,要推行5S管理,就应做好宣传和培训工作。宣传和培训包括以下内容:

(1) 5S基本知识,各种5S规范;

(2) 为什么要推行5S,5S有什么功效;

(3) 推行5S与公司、个人有什么关系等;

(4) 将5S推行目标、竞赛办法分期在宣传栏中刊出;

(5) 将宣传口号制成标语,在各部门显著位置张贴宣传;

(6) 举办一些内容丰富的活动,如结合实践编辑一些对5S宣传有益的节目,举办5S知识问答比赛等。

宣传和培训的对象是全体干部和员工,培训的方法可采取逐级培训的方式。

4. 推行

(1) 由最高管理层做总动员,企业正式执行5S各项规范,各办公室、车间、货仓等对照适用于本场所的5S规范严格执行,各部门人员都要清楚了解5S规范,并按照规范严格要求自身行为。

(2) 此阶段为推行5S活动的实质性阶段,推行的具体办法可以是样板单位示范办法,即选择一个部门做示范部门,然后逐步推广,也可以是分阶段或分片实施(按时间分段或按位置分片的办法),还可以是5S区域责任和个人责任制的办法。

5. 实施

(1) 整理。区分需要使用和不需要使用的物品。主要有工作区及货仓的物品,办公桌和文件柜的物品、文件、资料等,以及生产现场的物品。对于经常使用的物品要放置于工作场所近处,对于不经常使用的物品要放置于储存室或仓库,不能用或不再使用的物品要进行废弃处理。

(2) 整顿。清理掉无用的物品后,将有用的物品分区分类定点摆放好,并做好相应的标识。

方法为清理无用品，腾出空间，规划场所；规划放置方法，物品摆放整齐；给物品贴上相应的标识。

（3）清扫。将工作场所打扫干净，防止出现污染源。方法是将地面、墙上、天花板等处打扫干净，将机器设备等清理干净，将有污染的物品处理好。

（4）清洁。保持整理、整顿、清扫的成果，并加以监督检查。

（5）素养。人人养成遵守5S的习惯，时时刻刻记住5S规范，建立良好的企业文化，使5S活动更注重于实质，而不流于形式。

6．检查

检查分为定期检查和非定期检查。

（1）定期检查。

①日检：由各部门主管负责，组织班组长利用每天下班前的10分钟，对辖区进行5S检查，重点是整理和清扫。

②周检：由各部门经理负责，组织主管利用周末下班前的30分钟，对辖区进行5S检查，重点是清洁和素养。

③月检：由总经理牵头，组织部门经理利用月底最后一个下午，对全厂进行5S检查。

（2）非定期检查。一般是企业中、上层在维修工作繁忙或接到客户、员工投诉，或者下情上达的渠道受阻时，临时对基层进行的5S检查。

不论定期的还是不定期的，以上检查都必须认真做好记录，及时上报和反馈，与5S标准比较，凡不合格项必须发出整改通知，限期整改验收。

7．考核

（1）早会考评。利用每天上午上班前的早会时间，简明扼要地对前一天或前一周5S检查情况进行小结，表扬做得好的，指出存在的问题和改进的方法。

（2）板报考评。利用统计图表，鲜明直观地将每天、每周、每月的检查评比结果公布于众，让每个员工都知道自己所在的部门、班组的5S做得是好还是差。

（3）例会考评。利用每周或每月的生产例会，把5S检查的结果作为一个议题在会上进行讲评，重点是树立典型，推广经验，解决带普遍性或倾向性的问题，提出下周或下月5S活动的重点和目标。

（4）客户考评。利用客户问卷表、座谈会、意见箱等形式广泛收集、征求客户对本企业5S活动的意见，让客户来考评哪个部门、班组做得好，哪个部门、班组做得差。

（5）奖惩考评。按5S奖惩制度，对5S做得好的部门、班组或个人进行表扬和奖励，对做得差的进行批评和处罚，并把5S活动的考评结果与员工的加薪、晋级和聘用直接挂钩。

8．5S实施中常见的问题

在执行的过程中，容易碰到以下问题：

（1）5S规范制定得不太完整；

（2）检查时仅做一些形式上的应付；

（3）借口工作太忙不认真执行规范；

（4）检查完毕后又恢复原样。

9．坚持PDCA循环，不断提高5S水平

坚持PDCA工作方法，来不断改善和提高5S的效果与水平。

因此，在推行5S活动后，要检查、考评，要针对存在的问题和企业发展的需要，提出改

进的措施和计划，并组织实施。通过PDCA循环可以使5S活动得以坚持，使其水平提高。

需要强调的一点是，各汽车修理企业因其经营规模、背景、架构、企业文化和人员素质的不同，推行时可能会有各种不同的问题出现，因此要根据实施过程中所遇到的具体问题，采取可行的对策，才能取得满意的效果。

2.5.4 5S的效果

5S的五大效果可归纳为5个S，即Sales、Saving、Safety、Standardization和Satisfaction。

1．最佳推销员（Sales）

客户称赞干净整洁的工厂，并对这样的工厂有信心，乐于下订单。口碑相传，会有很多人来参观学习。整洁明朗的环境，会使大家希望到这样的地方工作。

2．节约专家（Saving）

降低很多不必要的材料及工具的浪费，减少"寻找"造成的浪费，节省很多宝贵的时间。能降低工时，提高效率。

3．安全有保障（Safety）

宽广明亮，视野开阔的现场，一目了然；遵守堆积限制，危险处一目了然；走道明确，不会造成杂乱情形而影响工作的顺畅。

4．标准化的推动者（Standardization）

大家都正确地按照规定执行任务；程序稳定，带来的品质也稳定，成本也稳定。

5．形成令人满意的现场（Satisfaction）

明亮、清洁的工作场所；员工动手做改善、有成就感；能造就现场全体人员进行改善的气氛，越干越有劲。

总而言之，通过5S运动，企业能够健康、稳定、快速成长，逐渐发展成有贡献和有影响力的企业，并且至少达到4个相关方的满意。

（1）投资者满意（Investor Satisfaction，IS），使企业达到更高的生产及管理境界，投资者可以获得更大的利润和回报。

（2）客户满意（Customer Satisfaction，CS），表现为高质量、低成本、工期准、技术水平高、生产弹性大等特点。

（3）雇员满意（Employee Satisfaction，ES），效益好，员工生活富裕，人性化管理使每个员工可获得安全、尊重和成就感。

（4）社会满意（Society Satisfaction，SS），企业有杰出的贡献，热心公益事业，支持环境保护，这样的企业有良好的社会形象。

2.5.5 5S推行要领

1．整理的推行要领

（1）对工作场所（范围）全面检查，包括看得到和看不到的。

（2）制订"要"和"不要"的判别基准。

（3）不要物品的清除。

（4）要的物品调查使用频度，决定日常用量。

（5）每日自我检查。

因为不整理而发生的浪费：

（1）空间的浪费；

（2）使用棚架、柜橱的浪费；

（3）零件、产品变旧而不能使用的浪费；

（4）放置处变得窄小；

（5）不需要的东西，产生管理的浪费；

（6）库存管理和盘点花时间的浪费。

2．整顿的推行要领

（1）前一步骤整理的工作，要落实。

（2）需要放置物品的场所，要明确。

（3）摆放要整齐、有条不紊。

（4）地板画线要定位。

（5）场所、物品要标示。

（6）制订废弃物处理办法。

整顿的结果要成为任何人都能立即取出所需要的东西的状态。要站在新人、其他现场的人的立场来看，使得什么东西该放在什么地方，更为明确。要想办法使物品能立即取出使用，提高效率。用后要能容易恢复到原位，没有恢复或误放时能马上知道。

3．清扫的推行要领

（1）建立清扫责任区（室内外）。

（2）开展一次全公司的大清扫。

（3）每个地方都清洗干净。

（4）调查污染源，予以杜绝或隔离。建立清扫基准，作为规范。

清扫就是使现场成为没有垃圾、没有污脏的状态。虽然已经整理、整顿过，要的东西马上就能取得，但是被取出的东西要有能被正常使用的状态才行。而达成这样的状态就是清扫的第一目的，尤其目前强调高品质、高附加价值产品的制造，更不容许因有垃圾或灰尘的污染，而造成产品不良。

4．清洁的推行要领

（1）落实前3S工作。

（2）制订目视管理及看板管理的基准。

（3）制订5S实施办法。

（4）制订稽核方法。

（5）制订奖惩制度，加强执行。

（6）高阶主管经常带头巡查，带动全员重视5S活动。

5S活动一旦开始，不可在中途变得含糊不清。如果不能贯彻到底，又会形成另外一个污点，而这个污点也会造成公司内保守而僵化的气氛。要打破这种保守、僵化的现象，唯有花费更长的时间来改正。

5．素养的推行要领

（1）制订服装、工作牌等识别标准。

（2）制订公司有关规则、规定。

（3）制订礼仪守则。

（4）教育训练。

（5）推动各种激励活动。
（6）遵守规章制度。
（7）例行打招呼、礼貌运动。

素养就是教大家养成能遵守规定的习惯，本意是以4S（整理、整顿、清扫、清洁）为手段完成基本工作，并借此养成良好习惯，最终达成全员"品质"的提升。

2.5.6　5S检查要点

5S检查要点如下：
（1）有没有用途不明之物；
（2）有没有内容不明之物；
（3）有没有闲置的容器、纸箱；
（4）有没有不要之物；
（5）输送带之下、物料架之下是否置放有物品；
（6）有没有乱放个人的东西；
（7）有没有把东西放在通道上；
（8）物品有没有和通道平行或呈直角摆放；
（9）是否有变形的包装箱等捆包材料；
（10）包装箱等是否有破损（容器破损）；
（11）工夹具、计测器等是否放在规定位置上；
（12）移动是否容易；
（13）架子的后面或上面是否放置东西；
（14）架子及保管箱内之物是否有按照所标示物品置放；
（15）危险品是否有明确标识，灭火器是否有定期点检；
（16）作业员的脚边是否有零乱的零件；
（17）同样的零件是否散放在几个不同的地方；
（18）作业员的周围是否放有不必要的物品（工具、零件等）；
（19）是否有在工场通道处摆放零件。

2.5.7　5S管理规范表

5S现场管理规范如表2-5所示。

表2-5　5S管理规范表

序号	项目	规范内容
1	整理	工作现场要区分用与不用的物品（如旧件、垃圾），定时清理
2		物料架、工具柜、工具台、工具车等的正确使用与定时清理
3		办公桌桌面与抽屉定时清理
4		配件、余料、废料等放置清楚
5		量具、工具等正确使用，摆放整齐
6		车间不摆放不必要的物品、工具
7		将不是立即需要（三天以上）的资料、工具等放置好

续表

序号	项目	规范内容
1	整顿	物品摆放整齐
2		资料、档案分类整理后放入卷宗、储放柜、书桌
3		办公桌、会议桌、茶具等定位摆放
4		短期生产不用的物品,收拾定位
5		作业场所予以划分,并加注场所名称,如工作区、待修区
6		抹布、手套、扫帚、拖把等定位摆放
7		工具车、工作台、仪器、废油桶等定位摆放
8		通道、走廊保持畅通,通道内不得摆放任何物品
9		所有生产使用工具、零件定位摆放
10		划定位置放置不良品、破损品及使用频率低的东西,并标识清楚
11		易燃物品定位摆放
12		计算机电缆绑扎良好、不凌乱
13		消防器材要容易拿取
1	清扫	地面、墙壁、天花板、门窗清扫干净、无灰尘
2		过期文件、档案定期销毁
3		公布栏、记事栏内容定时清理或更换
4		下班前,确实打扫和收拾物品
5		垃圾、纸屑、烟蒂、破布等扫除干净
6		工具车、工作台、仪器及时清扫
7		废料、余料、待料及时清理
8		地上、作业区的油污及时清理
9		清除带油污的破布或棉纱等
1	清洁	每天上下班前5分钟做5S工作
2		工作环境随时保持整洁、干净
3		设备、工具、工作桌、办公桌等保持干净无杂物
4		花盆、花坛保持清洁
5		地面、门窗、墙壁保持清洁
6		墙壁油漆剥落或地面划线油漆剥落需修补
1	素养	遵守作息时间,不迟到、早退、无故缺席
2		工作态度端正
3		服装穿戴整齐,不穿拖鞋
4		工作场所不干与工作无关的事情
5		员工时间观念强
6		使用公物时,用后保证能归位,并保持清洁
7		使用礼貌用语
8		礼貌待客
9		遵守厂规厂纪

某汽车销售服务有限公司的车间5S管理检查标准如表2-6所示，强调：对于5S活动，"做好了，才算做了！"

表2-6 车间5S管理检查标准

班组：　　　　　　　　　　　　　组长：　　　　　　　　　　　　检查人：

5S内容	工作内容及标准	得	分				
整理	将不再使用的废件或零件包装等按公司要求方式废弃	▲					
	将不能使用或已损坏的设备进行维修，若无法维修按公司要求的方式报废	■					
	将不经常使用的设备进行分类编号，整齐存放于固定地点	■					
	将经常使用的设备和工具进行分类整理，整齐放于易找的地点	▲					
	车间的地面尽量少放置与修车作业无关的东西	▲					
整顿	工具箱按要求摆设，不能乱摆乱放	▲					
	将经常使用的辅料分类存放，并有利于寻找	▲					
	工具箱上严禁置放任何无关的废料。领料全部放在储物桌上	▲					
	在维修作业时严禁将旧件和工具散落于地面，应分类放在储物桌上，以备分类处理	▲					
	应定期清洗和保养工具箱和工具，做到坏工具及时得到维修或调换	■					
	车间内的垃圾桶不要装得太满，要及时倒掉	▲					
清扫	车间地面应保持干净、整洁	▲					
	地面无油迹和污迹，能做到车走地净	▲					
	车间过道应保持干净，散落的废物废料及时得到清扫	▲					
	员工休息室应保持干净、整洁、卫生，地面无杂物、碎纸，尽量营造一个安静、卫生的氛围	▲					
	门后禁止存放垃圾；笤帚、墩布等清洁用具整齐放于门后	▲					
清洁	每天上班前对自己的卫生区进行清扫。上班时间随时保持	▲					
	下班前整理好自己的工具并擦拭干净放于工具箱内	▲					
素养	上班时间佩戴工作证，穿戴整洁的工作服，仪容整齐大方	▲					
	不留怪异发型，不佩戴怪异饰物。男性不留胡须	▲					
	虚心请教，热爱学习。员工关系融洽	▲					
	说话讲文明，不说脏话，团结互助，勇于挑战	▲					

注：以上是车间5S管理检查项目，对以上的项目，应该分为每天做的和每周做的，以达到节省资源、提高效率、提高员工素质的目的；每天做的以▲为标记，每周做的以■为标记。

2.6 早会管理

早会（也称晨会）来源于日本，在日本叫OEC管理模式。

OEC管理模式，其中"O"代表Overall（全方位），"E"代表Everyone（每人）、Everything（每件事）、Everyday（每天），"C"代表Control（控制）、Clear（清理）。OEC管理模式也可以表示为：当天的工作要当天完成，天天清理并且天天都有所提高。

这种模式的特点在于能够全方位地对每天、每人进行清理和控制，在日本的企业管理中非常盛行。近几年,我国国内许多企业也在纷纷采用,它是现代企业管理中较受欢迎的一种管理训练制度。

1. 早会的作用及意义

早会是利用上班前的5～10分钟时间,全体员工集合在一起,互相问候、交流信息和安排工作的一种管理方式。这是公司最基层的管理方法,对于公司及员工的发展和成长,有着不可替代的作用。

早会可以进行新产品、新方法、新工艺的说明,提高员工的技术水平,同时可以进行品质观念的灌输及公司各项政策的宣传。

早会可以促销,达成共识。早会是传播企业文化的媒介,可以培养好的习惯及行为观念,通过早会可以对工作教养、工作伦理及工作习惯加以宣传,不断地促进,不断地改进,必然会有所收获,从而提升整个公司员工的素质。

通过早会可以实施追踪与管理,可对品质异常进行检讨、分析与矫正,可以对过去的工作加以回顾、总结经验、改正缺失。同时通过早会,可以进行生产安排、市场反应、上级指令的传达,从而使员工更清楚地了解整个公司的方针政策、市场运转情况及自己的工作方向,提升工作效率。

早会可以培养主管的权威与形象、风范与气质,给主管提供良好的锻炼环境,带动部门气氛及提供良好的沟通机会。

具体来说,早会这种管理形式具有以下优点:

(1) 有效调整员工的精神面貌。"一日之计在于晨",员工一天的工作状态的好坏关键在于员工早晨是否有一个良好的状态。企业可以利用早会上的具体行动(比如整理队伍时要求立正、挺胸、报数、整理着装等)来让员工意识到新的一天的开始,从而在思想意识上调整精神面貌。

(2) 加强员工对企业文化的理解。早会作为企业的一个制度,就要严格地执行。通过对一些具体行为的要求(比如不准迟到,要统一着装,不准喧哗等纪律条款),来培养员工的时间观念、纪律观念、形象观念,同时正确理解企业文化,增强企业的凝聚力,树立企业的良好形象。

(3) 有利于企业员工思想、行为的统一。从某种意义上讲,早会就是企业的镜子,能够把企业存在的问题及时地反映给大家,使企业、员工都能充分地认识自己。做到了认识自己,才能够更好地提高自己。通过召开早会,能够使员工存在的不良思想、行为尽早反映出来,并进行及时的改正,进而达到统一。

(4) 是民主管理的一种好形式。在召开早会过程中,员工与员工之间、员工与领导之间可以互相监督。比如,不管是领导还是员工,只要是违反了早会的制度或是企业的其他制度,都要当场按照规定采取一定的措施,并且还要进行"三讲"(为什么错、以后怎么做、再违反怎么做)表态,这种监督有很大的透明度,极大地提高了员工的主人翁意识,是一种有效的激励机制,也便于企业各种规章制度的推行。久而久之,一种好的厂风、厂纪、厂貌就会形成。

(5) 是企业管理人才的培训平台,是对员工业务进行追踪与辅导的最佳场所。早会是锻炼和培养企业的高中层管理人员的一种很好形式。早会有利于把管理工作细化到车间、班组、个人,有利于培养主管的目标任务观念;有利于提高管理人员的检查、监督、执行力度。通过召开早会,管理人员的领导能力、组织能力、表达能力、指挥能力、策划能力都将得到极大的提高。

(6) 是企业的信息沟通平台。在早会过程中,服务部要汇报进出车辆台次、跟踪情况等,维修部要汇报车辆维修动态,配件部要汇报配件的调配情况,这样就便于各部门之间的信息交流，从而提高工作效率和客户满意度。

（7）是当天工作的指导方针。召开早会时，要对昨天的工作情况进行汇报总结，要由主管布置当天的工作任务，这样就使各部门明确了当天的工作目标，便于展开当天的工作。

（8）是员工学习交流的平台。召开早会过程中，要开展一系列的学习活动（如服务礼仪、技术经验交流等），给员工提供一个学习交流的平台，提高企业的学习氛围和员工的知识水平；同时是员工情绪中转站，是可以充分感受公司温暖的地方，也是精神得到鼓舞的地方。

2. 早会内容

虽然不同的公司，在公司文化、业务特点上会有所不同，所以早会总的目的都是不尽相同的，但是，早会内容总体上还是差不多的，一般包含以下内容：

（1）每日工作的计划；
（2）各种资料的建立；
（3）各种短时间的教育与培训；
（4）士气的鼓舞；
（5）公司政令的宣导；
（6）出、缺勤的管理。

很多人对早会并不在意，但是就是这样小小的早会，以最简单、最亲近的姿态管理辅导着公司的员工，发展着公司文化。因此，一个良好的公司早会，可以为公司带来无穷的好处。

3. 早会流程

推行早会制度，首先要明确召开早会的流程。在汽车维修企业中的早会一般按照以下流程进行，以10分钟时间早会为例：

（1）整理队伍，检查出勤人数（1分钟）；
（2）学习英语或技术知识（1.5分钟）；
（3）对工具设备、环境卫生及岗位职责履行情况进行交互检查考核（3分钟）；
（4）对阶段性重大活动进展情况进行检查或总结（1.5分钟）；
（5）由业务部门汇报车辆进厂和跟踪情况，宣布客户抱怨和投诉处理结果（1.5分钟）；
（6）由各部门总结前一天工作，布置当天工作任务（1.5分钟）；
（7）主持人宣布早会结束，员工拍掌三下离开。

早会召开的内容应视具体情况做适当调整。

在推行早会制度的过程中要注意以下几点。

（1）要在员工普遍接受（至少是班组长或是班组代表以上人员能够签字确认）的情况下推行该制度。

（2）一旦制度得到认可，就必须严格执行制度的有关规定，具体有以下几方面：

①时间观念。早会要按时召开。很多企业都有这种现象，规定在8点召开早会，可是到了8点10分了还有人慢腾腾地走来，对于这种现象一定要严格地执行相关的规定。优秀的团队，一定是纪律严明，守时守信。

早会也要按时结束。召开早会切忌拖沓冗长，对同一桩事情反复唠叨。有些难得上台的管理人员，抓住演讲的机会不放，话匣子一打开便不愿结束，东拉西扯，没完没了。台上讲的人滔滔不绝，台下听的人却心生厌倦。心急的员工忍无可忍，干脆找个借口离场了事。这样既影响了早会的纪律，又降低了主持人的威信，让早会在员工心里大打折扣。因此，在早会前，主持人必须对早会有充分的准备。当然在刚刚推行的过程中，难免时间把握不准，这也属正常现象。

②队伍整理。整理队伍是早会的第一项,也是能够调整大家精神面貌的最重要的一项,因此整理队伍一定要认真对待,要尽可能地按照军训的要求去做,整理队伍的人员最好要有专业素质(如保安)。

③纪律要严。在召开早会过程中,员工必须统一着装,统一站姿,绝对不允许喧哗,不允许交头接耳,不允许低头等,严格地按纪律要求操作。主持人要注意自己的形象,要做到以身作则。因为只有这样,大家才能在意识上重视早会。

(3)内容丰富,形式灵活。早会最忌走过场,让员工对它失去希望和耐心。对于早会的组织,应该像餐厅里提供的饭菜那样,要及时地进行更换,不能千篇一律,导致"罢餐"。早会的内容要时刻围绕企业的真实情况,进行及时调整,这样才能大大地刺激他们的"味蕾",调动员工的积极性。将早会办得有声有色并不困难,主要看早会主持人能不能及时地发现问题,能不能做好准备,能不能将形式进行及时创新。

(4)及时记录。早会召开过程中,一定要有专人(记录员)及时地对早会的内容进行记录,这样才能便于检查监督。

早会制度在企业管理过程中已经发挥了相当大的作用,希望以上内容能够对更多企业推行早会制度有一定的帮助。

4. 早会口号

口号是供口头呼喊的有纲领性和鼓动作用的简短句子。喊口号可振奋精神,提高人的神经兴奋度,对提高工作效率是有利的。

早会口号,顾名思义就是在早会时口头呼喊的有纲领性和鼓动作用的简短句子。早会口号是为早会这个基层管理工具服务的。早会口号就是利用意识的影响力,借助口号,潜移默化地指导员工有效地开展实践,更好地完成工作;同时也是在向员工宣传公司文化。

很多企业在早会的时候都会设计各种各样的早会口号,不同的行业特点,不同的公司文化,早会的口号也是不同的,但大致可分为以下几大类:励志、产品品质与公司文化等。例如:

- 我每天都是幸运的!
- 今天我要努力工作!
- 因为自信,所以成功!
- 相信自己,相信伙伴!
- 一鼓作气,挑战佳绩!
- 我最优秀,我最敬业!
- 永不言退,我们是最好的团队!
- 成功绝不容易,还要加倍努力!
- 今天付出,明天收获,全力以赴,事业辉煌!
- 目标明确,坚定不移,天道酬勤,永续经营!
- 奇瑞奇瑞,信心百倍!
- 以质量求生存!
- 以速度求发展!
- 零返修,零投诉!
- 24小时竭诚为您服务!
- 用心爱车,用心做人!

知识拓展

蝴蝶效应（The Butterfly Effect）

20世纪70年代，美国一个名叫洛伦兹的气象学家在解释空气系统理论时说，亚马孙雨林一只蝴蝶翅膀偶尔振动，也许两周后就会引起美国得克萨斯州的一场龙卷风。

蝴蝶效应是说，初始条件十分微小的变化经过不断放大，对其未来状态会造成极其巨大的差别。有些小事可以糊涂，但有些小事如经系统放大，则对一个组织、一个企业、一个国家来说也是很重要的。

管理启示

今天的汽车维修企业，其命运同样受"蝴蝶效应"的影响。客户越来越相信感觉，因此服务品牌、汽车服务环境、服务态度这些无形的价值都会成为他们选择的因素。所以只要稍加留意，我们就不难看到，一些管理规范、运作良好的汽车维修企业，在他们的经营理念中都会出现这样的句子：

"在统计你所接待的100名客户里，若只有一名客户对你的服务不满意，因此你可能只有1%的不合格，但对于该客户而言，他得到的却是100%的不满意。"

"你一朝对客户不善，企业就需要10倍甚至更多的努力去补救。"

"在客户眼里，你代表企业。"

"细节决定成败。"

思考与练习

1. 企业文化的内涵是什么？
2. 企业文化的构成是什么？企业文化的功能是什么？
3. 企业文化建设的方法是什么？
4. 企业形象的基本要素是什么？
5. 使用5W2H方法分解一下回访电话的工作内容。
6. PDCA方法的特点是什么？
7. 什么是5S现场管理？实施5S的目的是什么？
8. 企业早会的工作内容是什么？

能力训练

1. 针对某汽车维修企业，设计一套长效机制，促进企业文化的建设并发挥企业文化的功能。
2. 运用5W2H与PDCA管理方法，制订与实施一份大学生创新就业计划。

单元 3 服务礼仪

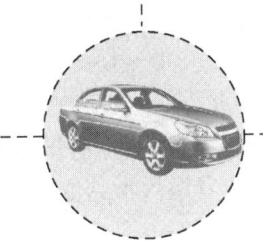

【学习目标】
1. 知道礼仪的基本原则；
2. 学会基本礼仪；
3. 学会汽车维修业务接待礼仪规范。

3.1 礼仪

3.1.1 礼仪的定义

"礼"是表示敬意的通称，表示尊敬的语言或动作；"仪"则表示准则、表率、仪式、风度等。"礼仪"，是"礼"和"仪"的合成。

礼仪是人类社会生活中在语言行为方面的一种约定俗成的符合礼的精神，要求每一个社会成员共同遵守的准则和规范；礼仪也是人们在长期的生活实践中，在语言行为方面由于风俗习惯而形成的为大家所共同遵守的准则。

3.1.2 礼仪的基本原则

1. 尊重

孔子曰"礼者，敬人也"，这是对礼仪的核心思想的高度概括。尊重的原则，就是要求我们在服务过程中，要将对客户的重视、恭敬、友好放在第一位，这是礼仪的重点与核心。在服务过程中，首要的原则就是"敬人之心常存"。掌握了这一点，就等于掌握了礼仪的灵魂。在人际交往中，只要不失敬人之意，哪怕具体做法一时失当，也容易获得服务对象的谅解。

2. 真诚

真诚的原则，就是要求在服务过程中，必须待人以诚，只有如此，才能表达对客人的尊敬与友好，才会更好地被对方所理解、所接受。与此相反，倘若仅把礼仪作为一种道具和伪装，在具体操作礼仪规范时口是心非，言行不一，则有悖于礼仪的基本宗旨。

3. 宽容

宽容的原则，是要求在服务过程中，既要严于律己，更要宽以待人。多体谅他人，多理解他人，学会与服务对象进行换位思考，而千万不要求全责备，咄咄逼人。这实际上也是尊重对方的一个主要表现。

4．从俗

从俗的原则，是考虑国情、民族、文化背景的不同，而实际上存在着"十里不同风，百里不同俗"的局面。例如，在全球性的体育赛事奥运会的服务工作中，要求志愿者对各国的礼仪文化、礼仪风俗以及宗教禁忌要有全面、准确的了解，才能够在服务过程中得心应手，避免出现差错。

5．适度

适度的原则，是要求服务过程中，为了保证取得成效，必须注意技巧，合乎规范，特别要注意做到把握分寸，认真得体。这是因为凡事过犹不及。假如做得过了头，或者做得不到位，就不能正确地表达自己的敬人、自律之意。

6．敬人

人们在社会交往中，要敬人之心常存，处处不可失敬于人，不可伤害他人的个人尊严，更不能侮辱对方的人格。

敬人就是尊敬他人，包括尊敬自己，维护个人乃至组织的形象。不可损人利己，这也是人的品格问题。

7．自律

自律的原则，是礼仪的基础和出发点。学习、应用礼仪，最重要的就是要自我要求、自我约束、自我对照、自我反省和自我检查。

自律就是自我约束，按照礼仪规范严格要求自己，知道自己该做什么，不该做什么。

8．平等

平等是礼仪的核心，平等的原则，即尊重交往对象，以礼相待，对任何交往对象都必须一视同仁，给予同等程度的礼遇。

礼仪是在平等的基础上形成的，是一种平等的、彼此之间的相互对待关系的体现，其核心问题是尊重且满足相互之间获得尊重的需求。在交际活动中既要遵守平等的原则，同时也要善于理解具体条件下对方的一些行为，不应过多地挑剔对方的行为。

3.1.3 礼仪的作用

礼仪的作用概括地说，是表示人们不同地位的相互关系和调整、处理人们相互关系的手段。礼仪的作用表现在以下几个方面。

1．尊重

尊重的作用即向对方表示尊敬、表示敬意，同时对方也还之以礼。"礼尚往来"，有礼仪的交往行为，蕴含着彼此的尊敬。

2．约束

礼仪具有约束作用，作为行为规范对人们的社会行为具有很强的约束作用。礼仪经制定和推行后，久而久之，便会对社会的习俗和社会行为加以规范。任何一个生活在某种礼仪习俗和规范环境中的人，都自觉或不自觉地受到该礼仪的约束，自觉接受礼仪约束的人是"成熟的人"的标志；不接受礼仪约束的人，社会就会以道德和舆论的手段来对他加以约束，甚至以法律的手段来惩罚。

3．教化

礼仪具有教化作用，主要表现在两个方面：一方面，礼仪的尊重和约束作用。礼仪作为一种道德习俗，它对全社会的每个人，都具有教化作用，都在施行教化。另一方面，礼仪的形成、礼仪的完备和固化，会成为一定社会传统文化的重要组成部分，它以"传统"的力量不断地由老一辈传承给新一代，世代相继、世代相传。在社会进步中，礼仪的教化作用具有极为重大的意义。

4．调节

礼仪具有调节人际关系的作用。一方面，礼仪作为一种规范、约定，作为一种文化传统，对人们之间相互关系的模式起着规范、约束和及时调整的作用；另一方面，礼仪形式、礼仪活动也可以化解矛盾、建立新的关系模式。可见，礼仪在处理、发展健康良好的人际关系中，具有极其重要的作用。

3.2 基本礼仪

3.2.1 仪容仪表

仪容，通常是指人的外观、外貌，主要是指人的容貌。在人际交往中，每个人的仪容都会引起交往对象的特别关注，并将影响到对方对自己的整体评价。在个人的仪表问题中，仪容是重中之重。

仪表是人的外表，它包括人的形体、容貌、健康状况、姿态、举止、服饰和风度等方面，是人举止风度的外在体现。风度是指举止行为、待人接物时，一个人的德才学识等各方面的内在修养的外在表现。风度是构成仪表的核心要素。

1．仪容美的含义

（1）仪容自然美。它是指仪容的先天条件好，天生丽质。尽管"以貌取人"不合情理，但先天美好的仪容相貌，无疑会令人赏心悦目，感觉愉快。

（2）仪容修饰美。它是指依照规范与个人条件，对仪容进行必要的修饰，扬其长，避其短，设计、塑造出美好的个人形象，在人际交往中尽量令自己显得有备而来，自尊自爱。

（3）仪容内在美。它是指通过努力学习，不断提高个人的文化、艺术素养和思想、道德水准，培养出自己高雅的气质与美好的心灵，使自己"秀外慧中，表里如一"。

真正意义上的仪容美，应当是上述三个方面的高度统一。忽略其中任何一个方面，都会使仪容美失之于偏颇。

在这三者之间，仪容的内在美是最高的境界，仪容的自然美是人们的心愿，而仪容的修饰美则是仪容礼仪关注的重点。

要做到仪容修饰美，自然要注意修饰仪容。修饰仪容的基本规则是美观、整洁、卫生、得体。

2．仪容美的基本要素

仪容美的基本要素是貌美、发美、肌肤美，主要要求整洁干净。美好的仪容一定能让人感觉到其五官构成彼此和谐并富于表情；发质发型使其英俊潇洒、容光焕发；肌肤健美使其充满生命的活力，给人以健康自然、鲜明和谐、富有个性的深刻印象。但每个人的仪容是天生的，长相如何不是至关重要的，关键是心灵的问题。从心理学上讲每一个人都应该接纳自己，也接纳别人。

3．仪容的修饰

为了维护自我形象，有必要修饰仪容。在仪容的修饰方面要注意5点事项：

(1) 仪容要干净，要勤洗澡、勤洗脸，脖颈、手都要干干净净，并经常注意去除眼角、口角及鼻孔的分泌物。要换衣服，消除身体异味。

(2) 仪容应当整洁。整洁，即整齐洁净、清爽。要使仪容整洁，重在持之以恒。

(3) 仪容应当卫生。讲究卫生，是公民的义务，注意口腔卫生，早晚刷牙，饭后漱口；指甲要常剪，头发按时理，不得蓬头垢面，也不要体味熏人。

(4) 仪容应当简约。仪容既要修饰，又忌讳标新立异、"一鸣惊人"，简练、朴素最好。

(5) 仪容应当端庄。仪容庄重大方，斯文雅气，不仅会给人以美感，还易于使自己赢得他人的信任。相形之下，将仪容修饰得花里胡哨、夸张怪诞，是得不偿失的。

仪表各环节要求如表3-1所示。

表3-1 仪表各环节要求

仪表部位	规范要求
头发	洁净、整齐，无头屑，不染发，不做奇异发型；男性不留长发，女性不留披肩发，也不用华丽头饰
眼睛	无眼屎，无睡意，眼不充血，不斜视；眼镜端正、洁净明亮；不戴墨镜或有色眼镜；女性不画眼影，不用人造睫毛
耳朵	内外干净，无耳屎；女性不戴耳环
鼻子	鼻孔干净，不流鼻涕，鼻毛不外露
胡子	胡子刮干净或修整齐，不留长胡子，不留八字胡或其他奇形怪状的胡子
嘴	牙齿整齐洁白，口中无异味，嘴角无泡沫，会客时不嚼口香糖等食物。女性不用深色或妖艳口红
脸	洁净；无明显粉刺；女性施粉适度，不留痕迹
脖子	不戴项链或其他饰物
手	洁净；指甲整齐，不留长指甲；不涂指甲油，不戴结婚戒指以外的戒指
帽子	整洁、端正，颜色与形状符合自己的年龄与身份
衬衣	领口与袖口保持洁净；扣上风纪扣，不要挽袖子；质地、款式及颜色与其他服饰相匹配，并符合自己的年龄、身份和公司的个性
领带	端正整洁，不歪不皱；质地、款式与颜色与其他服饰匹配，符合自己的年龄、身份和公司的个性；不宜过分华丽和耀眼
西装	整洁笔挺，背部无头发和头屑；不打皱，不过分华丽；与衬衣、领带和西裤匹配；与人谈话或打招呼时，将第一个纽扣扣上；上口袋不要插笔，所有口袋不要因放置钱包、名片、香烟、打火机等物品而鼓起来
胸饰与女士服装	胸卡、徽章佩戴端正，不要佩戴与工作无关的胸饰；胸部不宜袒露；服装整洁无皱，穿职业化服装，不穿时装、艳装、晚装、休闲装、透明装、无袖装和超短裙
皮带	高于肚脐，松紧适度，不要选用怪异的皮带扣
鞋袜	鞋袜搭配得当；系好鞋带；鞋面洁净亮泽，无尘土和污物；不宜钉铁掌，鞋跟不宜过高、过厚和怪异。袜子干净无异味，不露出腿毛；女性穿肉色短袜或长筒袜，袜子不要褪落和脱丝

4. 仪表修饰的原则

生活中人们的仪表非常重要，它反映出一个人的精神状态和礼仪素养，是人们交往中的"第一形象"。天生丽质、风仪秀整的人毕竟是少数，然而我们却可以靠化妆修饰、发式造型、着装佩饰等手段，弥补和掩盖在容貌、形体等方面的不足，并在视觉上把自身较美的方面展露、衬托和强调出来，使形象得以美化。成功的仪表修饰一般应遵循以下原则：

(1) 适体性原则。要求仪表修饰与个体自身的性别、年龄、容貌、肤色、身材、体型、个性、气质及职业身份等相适宜、相协调。

（2）时间（Time）、地点（Place）、场合（Occasion）原则。简称TPO原则，即要求仪表修饰因时间、地点、场合的不同而相应变化，使仪表与时间、环境氛围、特定场合相协调。

（3）整体性原则。要求仪表修饰先着眼于人的整体，再考虑各个局部的修饰，促成修饰与人自身的诸多因素之间协调一致，使之浑然一体，营造出整体风采。

（4）适度性原则。要求仪表修饰无论在修饰程度，还是在饰品数量和修饰技巧上，都应把握分寸，自然适度，追求虽刻意雕琢但又不露痕迹的效果。

3.2.2 基本仪态

仪态泛指人们的身体所呈现出来的各种姿势，亦即身体的具体造型，也称为体姿，包括人的表情、站姿、坐姿、蹲姿、行姿等，以及身体展示的各种日常行为动作。用优美的仪态表现礼仪，比用语言更让受礼者感到真实、美好和生动。工作中应注意自己的仪态礼仪，这不但是自我尊重和尊重他人的表现，也能反映出自身的工作态度和责任感。

1. 表情

表情的要求，如表3-2所示。

表3-2 表情的要求

待人谦恭	待人谦恭与否，不仅从表情神态方面可以很直观地看出来，而且也备受服务对象的重视。所以务必要使自己的表情神态于人恭敬、于己谦和
表情友好	对于任何服务对象，皆应友好相待
适时调整	不论是庄重、宽和、活泼、俏皮，还是不满、气愤、悲伤，表情都要与现场的氛围相符合
真心实意	表情出自真心，才能做到表里如一、名副其实

另外，人的眼睛是心灵的窗户，而眼神是人的表情的主要表现部位，眼神的运用如表3-3所示。

表3-3 眼神的运用

注视的部位	眼睛	问候对方、听取诉说、征求意见、强调要点、表示诚意、向人道贺或与人道别皆应注视对方的双眼，但注意时间上不宜过久
	面部	与对方较长时间交谈时，可注视对方的面部，但不要聚集于一点，以散点柔视为宜。用于接待服务
	全身	服务对象距离较远时，应注视对方的全身。站立服务时，往往会有此必要
	局部	实际需要时，对对方身体的某一部分会多加注视。如在递接物品时，应注视对方手部。注意：如没有任何理由，不得注视打量对方的头顶部、胸部、腹部、臀部或大腿，这些都是失礼的表现
注视的角度	正视	与人正面相向，眼光可停留在对方脸部三角区，即眉骨、鼻梁之间
	平视	本人与对方相似高度，正视时往往要求平视对方，可表现出双方地位的平等与本人的不卑不亢
	仰视	本人的位置较对方低，需要抬头向上仰视对方，仰视他人时，可给予对方重视信任之感
兼顾多方		给予每位对象以适当的注视，使其不会产生被疏忽、被冷落之感

与客户交谈时，两眼视线应落在对方的脸部三角区，偶尔也可以注视对方的双眼。恳请对

方时，可注视对方的双眼。为表示对客户的尊重和重视，切忌斜视或目光在他人他物，避免让客户感到你心不在焉。

2．站姿

站立是人们生活交往中一种最基本的仪态，它指的是人在站立时呈现出的具体姿态。"站如松"是指人的站立姿势要像松树一样端正挺拔，是一种静态美，是培养优美仪态的起点。优美的站姿能衬托出一个人的气质和风度。

（1）站姿的要求。站姿的基本要求是挺直、舒展、线条优美、精神焕发。站立时，上下看要有直立感，即以鼻子、肚脐为中线的人体大致垂直于地面；左右看要有开阔感，即肢体和身段给人舒展的感觉；侧面看也要有直立感，即从耳朵到脚踝骨所形成的直线也大致垂直于地面，如图3-1所示。

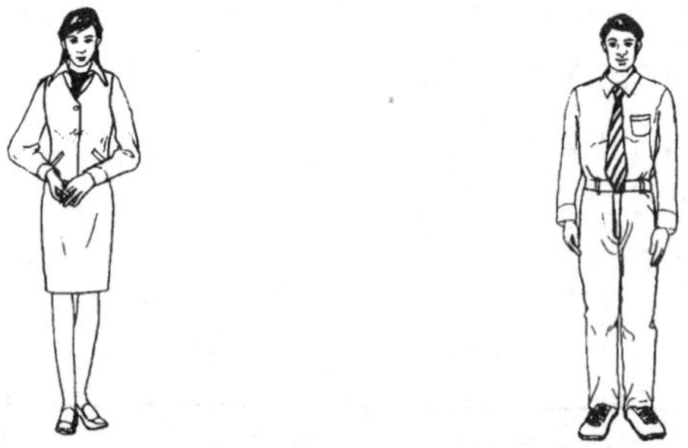

（a）女士标准站姿　　　　　（b）男士标准站姿

图3-1　标准站姿要求

（2）具体的站姿。男士站立时，要表现出刚健、强壮、英武、潇洒的风采。具体要求是，下颌微收，双目平视，身体立直，挺胸抬头，挺髋立腰，吸腹收臀，两膝并严，两脚靠紧，双手置于身体两侧，自然下垂，这是标准的立正姿势。

男士站立时，也可以脚跟靠近，脚掌分开呈"V"字形，或者两腿分开，两脚平行，但不可超过肩宽，双手叠放于身后，掌心向外，形成背手，背手有时会给人盛气凌人的感觉，在正式场合或者有领导和长辈在场时要慎用，如图3-2所示。

女士站立时，要表现出轻盈、娴静、典雅、优美的韵味。具体要求是身体立直，挺胸收腹；双手自然下垂，也可相叠或相握放在腹前；两膝并严，两脚并拢，也可以脚跟并拢，脚尖微微张开，两脚尖之间大致相距10厘米，其张角约为45°，形成"V"字形，或者两脚一前一后，前脚脚跟紧靠后脚内侧足弓，形成"丁"字形。

（3）站姿的调整。

①同别人站着交谈时，如果空着手，男士可以双手相握（应握在手背部分）或叠放于身后，女士可以双手相握（应握在手指部分）或叠放于腹前。

②身上背着背包时，可利用背包摆出高雅的姿势，如用手轻扶背包或夹着背包的肩带。

③身着礼服或旗袍时，绝对不要两脚并列，而要两脚一前一后，相距5厘米左右，以一只脚为重心。

④向他人问候、做介绍、握手、鞠躬时，两脚要并立，相距约10厘米，膝盖要挺直。

⑤等待时，两脚的位置可以一前一后，保持45°角，肌肉放松而自然，但仍保持身体的挺直。

⑥站立过久时，可以把脚后撤一小步，后面的脚跟可以稍微抬起一点，身体的重心置于前

面的脚上。

(4) 站立时禁忌的姿势。

①手的错位。站立时双手可以随谈话的内容做一些适当的动作,来帮助对方理解谈话的内容,但双手的动作宜少不宜多,宜小不宜大,切不可做一些乱指乱点、乱动乱摸、乱举乱扶、将手插入裤袋、左右交叉抓住胳膊压在胸前、摆弄小东西、咬手指甲等不合礼仪要求的动作。

②脚的错位。双脚站累时可以把身体的重心从两脚挪到任何一只脚上,但不可把两膝弯曲,双脚摆成外八字,用脚做一些乱指乱点、乱踢乱画、乱蹦乱跳、勾东西、蹭痒痒、脱鞋子或半脱不脱、脚后跟踩在鞋帮上、一半在鞋里一半在鞋外等不合礼仪要求的动作,如图3-3所示。

③腿的错位。站立时双腿不可叉开过宽,不可交叉形成别腿,或把脚踩、蹬、勾在别的东西上,甚至把腿搭在或跨在别的东西上,使腿部错位,更不可抖动双腿或一条腿。

④上身错位。上身不可自由散漫,东倒西歪,或随意倚、靠、趴在别的东西上,或斜肩、凹胸、凸腹、驼背、撅臀,显得无精打采,萎靡不振,如图3-4所示。

⑤头部错位。站立时应避免脖子没有伸直,使得头部向左或向右歪斜,头仰得过高或压得过低,目光斜视或盯视,表情僵硬等。

图3-2 男士站姿　　　　图3-3 男士不雅站姿　　　　图3-4 女士不雅站姿

3. 坐姿

坐姿是指就座之后所呈现的姿势。"坐如钟"是指人在就座之后要像钟一样稳重,不偏不倚,如图3-5所示。它也是一种静态美,是人们在生活工作中采用得最多的一种姿势。

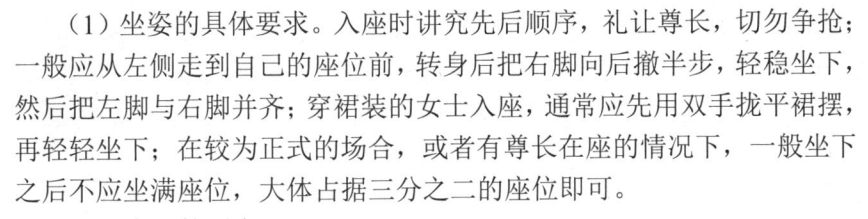

(1) 坐姿的具体要求。入座时讲究先后顺序,礼让尊长,切勿争抢;一般应从左侧走到自己的座位前,转身后把右脚向后撤半步,轻稳坐下,然后把左脚与右脚并齐;穿裙装的女士入座,通常应先用双手拢平裙摆,再轻轻坐下;在较为正式的场合,或者有尊长在座的情况下,一般坐下之后不应坐满座位,大体占据三分之二的座位即可。

(2) 坐定的要求。

①头部端正。坐定时要求头部端正,可以扭动脖子,但不能歪头;眼睛正视交谈对方,或者目视前方,目光柔和,表情自然亲切。

图3-5　女士标准坐姿

②上半身伸直。上半身自然伸直,两肩平正放松,两臂自然弯曲,两手既可以放在大腿上,也可以放在椅子或沙发扶手上,掌心一定要向下。

③下半身稳重。两腿自然弯曲,两脚平落地面,在正规的场合,上身与大腿、大腿与小腿,均应当为直角,即所谓"正襟危坐"。

(3) 坐定的姿势。

①男士的坐姿。坐定以后，头部和上半身的要求与站姿一样。双腿、双脚并拢，形成"正襟危坐"。双腿、双脚也可以张开一些，但是不能宽于肩部，如图3-6所示。

②女士的坐姿。女士落座后，头部和上半身的要求也与站姿一样，但更强调要双腿并拢。双腿、双脚并拢"正襟危坐"，如图3-7所示。

图3-6 男士的坐姿　　　　　　　　　图3-7 女士的坐姿

姿势一：双腿并拢，双脚呈"V"字形或"丁"字形"正襟危坐"。

姿势二：左脚向左或向右移半步，双腿并拢，双脚并拢，双膝向左或向右略微倾斜。

姿势三：左脚向左或向右移半步，一条腿压在另一条腿上，上面的腿和脚尖尽量向下压，不能翘得过高，否则有失风度。

(4) 坐定时禁忌的姿势。

①身体歪斜：如身体前倾、身体后仰或身体歪向一侧等。

②头部不正：如左顾右盼、摇头晃脑等。

③手部错位：如双手端臂，双手抱于脑后，双手抱住膝盖，用手浑身乱摸、到处乱敲，双手夹在双腿间、双手垫在双腿下等。

④腿部失态：如双腿叉开过大、抖动不止、架在其他地方、高翘"4"字形腿、直伸开去等。

⑤脚部失态：如坐定后脱下鞋子或者脱下袜子，用脚尖指人或脚尖朝上使别人能看见鞋底，把脚架在高处、翘到自己或别人的座位上，双脚摆成内八字，双脚上下或左右抖个不停等。

4．蹲姿

蹲姿在工作和生活中用得相对不多，但最容易出错。人们在拿取低处的物品或拾起落在地上的东西时，不妨使用下蹲和屈膝的动作，这样可以避免弯腰、撅臀，尤其是穿着裙装的女士下蹲时，稍不注意就会露出内衣，很不雅观。

(1) 蹲姿的具体要求。

①高低式蹲姿。它是指下蹲时一只脚在前，另一只脚稍后（不重叠），两腿靠紧向下蹲。前边那只脚全脚掌着地，小腿基本垂直于地面，后边那只脚脚跟提起，脚掌着地。后边的膝盖低于前边的膝盖，后膝内侧靠于前小腿内侧，形成前膝高后膝低的姿势；臀部向下，基本上以后边的腿支撑身体。男士选用这种蹲姿时，两腿之间可有适当距离。标准蹲姿如图3-8所示。

②男女蹲姿的不同。男士一般采用高低式蹲姿，女士一般采用高低式蹲姿或者交叉式蹲姿。

(2) 蹲姿的禁忌。采用高低式蹲姿时两腿不应分开过大，如图3-9所示，尤其是着裙装的女士更不可这样，或者是采用高低式蹲姿时不但两腿分开过大，而且两腿一样高，也十分不雅。

（a）女士标准蹲姿　　　　（b）男士标准蹲姿

图3-8　标准蹲姿

图3-9　女士不雅蹲姿

5. 行姿

行姿，也称走姿，指人们在行走的过程中所形成的姿势。"行如风"指的是人们行走时像一阵风一样轻盈。它是一种动态美，是以人的站姿为基础的，实际上属于站姿的延续动作。

（1）行姿的具体要求。

①重心落前。在起步行走时，身体应稍向前倾，身体的重心应落在反复交替移动的前脚脚掌之上。要注意的是，当前脚落地、后脚离地时，膝盖一定要伸直，踏下脚时再稍微松弛，并即刻使重心前移，这样行走时，步态才会好看。

②全身协调。行走过程中，要面朝前方，双眼平视，头部端正，胸部挺起，背部、腰部、膝部尤其要避免弯曲，使全身形成一条直线。

③摆动两臂。行进时，双肩、双臂都不可过于僵硬呆板。双肩应当平稳，力戒摇晃。两臂则应自然地、一前一后地、有节奏地摆动。在摆动时，手腕要进行配合，掌心要向内，手掌要向下伸直。手臂摆动的幅度，以向前不超过30°，向后不超过15°为佳。

④脚尖前伸。行进时，向前伸出的那只脚应保持脚尖向前，不要向内或向外。同时还应保证步幅（行进中一步的长度）大小适中。通常，正常的步幅应为一脚之长，即行走时前脚脚跟与后脚脚尖二者相距为一脚长。

⑤协调匀速。在行走时，大体上在某一阶段中速度要均匀，要有节奏感。另外，全身各个部分的举止要相互协调、配合，要表现得轻松、自然。

⑥直线前进。在行进时，女士的行走轨迹，双脚的内侧应在一条直线；男士的行走轨迹，应呈两条平行线。与此同时，要克服身体在行进中的左右摇摆，并从腰部至脚部始终都保持以直线的状态进行移动，如图3-10所示。

图3-10　标准行姿

(2) 行走时禁忌的姿势。

①瞻前顾后。在行走时要目视前方，不应左顾右盼，尤其是不应反复回过头来注视身后。

②双肩乱晃。在行走时应力戒双肩左右摇晃不止，以致身体也随之乱晃不止。

③八字步态。在行走时，若两脚脚尖向内侧伸构成内八字步，或两脚脚尖向外侧伸构成外八字步，这样走起来都很难看。

④速度多变。行走之时，切勿忽快忽慢。要么突然快步奔跑，要么突然止步不前，让人不可捉摸。

⑤声响过大。在行走时不可用力过猛，使脚步声响太大，因而妨碍他人，或惊吓了其他人。

⑥方向不定。在行走时方向要明确，不可忽左忽右，变化多端，显得鬼鬼祟祟，心神不定。

⑦不讲秩序。在行走时要遵守交通规则，靠右行走，不可争先恐后，乱闯一气。与别人"狭路相逢"时，要礼让别人，不可各不相让，甚至动口吵架或动手打架。

⑧人群中穿行。在行走时，如果想超过前边的人或人群，就要从他或他们的左侧经过，不可从他或他们的右侧或中间经过。如果迎面过来有人，大家各自靠右即可，不可从迎面人群中间穿行。

⑨边走边吃。一边走，一边吃，既不卫生，又不雅观。可在室内或销售摊点吃完东西再走。

3.2.3 基本礼仪规范

1. 基本用语

有客人来访或遇到陌生人时，应使用文明礼貌语言。基本用语规范如表3-4所示。

表3-4 基本用语规范

基本用语	情 景
"您好""你好"	初次见面或当天第一次见面时使用。清晨（十点钟以前）可使用"早上好""您早"等，其他时间使用"您好"或"你好"
"欢迎光临""您好，有什么可以帮到您"	前台接待人员见到客人来访时使用
"对不起，请问……"	等候时使用，态度要温和且有礼貌
"让您久等了"	无论客人等候时间长短，均应向客人表示歉意
"麻烦您，请您……"	如需让客人登记或办理其他手续时，应使用此语
"不好意思，打扰一下……"	当需要打断客人或其他人谈话的场合时使用，要注意语气和缓，音量要轻
"谢谢"或"非常感谢"	对其他人所提供的帮助和支持，均应表示感谢
"再见"或"欢迎下次光临"	客人告辞或离开时使用

礼貌用语规范，如表3-5所示。

表3-5 礼貌用语规范

情 景	规 范 标 准
问候语	早上好、您早、晚上好、您好、大家好……
致谢语	谢谢、非常感谢、谢谢您、十分感谢……
拜托语	请多关照、承蒙关照、麻烦您了、拜托了……
慰问语	辛苦了、受累了……

续表

情　景	规　范　标　准
赞赏语	很好、太好了、真棒……
谢罪语	对不起、劳驾、实在抱歉……
挂念语	身体好吗？近来怎样？……
祝贺语	祝您成功、身体健康、一帆风顺……
理解语	只能如此、深有同感……
迎送语	欢迎光临、见到您很高兴、再见、慢走、走好、欢迎再来……
征询语	我能为您做些什么？需要帮助吗？您觉得这车怎么样？您是不是很喜欢这种颜色？……
应答语	是的、我会尽量按您的要求去做、没关系、不必客气……
推托语	这件东西其实跟您刚才想要的差不多、很遗憾，不能帮您的忙……

2. 人际距离

所谓人际距离，一般是指在人与人的正常交往中，交往对象彼此之间在空间上所形成的间隔，亦即交往对象之间彼此相距的远近。常规人际距离如表3-6所示。

表3-6　常规人际距离

场　景	规　范　标　准
服务距离	一般情况下，服务距离以0.5米至1.5米之间为宜
展示距离	进行展示时，既要使客户看清自己的操作示范，又要防止对方对自己的操作示范有所妨碍，或是遭到误伤，展示距离在1米至3米之间为宜
引导距离	在行进客人左前方1.5米左右最为适当
待命距离	方便随时为客人提供服务，正常情况下应当在3米之内
信任距离	工作人员不能离开客户而走，不从客户的视线中消失。注意：不要躲在附近；也不要一去不返
交谈距离	个人交谈的最佳距离为1米至1.5米，并最好有一定角度，两人可斜站对方侧面，形成30°最佳，避免面对面。这个距离和角度，既无疏远之感，又文明卫生。另外，在交谈中，如偶然咳嗽要用手帕遮住口鼻，不能直对前面，更不能随地吐痰

3. 介绍

介绍是人际交往中互相了解的基本方式，正确的介绍可以使不相识的人相互认识，也可以通过落落大方的介绍和自我介绍，显示出良好的交际风度。介绍分为自我介绍和介绍他人。

（1）自我介绍。自我介绍的基本程序是，先向对方点头致意，得到回应后再向对方介绍自己的姓名、身份和单位，即自我介绍"三要素"，同时递上准备好的名片。自我介绍时，表情要坦然、亲切，注视对方，举止庄重大方，态度镇定而充满信心，表现出渴望认识对方的热情。如果见到陌生人就紧张、畏怯、语无伦次，不仅说不清自己的身份和来意，还会造成难堪的场面。

做自我介绍时，应根据不同的交往对象内容繁简适度。自我介绍总的原则是简明扼要，一般以半分钟为宜，情况特殊的也不宜超过3分钟。如果对方表现出有认识自己的愿望，则可在报出本人姓名、供职单位、职务的基础上，再简略地介绍一下自己的籍贯、学历、兴趣、专长及与某人的关系等。自我介绍应该实事求是，既不能把自己拔得过高，也不要自卑地贬低自己。介绍用语一般要留有余地，不宜用"最""第一""特别"等极端的词语。

自我介绍有一些忌讳需要注意和避免。

①不要过分夸张热诚。如大力握手或热情拍打对方手背的动作，可能会使对方感到诧异和反感。

②不要打断别人的谈话而介绍自己，要等待适当的时机。

③不要态度轻浮，要尊重对方。无论男女都希望别人尊重自己，特别是别人尊重他的优点和成就。因此在自我介绍时，表情一定要庄重。

④如果一个以前曾经介绍过的人，未记起你的姓名，你不要做出提醒式的询问，最佳的方式是直截了当地再自我介绍一次。

（2）介绍他人。介绍他人是经第三者为彼此不相识的双方引见、介绍的一种介绍方式。他人介绍通常是双向的，即将被介绍者双方各自均做一番介绍。做介绍的人一般是主人、朋友或公关人员。

介绍他人时，必须按"尊者优先"的原则，即"尊者优先知晓对方"原则。也就是说，应当先介绍位卑者，后介绍位尊者：

- 把年轻者先介绍给年长者；
- 把晚辈先介绍给长辈；
- 把职位低者先介绍给职位高者；
- 把男士先介绍给女士；
- 把家人先介绍给同事、朋友；
- 把未婚者先介绍给已婚者；
- 把客人先介绍给主人；
- 把后来者先介绍给先到者。

由他人做介绍，自己处于当事人之中，如果你是身份高者、长者或主人，在听他人介绍后，应立即与对方互致问候，表示欢迎对方的热忱；如果你是身份低者或宾客，当尚未被介绍给对方时应耐心等待；当将自己介绍给对方时，应根据对方的反应做出相应的应对，如对方主动伸手，你也应及时伸手相握，并适度寒暄。

介绍时应注意以下事项。

①介绍者为被介绍者介绍之前，一定要征求一下被介绍双方的意见，切勿上去开口即讲，显得很唐突，让被介绍者感到措手不及。

②被介绍者在介绍者询问自己是否有意认识某人时，一般不应拒绝，而应欣然应允。实在不愿意时，则应说明理由。

③介绍人和被介绍人都应起立，以示尊重和礼貌；待介绍人介绍完毕后，被介绍双方应微笑点头示意或握手致意。

④在宴会、会议桌、谈判桌上，视情况介绍人和被介绍人可不必起立，被介绍双方可点头微笑致意；如果被介绍双方相隔较远，中间又有障碍物，可举起右手致意并点头微笑致意。

⑤介绍完毕后，被介绍双方应依照合乎礼仪的顺序握手，并且彼此问候对方。问候语有"你好，很高兴认识你""久仰大名""幸会幸会"，必要时还可以进一步做自我介绍。

介绍具体人时，要有礼貌地以手示意，而不要用手指指点点。

介绍规范，如表3-7所示。

表3-7 介绍规范

介绍类型	相应内容	示例
自我介绍	介绍的内容：公司名称、职位、姓名	您好，我是某某汽车公司的服务顾问，我叫某某
	给对方一个自我介绍的机会	请问，我应该怎样称呼您呢？
介绍他人	顺序：把职位低者、晚辈、男士、未婚者分别先介绍给职位高者、长辈、女士和已婚者	王总，这是我公司的服务顾问某某
	国际惯例敬语（姓名和职位）	王总，请允许我向您介绍某某
	被介绍者应面向对方，介绍完毕后与对方握手问候	您好！很高兴认识您！

4．握手

握手是日常工作中最常使用的手势礼仪，握手是交际的一个重要部分。握手的力量、姿势和时间的长短往往能够表达出对握手对象的不同礼遇和态度，显露自己的个性，给人留下不同的印象，也可通过握手了解对方的个性，从而赢得交际的主动权。

（1）握手的要求。通常，与人初次见面，熟人久别重逢，告辞或送行时都可以握手表示自己的善意，这也是最常见的。有些特殊场合，如向人表示祝贺、感谢或慰问时，双方交谈中出现了令人满意的共同点时，或双方原先的矛盾出现了某种良好的转机或彻底和解时，习惯上也以握手为礼。

握手时，距对方约一步远，上身稍向前倾，两足立正，伸出右手，四指并拢，虎口相交，拇指张开下滑，向受礼者握手。掌心向下握住对方的手，显示着一个人强烈的支配欲，无声地告诉别人，他处于高人一等的地位，所以应尽量避免这种傲慢无礼的握手方式。相反，掌心向里握手显示一个人的谦卑与毕恭毕敬，如果伸出双手，更是谦恭备至了。平等而自然的握手姿态是两手的手掌都处于垂直状态。这是一种最普通也最稳妥的握手方式。

戴着手套握手是失礼的行为，但女士可以例外。当然在严寒的室外也可以不脱手套。比如，双方都戴着手套、帽子，这时一般也应先说声："对不起。"握手时双方互相注视、微笑、问候、致意，不要看第三者或显得心不在焉。

除了关系亲近的人可以长久地把手握在一起外，一般握两三下就行。不要太用力，但漫不经心地用手指尖"蜻蜓点水"式去点一下也是无礼的。一般要将时间控制在三到五秒钟以内。如果要表示自己的真诚和热烈，也可较长时间握手，并上下摇晃几下。

握手时两手一碰就分开，时间过短，好像在走过场，又像是对对方怀有戒意。而时间过久，特别是拉住异性或初次见面者的手长久不放，显得有些虚情假意，甚至会被怀疑为"想占便宜"。

握手的顺序是相当有讲究的，坚持"尊者优先伸手原则"：

● 长辈和晚辈之间，长辈伸手后，晚辈才能伸手相握；
● 上下级之间，上级伸手后，下级才能接握；
● 男女之间，女方伸手后，男方才能伸手相握；
● 如果男方为长者，遵照前面说的方法。

如果需要和多人握手，握手时坚持由尊至卑的顺序，即先年长者后年幼者，先长辈再晚辈，先老师后学生，先女士后男士，先已婚者后未婚者，先上级后下级；分不清对方的尊卑次序时，可以按照由近及远的方式进行；也可以从主宾开始，然后按照顺时针方向进行。

交际时如果人数较多，可以只跟相近的几个人握手，向其他人点头示意，或微微鞠躬就行。

为了避免尴尬场面发生，在主动和人握手之前，应想一想自己是否受对方欢迎，如果已察觉对方没有要握手的意思，点头致意就行了。

在公务场合，握手时伸手的先后次序主要取决于职位、身份；而在社交、休闲场合，主要取决于年龄、性别和婚否。

在接待来访者时，这一问题变得特殊一些。当客人抵达时，应由主人首先伸出手来与客人相握。而在客人告辞时，就应由客人首先伸出手来与主人相握。前者是表示"欢迎"，后者就表示"再见"。这一次序颠倒，很容易让人发生误解。

应当强调的是，上述握手时的先后次序不必处处苛求于人。如果自己是尊者或长者、上级，而位卑者、年轻者或下级抢先伸手时，最得体的就是立即伸出自己的手，进行配合。而不要置之不理，使对方当场出丑。

当你在握手时，不妨说一些问候的话，可以握紧对方的手，语气应直接而且肯定，并在加强重要字眼时，紧握着对方的手，来加强对方对你的印象。

总之，握手要注意"五到"：身到、笑到、手到、眼到、问候到！

（2）应当握手的场合：
- 当遇到较长时间没见面的熟人时；
- 在比较正式的场合和认识的人道别时；
- 在以本人作为东道主的社交场合，迎接或送别来访者时；
- 拜访他人后，在辞行时；
- 被介绍给不认识的人时；
- 在社交场合，偶然遇上亲朋故旧或上司时；
- 别人给予你一定的支持、鼓励或帮助时；
- 表示感谢、恭喜、祝贺时；
- 对别人表示理解、支持、肯定时；
- 得知别人患病、失恋、失业、降职或遭受其他挫折时；
- 向别人赠送礼品或颁发奖品时等。

（3）握手的八禁忌。在行握手礼时应努力做到合乎规范，避免下述失礼的禁忌。

①不要用左手相握，尤其是和阿拉伯人、印度人打交道时要牢记，因为在他们看来左手是不干净的。

②在和基督教信徒交往时，要避免两人握手时与另外两人相握的手形成交叉状，这种形状类似十字架，在他们眼里这是很不吉利的。

③不要在握手时戴着手套或墨镜，只有女士在社交场合戴着薄纱手套握手，才是被允许的。

④不要在握手时将另外一只手插在衣袋里或拿着东西。

⑤不要在握手时面无表情、不置一词或长篇大论、点头哈腰、过分客套。

⑥不要在握手时仅握住对方的手指尖，好像有意与对方保持距离。正确的做法，是握住整个手掌，即使对异性也应这样。

⑦不要在握手时把对方的手拉过来、推过去，或者上下左右抖个没完。

⑧不要拒绝握手，即使有手疾或汗湿、弄脏了，也要和对方说一下"对不起，我的手现在不方便"。以免造成不必要的误会。

握手时常见的几种错误，如图3-11所示。

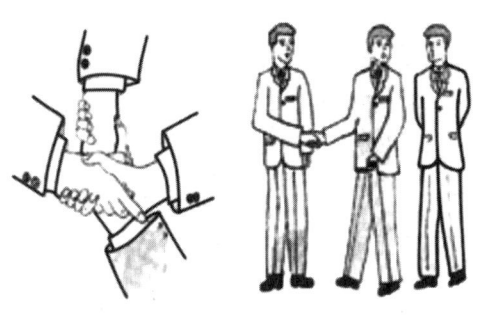

(a) 交叉握手　　　(b) 与第三者说话　　　(c) 摆动幅度太大　　　(d) 戴手套或手不清洁

图3-11　握手时常见的错误

5. 鞠躬

鞠躬是表达敬意、尊重、感谢的常用礼仪。鞠躬时应从内心发出向对方表示感谢、尊重的意念，从而体现于行动，给对方留下诚意、真实的印象。

鞠躬标准如表3-8所示。

表3-8　鞠躬标准

鞠躬类别	规 范 标 准
欠身礼	面带微笑，头颈背成一条直线，目视对方，身体稍向前倾
15°鞠躬礼	面带微笑，头颈背成一条直线，双手自然放在身体两侧裤缝两边（女士双手交叉放在体前）前倾15°，目光约落于体前1.5米处，再慢慢抬起，注视对方
30°鞠躬礼	面带微笑，头颈背成一条直线，双手自然放在身体两侧裤缝两边（女士双手交叉放在体前）前倾30°，目光约落于体前1米处，再慢慢抬起，注视对方

注：行鞠躬礼一般在距对方2米到3米的地方，在与对方目光交流的时候行礼，且行鞠躬礼时必须真诚地微笑，没有微笑的鞠躬礼是失礼的。

鞠躬礼规范如表3-9所示。

表3-9　鞠躬礼规范

场　景		规 范 标 准
遇见客人	在公司内遇到贵宾时	15°鞠躬礼
	在贵宾经过你的工作岗位时	问候、行欠身礼
	领导陪同贵宾到你工作岗位检查工作行走时	起立、问候、行15°鞠躬礼
	遇到客人问讯时	停下、行15°鞠躬礼、回答
遇见同事和领导	每天与同事第一次见面	问候、行欠身礼
	与久未见面的同事相遇	问候、行15°鞠躬礼
	与经常见面的同事相遇	行欠身礼
	到领导办公室请示汇报工作	敲门、听到回应之后进门、行30°鞠躬礼
	在公司内遇到高层领导	问候、行15°鞠躬礼
会议	主持人或领导上台讲话前	与会者行30°鞠躬礼
	主持人或领导讲完话	向与会者行30°鞠躬礼，与会者鼓掌回礼

续表

场 景		规 范 标 准
会议	会议迟到者	必须向主持人行15°鞠躬礼表示歉意
	会议中途离开者	必须向主持人行15°鞠躬礼示意离开
迎送客人	迎接客户	问候、行30°鞠躬礼
	在自我介绍或交换名片时	行30°鞠躬礼并双手递上名片
	会客迎接客人时	起立问候,行30°鞠躬礼,待客人入座后再就座
	欢送客人时	语言表达"再见"或"欢迎下次再来",同时行30°鞠躬礼。目送客人离开后再返回
其他方面	在接受对方帮助时	表示感谢时,行30°鞠躬礼,并说"谢谢"
	给对方造成不便或让对方久等时	行30°鞠躬礼,并说"对不起"
	向他人表示慰问或请求他人帮助时	行30°鞠躬礼
特殊岗位人员礼仪要求	前台接待客人时	当客人到达前台2~3米处,前台服务人员应起立行30°鞠躬礼、微笑问候
	行政前台接待工作客人时	当客人走出楼梯口时,前台接待应起立问候、行30°鞠躬礼,必要时为客人引路、开门
	送茶水时	双手托盘在客人的右侧上茶后,后退一步行15°鞠躬礼,转身离开

6. 名片礼仪

名片是商务人士的必备沟通交流工具,它就像一个人简单的履历表。在递送名片的同时,也是在告诉对方自己的姓名、职务、地址和联络方式。由此可知,名片是每个人最重要的书面介绍材料。

名片的用途十分广泛,最主要的是用作自我介绍,也可随赠送的鲜花或礼物,以及发送的介绍信、致谢信、邀请信、慰问信等一同使用。使用时最重要的是知道如何建立及展现个人风格,使名片更为"个性化"。

若想适时地发送名片,使对方接受并收到最好的效果,必须注意下列事项:

(1)首先要把自己的名片准备好,整齐地放在名片夹、盒或口袋中,要放在易于掏出的口袋或皮包里。不要把自己的名片和他人的名片或其他杂物混在一起,以免用时手忙脚乱或掏错名片。

(2)出席重大的社交活动,一定要记住带名片。参加会议时,应该在会前或会后交换名片,不要在会中擅自与别人交换名片。

(3)处在一群彼此不认识的人当中,最好让别人先发送名片。名片的发送可在刚见面或告别时,但如果自己即将发表意见,则在说话之前发名片给周围的人,可帮助他们认识你。

(4)不要在一群陌生人中到处传发自己的名片,这会让人误以为你想推销什么物品,反而不受重视。在商业社交活动中尤其要有选择地提供名片,才不致使人以为你在替公司搞宣传、拉业务。

(5)对于陌生人或巧遇的人,不要在谈话中过早发送名片。因为这种热情一方面会打扰别人,另一方面有推销自己之嫌。

(6)除非对方要求,否则不要在年长的主管面前主动出示名片。

(7)无论参加私人的还是商业的餐宴,名片皆不可于用餐时发送,因为此时只宜从事社交而非商业性的活动。

（8）递交名片要用双手或右手，用双手拇指和食指执名片两角，让文字正面朝向对方，递交时要目光注视对方，微笑致意，可顺带一句"请多多关照"。

（9）接名片时要用双手，并认真看一遍上面的内容。如果接下来与对方谈话，不要将名片收起来，应该放在桌子上，并保证不被其他东西压住，使对方感觉到你对他的重视。

（10）破旧名片应尽早丢弃，与其发送一张破损或脏污的名片，还不如不送。

名片的使用规范，如表3-10所示。

表3-10 名片的使用规范

名片的使用	规 范
名片的准备	名片不要和钱包、笔记本等放在一起，应该使用名片夹； 名片可放在衬衣左侧口袋或西装的内侧口袋，但不可放在裤兜里；口袋不要因为放置名片而鼓起来； 保持名片的清洁、平整； 养成一个基本的习惯：会客前检查和确认名片夹内是否有足够的名片
接名片	必须起身接收名片； 应用双手接收； 接收的名片不要在上面做标记或写字； 接收的名片不可来回摆弄； 接收名片时，要认真地看一遍； 不要将对方的名片遗忘在座位上，或存放时不注意落在地上； 不把对方名片放入裤兜里
递名片	递名片时应双手，食指和中指合拢，夹着名片上方的两个角，正面朝向对方，方便对方接拿，以弧状方式递交于对方的胸前； 递名片的次序是由下级或访问方先递名片，若是介绍人，应先向被介绍方递名片； 递名片时，应说些"请多关照""请多指教"之类的寒暄语； 互换名片时，应用右手拿着自己的名片，用左手接对方的名片后，用双手托住； 互换名片时，要看一遍对方的职务、姓名等；最好将重要职务念出来，以示尊敬； 遇到难认字，应事先询问； 在会议室遇到多人相互交换名片时，可按对方座次排列交换名片

7．电话礼仪

电话是一种最常见的通信、交往工具，打电话的礼仪也是公共关系礼仪的重要内容。应注意：

- 接打电话时，要坐端正，不要嚼口香糖、吃东西或喝水，否则客户会感觉你是在敷衍了事。
- 接打电话前，要准备好笔和记事本以便通话时记下要点。
- 电话来时，听到铃声三声内接听。至少在第二声铃响时取下话筒，超过三声以上，应向对方表示歉意，"您好，很抱歉让您久等了"。通话时先问候，并自报公司、部门与自己。对方讲述时要留心听，并记下要点。未听清时，及时告诉对方。结束时礼貌道别，待对方切断电话，自己再放下话筒。
- 在接打电话时，语音要亲切、自然，吐字较慢而又清楚，接听电话时要认真专心倾听，问答要简明扼要。

- 工作期间不在电话中聊天，不打私人电话。
- 客户来电话查询，应热情帮助解决问题，如不能马上回答，应与来电话的客户讲明等候时间，以免对方久等而引起误会。

（1）接听电话的礼仪。

①接听电话的规范用语。接听电话的规范用语如表3-11所示。

表3-11　接听电话的规范用语

谈话情景	正确的应对	错误的应对
询问来电话者姓名	"请问您是哪位""请问您贵姓"	"你是谁""你叫什么""你是哪个"
刚刚接听电话	"我能帮您做什么吗"	"什么事""有什么事"
电话中您要中断一下	"请您稍微等候一下好吗""对不起，现有点急事，稍候一下好吗？"	"等一下""又有事找我，以后再打电话联系你"
不能立即答复某事时	"对不起，我得先问一下主管，稍后再给您回电，好吗？"	"我不能答复你""这事我管不了，要问主管"
当客户的要求不可能做到时	"很抱歉，我也同意你的想法，但目前我们还只能按规定的办"	"对不起，我们办不到"
当不明白对方意思时	"对不起，请再说一遍，好吗？"	"我听不清，你再说一遍""什么？什么？"
当电话找人，当事人不在时	"他现在不在办公室，需要留言吗？还是要他回您电话"	"他不在""他去休息室了"
需要客户等待时	"请您等一下，好吗"	"等一会儿再打过来"
电话结束时	"谢谢您的来电"（等对方先挂电话）	"再见"（"啪"先挂电话）

②接听电话规范：
- 铃响时及时接听电话；
- 报上公司名称、您的姓名与职务；
- 确认顾客的身份；
- 与对方简短地问候；
- 询问对方来电目的，并记下来电要点；
- 重复要点（内容）；
- 挂断前，再次问候；
- 挂断电话。

接听来电礼仪规范如表3-12所示。

表3-12　接听来电礼仪规范

接听来电	规范
（1）铃响时及时接听电话。 ■ 铃响3声内接听电话。 ■ 准备好纸笔在手边。	—
（2）报上公司名称、您的姓名及职务。 ■ 清楚且有礼貌地说话。	"您好！这里是＿＿＿店，我是业务接待＿＿＿。"
（3）确认顾客的身份。 ■ 如有需要，请顾客重复姓名。 ■ 如果顾客未表明姓名，则询问顾客的姓名。	"请问您是＿＿＿先生/小姐吗？" "抱歉，请问您怎么称呼？"

续表

接听来电	规范
（4）与对方简短地问候。 ■ 使用寒暄用语。	"近来……？" "车辆使用……？"
（5）询问对方来电目的，并记下来电要点。 ■ 确认要点。 ■ 倾听技巧。	"好的。"
（6）重复要点（内容）。 ■ 确定正确无误。 ■ 确定顾客要找的人。 ■ 复述名字（注意尊称）及部门，并将电话转接给当事人。	"方便请再重复一次吗？" "您是要找＿＿＿部门的＿＿＿先生吗？请稍候，我为您转接。"
（7）挂断前，再次问候。 ■ 衷心问候。 ■ 将电话转接给别人。 ■ 按保留键。 ■ 转接电话时应保持有礼态度。	"谢谢您的来电。" "请稍候。" "有位＿＿＿来电找您。"
（8）挂断电话。 ■ 确定顾客先挂断，然后再挂电话。 （并先以手指轻压电话后，再将话筒挂上）	等对方放下电话后再轻轻将话筒放回电话机上。

③接听电话的注意事项：

- 认真做好记录；
- 使用礼貌语言；
- 讲电话时要简洁、明了；
- 注意听取时间、地点、事由和数字等重要词语；
- 电话中应避免使用对方不能理解的专业术语或简略语；
- 注意讲话语速不宜过快；
- 打错电话要有礼貌地回答，让对方重新确认电话号码。

（2）拨打电话的礼仪。

①拨打电话规范：

- 准备资料；
- 报上公司名称、您的姓名与职务；
- 问候对方；
- 确认电话对象；
- 说明来电目的；
- 确定对方知道您所谈的事项；
- 挂断前，再次问候；
- 挂断电话。

拨打电话礼仪规范如表3-13所示。

表3-13　拨打电话礼仪规范

拨 打 电 话	规　范
（1）准备资料。 ■ 准备好有关资料，记录本、笔等。 ■ 安排好说话内容和顺序。 ■ 外界的杂音或私语不能传入电话内。	—
（2）报上公司名称、您的姓名及职务。 ■ 清楚且有礼貌地说话。	"您好！这里是_____店，我是业务接待_____。"
（3）问候对方。 ■ 音量适度，不要过高。	"早上好！" "下午好！"
（4）确认电话对象。 ■ 确认对方身份。 ■ 适当的请求方式。 ■ 简洁。 ■ 在与要找的人接通电话后，应重新问候。	"请问_____在吗？" "麻烦请找_____。" "请问您是_____吗？" "您好。" "请问您现在方便谈话吗？" "方便耽误您_____分钟的时间吗？"
（5）说明来电目的。 ■ 说明来电的事项，使之清楚简洁地表达。 ■ 在讨论到重点时应格外有礼。 ■ 当您要找的人不在，您要稍后再拨时。 ■ 当您要找的人不在，您要留言时。 ■ 您希望对方回电话给您时。 ■ 如果对方在忙线中。 ■ 其他服务。	"我稍后再拨。" "请问您方便帮我留言给_____吗？" "方便请_____回电吗？" "我可以在线等吗？"
（6）确定对方知道您所谈的事项。 ■ 表达要让对方容易理解。 ■ 讲完后确认对方是否明白。	"不知道您是否了解我的意思？" "不知道是否方便麻烦您？"
（7）挂断前，再次问候。 ■ 结束时向对方表明诚挚的道谢。 ■ 用简单的语言对您给对方的打扰表示歉意。	"不知您是否还有不清楚的地方？" "非常感谢您，_____先生/小姐，如果您有任何疑问欢迎随时与我们联络。" "祝您愉快！"
（8）挂断电话。 ■ 等顾客挂断后，您再挂电话。 （并先以手指轻压电话后，再将话筒挂上）	等对方放下电话后再轻轻将话筒放回电话机上。

②拨打电话注意事项：

● 要考虑打电话的时间（对方此时是否有时间或者方便）；

● 注意确认对方的电话号码、单位、姓名，以避免打错电话；

● 准备好需要用到的资料、文件等，通话的内容要有次序、简洁、明了；

● 注意通话时间，不宜过长；

● 使用礼貌语言；

● 外界的杂音或私语不能传入电话内；

- 避免拨打私人电话。

另外，接打电话时，如果发生掉线、中断等情况，应由打电话方重新拨打；用电话进行沟通的时候，一般应该把时间控制在3分钟以内，最长也不要超过5分钟。如果这一次沟通没有完全表达出你的意思，最好约定下次打电话的时间或面谈的时间，避免在电话中一次占用的时间过长。

牢记客户沟通交流时的七项重要内容，也即"5W2H"方法。5W2H方法所传递的信息非常准确，且简明扼要地说明了理由和过程。因而拨打电话前，采用5W2H方法准备客户资料，并制成表格，整理后再拨打电话，可以做到信息不遗漏且准确。接听电话也是如此。

8．拜访礼仪

（1）拜访前应事先和被访对象约定，以免扑空或扰乱主人的计划，同时拜访要准时。拜访时间长短应根据拜访目的和主人意愿而定。一般而言时间宜短不宜长。

（2）到达被访人所在地时，一定要用手轻轻敲门，进屋后应待主人安排指点后坐下。后来的客人到达时，先到的客人应该站起来，等待介绍。

（3）拜访时应彬彬有礼，注意一般交往细节。告辞时要同主人和其他客人一一告别，说"再见""谢谢"；主人相送时，应说"请回""留步""再见"。

拜访客户礼仪，如表3-14所示。

表3-14　拜访客户礼仪

步　　骤	规　　范
约定时间和地点	事先打电话说明拜访的目的，并约定拜访的时间和地点； 不要在客户刚上班、快下班、异常繁忙、正在开重要会议时去拜访； 也不要在客户休息和用餐时间去拜访
准备工作	阅读拜访对象的个人和公司资料； 准备拜访时可能用到的资料； 注意穿着与仪容； 检查各项携带物是否齐备，如名片、笔和记录本、本公司电话和产品介绍、合同等； 明确谈话主题、思路和话语
出发前	最好与客户通电话确认一下，以防临时发生变化； 选好交通路线，算好时间出发； 确保提前5～10分钟到
到达客户办公楼门前	再整装一次； 如提前到达，不要在被访公司内溜达
进入室内	面带微笑，向接待员说明身份、拜访对象和目的； 从容地等待接待员将自己引到会客室或受访者的办公室； 如果是雨天，不要将雨具带入办公室； 在会客室等候时，不要看无关的资料或在纸上涂画； 接待员奉茶时，要表示谢意； 等候超过一刻钟，可向接待员询问有关情况； 如受访者实在脱不开身，则留下自己的名片和相关资料，请接待员转交
见到拜访对象	如拜访对象的办公室关着门，应先敲门，听到"请进"后再进入； 问候、握手、交换名片； 客户请人奉上茶水或咖啡时，应表示谢意

续表

步骤	规范
会谈	注意称呼、遣词用语、语速、语气、语调； 会谈过程中，如无急事，不打电话或接电话
告辞	根据对方的反应和态度来确定告辞的时间和时机； 说完告辞就应起身离开座位，不要久说久坐不走； 感谢对方的接待，握手告辞； 如办公室门原来是关闭的，出门后应轻轻把门关上； 客户如要相送，应礼貌地请客户留步

9. 办公室礼仪

在公司的办公场所，接待客人、洽谈业务时，有许多场合需要用到下列礼仪，如果大家能掌握了解它，则会使自己的工作变得更加自如顺利，客户也会产生宾至如归的感觉。常见办公礼仪规范如表3-15所示。

表3-15 常见办公礼仪规范

情景		注意事项
引路	在走廊引路时	应走在客人左前方1.5米左右处； 引路人走在走廊的左侧，让客人走在路中央； 与客人的步伐保持一致； 引路时要注意客人，适当地做些介绍
	在楼梯间引路时	让客人走在正方向（右侧），引路人走在左侧
	途中要注意引导及提醒客人	转弯或有楼梯台阶的地方应使用手势，并提醒客人"这边请"或"注意楼梯"等
开门次序	向外开门时	先敲门，打开后把住门把手，站在门旁，对客人说"请进"并施礼； 进入房间后，用右手将门轻轻关上； 请客人入座，安静退出，此时可用"请稍候"等语言
	向内开门时	开门后，自己先进入房间； 侧身，把住门把手，对客人说"请进"并施礼； 轻轻关上门后，请客人入座后，安静退出
搭乘电梯	电梯没有其他人时	在客人之前进入电梯，按住"开"的按钮，此时再请客人进入电梯；到大厅时，按住"开"的按钮，请客人先下
	电梯内有其他人时	无论上下电梯都应客人、上司优先
	电梯内	先上电梯的人应靠后面站，以免妨碍他人乘电梯； 电梯内不可大声喧哗或嬉笑吵闹； 梯内已有很多人时，后进的人应面向电梯门站立
办公室	进入他人办公室	必须先敲门，再进入； 已开门或没有门的情况下，应先打招呼，如使用"您好""打扰一下"等词语后，再进入
	传话	传话时不可交头接耳，应使用记事便签传话； 传话给客人时，不要直接说出来，而是应将事情要点转告客人，由客人与传话待回复者直接联系； 退出时，按照上司、客人的顺序打招呼退出
	会谈中途有上司到来时	必须起立，将上司介绍给客人； 向上司简单汇报一下会谈的内容，然后重新开始会谈

10. 乘车礼仪

（1）轿车。

①轿车的座位，如有司机驾驶时，以后排右侧为首位，左侧次之，中间座位再次之。

②如果由主人亲自驾驶，以驾驶座右侧为首位，后排右侧次之，左侧再次之，而后排中间座为末席。

③主人夫妇驾车时，则主人夫妇坐前座，客人夫妇坐后座，男士要服务于自己的夫人，宜开车门让夫人先上车，然后自己再上车。

④如果主人夫妇搭载友人夫妇的车，则应邀友人坐前座，友人之妇坐后座。

⑤主人亲自驾车，乘客只有一人，应坐在主人旁边。若同坐多人，中途坐前座的客人下车后，在后面坐的客人应改坐前座，此项礼节最易疏忽。

⑥女士登车不要一只脚先踏入车内，也不要爬进车里。需先站在座位边上，把身体降低，让臀部坐到位子上，再将双腿一起收进车里，双膝一定保持合并的姿势。

（2）吉普车。吉普车无论是主人驾驶还是司机驾驶，都应以前排右座为尊，后排右侧次之，后排左侧为末席。上车时，后排位低者先上车，前排尊者后上。下车时前排客人先下，后排客人再下车。

（3）旅行车。在接待团体客人时，多采用旅行车接送客人。旅行车以司机座后第一排为尊，后排依次为小。其座位的尊卑，依每排右侧往左侧递减。

3.2.4 职场礼仪

1. 同事间的问候

早晨上班时，大家见面应相互问好。一天工作的良好开端应从相互打招呼、问候时开始。公司员工早晨见面时要互相问候"早晨好！""早上好！"等（如上午10点钟前）。

因公外出应向部门内或室内的其他人打招呼。

下班时应相互打招呼后再离开，如"明天见""再见""Bye-bye"等。

2. 同事间的礼仪

同事是与自己一起工作的人，与同事相处得如何，直接关系到自己的工作、事业的进步与发展。如果同事之间关系融洽、和谐，人们就会感到心情愉快，有利于工作的顺利进行，从而促进事业的发展。反之，同事关系紧张，相互拆台，经常发生摩擦，就会影响正常的工作和生活，阻碍事业的正常发展。处理好同事关系，在礼仪方面应注意以下几点。

（1）尊重同事。相互尊重是处理好任何一种人际关系的基础，同事关系也不例外。同事关系不同于亲友关系，它不是以亲情为纽带的社会关系，亲友之间一时的失礼，可以用亲情来弥补，而同事之间的关系是以工作为纽带的，一旦失礼，创伤难以愈合。所以，处理好同事之间的关系，最重要的是尊重对方。

（2）物质上的往来应清楚。同事之间可能有相互借钱、借物或馈赠礼品等物质上的往来，但切忌马虎，每一项都应记得清楚明白，即使是小的款项，也应记在备忘录上，以提醒自己及时归还，以免遗忘，引起误会。向同事借钱、借物，应主动给对方打张借条，以增进同事对自己的信任。有时，出借者也可主动要求借入者打借条，这也并不过分，借入者应予以理解，如果所借钱物不能及时归还，应每隔一段时间向对方说明一下情况。在物质利益方面无论是有意或无意地占对方的便宜，都会在对方的心里引起不快，从而降低自己在对方心目中的人格。

（3）对同事的困难表示关心。同事的困难，通常首先会选择亲朋帮助，但作为同事，应主动问询。对力所能及的事应尽力帮忙,这样,会增进双方之间的感情,使关系更加融洽。

(4) 不在背后议论同事的隐私。每个人都有"隐私",隐私与个人的名誉密切相关,背后议论他人的隐私,会损害他人的名誉,引起双方关系的紧张甚至恶化,因而是一种不光彩的、有害的行为。

(5) 对自己的失误或同事间的误会,应主动道歉说明。同事之间经常相处,一时的失误在所难免。如果出现失误,应主动向对方道歉,征得对方的谅解;对双方的误会应主动向对方说明,不可小肚鸡肠,耿耿于怀。

3. 就餐礼仪——中餐

中餐礼仪,是中华饮食文化的重要组成部分。学习中餐礼仪,主要需注意掌握用餐方式、时间地点的选择、菜单安排、席位排列等方面的规则和技巧。

(1) 几种常见的用餐方式。宴会、家宴、便餐、工作餐(包括自助餐)等具体形式下的礼仪规范。

①宴会:通常指的是以用餐为形式的社交聚会,可以分为正式宴会和非正式宴会两种类型。正式宴会,是一种隆重而正规的宴请。它往往是为宴请专人而精心安排的,在比较高档的饭店,或是其他特定的地点举行的,讲究排场、气氛的大型聚餐活动。对于到场人数、穿着打扮、席位排列、菜肴数目、音乐演奏、宾主致辞等,往往都有十分严谨的要求和讲究。非正式宴会,也称为便宴,也适用于正式的人际交往,但多见于日常交往。它的形式从简,偏重于人际交往,而不注重规模、档次。一般来说,它只安排相关人员参加,不邀请配偶,对穿着打扮、席位排列、菜肴数目往往不做过高要求,而且也不安排音乐演奏和宾主致辞。

②家宴:也就是在家里举行的宴会。相对于正式宴会而言,家宴最重要的是要制造亲切、友好、自然的气氛,使赴宴的宾主双方轻松、自然、随意,彼此增进交流,加深了解,促进信任。通常,家宴在礼仪上往往不做特殊要求。

③便餐:也就是家常便饭。用便餐的地点往往不同,礼仪讲究也最少。只要用餐者讲究公德,注意卫生、环境和秩序,在其他方面就不用过多介意了。

④工作餐:是在商务交往中具有业务关系的合作伙伴,为进行接触、保持联系、交换信息或洽谈生意而以用餐的形式进行的商务聚会。它不同于正式的工作餐、正式宴会和亲友们的会餐。它重在一种氛围,意在以餐会友,创造出有利于进一步进行接触的轻松、愉快、和睦、融洽的氛围。它是借用餐的形式继续进行的商务活动,把餐桌充当会议桌或谈判桌。工作餐一般规模较小,通常在中午举行,主人不用发正式请柬,客人不用提前向主人正式进行答复,时间、地点可临时选择。出于卫生方面的考虑,最好采取分餐制或公筷制的方式。

在用工作餐的时候,还会继续商务上的交谈。但这时候需要注意的是,这种情况下不要像在会议室一样,进行录音、录像,或是安排专人进行记录。非有必要进行记录的时候,应先获得对方首肯。千万不要随意自行其是,好像对对方不信任似的。发现对方对此表示不满的时候,更不可坚持这么做。

⑤自助餐:是近年来借鉴西方的现代用餐方式。它不排席位,也不安排统一的菜单,是把能提供的全部主食、菜肴、酒水陈列在一起,根据用餐者的个人爱好,自己选择、加工、享用。

采取这种方式,可以节省费用,而且礼仪讲究不多,宾主都方便;用餐的时候每个人都可以悉听尊便。在举行大型活动、招待为数众多的来宾时,这样安排用餐,也是最明智的选择。

(2) 慎重选择时间、地点。中餐特别是中餐宴会具体时间的安排,根据人们的用餐习惯,依照用餐时间的不同,分为早餐、午餐、晚餐3种。确定正式宴请的具体时间,主要要遵从民俗惯例。而且主人不仅要从自己的客观能力出发，更要讲究主随客便，要优先考虑被邀请者，特别是主宾的实际情况，不要对这一点不闻不问。如果可能，应该先和主宾协商一下，力求两厢方便。至少，也要尽可能提供几种时间上的选择，以显示自己的诚意，并要对具体长度进行必要的控制。

另外，在社交聚餐的时候，用餐地点的选择也非常重要。

首先要环境优雅，宴请不仅仅是为了"吃东西"，也要"吃文化"。要是用餐地点档次过低，环境不好，即使菜肴再有特色，也会使宴请大打折扣。在可能的情况下，一定要争取选择清静、优雅的地点用餐。

其次是卫生条件良好，在确定社交聚餐的地点时，一定要看卫生状况怎么样。如果用餐地点太脏、太乱，不仅卫生问题让人担心，而且还会破坏用餐者的食欲。

最后还要充分考虑到，聚餐者来去交通是不是方便，有没有公共交通线路通过，有没有停车场，是不是要为聚餐者预备交通工具等一系列的具体问题，以及该地点设施是否完备。

（3）安排"双满意"菜单。根据我们的饮食习惯，与其说是"请吃饭"，还不如说成"请吃菜"，所以对菜单的安排马虎不得。它主要涉及点菜和准备菜单两方面的问题。

在宴请前，主人需要事先对菜单进行再三斟酌。在准备菜单的时候，主人要着重考虑哪些菜可以选用、哪些菜不能用。

优先考虑的菜肴有4类。

①有中餐特色的菜肴。宴请外宾的时候，这一条更要重视。像炸春卷、煮元宵、蒸饺子、狮子头、宫保鸡丁等，并不是最出众的佳肴美味，但因为具有鲜明的中国特色，所以受到很多外国人的推崇。

②有本地特色的菜肴。比如，西安的羊肉泡馍、湖南的毛家红烧肉、上海的红烧狮子头、北京的涮羊肉，在宴请外地客人时，上这些特色菜，恐怕要比千篇一律的生猛海鲜更受好评。

③本餐馆的特色菜。很多餐馆都有自己的特色菜，上一份本餐馆的特色菜，能说明主人的细心和对被请者的尊重。

④主人的拿手菜。举办家宴时，主人一定要当众露上一手，多做几个自己的拿手菜。其实，所谓的拿手菜不一定十全十美。但只要主人亲自动手，单凭这一条，就足以让对方感觉到你的尊重和友好。

在安排菜单时，还必须考虑来宾的饮食禁忌，特别是要对主宾的饮食禁忌高度重视。这些饮食方面的禁忌主要有4条。

①宗教的饮食禁忌，一点也不能疏忽大意。

②出于健康的原因，对于某些食品，也有所禁忌。比如，心脏病、脑血管、动脉硬化、高血压和中风后遗症的人，不适合吃狗肉，肝炎病人忌吃羊肉和甲鱼，胃肠炎、胃溃疡等消化系统疾病的人也不适合吃甲鱼，高血压、高胆固醇患者，要少喝鸡汤等。

③不同地区，人们的饮食偏好往往不同。对于这一点，在安排菜单时要兼顾。比如，湖南省份的人普遍喜欢吃辛辣食物，少吃甜食；英美国家的人通常不吃宠物、稀有动物、动物内脏、动物的头部和脚爪。

④有些职业，出于某种原因，在餐饮方面往往也有各自不同的特殊禁忌。例如，国家公务员在执行公务时不准吃请，在公务宴请时不准大吃大喝，不准超过国家规定的用餐标准，不准喝烈性酒。再如，驾驶员工作期间不得喝酒。要是忽略了这些，还有可能使对方犯错误。

在隆重而正式的宴会上，主人选定的菜单也可以在精心书写后，每人一份，用餐者不但餐前心中有数，而且餐后也可以留作纪念。

（4）席位的排列。中餐的席位排列，关系到来宾的身份和主人给予对方的礼遇，所以是一项重要的内容。

中餐席位的排列，在不同情况下，有一定的差异。可以分为桌次排列和位次排列两方面。

宴请时，每张餐桌上的具体位次也有主次尊卑的分别。排列位次的基本方法有4条，它们往往会同时发挥作用。

①是主人大都应面对正门而坐，并在主桌就座。

②在举行多桌宴请时，每桌都要有一位主桌主人的代表在座。位置一般和主桌主人同向，有时也可以面向主桌主人。

③各桌位次的尊卑，应根据距离该桌主人的远近而定，以近为上，以远为下。

④各桌距离该桌主人相同的位次时，讲究以右为尊，即以该桌主人面向为准，右为尊，左为卑。

另外，每张餐桌上所安排的用餐人数应限在10人以内，最好是双数。比如，六人、八人、十人。人数如果过多，不仅不容易照顾，而且也可能坐不下。

4．就餐礼仪——西餐

当被邀请参加早餐、午餐、晚宴、自助餐、鸡尾酒会或茶会时，通常只有两种着装：一种是正式的，一种是随意的。如果去的是高档餐厅，男士要穿着整洁的上衣和皮鞋，女士要穿套装和有跟的鞋子。如果指定要求穿正式服装，男士必须打领带。

下面介绍几种最具代表性的西餐场合及注意事项。

（1）自助餐。自助餐（也是招待会上常见的一种）可以是早餐、中餐、晚餐，甚至是茶点，有冷菜也有热菜，连同餐具放在餐桌上，供客人使用。一般在室内、院子或花园里举行，宴请不同人数的宾客。如果场地太小或是没有服务人员，招待比较多的客人，自助餐就是最好的选择。

自助餐开始的时候，应该排队等候取用食品。取食物前，自己先拿一个放食物用的盘子。要坚持"少吃多跑"的原则，不要一次拿得太多吃不完，可以多拿几次。用完餐后，再将餐具放到指定的地方。不允许"吃不了兜着走"。如果在饭店里吃自助餐，一般是按就餐的人数计价，有些还规定就餐的时间长度，而且要求必须吃完，如果没有吃完的话，需要自己掏腰包"买"下没吃完的东西。

（2）鸡尾酒会。鸡尾酒会的形式活泼、简便，便于人们交谈。招待品以酒水为主，略备一些小食品，如点心、面包、香肠等，放在桌子、茶几上，或者由服务生拿着托盘，把饮料和点心端给客人，客人可以随意走动。举办的时间一般是下午5点到晚上7点。近年来，国际上各种大型活动前后往往都要举办鸡尾酒会。

（3）晚宴。晚宴分为隆重的晚宴和便宴两种。按西方的习惯，隆重的晚宴也就是正式宴会，基本上都安排在晚上8点以后举行，中国一般在晚上6点至7点开始。举行这种宴会，说明主人对宴会的主题很重视，或为了某项庆祝活动等。正式晚宴一般要排好座次，并在请柬上注明对着装的要求。其间有祝词或祝酒，有时安排席间音乐，由小型乐队现场演奏。

便宴是一种简便的宴请形式。这种宴会气氛亲切友好，适用于亲朋好友之间，有的在家里举行。服装、席位、餐具、布置等不必太讲究，但仍然有别于一般家庭晚餐。

按西方的习惯，晚宴一般邀请夫妇同时出席。如果你受到邀请，要仔细阅读你的邀请函，上面会说明是一个人还是先生或夫人陪同，又或是携带伴侣。在回复邀请时，最好能告诉主人他们的名字。

3.3 业务接待礼仪规范

3.3.1 基本举止规范

（1）接待人员要品貌端正，举止大方，口齿清楚，具有一定的文化素养，受过专门的礼仪、形体、语言、服饰等方面的训练。

（2）接待人员服饰要整洁、端庄、得体、高雅；女性应避免佩戴过于夸张或有碍工作的饰物，化妆应尽量淡雅。

（3）如果来访者是预先约定好的重要客人，则应根据来访者的地位、身份等确定相应的接待规格和程序。在办公室接待一般的来访者，谈话时应注意少说多听，最好不要隔着办公桌与来人说话。对来访者反映的问题，应做简短的记录。

接待礼仪如表3-16所示。

表3-16　接待礼仪

接待类别	规范标准
迎接礼仪	精神饱满、举止自然、精力集中，做好随时接待的准备
	热情主动、微笑相迎，致以问候并做自我介绍
	了解客户上门原因，若是找人，应引客到休息室，同时通知对方要找的负责人。若是洽谈业务，则需及时递上名片，并为客户办理业务
	有问必答、百问不烦，如遇自己不清楚的问题，不要不懂装懂，而应该诚挚地向客人表示歉意
引客礼仪	双方并排行进时居于客户左侧，单行时居于左前方1.5米左右的位置，保持身体侧向客户
	与客户保持相同的前进速度，需经过拐角、楼梯或照明欠佳处等地方之前应及时提醒
	客人落座后，应奉上茶水招待
让客礼仪	与客户正面行进时，需向客户点头致意，走姿改为面向客户侧行
	与客户同向行进时，需放慢脚步，让客户先行，并向客户做出前行示意手势
	出门口时，要以手开门，让客户先出；出入房门时要为人拉门，牢记"后进后出"（乘电梯则是"先出后进"）
送客礼仪	客户在前，送人在后
	服务顾问送客礼仪应注意如下几点：①准备好结账；②准备好车辆资料
	告别送走客户应向客户道别，祝福旅途愉快，目送客户离去，以示尊重
	要陪送到车站、机场、码头等，车船开动时要挥手致意，等开远了后才能够离开

接待客户的一般程序如表3-17所示。

表3-17　接待客户的一般程序

接待步骤	使用语言	处理方式
（1）客人来访时	"您好！""早上好！""欢迎光临"等	马上起立；看着对方，面带微笑，握手或行鞠躬礼
（2）询问客人姓名	"请问您是……""请问您贵姓？找哪一位？"等	必须确认来访者的姓名；如接收客人的名片，应重复"您是××公司×先生"

续表

接待步骤	使用语言	处理方式
（3）事由处理	在场时，对客户说"请稍候"；不在时，对客户说"对不起，他刚刚外出公务，请问您是否可以找其他人或需要留言？"等	尽快联系客户要寻找的人；如客户要找的人不在，则询问客户是否需要留言或转达，并做好记录
（4）引路	"请您到会议室稍候，××先生马上就来""这边请"等	在客人的左前方1.5米左右引路，让客人走在路的中央
（5）送茶水	"请""请慢用"等	保持茶具清洁；摆放时要轻；行礼后退出
（6）送客	"再见"或"再会""非常感谢"等	表达出对客人的尊敬和感激之情；告别时，招手或行鞠躬礼

3.3.2　基本礼仪要求

（1）客户到来，应面带微笑，主动热情问候招呼："先生（小姐），您好！我能为您做些什么？"要使客户感受到你的友好和乐于助人。

（2）对待客户应一视同仁，依次接待，统筹兼顾；做到办理前一个，接待第二个，招呼第三个。在办理前一个时要对第二个说"谢谢您的光临，请稍等"，招呼后一个时要说"对不起，让您久等了"，使所有客户感到不受冷落。

（3）接待客户时，应双目平视对方脸部三角区，专心倾听，以示尊重和诚意。对有急事而来意表达不清的客户，应劝其先安定情绪后再说。可为该客户倒杯水，并讲："您别急，慢慢讲，我在仔细听。"对长话慢讲、语无伦次的客户，应耐心、仔细听清其要求后再回答。对口音重、说话难懂的客户，在交流过程中，可适时重复他所讲的重要信息，一定要弄清其所讲的内容与要求，不能凭主观推测和理解，更不能敷衍了事将客户拒之门外。

（4）答复客户的询问，要做到百问不厌，有问必答，用词用语得当，简明扼要，不能说"也许、可能、好像、大概"之类模棱两可或是含混不清的话。对一些不能回答的问题，不要不懂装懂，随意回答，也不能草率地说"我不知道""我不管这事"之类的话。应该实事求是地说："对不起，很抱歉，这个问题我不清楚，我能否让××部门的××来为您解答？"或"对不起，很抱歉，这个问题我现在无法解答，我会尽量在三天内了解清楚，然后再告诉您，请您留下联系电话。"

（5）客户较多时，应先问先答，急问快答，不先接待熟悉的客户，依次接待，避免怠慢。使不同的客户都能得到应有的接待和满意的答复。

（6）在核对客户的证件资料时要注意使用礼貌用语，核对完后要及时交还，并表述谢意，说"××先生（小姐），让您久等了，这是您的××证、××证，共两本，请您收好，谢谢"。

（7）对有意见的客户，要面带微笑，以真诚的态度认真倾听，不得与客户争辩或反驳，而要真诚地表示歉意，妥善处理。对个别有意为难、过分挑剔的客户，仍应坚持以诚相待、注意服务态度，要热情、耐心、周到，要晓之以理、动之以情。

（8）及时做好客户资料的存档工作，以便查阅检索和对客户进行有针对性的服务。

（9）坚持售后服务电话跟踪，及时与客户进行电话跟踪询问，以体现对他们的尊重。

知识拓展

鲇鱼效应（Catfish Effect）

以前，沙丁鱼在运输过程中成活率很低。后来有人发现，若在沙丁鱼中放一条鲇鱼，则情况有所改观，成活率会大大提高。这是何故呢？原来鲇鱼在到了一个陌生的环境后，就会"性情急躁"，四处乱游，这对于大量好静的沙丁鱼来说，无疑起到了搅拌作用；而沙丁鱼发现多了这样一个"异类"，自然也很紧张，加速游动。这样沙丁鱼缺氧的问题就迎刃而解了，沙丁鱼的成活率也就大大提高了。

鲇鱼效应即通过引入外部的竞争者来激活内部人员的活力，是企业领导层激发员工活力的有效措施之一。它表现在三个方面：

（1）对于管理者来说，在于激励手段的应用。在企业、单位管理中，管理者要实现管理的目标，同样需要引入鲇鱼型人才，以此来改变企业相对一潭死水的状况。

（2）对于企业、单位内部员工来说，在于缺乏忧患意识。沙丁鱼型员工的忧患意识太少，总是一味地追求稳定，但现实的生存状况是不允许"沙丁鱼"有片刻的安宁。"沙丁鱼"如果不想窒息而亡，就必须活跃起来，积极寻找新的出路。

（3）对于外部引入的人才来说，在于自我实现。鲇鱼型人才是企业、单位管理必需的。对于鲇鱼型人才来说，自我实现始终是最根本的。

管理启示

在管理汽车维修企业过程中，要不断提高技术水平，增强创新服务意识，引用竞争机制，发挥员工的工作热情。这样企业才能在激烈的汽车维修市场竞争中健康发展。

思考与练习

1. 礼仪的定义是什么？礼仪的基本原则是什么？礼仪的作用是什么？
2. 仪容美的基本要素有哪些？
3. 仪表修饰的原则是什么？
4. 站立时禁忌的姿势有哪些？行走时禁忌的姿势有哪些？
5. 电话礼仪、名片礼仪有哪些？
6. 业务接待员的礼仪要求是什么？
7. 接听电话时的礼仪要求是什么？

能力训练

1. 运用正确的电话礼仪规范，模拟汽车维修业务接待打预约电话：主动预约。
2. 运用正确的电话礼仪规范，模拟汽车维修业务接待接预约电话：被动预约。

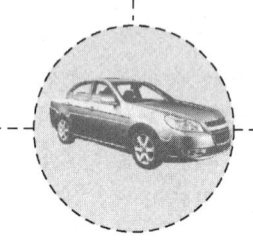

单元 4 客户接待与投诉处理

【学习目标】
1. 会正确言谈与倾听;
2. 会与客户进行沟通;
3. 会正确处理价格异议;
4. 会处理客户投诉。

4.1 接待客户的准备

在接待客户时应注意做好准备。业务接待要事先做好充分的准备,要能了解客户信息、环境和情感3方面的需求,关注到客户的这些需求之后,还必须去加以满足,特别要满足客户的情感需求。

客户在接受某项基本服务时,最基本的要求就是业务接待能关注他直接的需求,能受到热情的接待;在不需要接待时,客户就不希望业务接待去打扰他。业务接待要想能在接待客户的过程中呈现出良好的服务技巧,就必须事先做好充分的准备工作。具体来说,业务接待在接待客户之前应做好以下两个方面的准备工作。

业务接待在接待客户之前,应先了解一下客户可能有哪些方面的需求,再分别做好准备。一般来说,客户有以下3个方面的需求,如图4-1所示。

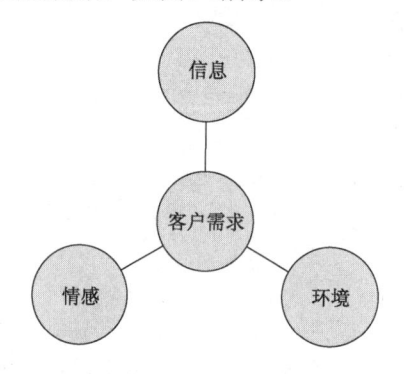

图4-1 客户需求

1. 信息需求

客户来做保养,那么他会要求知道本次保养有哪些维护项目、要多长时间、价格是多少等,这些都称为信息需求。

为了满足客户的这种信息需求，就要求业务接待事先做好充分的准备，要求业务接待需要不断地充实自己的专业知识。因为只有你很专业了，才有可能提供令客户满意的服务，才可能去满足他对信息的需求。

2．环境需求

在天气很热时，客户希望房间里很凉爽；如果这次服务需要等候很长时间，客户一定会需要有一些书刊、杂志来看等，这些都叫作环境需求。

3．情感需求

客户都有被赞赏、同情、尊重等各方面的情感需求，业务接待需要去理解客户的这些情感。满足客户这种需求的难度是相当大的，要做好这方面的准备工作也是相当不容易的。这就需要业务接待要有敏锐的洞察力，能够观察到客户的这些需求并加以满足。

做好满足客户需求的准备。业务接待在认识到客户的3种需求以后，就应该根据客户的这些需求做好相应的准备工作。如果每个业务接待都能根据本行业的特点做好这3方面的准备工作，在真正面对客户的时候就有可能为客户提供满意的服务。

业务接待在做好充分的准备工作后，下一步的工作就是迎接客户。业务接待在迎接客户时要做好以下几个方面的工作。

1．专业形象

"穿职业装，佩戴工牌"，展示业务接待的专业形象，让客户一看到你就能很快地判断出你的职业，甚至你的职业水准。业务接待在欢迎客户时一定要呈现出专业、阳光、自信的第一印象。

2．欢迎的态度

态度在这里是非常重要的，因为它决定着客户对整个服务的一种感知。

欢迎的态度对客户来说确实是非常重要的，在一开始时应该以怎样的态度去接待你的客户，将决定整个服务的成败。所以，对于业务接待来说，在欢迎客户时，一定要发自内心地展现微笑，要以一种欢迎的态度对待客户。

3．关注客户的需求

需要关注客户的信息需求、环境需求和情感需求。

4．以客户为中心

业务接待应该"以客户为中心"，时刻围绕着客户，这就意味着当你为这个客户提供服务时，即使旁边有人正在叫你，你也必须先跟客户说"非常抱歉，请您稍等"，然后才能去说话，一说完话马上就接着为客户服务。让客户觉得你比较关注他、以他为中心，这一点是非常重要的。

4.2 言谈的技巧

4.2.1 言谈的原则

1．充分聆听的原则

充分聆听既是对讲话者的一种尊重，也是起码的礼貌要求，更是互动交流的基础。只有充分交流，才可以有根据地进行回应，才会激发讲话者的兴趣。

在充分聆听时，不是傻听，不是盲听，而是有礼貌地听，有礼节、积极地听。当我们聆听时，要注意及时回答对方的提问，目光停留于别人的脸部，及时注意别人所指向的方向和位置，并且要不断地通过"是吗""对呀"等短语让别人充分知道你在聆听。必要时，应该不失时机地打断别人的讲述，如在他完成一段话，或者停顿下来时，问一两个小问题。同时，要放下手中所有的工作和活动，不可不断地看表，或者不停地摆弄小物品。如果在吃饭，应该放下餐具，停止进食。目光不可飘飞，不可给人一心二用、三心二意之感。从举止方面，要避免抖动全身或身体的某个部位，不可双手抱头、叉腰，不可抓耳挠腮、哈欠连天。应该站有站姿、坐有坐姿，落落大方，沉稳真诚。只有这样，才可以算真正做到了充分聆听。

2．言语有度的原则

在言谈交流过程中，还要注意言语有度。这种有度主要体现为适时、适量和适当。

（1）适时：讲话的时机要合乎时宜，要相机而言，不可不分场合。在正式场合中，下级要避免打断上级或职位高者的讲话，不要无休止地追问某一两个问题，不要过多地占用与上级谈话的时间。不可在别人谈话时交头接耳。异性之间，除非夫妻或恋人，在公开场合的谈话要注意距离和讲话的时机。同时，又要避免该讲话时不讲话、不该讲话时却讲话的现象。

（2）适量：讲话的内容和长短要适量，时间宽裕可以多讲一些，时间不够，则应删繁就简，突出重点。特别是在会场或演讲场合向发言人发问时，要避免花很长时间说一个问题的背景，然后才问问题的做法。要避免谈话东拉西扯，让人一头雾水。

（3）适当：讲话的内容适宜，主题要恰当，话题要准确。说话时要尽可能把心中想要表达的意义清楚地表达出来。很多时候光是心里有某种想法不行，必须用语言说明。特别是人与人交往，应该有情感的成分，不管是商务关系还是同事关系，交往一段时间后，都应该产生一定的友情。因此，在重逢和分别的时候，说一些带有感情的话理所当然。

3．准确运用肢体语言的原则

肢体语言是人的一种情感表达方式，人们在交谈中，往往会情不自禁地挥臂、伸手、伸出手指和拳头等来辅助、增强和渲染语言表达的效果。肢体语言的个体性比较明显，共性较差。不同社会背景、不同年龄层的人有不同的肢体表达方式，甚至同一种肢体语言在不同的区域、文化和个体之间也有不同的含义。

因此，在谈话中，用肢体语言来辅助讲话的效果时：

（1）要准确，不可引起误解；

（2）要适量，不可过多过快；

（3）要及时，避免慢半拍；

（4）要避免不礼貌的肢体动作。

4．避讳隐私的原则

由于风俗习惯、政治信仰等的不同，有些话题在交谈中或非常敏感，或容易引起反感，因此不应将其作为谈话的内容，应予以避免，这就是避讳。与此同时，现代很多人初次见面时不愿透露过多的个人信息。因此，也应避免询问过多。总体来说，以下方面应予以避免：家庭、婚姻等情况；女性的年龄、体重等有关个人生理状况的问题；男性的工资收入、职务职衔等；宗教和政治问题；就餐时谈动物内脏问题；谈疾病、死亡等。

5．保持正确的礼仪距离的原则

每个人在潜意识中都有自己的一个私人空间领地。这个领地大约有半米的半径，与人交流应该避免突破这个礼仪距离。礼仪距离的存在还可避免体臭等异味可能带来的不良影响，保证交流活动的成功进行。

6．经常使用基本的礼仪用语的原则

人与人之间的交往过程，在很大程度上也是情感的交流。特别是在现代生活中，"以人为本"，充分尊重对方，也是顺利实现交际交流的重要条件。而礼仪用语最能体现这种对人格、情感的尊重和关怀。"您好""请""谢谢""对不起""祝贺""再见"这些基本的礼仪用语，看上去简单平常，其所蕴含的社会意义和历史经验却非常丰富。

4.2.2　交谈的内容

1．交谈内容要"就地取材""随机应变"

与客户初次见面时，总要先寒暄几句，如果开门见山、单刀直入，会给人唐突的感觉。一般说几句今天天气如何如何的话是可以的，但若不论时间、地点一味谈天气就太单调了。如何避免这一情况呢？不妨结合所处的环境，就地取材引出适当的话题。恰当的开场白主要是使气氛融洽。要多用称赞的口气和语言，而不应用挑剔的口吻。还可以根据情况的变化转换话题，使交谈自然融洽地进行下去。

2．谈话要看客户定内容

交谈不是一味地表达你自己的想法或见闻，而是一种双向交流。同时应看对象，因人而异。各种年龄、各种职业、各种地位的人都有各自不同的情趣、特点及习惯等，因此，在交谈中选择什么样的话题，用什么样的语言与口吻应当有所不同，才不至于产生"层次差"。比如，不要和艺术家大谈金钱，不要和失恋的人大谈你和异性朋友的甜蜜感情等，否则别人是没兴趣听的。

3．多谈客户感兴趣的话题

可以试着从客户的话语中找到他的兴趣所在，让他对自己有兴趣的话题发表看法等，如他的特长，他所喜爱的生活。一般来说，一个人感兴趣的话题，多是他知识储备中的精华部分，如能就此进行交谈，不仅可以谈得很有兴趣，而且谈话内容也会比较充实。

4.2.3　交谈的方式

交谈时，一般有以下9种方式。

1．直言

在交往中，心诚意笃、直抒胸臆的话语，没加什么粉饰雕琢，有时还可能是逆耳之言，但效果常常很好。直言是信任人的表现，也是和对方关系密切的标志。在朋友之间，真诚的直言还是一种美德。

直言也是自信的表现，那种过分顾忌别人反应的人，反而可能使人觉得猥琐，因而不乐意与他交往。客气谦逊也要适当，而且要看讲话的对象。

在一定场合，需直言时就大胆直言。但直言不讳不等于粗鲁、不讲礼貌，也不是想说什么就说什么，想怎么说就怎么说。在直言时，特别是在说逆耳之言时，应该注意：一是要心诚、坦荡；二是要配上适当的语速、语调和表情、姿态；三是在直言拒绝、制止或反对客户的某些要求、行为时，诚恳陈述一下原因和利害关系。

2．委婉

人们的认识和情感有时并不完全一致。在交往中，有些话虽然完全正确，但对方却碍于情面而难以接受，直言不讳的效果往往不好。这时，委婉就派上用场了。委婉就是从侧面触及或以柔克刚，使客户在听你谈话的同时仍感到自己是被人尊重的，这样也许就能既从理智上，又从情感上接受你的意见。

委婉的具体做法大致有以下几种方式。

用某些语气词。如用"吗、吧、啊、嘛"等软语气，使人感到讲话口气不那么生硬。例如，第一句是："别唱了！"第二句是："别唱了，好吗？"无疑，第二句比第一句显得客气、婉转，使人易于接受。灵活用词。如把"我觉得这样不好"改为"我并不觉得这样好"，就能把同样的意思表达得不那么咄咄逼人了。又如，面对客户的无理要求，你不想直截了当地拒绝，就可以说："这件事目前恐怕很难办到。"如女朋友问："星期天我们去公园划船好吗？"你可以这样回绝："我们一起去图书馆温习功课吧。"

3. 含蓄

人们在交往中有时因种种原因不便把某一信息表达得太清晰直露，而要靠对方从自己的话中揣摩、体会出所蕴含的真正意思。这种"只可意会，不可言传"的手段就是含蓄。

4. 模糊

交往中，有时因故不便或不愿把自己的真实思想暴露给别人，这时可以把自己的信息"模糊化"，做到既不伤人，又不使自己难堪。比如，答非所问。有位小姐问你："我漂亮么？"你可以回答："你很有特点。"又如，有人问你："你看我是否变老了？"你可以回答："一下子看不出来。"

5. 自言

社会场合，若大家都互不认识时，一句"今天天气真热"之类的自言自语，往往就能成为交谈开场的引子，使你和原不相识人攀谈起来。自言自语一般有助于人的自我表现。因此，不必看轻自言自语与自我表现，它在交往中常具有其他手段所没有的优点。

6. 沉默

沉默是金，有时候选择沉默比说什么话都好，这就是"此时无声胜有声"。沉默可以表示赞许，也可以表示无声的抗议；可以是欣然默认，也可以是保留己见；可以是威严的震慑，也可以是心虚的表现。比如，别人请你去参加你不喜欢的聚会，你可以摇摇头，然后沉默，对方就不好再说了。

7. 反语

中国有句古语云："将欲取之，必先予之。"交谈中有时为达到某种目的，说话者口头说的意思和自己的真实意图恰恰相反，却反而成功。这就是反语的妙用。

8. 幽默

幽默具有许多妙不可言的功能，交往中要善于利用幽默语言。幽默能活跃气氛，也能缓解紧张的氛围。比如，德国作家和诗人歌德一天在公园散步，碰到了曾恶毒攻击他的批评家。那位批评家傲慢地说："我是从不给傻瓜让路的。"歌德立即回答："我却完全相反。"说完转到一边去了。幽默可用于对别人的善意批评和自我解嘲。如一天杜邦先生到一家小旅馆，他问老板："一个单间多少钱一天？"老板回答："不同的楼层价格不同，二楼的房间是15马克一天，三楼是12马克，四楼是10马克，五楼是7马克。"杜邦听后转身要走，老板问："您觉得价格太高了吗？"杜邦说："是您的旅馆太低了。"杜邦的幽默，既含蓄批评了旅馆价格太高，又对自己住不起高价客房做了自我解嘲。

9. 提问

交往中，提问是交谈的一大技巧，是引导话题、展开谈话或转移话题的一个好办法。提问有3种功能：

（1）通过发问来了解自己不熟悉的情况；
（2）把对方的思路引导到某个要点上；
（3）打破僵局，避免冷场。

提问要注意内容，不要问对方难以应对的问题，如高深的学术问题；更不应问人们的隐私及大家都忌讳的问题。提问题要把握时机，一般是一个话题快谈完时，问一下，又可使交谈继续下去；或者不愿就某个话题进行交谈，可以用提问转移话题。

4.3 倾听的技巧

4.3.1 倾听的目的

做服务工作有项技巧需要不断练习和提高，就是倾听的技巧。

倾听的基础是听清楚别人讲什么。要听两个方面的内容：事实和情感。听事实和听情感，这是两个不同的层面。

1．听事实

对方说了哪些话？他讲的意思是什么？这个并不难，只要认真听，听清楚，我们就可以很容易做到这一点。

2．听情感

听情感是被很多人忽视的一个层面。需要听谈话者在说这些的时候表达什么样的情感需求，是否需要给予相应的回应。客户的情感需求值得服务人员加以关注并恰当回应。如果听到跟没听到一样，客户的这种情感需求就很难被满足。

倾听好像是一个消极被动的过程。其实不然，倾听需要思维的参与，应该是一个积极的过程。我们来看一下繁体字"聽"怎么写，听当然首先要用耳朵，但是不仅如此，"四"代表两个眼睛，要与对方有恰当的眼神交流；"一心"代表要全心全意，很专心地听；在耳的下面还有一个"王"字，即要把对方当作王者对待，就像我们听领导、听老师的讲话要远比听朋友讲话更关注、更尊重一样。

因此，倾听不仅仅是耳朵听到相应的声音，还是一种情感活动，需要通过面部表情、肢体语言和话语的回应，向对方传递一种信息，我很想听你说话，我尊重和关注你，我在认真听你讲话。

4.3.2 倾听的注意事项

倾听，是一种美德，是一种尊重，是一种与人为善、心平气和、谦虚谨慎的姿态。善于倾听是成熟人最基本的素质，智者善听，仁者善听。但人们在倾听中常会出现问题，如受情绪状态的影响、接收信息时的非理性等。因此，我们必须了解一下有效倾听的注意事项。

1．不要有意打断客户

好的倾听者不会有意打断对方的谈话，不会用自己的经验、观点来有意打断客户的谈话。在反馈客户的谈话之前，稍做停顿，确保已经全部理解客户的观点。这不仅表示你很关注客户的观点，也给了你一定的时间来对客户做出回应。要避免以为自己知道客户想说的话非常重要，结果你可能提供一个不成熟的回应。记住，每一个客户都可能给一个熟悉的故事带来新的东西。

2．复述以确定准确理解

要确信你已经完全理解客户的意思和观点，最好的方法就是复述对方的话。用自己的话复述一下对方表达的意思，可以确保你已经完全理解了客户的观点。你可以说："我的理解是……""您的意思是……"。不要伪装你已经理解了客户。如果你仍然有疑惑，或漏掉了客户的一些话，可以请他们再说一遍。客户会尊重你的诚实，并且你也能够更好地满足客户的需求。

3．肯定对方谈话的价值

在谈话时，即使是一点小小的价值，如果能够得到肯定，讲话者的内心也会很高兴，同时会对肯定他的人产生好感。因此，在谈话中，一定要用心去发现对方的价值，并给予积极的评价和赞美，这是获得对方好感的一大绝招。

4．提问的技巧

提问是一项非常重要的技巧，可以帮助你发现和收集客户需求的信息，使你更好地、更有效地为客户服务。好的问题才能有好的答案。一个不恰当的问题可能让客户马上就离开。一个业务接待的服务技能怎么样，服务经验是否丰富，关键看他提问题的质量。提问可以分为两种：一种叫作开放式的问题，一种叫作封闭式的问题。

（1）开放式的问题可以让客户比较自由地讲出自己的观点，这种提问方式是为了了解一些事实。一般以"是什么、怎么样、为什么"等开始询问，如"有什么我能够帮您的吗？"通常来说在服务开始的时候都是使用开放式的问题，可以采用"5W2H"方法。

（2）封闭式问题的使用是为了进一步帮助客户进行判断，是客户只能回答是或不是的问题。比如："您可以填一份客户需求调查表吗？""您需要发票吗？"等。

上述两种技巧可以交替使用，直到能够准确判断客户的需求为止。如图4-2所示为提问的类型。

开放式提问
- Why故障发生原因
- Where故障发生地点
- When故障发生时间
- Who故障发生当事人
- What故障现象
- How故障如何排除
- How much估价

封闭式提问
- 是不是
- 有没有
- 回答只有一种可能
- 指导式

图4-2 提问的类型

5．注视客户，表示兴趣

注视客户是对客户的一种尊重和鼓励，只有对客户表示出兴趣，客户才有说的愿望与激情。注意观察非语言行为，即说者的语音语调、身体姿势、手势、面部表情等，理解这些因素带来的信息，让倾听更有效。

6．对客户观点加以设想

在倾听时，要根据客户传递过来的信息，加以设想，理解其语言及所描述的语境，通过设想更加体察和理解客户的意图。

7．在倾听时，不急于做判断

好的倾听者从不急于做出判断，而是对客户的情感感同身受，设身处地地看待问题。

4.4 与客户沟通的技巧

4.4.1 与客户沟通的原则

1．勿逞一时的口舌之能

与客户沟通最忌讳的就是逞一时的口舌之能。逞一时的口舌之能，虽然会获得短暂的胜利的快感，但你绝对不可能说服客户，只会给以后的工作增加难度。在与客户沟通时，不要好像若无其事的样子，这样会引起客户的反感，反而适得其反。真正的沟通技巧，不是与客户争辩，而是引导客户接受你的观点或向你的观点"倾斜"，晓之以理，动之以情。

2．顾全客户的面子

要想说服客户，就应该顾全他的面子，要给客户有下台阶的机会。顾全客户的面子，客户才会给你面子；顾全客户的面子，对我们来说并不是一件难事，只要稍微注意我们的态度和措辞即可。

3．不要太"卖弄"你的专业术语

千万要记住，平时接触的客户当中，他们可能对你的专业根本不懂。在与客户沟通时，不要老以为自己高人一等，什么都知道。在向客户说明专业性用语时，最好的办法就是用简单的例子、浅显的方法来说明，让客户容易理解和接受，解释时还要不厌其烦，否则客户会失去听你解释的耐心，使得你根本达不到目的。

4．维护公司的利益

维护公司的合法利益是每一位员工应该做的，也是我们与客户沟通的出发点和基本原则。在与客户沟通时，不能以损失公司的利益为代价，博取客户的欢心，更不能以损失公司或他人的利益，来换取客户对个人的感谢。

4.4.2 与客户沟通的要点

1．抓住客户的心

摸透对方的心理，是与人沟通的良好前提。只有了解掌握对方的心理和需求，才可以在沟通过程中有的放矢，可以适当地投其所好，让对方视你为他的知己，这样问题就可能较好地解决。

2．记住客户的姓名

记住客户的名字，可以让人感到愉快且能有一种受重视的满足感，这在沟通交往中是一件非常有用的法宝。记住客户的名字，比任何亲切的言语都起作用，都更能打动对方的心。

3．不要吝啬你"赞美的语言"

人们的内心深处都是渴望得到他人赞赏的，经常给客人戴一戴"高帽"，也许你就会改变一个人的态度；用这种办法，或许可以进一步激发人的潜能，使戴"高帽"的人有被重视的感觉。

4．学会倾听

在沟通中要充分重视"听"的重要性。善于表达出自己的观点与看法，抓住客户的心，使客户接受你的观点与看法，这是你沟通成功的一半；而成功的另一半就是善于听客户的倾诉。会不会听是一个人会不会与人沟通、能不能与人达到真正沟通的重要标志。做一名忠实的听众，同时，让客户知道你在听，不管是赞扬还是抱怨，你都在认真对待，客户在倾诉的过程中，会因为你认真倾听的态度而感动，会对你的人格加以认同，这会为你下一步的解释工作奠定良好的基础。

5．付出你的真诚与热情

人总是以心换心的，你只有对客户真诚，客户才可能对你真诚；在真诚对待客户的同时，还要拥有热情，只有拿出你的真诚与热情，沟通才有可能成功。"真诚"是沟通能否取得成功的必要条件。

6．因地制宜，随机应变

不同的沟通场合需要不同的沟通方式，对不同的人也需要采取不同的沟通方法，要因地制宜、随机应变，这样才能保证沟通的效果。

7．培养良好的态度

只有你具有良好的态度，才能让客人接受你、了解你。在沟通时，要投入你的热情；在沟通时，你要像对待朋友一样对待客户。

与客户的沟通，是一门融入心理学，我们只有不断地总结实践经验，并不断地丰富我们的理论修养，才能把它做得更出色、更艺术。

4.5 处理客户异议的技巧

在服务活动中，从接近客户、调查、进行产品介绍、示范操作、提出建议书到签约的每一个步骤，客户都有可能提出异议。面对客户的异议，服务人员必须懂得基本的异议处理方法，并且掌握的异议处理技巧越多，就越能冷静、坦然地化解客户的异议，而每化解客户的一个异议，就摒除了与客户的一个障碍，就越接近客户一步。

4.5.1 客户异议概述

1．客户异议的内涵

客户异议是指客户针对服务人员及其在服务过程中所做出的一种反应，如对服务人员的语言表述、身体动作等提出的不赞同、质疑或拒绝。例如，去拜访客户，客户说没时间；询问客户需求时，客户隐藏了真正的动机；向客户解说产品时，客户带着不以为然的表情，等等，这些都称为异议。

一般人对客户异议似乎都抱着负面的看法，人们会因为太多的异议而感到挫折与恐惧。但是对有经验的客户服务人员而言，却能从积极的角度来体会异议，领悟出以下含义：

（1）从客户提出的异议，能判断客户是否有需要；

（2）从客户提出的异议，能了解客户对自己及自己的建议接受的程度，从而能迅速修正服务；

（3）从客户提出的异议，能获得更多的信息。

"异议"的这层意义，是"客户服务是从客户的拒绝开始"的最好印证。

2．异议的分类

客户的异议分类方法有多种，最常见的是将异议分为真实的异议与隐藏的异议两类。

（1）真实的异议。

真实的异议是指客户表达目前没有需要或对产品与服务不满意，或对产品与服务抱有不同看法。例如，客户通过朋友口碑知道某产品常出故障，因此对该产品的推销提出异议。面对真实的异议，可视情况采取立刻处理或延后处理的策略。面对下述三种情况，必须立刻处理客户异议：

①当客户提出的异议是属于他关心的重要事项时；
②必须处理后才能继续进行服务的说明时；
③当处理异议后，客户能立刻下订单时。

而面对下述三种情况，必须延后处理客户异议：

①权限外或确实不确定的事情，须向客户承认无法立刻回答客户所提出的问题，但保证会迅速找到答案并告诉他；
②客户在还没有完全了解产品的特性及利益前提出价格问题时，最好将这个异议延后处理；
③当客户提出的一些异议在以后能以更具说服力的方式加以消除时。

（2）隐藏的异议。

隐藏的异议指客户将真实的异议隐藏，而提出各种真的异议或假的异议，借此创造解决隐藏异议的有利环境。例如，客户希望降价，但却提出其他如品质、外观、颜色等方面的异议，以降低产品的价值，而达成降价的目的。

3. 异议产生的原因

异议产生的原因有许多，主要原因有两大类，一类是客户本身的原因，另一类则是客户服务人员的原因。只有了解异议产生的各种可能原因，才能更冷静地判断出异议的原因，针对原因处理才能化解异议。

（1）客户的原因。

①拒绝改变。大多数人在接受新产品或新品牌时，都会因改变而产生抵抗，这是最常见的异议产生的原因。
②情绪处于低潮。当客户情绪正处于低潮时，没有心情进行商谈，容易提出异议。
③没有意愿。客户的意愿没有被激发出来，没能引起他的注意及兴趣。
④无法满足客户的需要。客户的需要不能充分被满足，因而无法认同客户服务人员提供的商品。
⑤预算不足。客户预算不足会产生价格上的异议。
⑥借口、推托。客户不想花时间会谈。
⑦客户抱有隐藏的异议。客户抱有隐藏异议时，会提出各式各样的异议。

（2）客户服务人员的原因。

①客户服务人员无法赢得客户的好感。客户服务人员的举止态度让客户产生反感，从而产生异议。
②做了夸大、不实的陈述。客户服务人员为了说服客户，往往以不实的说辞哄骗客户，结果带来更多的异议。
③事实调查不正确。客户服务人员引用不正确的调查资料，引起客户的异议。
④使用过多的专门术语。客户服务人员说明产品时，若使用过于高深的专业知识，会让客户觉得自己无法胜任使用，进而提出异议。
⑤不当的沟通。说得太多或听得太少都无法确实把握住客户的问题点，从而产生许多的异议。
⑥展示失败。展示失败会立刻遭到客户的质疑。

⑦姿态过高,处处让客户词穷。客户服务人员处处说赢客户,让客户感觉不愉快,进而提出许多主观的异议。例如,不喜欢这种颜色、不喜欢那个样式。

4.5.2 处理客户异议的原则

1. 不打无准备之仗原则

"不打无准备之仗",是客户服务人员处理客户异议应遵循的一个基本原则。客户服务人员在走出公司大门之前就要将客户可能会提出的各种拒绝罗列出来,然后考虑一个完善的答复。由于事前有准备,面对客户的拒绝时就可以做到胸中有数,从容应对。例如,加拿大的一些企业专门组织客户服务专家收集客户异议并制定出标准应答语,要求客户服务人员记住并熟练运用。编制与应用标准应答语程序,如图4-3所示。

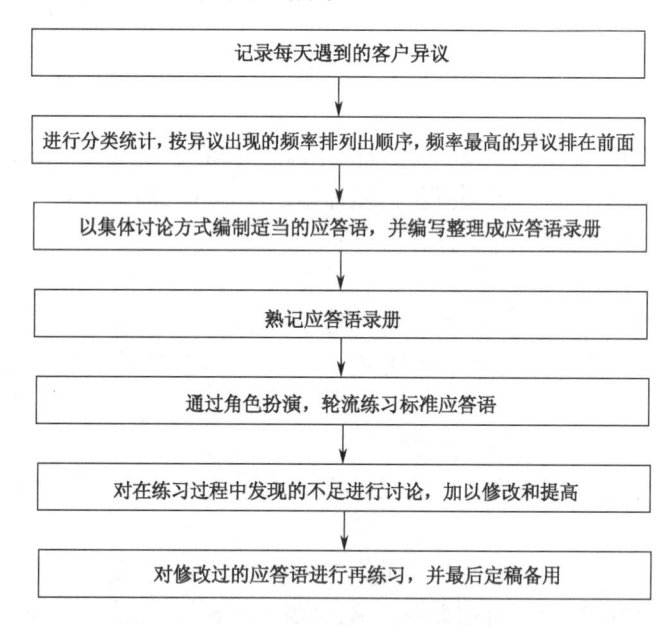

```
记录每天遇到的客户异议
        ↓
进行分类统计,按异议出现的频率排列出顺序,频率最高的异议排在前面
        ↓
以集体讨论方式编制适当的应答语,并编写整理成应答语录册
        ↓
熟记应答语录册
        ↓
通过角色扮演,轮流练习标准应答语
        ↓
对在练习过程中发现的不足进行讨论,加以修改和提高
        ↓
对修改过的应答语进行再练习,并最后定稿备用
```

图4-3 客户异议标准应答语程序

2. 选择恰当的时机原则

美国通过对几千名客户服务人员的研究,发现好的客户服务人员遇到客户强烈反感的可能只是差的客户服务人员的十分之一。这是因为,优秀的客户服务人员对客户提出的异议不仅能给予一个比较圆满的答复,而且能选择恰当的时机进行答复。懂得在何时回答客户异议的客户服务人员会取得更大的成绩。客户服务人员对客户异议答复的时机选择有4种情况:

(1)在客户异议尚未提出时解答。防患于未然,是消除客户异议的最好方法。客户服务人员觉察到客户会提出某种异议,最好在客户提出之前,就主动提出来并给予解释,这样可使客户服务人员争取主动,先发制人,从而避免因纠正客户看法或反驳客户的意见而引起不快。

客户服务人员完全有可能预先揣摩到客户异议并抢先处理,因为客户异议的发生有一定规律性,如客户服务人员谈论产品的优点时,客户很可能会从最差的方面去琢磨问题。有时客户没有提出异议,但他们的表情、动作及谈话的用词和声调却可能有所流露,客户服务人员觉察到这种变化,就可以抢先解答。

(2)异议提出后立即回答。绝大多数异议需要立即回答,这样,既可以促使客户购买,又是对客户的尊重。

（3）过一段时间再回答。以下异议需要客户服务人员暂时保持沉默，过一段时间再回答。例如，异议显得模棱两可、含糊不清、让人费解；异议显然站不住脚、不攻自破；异议不是三言两语可以辩解得了的；异议超过了客户服务人员的能力水平；异议涉及较深的专业知识，解释不易为客户马上理解，等等。急于回答客户此类异议是不明智的。经验表明：与其仓促错答十题，不如从容地答对一题。

（4）不回答。有些异议客户服务人员可以不回答，例如：无法回答的奇谈怪论；容易造成争论的话题；废话；可一笑置之的戏言；异议具有不可辩驳的正确性；明知故问的发难，等等。客户服务人员不回答时可采取以下技巧：沉默；装作没听见，按自己的思路说下去；答非所问，悄悄转换对方的话题；插科打诨幽默一番，最后不了了之。

3. 永不争辩原则

不管客户如何批评，客户服务人员永远不要与客户争辩，因为，争辩不是说服客户的好方法。与客户争辩，失败的永远是客户服务人员。一句客户服务行话是："占争论的便宜越多，吃客户服务的亏越大。"

4. 给客户留"面子"原则

客户服务人员要尊重客户的意见。客户的意见无论是对是错、是深刻还是幼稚，客户服务人员都不能表现出轻视的样子，如不耐烦、轻蔑、走神、东张西望、绷着脸、耷拉着头等。客户服务人员要双眼正视客户，面部略带微笑，表现出全神贯注的样子。并且，客户服务人员不能语气生硬地对客户说："您错了""连这您也不懂"；也不能在交谈时显得比客户知道得更多，"让我给您解释一下……""您没搞懂我说的意思，我是说……"。这些说法明显地抬高了自己，贬低了客户，会挫伤客户的自尊心。

4.5.3 处理客户异议的技巧

1. 忽视法

所谓"忽视法"，顾名思义，就是当客户提出一些反对意见，并不是真的想要获得解决或讨论时，如果这些意见和眼前的目的扯不上直接关系，你只要面带笑容地同意他就好了。

对于一些"为反对而反对"或"只是想表现自己的看法高人一等"的客户的意见，若是你认真地处理，不但费时，还有旁生枝节的可能。因此，你只要让客户满足了表达的欲望，就可采用忽视法，迅速地转移话题。

忽视法常用的方法如下：

微笑点头，表示"同意"或表示"听了您的话"。

"您真幽默！"

"嗯！真是高见！"

2. 补偿法

当客户提出的异议，有事实依据时，应该承认并欣然接受，强力否认事实是不明智的举动。但记得，要给客户一些补偿，让他取得心理的平衡，也就是让他产生产品或服务的价格与售价一致的感觉。

产品或服务的优点对客户是重要的，产品或服务没有的优点对客户而言是不太重要的。

世界上没有一样十全十美的产品或服务，当然要求产品或服务的优点越多越好，但真正影响客户购买与否的关键点其实不多，补偿法能有效地弥补产品或服务本身的弱点。

补偿法的运用范围非常广泛，效果也很明星。

3．太极法

太极法的基本做法是当客户提出某些不购买的异议时，服务人员能立刻回复说："这正是我认为您要购买的理由！"如果服务人员能立即将客户的反对意见，直接转换成他必须购买的理由，则会收到事半功倍的效果。

太极法应用实例。客户："收入少，没有钱买保险。"服务人员："正是因为收入少，才更需要购买保险，以获得保障。"

太极法能处理的异议多半是客户通常并不十分坚持的异议，特别是客户的一些借口。太极法最大的目的，是让服务人员能借处理异议而迅速地陈述他能带给客户的利益，以引起客户的注意。

4．询问法

透过询问，把握住客户真正的异议点。服务人员在没有确认客户反对意见的重点及程度时，直接回答客户的反对意见，往往可能会引出更多的异议，让服务人员自找烦恼。

服务人员的字典中，有一个非常珍贵、价值无穷的字眼"为什么"，不要轻易地放弃这个利器，也不要过于自信，认为自己已能猜出客户为什么会这样或为什么会那样，最好让客户自己说出来。

当您问为什么的时候，客户必然会做出以下反应：

（1）他必须回答自己提出反对意见的理由，说出自己内心的想法；

（2）他必须再次检视他提出的反对意见是否妥当。

此时，服务人员能听到客户真实的反对原因及明确地把握住反对的项目，这样也能有较多的时间思考如何处理客户的反对意见。

5．"是的……如果……"法

人有一个通性，不管有理没理，当自己的意见被别人直接反驳时，内心总是不痛快的，甚至会被激怒，尤其是遭到一位素昧平生的服务人员的正面反驳。

屡次正面反驳客户，会让客户恼羞成怒，就算说的都对，也没有恶意，还是会引起客户的反感。因此，服务人员最好不要开门见山地直接提出反对的意见。在表达不同意见时，尽量利用"是的……如果……"的句法，软化不同意见的口语。用"是的"同意客户部分的意见，在"如果"中表达在另外一种状况时是否会比较好。

请比较下面的两种方法，感觉是否是天壤之别。

A："您根本没了解我的意见，因为状况是这样的……"

B："平心而论，在一般的状况下，您说的都非常正确，如果状况变成这样，您看我们是不是应该……"

A："您的想法不正确，因为……"

B："您有这样的想法，一点也没错，当我第一次听到时，我的想法和您完全一样，可是如果我们做进一步的了解后……"

养成用"B"的处理方式表达不同的意见，将会受益无穷。

"是的……如果……"，是源自"是的……但是……"的句法，因为"但是"的字眼在转折时过于强烈，很容易让客户感觉到你说的"是的"并没有含着多大诚意，你强调的是"但是"后面的诉求。因此，当使用"但是"时，要多加留意，以免失去了处理客户异议的初衷。

6．直接反驳法

在"是的……如果……"法的说明中，我们已强调不要直接反驳客户。直接反驳客户容易陷于与客户的争辩中，往往事后懊悔，但已很难挽回。但在有些情况下，必须直接反驳以纠正客户不正确的观点：

（1）客户对你的服务、企业的诚信有所怀疑时；

（2）客户引用的资料不正确时。

出现上面两种状况时，必须直接反驳，因为客户若对你的服务、企业的诚信有所怀疑，那么你缔结成功的机会几乎可以说是零；如果客户引用的资料不正确，你能以正确的资料佐证你的说法，客户会很容易接受，反而对你更信任。

使用直接反驳技巧时，在遣词造句方面要特别留意，态度要诚恳，对事不对人，切勿伤害了客户的自尊心，要让客户感受到你的专业与敬业。

4.5.4 价格异议的处理

在服务过程中，价格问题是企业与客户之间最敏感的问题之一。在实际工作中，关于价格问题的异议，很多时候与服务质量并没有太大的关系。无论前期的服务如何到位，在涉及价格问题的时候，客户总是希望能够获得优惠，尤其是在中低档车的消费群体当中，表现得尤为明显。当客户与服务接待之间出现价格异议的时候，可以运用如下的原则和方法来处理双方异议，以达到双赢的目的。

1. 价格异议产生的原因

价格问题是业务接待在交车作业的时候最容易遇到的问题之一，产生价格异议的原因主要有以下几个方面：

（1）客户经济状况、支付能力等方面的原因。

（2）仅仅出自客户的习惯。

（3）客户对服务提供或代用品服务提供之间的价格比较。

（4）客户不了解公司的服务产品。客户习惯了到综合型的维修企业去修车，对品牌全方位服务提供的整体情况不理解，只知道现在修车要比过去贵得多。

（5）客户除了在A公司选择维修服务外，还在B公司体验服务，因此他希望把企业的价格压下去，将此作为和另一方讨价还价的筹码。

（6）客户的其他动机。由于客户对产品价格最为敏感，且产品价格与客户的利益有直接关系，故在产生购买欲望之后，客户首先会对价格提出异议，因而价格异议也是最常见、最容易提出的客户异议。

2. 处理客户价格异议的原则

客户总是希望用最低廉的价格买到更优质的服务，显然一般是很难达到的。业务接待要处理好客户的价格异议，要注意下列原则：

（1）如果客户为累计消费金额或来店次数达到一定限额的客户，可以推荐使用积分卡或会员卡，主动为客户提供折扣，以促使客户继续来店消费。

（2）如果业务接待服务过程中没有服务失误，而客户仍希望得到优惠，业务接待不可轻易答应客户的要求，可以考虑推荐客户成为会员或利用一定的技巧为客户做好解释工作。

（3）如果服务过程中存在服务失误，业务接待要真诚地向客户表示歉意，并根据企业的有关服务失误的处理手段，采取道歉、解释、折让、提供补偿等手段来解决问题。

3. 处理价格异议的技巧

无论客户对服务满意与否，客户在交车的最后环节，总会在价格上和业务接待进行讨价还价，业务接待可以选择的处理技巧如下：

（1）安全利益法。安全利益法是指业务接待在向客户解释维修项目时，首先向客户说明各个维修项目的必要性和危害性，向客户传达自己对客户安全的担忧。客户对维修项目的必要性认识越深刻，讨价还价的可能性也就越低。

（2）价格分解法。价格分解法是指业务接待向客户解释维修项目时，逐项向客户介绍维修项目及价格。通过价格分解，让客户明白，每一项维修都是必要的，自己选择的维修服务项目实际上是客户选择范围内最划算的。

（3）总体计算法。总体计算法与价格分解法恰恰相反，该方法是业务接待向客户解释从满足某一需求的总体费用上着手。譬如，业务接待推荐客户定期地对车进行维护保养和检查，保证车况的良好状态，延长车辆使用寿命，从而降低车辆的整体使用成本。

（4）补偿法。如果企业的维修服务在价格方面与同行相比的确不具备优势，而且服务差异性也不大，那么就必须为价格劣势补偿其他的利益，如为客户提供免费的检修等服务项目。

（5）暗示提醒成交法。在向客户解释维修项目的时候，如果客户一开场就直截了当地询问价格，千万不要马上回答他们价格是多少。因为，这时候很多客户还不完全清楚维修服务的价值所在，对价值的评判还不全面，无法做到客观公正，此时如果马上回应客户有关价格的问题，他们往往会凭直觉判断价格太高。这是客户消费心理的必然表现，很多失败的交车作业问题就出在这个环节。

此时，如果业务接待继续向客户介绍有关维修项目的内容，客户往往无法静下心来细听，因为他们心理上已经由于价格的因素产生了一种抗拒和排斥。这种情况比较容易发生在对维修服务费用情况还不了解的客户身上，除非他们已经多次来店维护并在心理上接受或认可了某品牌某车型的服务档次。这是刚进入汽车服务领域的业务接待最不容易处理的异议，需要特别注意。面对这样的情况，业务接待可以采用暗示提醒的办法，告诉客户："您看这是交车明细表，我们维修的每一个项目都是经过您同意的，费用我也给您估算过。"也就是说在完成整个产品的价值信息传递后再与客户讨论价格问题。

（6）送"台阶"法。如果业务接待没有明显的服务失误，而客户依然希望获得规定范围之外的折扣时，业务接待若直接拒绝客户的请求，客户就会感觉十分没有"面子"，很容易导致客户的不满。这时可以采用送"台阶"的方法来实现价格协商。当客户坚持要求有折扣时，业务接待可以假意告诉客户请示上级主管，或通过赠送客户小礼品等手段，使得客户感觉有台阶下，从而实现价格协商的目的。

4.6 处理客户投诉的技巧

1. 客户抱怨

客户抱怨（Customer Complaints）是指当客户购买商品或服务时，对商品本身和企业的服务都抱有良好的愿望和期盼值，如果这些愿望和期盼值得不到满足，就会失去心理平衡，由此产生的抱怨就称为客户抱怨。抱怨的定义为：客户因对产品或服务的不满和责难，而诉说产品或服务提供者的过错。

没有完美的服务体系，只要有服务，必定不可避免有失误，客户抱怨也就客观存在，不以服务的提供者和客户本人的意志为转移；同时，客户抱怨也是客户因服务期望与服务体验的差异而引起的不满意状态，具有比较性的特点。

客户抱怨的行为包括不再购买该品牌的商品或服务、不再光顾该商店、说该品牌或该商店的坏话等。

2. 客户投诉

客户投诉（Customer Complaints）是客户对产品质量或服务不满意，或认为自己的合法权益受到侵害而向企业、政府或第三方管理机构提出的书面或口头上的异议、抗议、索赔和要求解决问题等行为，或者是客户因对产品或服务的不满而向有关部门或人员进行申诉。

英国标准协会（British Standards Institution，BSI）在其颁布的国际标准BS 8600（1999版）中对投诉的定义是："投诉，客户的任何不满意的表示，不论正确与否。"

投诉一般会产生两种结果，一种情况是企业妥善解决了客户的投诉，客户会再次购买该品牌产品；另一种情况是如果问题没有得到解决，可能会造成客户流失。

客户抱怨和客户投诉的区别是：客户抱怨不一定要求有处理结果，而客户投诉要求必须有处理结果。

投诉只是客户面对产品或服务存在某种缺陷而采取的公开行为，实际上投诉之前就已经产生了潜在抱怨，潜在抱怨随着时间推移就变成显性抱怨，而显性抱怨如未得到有效处理，就可能直接转化为公开的行为，即投诉。

例如，客户去维修站修理汽车，一次没修好，客户可能还没有想到去投诉。但随着返修一次，两次还未修好，而且该换的部件已换，故障还未消除，这时抱怨就变成显性抱怨，显性抱怨变成了潜在投诉，最终变为投诉。

3. 客户期望

客户期望（Customer Expectations）是指客户根据以往经历和介绍对应该得到相应产品和服务的主观认知。这种预期是客户在参与服务体验之前就已经形成的一种意识形态，它具有很强的可引导性。虽然客户期望是一种意识形态，但其实质却离不开产品或服务本身这一核心，因此，如果能够围绕产品或服务这一核心，对客户的行为、意见及特殊需求进行周密的观测及调查，客户的期望是能够被测量的。

客户的投诉，尤其是客户的合理投诉，是客户期望最具代表性的集中反映。因此通过对客户的合理投诉进行信息筛选及过滤，提炼有用信息，可以形成客户期望信息。

4. 客户满意

客户满意（Customer Satisfaction）是"客户对其要求已被满足程度的感受"，是人们在接受了产品或服务后的一种心理状态，他们根据自己的期望和对产品或服务的感受所做出的一种评价。而工作表现反映企业提供给客户的产品或服务的水平。其实用简单的话来说，客户满意就是客户的期望与企业提供给客户的产品或服务水平之间的关系。客户是否满意，可借用数学公式表述：

客户满意度 = 工作表现 - 客户期望

工作表现 - 客户期望 ＜ 0　　客户不满意

工作表现 - 客户期望 ＞ 0　　客户满意

工作表现 - 客户期望 ＝ 0　　客户基本满意

当客户觉得不满意时，就会选择如投诉等方式解决问题。图4-4所示为客户满意与客户期望，A顾客对服务1满意，B顾客对服务2不满意。图4-5所示为工作表现与客户期望。

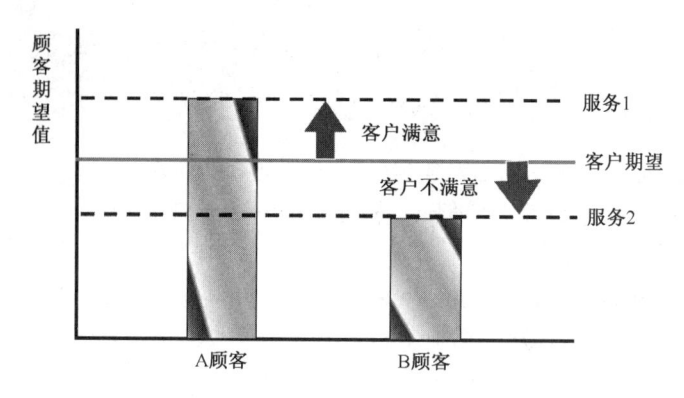

图4-4　客户满意与客户期望

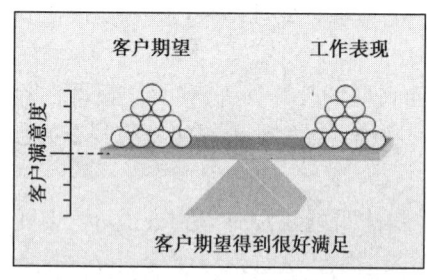

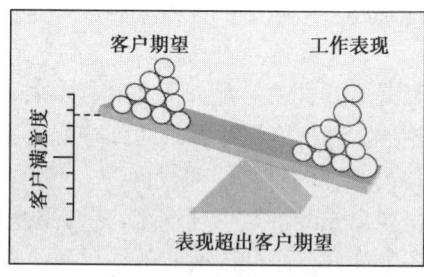

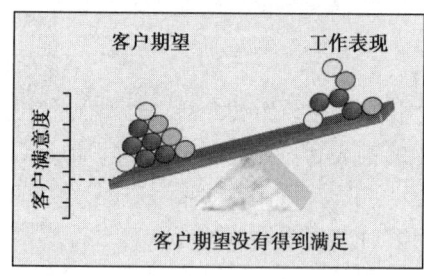

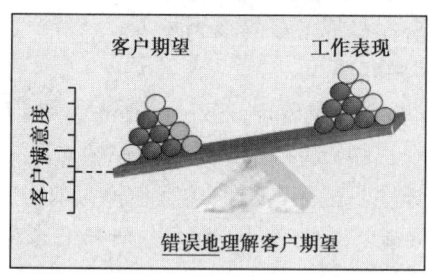

图4-5　工作表现与客户期望

客户投诉是顾客不满意的一种表现。顾客的不满意可能源于很多地方，从产品到服务，再到承诺的异议，顾客都可能产生不满。客户投诉是每一个企业都会遇到的问题，客户投诉是一剂多能良药，对客户的抱怨和投诉处理得好，不仅可以增强客户的忠诚度，还可以提升企业的形象、获得竞争优势。当然，处理得不好不但会丢失客户，还会给公司带来负面影响。

4.6.1　接待客户投诉的技巧

1．投诉客户的期望

（1）希望有人聆听；

（2）希望被关注、被认同、被尊重；

（3）希望得到认真对待；

（4）希望被投诉者有反应、有措施、有行动、有整改；

（5）希望得到补偿。

2．客户投诉的危害

（1）对生产厂商造成的危害：产生负面影响，影响品牌形象。

（2）对经销商的危害：影响企业的正常工作，降低经销商的利润。

（3）对客户的影响：增加客户的心理和经济负担。

3．产生客户投诉的原因

（1）维修质量：首次修复结果不理想；同一问题多次出现；问题长时间没有解决；未对客户车辆进行防护；出厂时车辆不干净。

（2）服务质量：服务人员不够热情；说明解释工作不清楚；服务人员缺乏耐心。

（3）非维修等待时间过长：长时间无服务人员接待；长时间未安排维修；长时间等待结算。

（4）服务承诺没有兑现：未按约定时间交车；结算金额超出预期；未使用纯正配件；未按客户要求作业。

（5）客户不正确的理解：保修条款；服务产品的说明；侥幸心理。

（6）销售时遗留的问题：销售员的承诺未履行；寻求平衡心理（如买贵了）；销售员对购买产品的权利、义务向客户交代不够明确。

（7）对新产品、新服务不习惯；客户对产品操作不当；对产品的性能不了解；未按操作规范使用。

（8）客户的期望值过高：希望产品不出问题；对维修时间要求较高；节省费用。

4．客户投诉的种类

客户的抱怨和投诉，大概可以分为下列4种情况。

（1）维修厂修理工作没做好。

（2）客户自己的不正确操作导致的问题。

（3）车辆或更换零部件制造的缺陷。

（4）双方都有不当的失误，这是最困难的状况，是要花非常多的心思去解决的问题。

在处理客户投诉时，要把自己放在客户的位置来考虑，学会"换位思考"。让客户说出他的不满，这样才能了解整个问题的详细情形。不论什么问题，都不要耽搁太久。问题摆着不会变小，相反时间耽搁久了，问题会变得更大或难以处理。

5．处理客户投诉的标准

处理客户投诉时须牢记："先处理心情，再处理事情！"以及"三变"技巧原则：变当事人、变场所与变时间。

（1）应迅速指派有能力的接待员去接待投诉中的客户；

（2）接触之前，要先试图了解客户的精神状况；

（3）让客户完全说出他的投诉，这样他才能消除心中的怒气，恢复平静地说话；

（4）诚挚的态度是解决客户投诉的前提，态度要自信，但不可傲慢；

（5）行动要快，从你解决问题的行动和态度中，客户可以判断出你是否有诚意。

6．处理投诉的基本程序

（1）请客户到办公室或会议室，这样做第一表示对他的重视，第二可以不用担心影响别的客户。

（2）仔细听取客户的意见，说话要有礼貌；客户在投诉时的情绪往往比较激动，请他尽情地发泄，耐心倾听，不要打断，即使他用一些比较恶劣的语言，客户的情绪是针对所抱怨的事件，而不是针对你个人的，所以你完全可以心平气和地对待，让客户平静下来。

（3）确信已经了解客户抱怨与投诉的内容。继续讨论之前，你必须完全了解客户抱怨与投诉的问题所在，否则没有办法与客户达成共同的意见。必要的时候，重复你对客户问题的理解，并询问客户是否同意你的复述。

（4）认真检查车辆，查阅过去的维修记录，或与客人一起再次路试，找出问题所在，判定责任是维修厂，还是客户造成的。

（5）对事件做出评估，向客户解释。

①告诉客户他的汽车故障发生的原因，以及将采取的行动，包括将采取的措施及时间表，取得客户的同意。

②如果是维修厂的过失，不要辩解，为错误向客户道歉。

③若是客户的过失，以委婉而有礼貌的态度告诉他故障发生的原因，建议防止这类故障再次发生的办法，不要让客户觉得没有面子。

④解释的时候，不要对客户太委曲求全。

⑤如果你和客户都不愿意妥协，将会陷入僵局。协调应以互相信任的态度进行，以寻求双方都能接受的处理意见。

⑥让客户觉得他是重要的客户。

（6）立即采取措施，如果是简单维修，尽可能请客户在场；向客户解释已经采取的补救措施。

（7）感谢客户注意到这些问题，让我们可以改进工作。

（8）电话回访，了解客户对投诉处理的结果是否满意，如果不满意，则应回到适当的步骤，重新处理。

7．客户投诉处理的一般操作

（1）受理投诉阶段。

①控制自己情绪，保持冷静、平和。

②安抚和道歉。先平息客户的情绪，缓解客户的不快，并向客户表示歉意，再告诉他们，公司将完全负责处理客户的投诉。从而改变客户心态，然后处理投诉内容。

③快速反应。用自己的话把客户的抱怨复述一遍，确信你已经理解了客户抱怨之所在，而且对此已与客户达成一致。如果可能，请告诉客户你愿想尽一切办法来解决他们提出的问题。

④应将客户的投诉行为看成是公事，进行实事求是的判断，不应加个人情绪和喜好。

⑤抱着负责的心态，真正关心客户投诉的问题。

（2）接受投诉阶段。

①认真倾听，保持冷静；同情、理解并安慰客户。

②给予客户足够的重视和关注。

③不让客户等待太久；当客户不知道等待多久时，告诉客户明确的等待时间。

④注意对事件全过程进行仔细询问，语速不宜过快，要做详细的投诉记录。

⑤立即采取行动，协调有关部门解决。

（3）解释澄清阶段。

①不得与客户争辩或一味寻找借口。

②注意解释语言的语调，不得让客户有受轻视、冷漠或不耐烦的感觉。

③换位思考、易地而处，从客户的角度出发，做合理的解释或澄清。

④不得试图推卸责任，不得在客户面前评论公司、其他部门或同事的不是。

⑤在没有彻底了解清楚客户所投诉的问题时，不得马上将问题转交其他同事或相关部门。

⑥如果确实是我方原因，必须诚恳道歉，但是不能过分道歉。注意关注客户的期望，限时提出解决问题的方法。

（4）提出解决方案阶段。

①根据投诉类别和情况，提出相应的解决问题的具体措施。

②向客户说明解决问题所需要的时间及其原因。

③如果客户不认可或拒绝接受解决方法，可坦诚向客户表明公司的权限。

④按时限及时将需要后台处理的投诉记录传递给相关部门处理。

⑤对投诉客户进行必要的且合适的补偿，包括心理补偿和物质补偿。心理补偿是指服务人员承认确实存在着问题也确实造成了伤害，并道歉。物质补偿是指一种"让我们现在就做些实际的事情解决这个问题"的承诺，如经济赔偿、调换产品或对产品进行修理等。力所能及地满足客户。在解决了客户的抱怨后，还可以送给客户其他一些东西，比如优惠券、免费礼物，或同意客户以优惠价购买其他物品。

（5）跟踪回访阶段。

①根据处理时限的要求，注意跟进投诉处理的进程。

②及时将处理结果向投诉的客户通告。

③关心询问客户对处理结果的满意程度。

客户离开前，看客户是否已经满足，然后，在解决了投诉后一周内，打电话或写封信给他们，了解他们是否依然满意，并可以在信中夹入优惠券。一定要与客户保持联系，将客户投诉转化为服务业绩，客户投诉得到了令人满意的解决之时，就是推销品牌与服务的最佳时机。

8．特殊客户投诉的处理

当客户出现投诉时，经销商应通过"迅速、高效、规范"的投诉处理，将客户投诉的负面影响降至最低。接到客户投诉，在处理时应热情大方，举止得体，文明礼貌，认真听取客户投诉的内容，进行必要的记录。

自己能正确解决或回答的情况下，自己予以解决或回答，并将处理情况反映给领导或部门客户服务人员。

若自己不能解决客户投诉，要及时反馈相关人员进行处理。

若遇到特殊情况下客户的投诉，如车主没有预约且非常不理性地投诉到访，未经预约的媒体采访等，应做如下的接待。

（1）立即报告上级领导和服务主管，并积极维持现场秩序，现场应做到礼貌、得体，不得表现出反感和敌对情绪，不对客户的言行进行讨论和指点，以免引起客户的误会，激化矛盾。

（2）在接待过程中，对外围的情况应保持警惕，特别关注是否存在媒体现场采访、摄影摄像等活动，一经发现，及时报告上级领导或授权人员，由其负责处理。

如图4-6所示为客户投诉处理的流程。

9．投诉处理原则

（1）对于客户投诉，必须专人负责，及时处理，随时汇报进度，如杭州市机动车服务局要求，一定规模企业必须设立企业发言人，并为企业发言人进行定期培训。

（2）当客户出现投诉时，经销商必须在30分钟内迅速与客户取得联系，了解情况。

（3）对于重大质量问题、特殊客户（如媒体工作者、政府机关人员、社会知名人士等）或新提车客户（购车时间在2日之内或车辆行驶里程在200公里之内的客户）的投诉，应及时向总经销商售后服务部汇报。

（4）经销商必须善于利用自身资源，把可能给汽车品牌和经销商造成的不良影响降到最低。

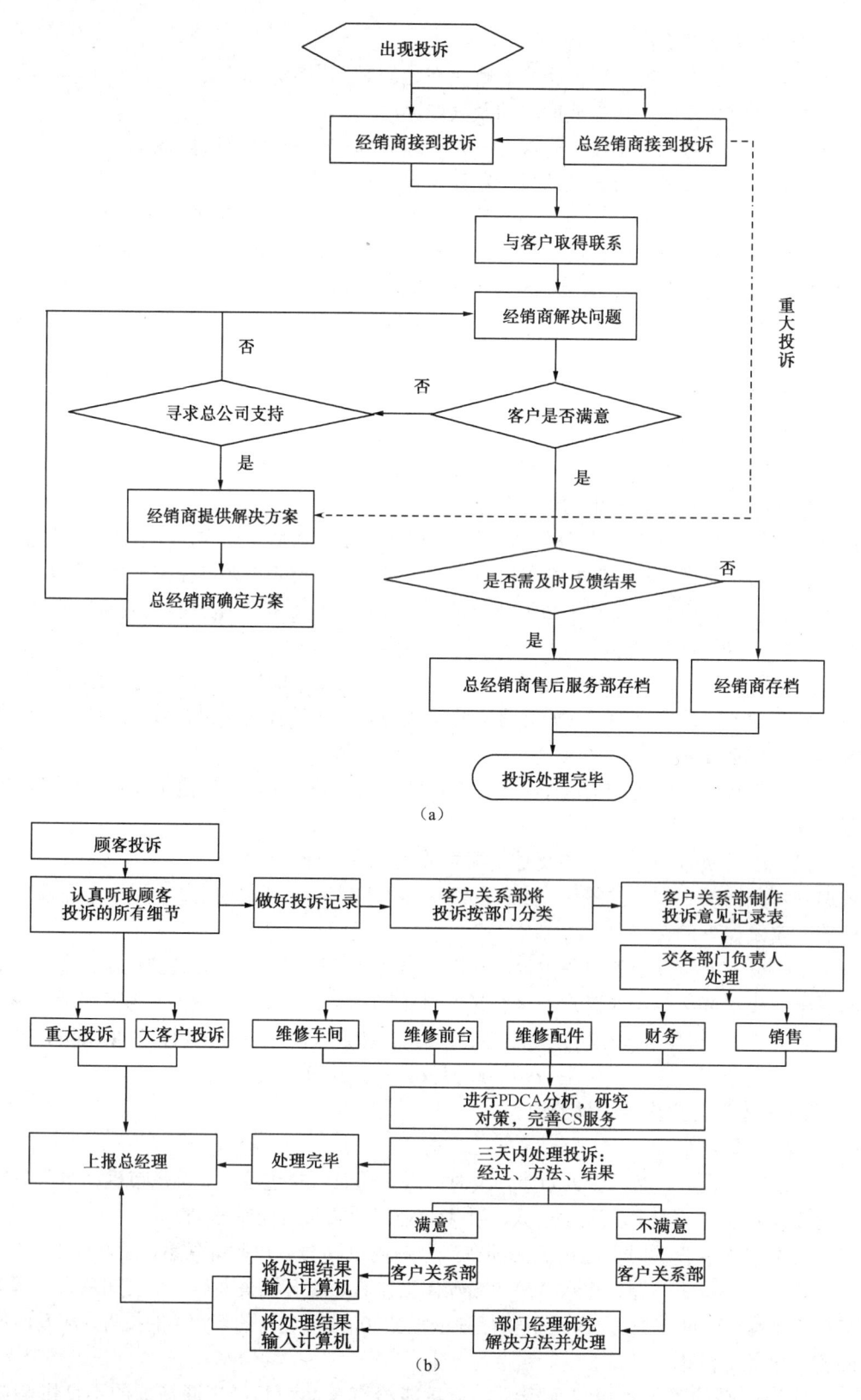

图4-6　客户投诉处理的流程

（5）因自身服务引起的投诉，经销商应积极处理，防止事态扩大，总经销商服务部将给予技术上的支持。

（6）对于总经销商售后服务部和客户服务中心反馈给各经销商的投诉，要求各经销商充分重视，由售后负责人亲自督办，并及时反馈投诉处理的进展情况。

（7）处理客户投诉时，必须先处理心情，再处理事情。

（8）因客户使用不当引起的问题，应明确指出，但态度必须委婉，禁止和客户发生争执，必须避免由于态度问题造成客户投诉扩大化。

（9）解决投诉时，必须尽量选择僻静的场所，以防干扰，同时防止因客户喧闹引起其他客户的关注。

（10）投诉解决后，经销商处负责处理投诉的人员应及时回访，同时服务经理亲自跟踪回访过程，必要时上门回访，防止出现反复。

（11）对于每件投诉，经销商都应备案，作为今后工作的参考指导。

4.6.2 处理愤怒客户的技巧

当客户极度愤怒时，会拒绝任何理性的建议。以下建议，或许能够让客户的情绪逐步平静下来并和你达成一致。

1．合作

需要找一个双方都认同的观点，比如说："我有一个建议，您是否愿意听一下？"这么做是为了让客户认同你的提议，当然这个提议必须是中立的。

2．了解客户真实想法

通常我们自以为知道别人的想法，认为我们有探究别人大脑深处的能力，然而做事情不能"想当然"。为什么不问一下对方的想法呢？

"您希望我怎么做呢？"只有当对方描述他的想法的时候，我们才能真正了解对方所想，才可能达成双方都接受的解决方案。

3．转移客户注意力

"回形针策略"是一个很小的、能获得认同的技巧，是一位经验丰富的、一线服务工作者的经验。当接待情绪激动的客户时，他会请求客户随手递给他一些诸如回形针、笔和纸的东西，当客户递给他时，他便马上感谢对方，转移客户的注意力，并在自己与客户之间逐步创造出一种相互配合的氛围。通过多次使用这个方法，每次都能有效地引导客户进入一种相互合作而达成一致的状态。

4．征询满意的处理意见

"柔道术"是当你了解客户的情况后，就可以抓住扭转局面的机会，利用客户施加给你的压力。你可以说："我很高兴您告诉我这些问题，我相信其他人遇到这种情况也会和您一样的。现在请允许我提一个问题，您看这样处理是否合您的心意……"

5．探询客户"需要"

如果你只是努力满足客户的需求，就失去了更有效地满足客户需要的机会。"需要"是"需求"背后的原因。你应该努力去满足客户的需要，而不是仅仅停留在满足客户需求的层次上。我们经常发现客户提出的需求并不一定最符合他的需要，因为我们是这方面的专家，完全可以在这方面帮助客户，这也是最能体现我们专业价值的地方。

通常你在问对方问题时，对方总是会有答案的。如果你问他们为什么，他们就会把准备好的答案告诉你。但是，只有当你沿着这个答案再次逐项地追问下去时，他们才会告诉你真正的原因，你才会有满足客户"需要"的方案。最好的探询需要的问题是多问几个"为什么"。

6. 管理客户的期望

在向客户说明你能做什么、不能做什么时，你就应该着手管理客户的期望值，并降低客户的期望值！不要只是告诉客户你不能做什么，比如："我不能这么做，我只能这么做。"大多数人所犯的错误是告诉客户我们不能做什么。这种错误就好像是你向别人问时间，他回答你："现在不是11点，也不是中午。"请直接告诉客户他到底可以期望你做些什么。

7. 多说感谢，少说对不起

感谢比道歉更加重要，感谢客户告诉你他的问题，以便你能更好地为他服务；感谢客户指出你的问题，帮助你改进工作；感谢客户打来电话，你觉得和他沟通很愉快。客户的抱怨往往起源于我们的失误，客户的愤怒往往起源于我们的冷漠和推诿。所以客户打电话来投诉之前肯定预期这将是个艰苦的对决，而你真诚的感谢大大出乎了他的预料，他的情绪也将很快得到平复。

知识拓展

木桶效应（Bucket Effect）

组成木桶的木板如果长短不齐，那么木桶的盛水量不是取决于最长的那一块木板，而是取决于最短的那一块木板。

木桶效应也可称为"短板效应"，也即"木桶定律"，其核心内容为：一只水桶盛水的多少，并不取决于桶壁上最长的那块木板，而恰恰取决于桶壁上最短的那块木板。根据这一核心内容，"木桶效应"还有两个推论：①只有桶壁上的所有木板都足够高，水桶才能盛满水；②只要这个水桶里有一块木板长度不够，水桶里的水就不可能是满的。

管理启示

人与人之间、团队与团队之间，差距往往就在于能否有效地做好补短的工作，补短是改进工作、追求进步不可或缺的重要环节，只有瞄准短板，补齐短板，个人才能健康成长，同时提高团队核心竞争力。

当前，汽车维修行业的竞争十分激烈，在稳定和争夺客户资源的竞争中，汽车维修企业从简单维修服务竞争上升为顾客满意度竞争。在客户眼里，每一个汽车维修工都代表企业的形象，因此，只有每一个员工都表现得很优秀时，企业才能获得更高的满意度，才能拥有更多的客户资源。

思考与练习

1. 接待客户的准备工作有哪些？
2. 言谈的原则是什么？
3. 倾听的目的是什么？
4. 与客户沟通的原则有哪些？

5. 与客户沟通的要点有哪些？
6. 处理客户投诉的原则是什么？
7. 处理客户投诉的流程是什么？
8. 处理愤怒客户的技巧有哪些？

能力训练

1. 运用正确的客户投诉处理技巧，模拟处理某汽车4S店接受处理来自浙江电视台"1818黄金眼"栏目的现场投诉。
2. 某客户对于汽车维修价格有异议，作为维修业务接待，应该如何处理？

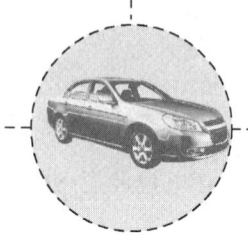

单元 5 客户关系管理

【学习目标】
1. 知道汽车维修客户期望、客户关怀与客户满意的内涵；
2. 了解汽车维修客户期望、客户关怀与客户满意之间的关系；
3. 掌握汽车维修客户关怀方法；
4. 会处理汽车维修客户档案。

5.1 客户关系管理概述

市场是由需求构成的，需求的多少决定了企业的获利潜力，而企业对需求满足的品质决定了企业获利的多少。客户对产品和服务的满意与否成为企业发展的决定因素。

客户的满意就是企业效益的源泉。因此"以客户满意为中心"成为当今企业管理的中心和基本观念，它替代了传统的"以利润为中心"的观念。为了实现"以客户满意为中心"这种管理理念的改变，克服传统市场营销中的弊病，现代市场营销理论的核心已由过去的"4P"，即产品（Product）、价格（Price）、渠道（Place）和促销（Promotion），发展演变为"4C"，真正实现了以客户满意为中心。"4C"理论的内容如下。

（1）满足消费者欲望与需求（Consumer's wants and needs）：努力研究消费者的需求，不要销售你所能制造的产品或所能提供的服务，要销售消费者确实想购买的产品或服务。

（2）降低满足消费者欲望与需求的成本（Cost to satisfy wants and needs）：了解消费者要满足其需求所能付出的费用，降低满足消费者欲望与需求的成本。

（3）购买的便利（Convenience to buy）：思考如何给消费者提供方便，以使消费者能更便利地购得商品或获得服务。

（4）沟通（Communication）：加强与消费者的联系沟通，了解消费者对产品或服务的真实想法。

一切从客户利益出发，目的是为了维持客户的忠诚度。因为只有众多忠诚的客户才是企业稳定利润的源泉，所以企业关注的焦点应从企业内部运作转移到客户关系上来。

客户的发展阶段依时间顺序一般是：潜在客户、新客户、满意的客户、留住的客户、老客户（忠诚客户）。

据统计，开发一个新客户的成本是留住一个老客户所花费成本的 5 倍，而二成的重要客户可能带来企业八成的收益，即帕累托法则（Pareto Principle），也称"二八定律"。该法则指在任何事物中，最重要的总是占其中一小部分，约 20%，其余 80%尽管是多数，却是次要的，也就是说，20%的重要客户创造了公司80%的利润，即"关键的少数和次要的多数"。这种统计的不平衡性在社会、经济及生活中无处不在，其他服务行业也是如此。

（1）留住老客户比开发新客户更为经济有效。企业应该学会判断最有价值的客户，尽力想办法维系这些客户，发现这些客户的需求并满足他们，从而提高为客户服务的水平，达到留住最有价值客户的目的。

（2）在巩固老客户的基础上吸纳更多的新客户，老客户对开发新客户也具有重要的作用。客户购买商品的心理过程符合"AIDBA"原则。

- 注意（Attention）：引起注意的阶段；
- 兴趣（Interest）：发生兴趣的阶段；
- 欲望（Desire）：产生欲望的阶段；
- 信心（Belief）：产生信心的阶段；
- 行动（Action）：采取购买行动的阶段。

企业通过电视、报纸、企业视觉形象等传播工具宣传商品，引起客户注意；为了进一步引起客户产生兴趣，激起购买欲望，当以客户的口头宣传最为有效，尤其是在商品比较阶段，老客户的从旁赞成，收效更大，会增强客户购买商品的信心，即"口碑效应"影响力可左右客户的购买行为，创造销售的业绩。

5.1.1 客户关系管理的内容

企业的竞争重点正在经历着从"以产品为中心"向"以客户为中心"的转移，众多企业将客户看作其重要的资产，不断地采取多种方式对客户实施关怀，以提高客户的满意度。客户关系的管理由此产生，也就是"以客户的满意为中心"。

客户关系管理（Customer Relationship Management，CRM）指的是企业通过有意义的交流沟通，理解并影响客户的行为，最终实现提高客户获取、客户保留、客户忠诚和客户获利的目的。

为赢得客户的高满意度，建立与客户长期良好的关系，在客户关系管理中应开展多方面的工作。

1. 客户分析

客户分析工作主要是分析谁是企业的客户及客户的基本类型。不同类型的客户对服务具有不同的需求特征。

2. 企业对客户的承诺

承诺的目的在于明确企业提供什么样的产品和服务。对于汽车维修企业来说，企业要承诺在一定的时间内，以一定的价格高质量地完成汽车的维护和修理服务。企业对客户承诺的宗旨是客户满意。

3. 客户信息交流

客户信息交流是一种双向的信息交流，其主要功能是企业与客户的相互联系、相互影响。从实质上讲，客户管理的过程就是企业与客户信息交流的过程。实现有效的信息交流是建立和保持企业与客户良好关系的途径。

4. 以良好的关系留住客户

为建立和保持客户的长期稳定关系，首先需要良好的基础，即通过企业的服务取得客户的信任。企业要区别不同类型的客户关系及其特征，评价关系的质量，采取有效的措施保持企业与客户的长期友好关系。

5. 客户反馈管理

客户反馈对于衡量企业承诺目标实现的程度和及时发现企业在为客户服务过程中的问题等方面具有重要作用。投诉是客户反馈的重要途径，如何正确处理客户的意见和投诉，对于消除客户不满、维护客户利益、赢得客户信任都是十分重要的。

伴随着信息技术发展应运而生的客户关系管理系统软件，不仅为企业提供了一个收集、分析、利用客户信息的系统，更为现代企业提供了一个全新的商业管理战略工具，它可以帮助企业充分利用其客户资源，提高客户的满意度和企业的赢利能力，帮助企业在激烈的市场竞争中立足和发展。

5.1.2 客户关系管理的理念

客户关系管理是获取、保持和增加可获利客户的过程，是"以客户为中心"的管理理念的应用过程，是改善企业经营管理的思想方法。有效地管理客户是企业有利、有序、有度地发展的保障。

企业发展客户关系管理的过程中，可以把企业和客户的关系过程简化为：

建立关系→维持关系→增进关系。

用另一种表述方式为：

开发客户→留住客户→升级客户。

1. 让客户更方便（Convenient）

要让客户方便获得企业的服务，就要如同家门口的杂货店，随时想要都可以去取。在目前的信息时代，让客户自己选择是用电话、短信、微信、传真、电子邮件还是面对面等不同的沟通方式，与企业接触取得产品或服务信息。

对于汽车维修服务企业来说，让客户方便可做的内容很多，如企业的选址点要交通方便、企业应24小时营业、提供紧急救援、提供代步车等服务。

2. 对客户更亲切（Care）

人性化、直接沟通才能体现亲切。使客户与企业的每一次接触，都能得到亲切的服务，留下愉快的记忆。当企业和客户间的关系纯粹是"给钱、交货"时，客户对企业的选择也只有"价格"，只要有更便宜的供应来源，客户就流失了，因此客户对企业毫无忠诚度可言。

许多特约汽车维修企业，当客户的车辆过了质量保证期后，客户再也不会去它们的维修厂。除了价格因素外，这些维修企业还有更多的可检讨之处，它们很可能没有做到对客户亲切。

3. 个性化（Personalized）

企业要把每一个客户当作一个永恒的宝藏，而不仅是一次交易。所以必须了解每一个客户的喜好和习惯，并适时提出建议。

对于汽车维修企业来说，了解客户的生日，送上你的祝福；根据客户车辆的估计行驶里程，提醒客户安排定期保养等，这些"个性化"的服务是最能够打动和留住客户的。

4. 立即响应（Real-time）

企业对于客户的行为，必须通过每次接触不断地了解，并且很敏感地立即响应。对客户需求的快速反应体现了企业的工作效率和管理的规范化水平。任何客户都不愿被怠慢，立即反应是对客户的尊重，也能为企业带来更高的利润。

5.1.3 客户关系管理的意义

客户关系管理的核心是企业将"以客户为中心"的理念体现在企业运营的每一个环节，处处为客户着想，为客户提供满意的服务，将企业的客户转变为企业的忠诚客户。汽车维修企业为客户服务，就是要提供高质量的维修服务，包括与客户交谈、迅速而又礼貌地回答客户的电话、树立专业的形象等，使企业的每一次服务对客户来说是将一件不愉快的事（汽车维修是因为车辆故障，是客户所不希望发生的事情）变为一件愉快的事的过程。

为客户提供优质服务是企业在今天的激烈竞争中站稳脚跟、走向繁荣的基础。无论你是汽车修理厂的老板、经理，还是普通员工，为客户提供优质服务都非常重要，这意味着公司赢利和亏损的差别。

一个客户去你的修理厂，如果因为服务质量差而失去客户，那么其损失是难以估量的。这意味着企业失去了大量其他没有见面的客户——不满意客户的所有朋友和熟人。一次不满意的服务将带给企业极大的负面效应。

经营理念和认识上的落后是实施客户关系管理的最大障碍。我国汽车维修企业应冲破传统经营管理思想的羁绊，从公司发展战略的高度认识实施客户关系管理的重要性。要用先进的理念教育员工，使公司上至决策层，下至一线员工都深刻认识到"客户资源是企业最重要的资源"、客户是公司生存和发展的基础，自觉地将"以客户为中心"的经营理念贯彻到工作的每个环节中，真正做到"想客户所想、急客户所急"，把客户当作自己的衣食父母。

5.2 客户期望与客户满意

对于消费者来说，在进行消费行为之前，都会对自己的消费行为抱有一种期望。对于一位汽车客户同样如此，在来维修企业之前，他将对此次维修的情况抱有一种期望，如故障是否能够被消除？企业对待他的态度如何？是否很快消除故障？费用如何？如在消费过程中，车辆故障很快被消除，其期望基本得到满足，那么他对此次的消费行为就会感到满意；如果企业的服务态度好，而且费用能够被客户接受，则会超过其期望，客户会感到很满意。反之则会产生不满意。如果消费行为与其期望差得很远，则会产生很不满意甚至抱怨的态度。对于服务企业，要想让客户满意，那么就应该首先了解客户的期望。

5.2.1 客户期望

作为一个企业应该有两个方面的客户。内部客户，即本企业的员工；外部客户，即与本企业有业务联系的客户。需要强调的是：只有本企业员工的满意度高了，才有可能为客户提供更好的服务。在这里只讨论外部客户。

1．客户期望的分类

对于不同的客户，其期望是有区别的，这取决于客户的性别、年龄、受教育的程度和个人经历等诸多因素。即使以上各种条件都相同，但因个体不同，其期望也会有所差别，但大体上应分为一般期望、理想期望和最高期望。

（1）一般期望。一般期望即满足其最基本的要求，如汽车客户来企业维修车辆，企业应按质、按时修好汽车。

（2）理想期望。理想期望即满足其设想的条件，如企业在保证质量、按时维修好车辆的同时，还有非常好的服务态度，且收费合理。

（3）最高期望。最高期望即满足自己设想的最理想的期望，如除满足以上两点外，修理企业还为其提供了有关车辆使用的注意事项，并提供了一些免费服务等。

2. 客户对车辆维修的期望

（1）第一次就修好：用准确的方法将车辆修理好，"一次性修复率高"。

（2）维修费用：车辆维修费用合理。

（3）维修时间：车辆维修快速，等待时间短。

①售后服务中心应迅速确定维修预约；

②预约应安排在对客户更方便的日期和时间；

③非维修等待时间短；

④售后服务中心交通方便。

（4）业务接待应表现出对客户维修需要的应有重视。

①客户到达售后服务中心时，能立即得到接待；

②业务接待表现出了解客户的利益、需要；

③在开始维修工作前，与客户一起检查车辆；

④在开始维修工作前，提供精确的维修费用预算；

⑤提供精确的预计维修完成时间；

⑥对待客户应诚实真挚，没有欺骗。

（5）按预计时间并以专业化的方式完成车辆维修。

①售后服务中心在一个合理的时间内维修好客户的车辆；

②售后服务中心应通知客户有关维修项目的任何变更或额外的必要维护保养；

③售后服务中心应通知客户有关车辆维修完成时间的任何变更；

④售后服务中心应让客户在较方便的时间取车；

⑤维修人员在维修过程中，应保持客户车辆的清洁。

（6）就所实施的维修项目进行清晰详尽的说明。

①交车时应向客户说明所实施的全部维修项目和费用；

②交车时向客户提供车辆将来所需要的维修保养建议。

（7）在维修后的一个合理时间内，打电话询问客户是否对维修结果满意。

①在一个合理时间内给客户打电话，给予客户所希望的关注；

②愿意随时为客户提供帮助。

（8）对出现的问题或客户所关注的事项做出迅速反应。

①客户就有关事项与售后服务中心第一次联系时，立即做出答复或解决客户所关注的问题；

②售后服务中心应向客户提供清晰有益的建议；

③售后服务中心应严格履行对客户所做的承诺。

（9）对售后服务中心的了解。

①售后服务中心要有让客户感到舒适的休息环境；

②售后服务中心要干净、整洁，符合客户对品质的要求；

③售后服务中心的人员要符合客户的要求。

如图5-1所示为客户对维修业务接待过程的关注点与4S店客户流失原因。

4S店客户流失原因

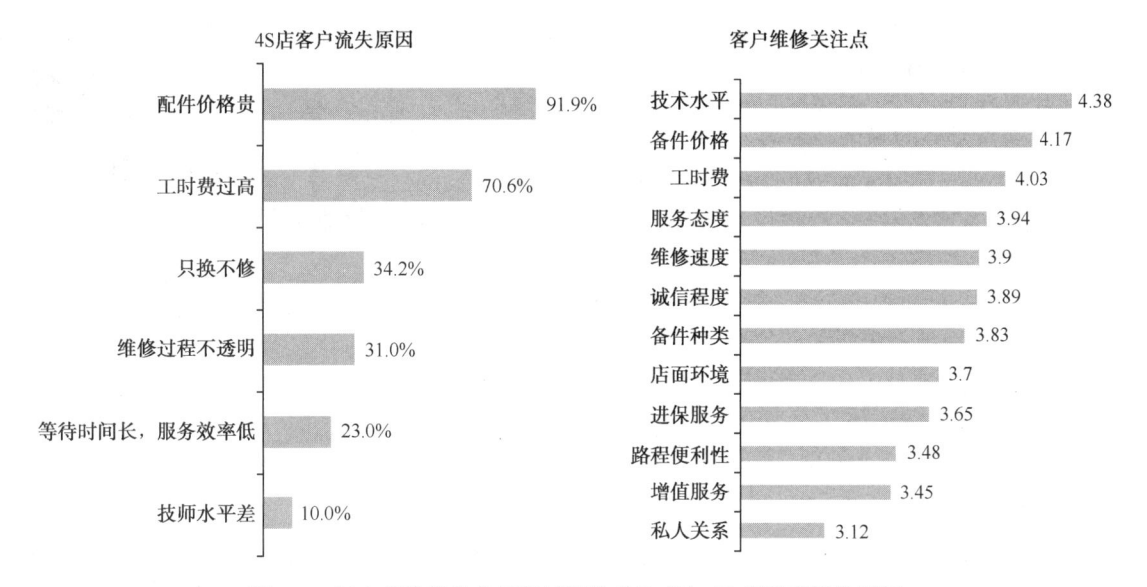

原因	百分比
配件价格贵	91.9%
工时费过高	70.6%
只换不修	34.2%
维修过程不透明	31.0%
等待时间长，服务效率低	23.0%
技师水平差	10.0%

客户维修关注点

关注点	评分
技术水平	4.38
备件价格	4.17
工时费	4.03
服务态度	3.94
维修速度	3.9
诚信程度	3.89
备件种类	3.83
店面环境	3.7
进保服务	3.65
路程便利性	3.48
增值服务	3.45
私人关系	3.12

图 5-1　客户对维修业务接待过程的关注点与 4S 店客户流失原因

3．客户期望的获得

企业获得客户期望的途径有很多种。企业可以根据自己服务的特点，分析客户消费行为，从中得出客户的期望。概括起来有如下几种方法。

（1）客户调查。客户调查是直接对现有客户进行调查的方法，是一种费用最高、费时最多的方法，企业可以根据服务的内容制作调查表和征求客户的意见，把这些内容进行归纳、整理，总结出客户所关注的内容的主次程度，得到客户的期望。这种调查可以由企业内部人员进行，也可以利用外部代理进行。

（2）采访中心。企业设立一个专门机构对现有客户或潜在客户询问有什么需求和期望，通过采访，分析结果，可以发现客户关注的需求。

（3）客户流向。企业调查有多少客户已经转向自己的竞争对手，企业得到了多少新的客户。通过分析竞争对手的优势和新客户来到自己这里的原因，从中得到客户的期望。

（4）重复消费。企业应当研究为什么客户向自己重复消费。

（5）服务信息反馈。利用服务信息反馈有关的潜在客户需求和期望，并进行分析，以此获取相关的信息。

（6）财务数据分析。通过对客户消费的有关支付情况的分析，取得有关客户对价格等方面的需求和期望。

（7）产品或服务的可靠性。客户如何看待自己交付的产品或服务的可靠性？客户是否需要使这些产品或服务更为可靠？在改进和提高可靠性方面，企业还能做些什么？

（8）投诉和抱怨。记录并分析客户的投诉和抱怨是企业在业务控制中的一项重要工作。企业应检查并找出客户投诉和抱怨问题的根源，并从中找出原因，进而找到有关客户期望和需求的信息。

（9）形象和信誉分析。企业利用第三方咨询机构，通过电话回访和调查问卷等形式，对企业的形象和信誉方面的情况进行调查，从中得到有关期望和需求方面的信息。

（10）电话回访。企业设立专门人员对现有客户进行电话回访，询问有关客户对企业满足客户期望和需求的满意情况，增加客户附加值及理想服务，收集改进信息。

5.2.2 客户满意

1. 客户满意的内涵及发展

客户满意（Customer Satisfaction，CS）理念，即企业的全部经营活动都要从满足客户的需求出发，以提供满足客户需要的产品或服务作为企业的责任和义务，以满足客户需要、使客户满意作为企业经营目的。

（1）客户满意的内涵。一般认为它包括纵向的 3 个递进层次和横向的 5 个并列层次。

3 个纵向递进层次：

①物质满意层次，即客户对企业服务产品的核心层，如服务产品的功能、品质、品种和效用感到满意。

②精神满意层次，即客户对服务方式、环境，服务人员的态度，提供服务的有形层次和过程感到满意。

③社会满意层次，即客户在对企业产品和服务的消费过程中所体验的社会利益维护程度感到满意，客户在消费产品和服务的过程中，充分地感受到企业在维护社会整体利益时所反映出的道德价值、政治价值和生态价值。

5 个横向并列层次：

①企业的经营理念满意，即企业经营理念带给客户的满足程度。经营理念包括经营宗旨、经营方式、经营哲学和经营价值观等方面，以及各个不同阶段的具体理念。

②企业的营销行为满意，即企业的运行状态给客户的满足程度。企业的营销行为包括企业的行为机制、行为规则、行为模式和行为实施程序等。

③企业的外在视觉形象满意，即企业具有的可视性的外在形象留给客户的满足程度。包括其外在视觉形象标志、标准度、标准色、企业外观设计、企业环境和企业的各种应用系统等。

④产品满意，即企业的实物产品和服务产品载体带给客户的满足状态。产品包括实物产品的质量、功能、设计、包装、品位、价格和服务产品载体等相应因素。

⑤服务满意，即企业服务带给客户的满足状态。服务业的服务是服务产品的本身，实物产品的服务是产品的延伸，都必须从服务的完整性、方便性、绩效性，保证体系的完备性，时间的节约性和文化氛围的商品品位等方面体现出来。

（2）客户忠诚度的衡量。推行 CS 理念的目标就是要达到培养和提高客户的忠诚度。

客户忠诚度的衡量可以从以下几个方面予以考核。

①订购数量：订购数量越多，忠诚度越高。

②挑选时间：挑选时间越短，忠诚度越高。

③对价格敏感程度：客户对价格的敏感程度越低，客户对价格变化的承受力越强，即反应越小，则忠诚度越高。

④对竞争对手的态度：客户对企业竞争对手的态度越冷淡，则对本企业越忠诚。

（3）客户满意度高的优势。

①客户珍惜服务与正面经验意味着对价格关注的减弱。

②客户忠诚度高意味着价格折让的压力小，投入广告宣传、营销举措、客户谈判方面的时间少、费用低。

③客户满意意味着客户抱怨少，节省时间和财力。

④重复采购的数量高意味着客户考虑其他品牌的概率小。

（4）客户满意理念的发展过程。客户满意理念 CS 是对"以消费者为中心"理念的发展，它要求企业把客户的现实需求与潜在需求作为企业开发产品和服务项目的源头，并在市场营销全过程及其各个环节中都要尽最大可能满足消费者需求，并且要及时跟踪、研究客户的满意度，据此设立改进项目和目标，调查企业的经营环节，以此稳住老客户，扩大新客户群。

CS 理念是对 CI（Corporate Identity，CI）理念的补充，CI 理念强调的是企业的自我，CS 理念则强调营销对象——客户的满意。

CS 理念与传统经营理念存在着延续性、互补性，在文化品位和对企业发展战略的影响上具有更高境界。

CS 理念通过建立完善的客户满意系统，来更好地为客户服务，获得客户的满意感。通过把产品满意和服务满意引入自身系统，从而强化了企业与客户之间的紧密联系，弥补了 CI 围绕自身的形象设计的片面与不足。在理论的涵盖面和价值层次上它也超过了传统理念，CS 所提出的"服务""满意"，不是局限于对客户个人，而是将"社会满意"作为最高层次目标。

将"客户满意"扩大到社会和全体公众的层面，这就更突出了企业的社会价值，它使企业经营活动更有助于维护社会稳定，推动社会生态平衡和道德进步等方面的协调发展。在评价和度量标准方面，CS 引入客户满意阶段和客户满意指标，使企业能更加具体而准确地把握客户需要与追求的脉搏；在营销理念体系方面，CS 反映了企业从市场营销导向向社会营销导向转化的水平。

2. 客户满意理念指导下的企业服务战略

现代企业实施客户满意的服务战略的根本目标，在于提高客户对企业生产经营活动的满意度。要真正做到这一点，就必须切实可行地制定和实施如下策略。

（1）"客户第一"的观念。根据美国学者的调查，每有 1 名通过口头或书面直接向公司提出投诉的客户，就有约 26 名感到不满意却保持沉默的客户。这 26 名客户中每个人都有可能会对另外 10 名亲朋好友造成消极影响，而这 10 名亲朋好友中，大约 33%的人会有可能再把这种不满信息传递给另外 20 人。也就是说，只要有 1 名客户对企业不满意，就会导致 326 人的不满意，可见影响之深远，后果之严重。因此，有远见的现代汽车维修企业的管理经营人士已清醒地认识到，客户满意需要经营者真正做到从思想上到行动上把客户当作"上帝"。

实施 CS 战略，推行 CS 经营，首先必须确立"客户第一"的观念。坚持"客户第一"的原则，是市场经济发展的本质要求，也是市场经济条件下企业争取客户信赖、掌握市场主动权的法宝。现代汽车维修企业生产经营的目的是为社会大众服务，为客户服务，不断满足各个层次车主的需要。今天，坚持"客户第一"的原则，也是现代汽车维修企业不可动摇的、追求卓越的经营思想，不为客户着想的企业家，就是一个缺乏远见的、不合格的企业家。

"客户第一"还是"利润第一"，在人们的脑海里曾经一度是相互对立的两种经营观念。但是，随着商品经济的发展，买方市场的形成，市场发展的完善和营销观念的深入，人们渐渐意识到这两者实际是统一的。任何一个企业都是以追求经济效益为最终目的的，然而，如何才能实现自己的利润目标呢？从根本上说，就是首先必须满足客户的需求、愿望和利益要求，才能获得企业自身所需的利润。所以，企业在生产经营活动的每一个环节中，都必须眼里有客户，心中有客户，全心全意地为客户服务，最大限度地让客户满意。这样，才能使企业在激烈的市场竞争中增加活力，从而获得持久的发展。

（2）"客户总是对的"的意识。CS 经营中蕴含着"客户总是对的"这一意识。当然，这不是绝对意义上的一种科学判断，也不一定符合客观实际。然而，在企业与客户这种特定的关系中，只要客户的错不会构成企业重大的经济损失，那就要将"对"让给客户，这是企业 CS 意识的重要表现。"得理也让人"，既是 CS 观念对员工服务行为的一种要求，又是员工素质乃至企业素质的一种反映。

CS 活动要求员工必须遵循三条原则：一是应该站在客户的角度考虑问题，使客户满意并成为可靠的回头客；二是不应把对产品或服务有意见的客户看成"讨厌的家伙"，应设法消除他们的不满，获得他们的好感；三是应该牢记，同客户发生任何争吵或争论，企业绝不会是胜利者，因为你会失去客户，也就意味着失去利润。

（3）"员工也是上帝"的思想。客户是上帝，几乎已成了汽车维修企业家的口头禅。然而，从 CS 战略的观点来看，员工也是上帝。一家维修企业效益滑坡，首先反映在车辆返修率高、服务质量下降、维修工时延长、维修费用增加等方面。这意味着员工工作时情绪不愉快，各部门不协调。员工抱怨，最后才是客户抱怨。只有做到员工至上，员工才会把客户放在第一位。

本质上，员工至上与客户至上并不矛盾。在 CS 理论中，它们是统一的、相辅相成的，它们共同的目标都是使客户满意。

"员工也是上帝"的思想告诉我们，一个汽车维修企业，只有善待你的员工，他们才会善待你的客户。满意的员工能够创造客户的满意，对于尚处于原始管理阶段的许多汽车维修企业来讲，这一点更值得企业经营者的深思。

因此，现代汽车维修企业要想使自己的员工让车主百分之百的满意，首先必须从满足员工的需要开始。满足他们求知的需要和发挥才能的需要、享有权利的需要和实现自我价值的需要，关心和爱护员工，调动员工的积极性，激发员工的奉献精神，树立员工的自尊心，使他们真正成为推进企业 CS 战略、创造客户满意的主力军。一句话，维修企业的经营者必须用你希望员工对待客户的态度和方法来对待员工。

（4）开发令客户满意的产品。要想达到满足客户各种需求的目标，就必须熟悉客户，了解客户，即要调查他们现实和潜在的需求，分析他们购买的动机、行为、能力及水平，研究他们的消费传统、习惯、兴趣和爱好，只有这样，企业才能科学地顺应客户的需求走向，确定产品的开发方向。

（5）提供令客户满意的服务。热情、真诚为客户着想的服务能带来客户的满意，以便利客户为原则，用产品具有的魅力和一切为客户着想的体贴去感动客户，如维修企业围绕车辆维修工作，开展代办车辆年审、提供紧急救援服务等。

（6）科学地倾听客户的意见。现代企业实施客户满意战略必须建立一套客户满意分析处理系统，用科学的方法和手段检测客户对企业产品和服务的满意程度，并及时反馈给企业管理层，为企业不断改进工作，从而为真正地满足客户的需要服务。实施客户满意的服务战略，要在客户满意的服务调查和客户消费心理分析的基础上，建立企业的服务理念满意系统、行为满意系统、视听满意系统、产品满意系统和服务满意系统 5 个子系统。

①服务理念满意系统。其核心是确立以客户为中心的企业理念。它具体地表现和反映在企业的经营宗旨、经营方针和经营哲学上，并贯穿于企业的质量观念、服务观念、社会责任观念和人才观念等诸多经营观念中。

②行为满意系统。通过企业的行为机制满意、行为规程满意和行为模式满意来予以保障。

③视听满意系统。客户对企业标志、企业标准服装和标准色的视觉满意、视觉整个体系满意，以及对公司歌曲和广告宣传的音响效果等的听觉满意。

④产品满意系统。企业在产品质量、性能及价格方面，以实际行动满足客户的要求，使客

户对企业的产品能基本认可的企业营销手段。

⑤服务满意系统。通过树立客户至上的服务观念，建立完善的服务目标、服务满意度考查和强化服务满意的行为机制来实现。

在5个子系统中，企业的服务理念满意系统居于统帅地位，它指导并制约着其他系统的运行和实施。

在客户满意的服务理念中，为建立客户满意系统而进行的客户满意调查，以及检验客户满意系统的运作及其结果，需要通过客户满意度和客户满意指标来进行测量和评价。客户满意度是客户在消费了企业的产品或服务后所产生的满足状态的等级。

因此，汽车维修服务企业必须确认自己真实的服务水平，并想办法保持与客户的联系。

3．建立"以客户服务中心为前台"的新型服务模式

服务企业要从组织机构上建立起"以客户服务中心为前台"的新型服务模式，构建起一个进行统一客户管理的服务平台，客户只需要和客户服务中心打交道，就可以解决所有问题。同时，客户服务中心作为一个信息岛，对企业各个部门的信息资源进行统一管理，包括信息的存储、更新与传递。因此，部门间的资源共享、适时沟通、协同工作都可以依靠客户服务中心实现，它的建设使企业可以更迅速、更方便地解决客户问题，满足客户需求。

4．如何做到让客户满意

（1）掌握客户的心理需求。客户一般有这些心理，担心被骗，烦躁、焦虑、忧虑，赶时间，关心技术与质量，考虑价格、环境、方便与否，有被尊重的需求。

（2）掌握客户满意度的标准。

①技术要求。送车来修的客户最基本的要求是要"第一次就修好"，要确保维修质量，做到为客户第一次就修好车，很多人会想到建立特约维修站或4S连锁经营企业。这类企业的维修车种单一、专业化程度高且维修质量有保证。但对于大多数维修企业而言，不可能都建成这样的企业，更何况目前这类企业也存在着因维修车种的社会保有量小而带来的业务量不足等问题。因此，全面提高企业的优质服务水平，才是企业发展的唯一出路。

②价格要求。有人说："客户的满意度取决于他们所希望的水平和实际结果之间的差距。"在接待客户的工作中，除了要有礼貌、友善和关注之情，能提出专业方面的建议，能承诺有把握的交车时间等以外，为客户做出合理的服务收费估算，是赢得客户信任的第一步。与那种"进门千般好，结账吓一跳"的做法相比，这种建立在科学管理与诚实待客基础上而得出的收费估算，可使客户对收费的满意度显著提高。

③时间要求。汽车成了代步工具后，客户没有车用，就像人没有了脚一样，难怪不少客户在送车时要反复叮嘱"几点几分我一定要来提车"。在修车合同中一定要将有把握的承诺交车时间写上，凡拖延交车时间给客户带来的麻烦，不是靠一句简单的"对不起"就能遮盖过去的。就客户而言，他可能就因为拖延的这几分钟得罪了他要去接待的客人，失去了一笔业务，甚至影响一件重大公务的完成。

④服务要求。有一个轻松、舒适的客户接待室，是赢得客户的第一步。宽敞明亮的大厅，有方便的服务设施，如空调、电视、当月的报刊、饮料和鲜花等。随着私家车的增多，为客户的孩子专设"儿童游乐区"的做法现在也很普遍。另外，要让客户满意，在车辆修竣交车结账前，业务员除了将修理换件情况和收费情况向客户做完整的说明外，还有几个问题切不可忽略。

● 没有彻底修好的车绝不交付，这是原则。因此，在将汽车交还客户时，绝对不允许对

其说什么"比原来好一点"之类模棱两可的话。
- 在交车前一定要将汽车内外（包括地毯及坐垫等）清洁一遍。
- 维修中要严格控制试车行程，不要超过一定的量。在交车时应根据接车时的里程表记录将试车行程对客户有所交代。

（3）建立客户档案，以便进行跟踪服务。建立每一位来进行汽车维修保养的车主的信息档案，是使客户满意的一个很好的捷径。首先要对客户进行划分，划分的标准可以从时间、车型、车辆档次、维修类别、信用度、客户需求、维修项目和维修价格等方面来进行细分。汽车修竣出厂后，进行认真的跟踪服务，必要的电话回访，能发现客户的不满意和要求，从而给企业提供了改善机会。在跟踪服务中，除对客户的某些意见要当即处理外，每月应至少商讨一次客户的不满意记录，找出不满意的种类和原因，提出相应的改进办法并付诸实践。

5.3 客户关怀与客户满意

5.3.1 客户满意分析

客户满意是客户对其要求已被满足的程度的感受。

（1）客户抱怨是一种满足程度低的最常见的表达方式，但没有抱怨并不一定表明客户很满意。

（2）即使规定的要求符合客户的愿望并使其得到满足，也不能确保客户很满意。

一般认为，影响客户内心期望的因素分为保健因素（Hygiene Factor）和满意因素（Satisfier Factor）。

1. 保健因素

做好保健因素，只能降低客户不满，不能提升客户的满意度。在汽车维修过程中，保健因素有：

（1）将车辆一次修复；
（2）在预定交车的时间内交车；
（3）合理的收费；
（4）维修项目、费用、时间的解释和说明合理；
（5）维修质量保证。

2. 满意因素

代表着客户内心所期望能获得产品或服务的情境，在汽车维修过程中，满意因素有：

（1）被尊重、被关注、被认可、被理解；
（2）感到受欢迎；
（3）感到自己很重要，受重视；
（4）感到舒适。

如图5-2所示是客户满意的影响因素。

调查表明，大多数客户在送修之前几乎总是看到缺点：工时费用高、配件费用高、送车和取车费时，以及修车时无车可开等。所有这一切原则上都是客户满意度的负面条件。因此，我们维修服务的目的就是增加满意因素，赢得客户的信任，让客户满意。

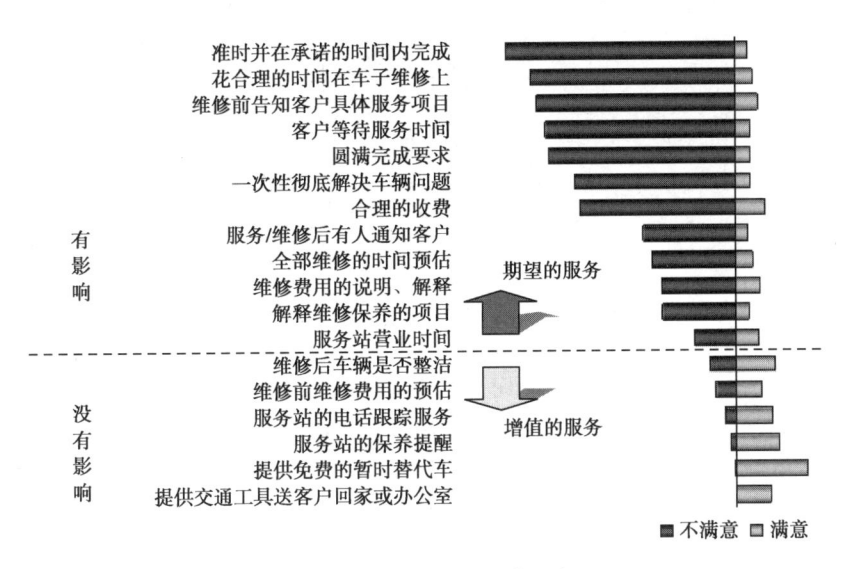

图 5-2 客户满意的影响因素

5.3.2 客户满意因素

客户满意，才会再次进厂维修车辆。客户满意 CS 等于 QVTC，如图 5-3 所示。Q 代表品质（Quality），V 代表价值或价格（Value），T 代表信任（Trust），C 代表便利性（Convenience），所以客户满意是品质、价值/价格、信任和便利性 4 个要素的函数。可以这样表示：

$$CS=f(Q,V,T,C)$$

式中　CS——客户满意；
　　　Q——品质；
　　　V——价值/价格；
　　　T——信任；
　　　C——便利性。

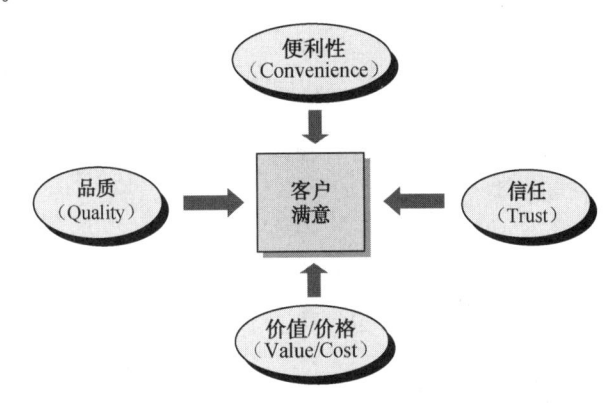

图 5-3 客户满意因素

企业竞争优势要在品质、价值/价格、信任和便利性方面体现。

1．品质（Quality）

品质要素包括如下因素，如图 5-4 所示。

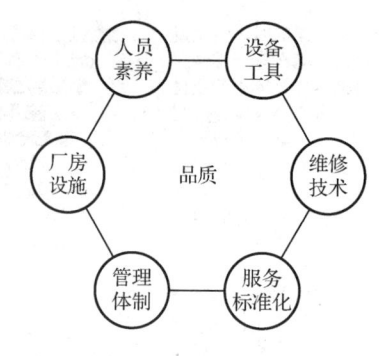

图 5-4　品质要素

　　（1）人员素养：包括基本素质、职业道德、工作经验、教育背景、思想观念、工作态度和基本技能等。

　　（2）设备工具：包括完不完善、会不会用、愿不愿用、是否按规程操作。

　　（3）维修技术：包括一次修复合格率、维修质量。

　　（4）服务标准化：包括接待、维修、交车、跟踪回访。

　　（5）管理体制：质量检验、进度掌控、监督机制。

　　（6）厂房设施：顺畅、安全、高效、整洁。

2．价值/价格（Value/Cost）

价值/价格要素包括以下因素，如图 5-5 所示。

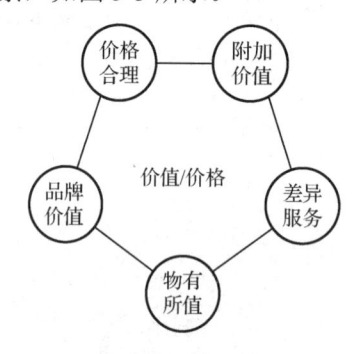

图 5-5　价值/价格要素

　　（1）价格合理：包括工时费、配件价格合理。

　　（2）品牌价值：包括知名度、忠诚度。

　　（3）物有所值：包括方便、舒适、安全、干净。

　　（4）差异服务：服务品质与其他企业之间的差别。

　　（5）附加价值：包括免费检测、赠送小礼品。

3．信任（Trust）

信任要素包括以下因素，如图 5-6 所示。

　　（1）厂房规划：CI 形象、区域划分、指示牌。

　　（2）专业作业：标准程序、看板管理、5S 管理、专业分工、定岗定位。

　　（3）价格透明：常用零件价格、收费标准。

　　（4）兑现承诺：交车时间、维修时间、配件发货。

　　（5）客户参与：寻求客户认同，需求分析，报告维修进度，告知追加项目并确认，交车过程，车主讲座。

（6）人员服务：语言专业，个人形象，标准流程，态度热忱、亲切。

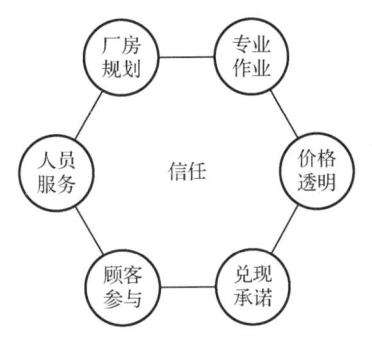

图 5-6　信任要素

4．便利性（Convenience）

便利性要素包括以下因素，如图 5-7 所示。

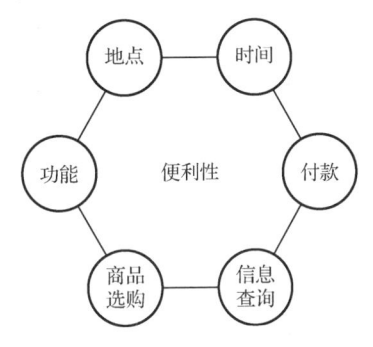

图 5-7　便利性要素

（1）地点：与客户居住地的距离、客户进厂的路线、接送车服务、指示牌。
（2）时间：营业时间、节假日值班、24 小时救援、非维修等待时间。
（3）付款：付款方式、专人指引或陪同结账、单据的整理。
（4）信息查询：维修记录、费用、车辆信息、配件、工时费。
（5）商品选购：选装件、精品、保险等的选购。
（6）功能：车辆保险、维修保养、紧急救援、车辆年检/年审、汽车俱乐部、接送车或代步车服务。

5.3.3　客户关怀的基本原则

（1）客户满意第一；
（2）关怀要发自内心；
（3）换位思考，把客户当成自己；
（4）主动式的关怀；
（5）帮助客户降低服务成本，赢得客户的信任；
（6）不要表现出明显的商业行为；
（7）在客户满意和公司利益之间寻找最佳平衡点。

5.3.4 客户关怀的要点

1．客户购车当日

（1）销售部门向客户介绍售后部门；

（2）售后通过客户销售档案、联系卡、预约卡或名片等与客户建立联系；

（3）引导客户参观售后服务现场；

（4）询问客户参加车主俱乐部意愿并发放俱乐部会员卡。

2．客户购车一个月

（1）购车后 7 日内销售顾问电话联系客户，感谢客户并询问车辆使用状况；

（2）购车后 15 日内售后经理或服务顾问电话联系客户，询问车辆使用状况或客户需求；

（3）购车后 30 日内客服专员电话联系客户，询问车辆使用状况并提示首次保养的里程与日期；

（4）主动告知服务站地点、营业时间、客户需要带的文件，并进行预约。

3．首次进厂

（1）建立个性化客户档案；

（2）指定服务人员，进行一对一服务；

（3）服务及保修政策提醒或介绍；

（4）合理使用及养护车辆知识、技巧介绍；

（5）维修服务后，3 日内跟踪回访；

（6）对客户提出的意见要有反馈。

4．关怀函、祝贺函

（1）信函种类有客户生日、节日；

（2）内容着重于关怀，勿表现出明显的商业行为。

5．久未回厂联系

（1）久未回厂联系前应先了解客户前次服务内容及是否有不满；

（2）若客户有不满，应表示歉意，并征求客户意见，请客户来厂或登门访问。

6．定期保养通知或提醒

（1）距保养日前两周发出通知函或 1 周前电话通知；

（2）主动进行预约；

（3）主动告知保养内容与时间。

7．老客户

（1）举办车主课堂，讲解车辆使用常识、技巧及简单问题应急处理方法；

（2）每次到店，对车辆提供免费检查、检测服务；

（3）根据保养周期预约性回访、提醒；

（4）邀请客户参加季节性免费检测活动；

（5）邀请客户参加车主俱乐部活动。

8．车主交流会

（1）交流会内容可包括正确用车方式、服务流程讲解、简易维修处理程序、紧急事故处理方法等；

（2）人数以 10～15 人为宜，时间一般不要超过两小时；

（3）请客户代表发言；
（4）赠送小礼品；
（5）进行客户满意度调研。

9．信息提供

提供的信息应是与客户利益相关的，包括：
（1）客户从事产业的相关信息；
（2）新的汽车服务信息或道路法律法规；
（3）交通路况信息；
（4）客户感兴趣的其他相关信息。

5.3.5　客户与企业关系的处理

在服务行业人们习惯把客户称为"上帝"，而在汽车维修行业，我们认为将客户当成朋友更为合适。由于汽车结构复杂、维修难度大及相关知识的多样性，客户也愿意与企业交朋友。因此，在维修服务中处理好企业（员工特别是业务接待）与客户的人际关系，不论在任何时候、任何地方都十分重要。处理人际关系要相互尊重，从而达到互相满意，这就是"双胜无败原则"。从客户与企业的关系来看，大致可出现4种情况。

1．客户的行为与员工的行为都正确

使客户得到最想得到与应该得到的利益，使员工也得到最想得到与应该得到的利益，大家的需求都得到了满足，在人际关系的处理上就都赢得了胜利。这是处理人际关系的最高境界与最好结局。作为企业，客户与员工能相处成这种最高境界的人际关系，则客户会成为"常客""回头客"，员工也能满足其心理需求，企业就能宾客盈门，获得良好的经济效益与社会效益。

2．客户的行为与员工的行为都不正确

客户没有得到应有的利益，从此不但不再光临，而且造成很差的"口碑效应"；而员工的不正确行为将导致企业门庭冷落，最终被激烈的市场竞争无情地淘汰，员工与企业也将最终丧失自己应该获得的利益。这种双败无胜的结局是最差的境界、最坏的结局。客户与员工从内心来说都不希望出现，并努力想避免这种结局。

3．客户正确，员工不正确

从客户来分析，他们付了钱，要求获得优质服务是正确的、应该的，而且他的实际行为也符合客户的身份。但由于企业与员工一方的种种原因，导致客户的利益受损，造成心理失望。这种原因有以下几点。

（1）员工主观上的原因，表现在工作态度上对客户冷漠、消沉或者焦躁、粗暴；表现在工作行为上为懒散、马虎，敷衍塞责，得过且过；表现在言语上为使用不文明、不文雅、过于随便的言语与不恰当的体态语言；表现在服务技能上为生疏、笨拙、毛手毛脚；表现在工作效率上为动作缓慢、反应迟钝、等待时间长；表现在对客交际上为忽视文化差异、冒犯客人忌讳；表现在服务质量上为标准太低等。

（2）客观上的原因，如服务项目太少，为客户服务的设施老化、不完善，质量低劣，不能发挥正常的服务功能，或者服务过程中出现的一些误会等。服务有缺陷，客户肯定不满意。从功能上说，没解决实际问题，没把事情办好；从经济上说，客户没得到应有的享受，有"吃了亏"的感觉；从心理上说，客户没得到尊重。由于功能、经济、心理三方面的原因，会引起失望，客户以种种形式表现出"逃避反应"行为或"攻击反应"行为。客户的"逃避反应"行为

似乎不采取任何公开行为，至多摇头叹气自认倒霉。这样，企业不知不晓，似乎很幸运，逃过了客户的投诉与索赔。实际上却掩盖了企业管理与服务上的问题，失去了一次发现问题、改进产品质量的良机。客户选择"攻击反应"行为来排泄心中不满，这种"攻击反应"可以是非公开的行动，采取"暗中报复"手段。他们不仅决定本人从此不再光临，而且还会在亲朋中宣传自己不愉快的经历，使企业的形象与声誉受损。这种行动也可以是公开行动，最常见的是投诉，填写意见书，或向大众媒体投诉。这种情况是企业最不愿看到的。

4．客户不正确，员工正确

既然是人对人服务，那么客户由于利益、认识差异等原因，与员工之间发生矛盾甚至冲突在所难免，而在那些矛盾与冲突中，员工选择了极力满足客户的期望或正确劝导客户的无理要求。员工忍受委屈，全心投入工作，可能会让客户满意，也可能让客户不满意。但员工的努力将客户不满意度降到了最低点，企业可设立"委屈奖"，以安慰和鼓励员工。

综上所述，现代维修企业与客户之间应该争取"双胜无败"的最好结局，避免出现"双败无胜"的局面。

5.4 客户档案

5.4.1 客户分类

客户分类（Customer Classification）指按客户对企业的价值来区分客户，对高价值的客户提供优先的服务。对客户进行分类有利于针对不同类型的客户进行客户分析，分别制定客户服务策略。

1．客户的分类

客户的分类有很多方式，如表 5-1 所示。

表 5-1　客户的分类

分类方式	分类			
车辆的档次	高档车客户	中档车客户	中低档车客户	低档车客户
车辆的数量	大户型客户	中户型客户	小户型客户	散户型客户
客户的属性	公务车	保险车客户	私家车客户	出租车客户
贡献度	一般客户		重要客户	金牌客户
客户的表现	要求型		困惑型	激动型
客户的性别	男性		女性	

以客户的车辆档次分类为例，分析客户的类型，如表 5-2 所示。

表 5-2　客户类型分析

客户类型	分析说明
高档车客户	注重品质服务；注意环境舒适性；注重受到特别尊重。针对这类客户，注意服务的规格要高，要细致、周到。服务人员形象要好，通过主动、热忱的服务，使客房感到优越、受到尊重。服务价格上应坚持优质优价的做法。如果属于大、中户型，也可以在签订协议时一次承诺优惠价待遇，不宜每次商讨价格

续表

客户类型	分析说明
中档车客户	注意服务质量，也要求环境舒适性，重视是否受到尊重，表现个性更复杂一些。针对这类客户要注意规范化服务到位，注意环境的清洁卫生，服务人员应注意礼节礼貌。这类客户一般数量较多，要做好个人档案资料，要发挥个性化服务的优势作用。服务价格上要准确，也应坚持优质优价的原则，谨慎处理结算时的问题。对大、中户型，一般在签订协议时一次协议好价格
中低档车客户	注重服务的质量、速度、价格，希望有舒适的环境和受到礼遇。客户特别提出的要求，比如工期或价格，在维修质量有保证的前提下，尽可能缩短工期。针对这类客户，要适当加强用车技术指导（可以引导维修消费）
低档车客户	特别注重维修价格、注重服务单位的办事效率。针对这类客户，在坚持保证质量的前提下给予优惠价格服务。服务过程必须规范化，不可简化服务环节，适当加强用车护车的技术指导

2. 客户的构成

客户的构成如图 5-8 所示。

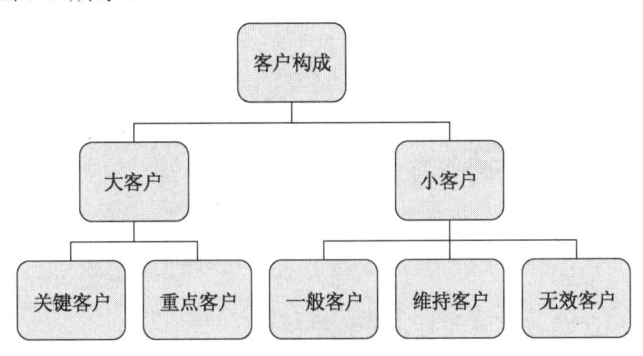

图 5-8 客户的构成

了解客户的构成，使企业节约时间并更有效地利用有限资源，对不同类型的客户制定不同的服务策略，采取更有针对性的服务。

3. 客户 ABC 分析法

ABC 分析法又称帕累托分析法，也叫主次因素分析法，是帕累托法则或"二八定律"的延伸应用，是项目管理中常用的一种方法。它是根据事物在技术或经济方面的主要特征，进行分类排队，分清重点和一般，从而有区别地确定管理方式的一种分析方法。由于它把被分析的对象分成 A、B、C 三类，所以又称为 ABC 分析法。这种方法有利于人们找出主次矛盾，有针对性地采取对策，主要用于定量分析管理。

客户服务人员应每月或每个季度做一次 ABC 分析，并注意客户名次的变化。

（1）将客户按实收金额高低顺序排列，从第一名排到最后一名。

（2）将全部客户的实收金额予以累计。

（3）进行客户分级。

A 类客户：从最高消费金额客户开始累计，累计金额约占总金额 80% 的客户称为关键客户或重点客户。

B 类客户：以此类推，累计金额占总金额 15% 的客户称为一般客户。

C 类客户：累计金额占总金额 10% 的客户为维持客户。

A 类客户数量虽然少，但为公司提供 80% 的利润；B、C 类客户数量大，但仅为公司提供

20%的利润。

客户分类的目的是为了根据不同的客人提供不同的服务，让每一类客人都能够享受到更好的服务，同时，也让企业能够更合理地分配服务资源。

根据"二八定律"，业务接待既要做好 B 类客户与 C 类客户的客户关怀与客户维系，更要着重做好为公司提供 80%利润的 A 类客户的客户关怀与客户维系。

对服务来说，与那些为服务创造了 80%利润的 20%的重要客人建立牢固关系，无可厚非；将大部分服务预算花在那些只创造公司 20%利润的 80%的客人身上，却是一种浪费或是效率低下，这是一个不容争论的事实。例如，某些跨国的中国公司新设了大客户部，专为大客户提供更为周到细致的服务；中国联通成立客户关系管理中心，实施客户分类管理等，都是很好的实例。

5.4.2 客户档案概述

1．建立客户档案的目的

（1）建立用户关系；

（2）了解目标用户及其个性化需求；

（3）提供有针对性的服务以提高用户满意度与信任度；

（4）发掘服务需求，提升获利水平。

2．建立客户档案的优点

（1）正确进行车辆维修和保修；

（2）规范客户投诉处理；

（3）提高维修市场运营效率（包括定期维护提醒）；

（4）及时通知保修期限；

（5）及时通知产品改型。

3．客户档案的来源

（1）客户从特约经销店的销售部购买了新车/二手车；

（2）客户从其他销售点买的车，第一次来经销店维修。

建立关系后，客户服务专员应着手对每一位用户建立用户个性化档案，对此后与客户接触过程中客户所表现出的特质或典型事件，服务顾问应及时记录并将信息转到客户服务专员，以维护更新用户个性化档案。

客户服务专员定期（每月）或不定期对用户个性化档案维护后进行刷新，档案中的累加值系统将自动进行更新，如图 5-9 所示。

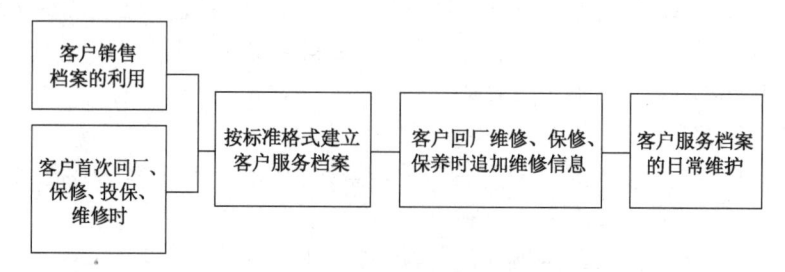

图 5-9 客户个性化档案

4．客户档案的应用

如图 5-10 所示为客户档案在服务流程中的使用。

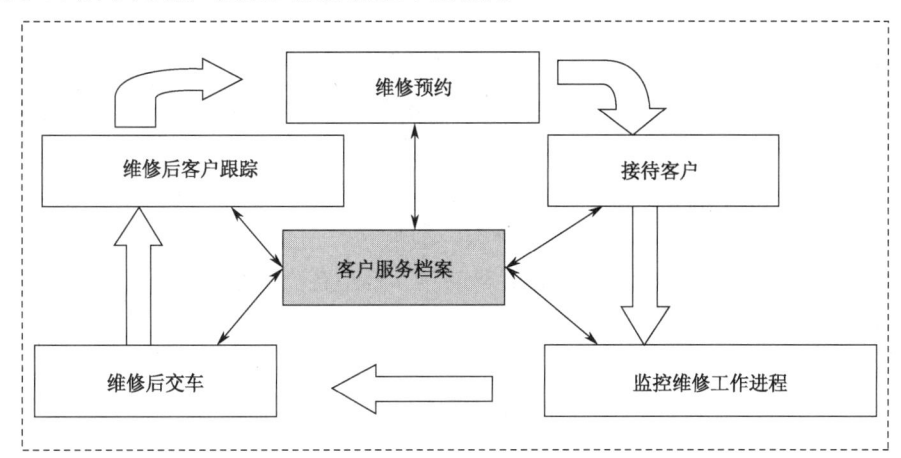

图 5-10　客户档案在服务流程中的使用

在服务流程中，借助于客户服务档案，通过将客户进行分类，然后针对不同类别客户制定相应的服务策略，在日常客户服务流程中进行有效的实施，从而提升客户服务品质，增加客户满意度与信任度，增加经销店经营效益。客户关系管理要素如图 5-11 所示。

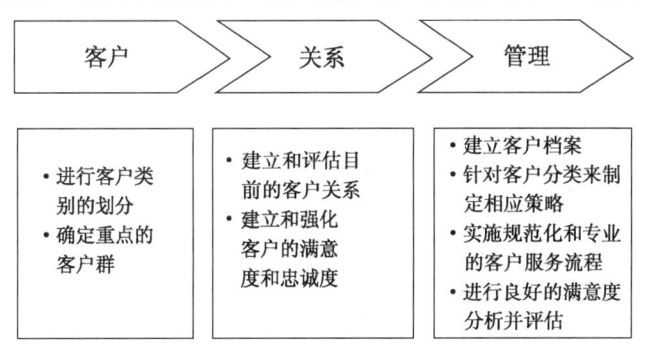

图 5-11　客户关系管理要素

5.4.3　客户档案管理

1．客户档案的建立

客户档案是企业的重要资源，通常利用客户档案可以建立客户群、扩大业务、提高企业的知名度等。客户档案的建立通常有两种方式：一是客户基本资料的建立；二是客户业务资料的建立。

（1）客户基本资料的建立。客户基本资料的建立包括客户基本资料的获取、整理、录入、保存、更新、取用和应急处理等。对于不同的企业来说，对客户基本资料的内容的要求各不相同，应该根据需要制定有关的规章制度细则，当然这些制度一般来说大同小异，通常客户的资料分为 4 个部分。

①车辆的基本信息：车牌号、VIN 码、发动机号、车架号（底盘号）、钥匙号、出厂日期、首保日期、车型和车型分类等。

②车辆的扩展信息：购买日期、档案登记日期、保险公司名称、保险联系人、续保日期、下次应保养日期、上次业务日期和车辆年检日期等。

③车主的基本信息：姓名、性别、出生日期、身份证号码、住址、邮政编码、联系电话和手机号码等。

④车主的扩展信息：微信号、QQ 号、电子信箱、即时通信号码、其他联系人、开户银行、开户账号、税号、所在地区和类别等。

需要说明的是，车型的分类和客户的分类都有很多种分类办法。例如，可以按照年龄、地区、车辆用途、客户来源、业务大小进行分类，甚至有的企业还要求记录客户的兴趣爱好等。

（2）客户业务资料的建立。客户业务资料的建立包括客户的来访记录、购车记录、购买配件记录、修车记录、保养记录、跟踪回访记录和投诉记录等。

①销售记录：如果一个企业刚刚开始建立客户档案，查阅企业销售记录是一个最为直接、简单的方法。从销售原始记录中，可以看到现有客户和曾经进行交易的客户的名单，以及企业客户的类型。

②维修服务登记：利用客户维修服务时进行的登记是建立客户档案的一个最简单的办法。可以采取请客户自己登记的办法，以获得更多、更准确的客户信息，不过这需要得到客户的配合。但很多客户不愿花费时间和精力填写登记卡，即使填了也难以保证质量。企业可以以某种方式对自愿登记的客户进行奖励，如赠送小礼品等来提高填写质量。

2. 客户档案的分析

在掌握了客户的基本信息后，就要积极着手分析客户档案。客户档案分析的内容取决于客户服务决策的需要，由于在不同企业、不同时期这种需要的不同，所以进行客户档案分析利用的内容也不同。一般来说，常用的客户档案分析内容有客户信用度分析、客户资产回报率分析、客户收入构成分析和客户地区构成分析等方面。

（1）客户信用度分析。利用客户档案记录内容，详细、动态地反映客户的行为及状况的特点，从而确定不同客户的付款条件、信用限度和价格优惠等，还可以对客户的信用进行定期的评判和分类。对于信用分析中信用等级较高的客户，可作为业务发展的重点，并给予一定鼓励或优惠，如优先服务、特殊服务、优惠价格和信用条件等。

（2）客户资产回报率分析。客户资产回报率是分析企业从客户获利多少的有效方法之一。该方法是仅从客户的毛利中减去直接客户成本，包括维修费用、服务费用和送货费用等，而不考虑企业的研究开发、设备投资等费用，从而求出客户资产回报率。

（3）客户收入构成分析。即统计分析各类客户及每位客户在企业总收入中所占的比重，以及这一比重随时间推移的变动情况，用以表明企业服务的主要对象，从而划分不同规模的客户。这对于明确促销重点、掌握渠道变动情况是十分重要的。

（4）客户地区构成分析。利用客户档案分析客户地区构成是一种最为普遍、简单的档案分析方法，分析企业客户总量中各地区客户分散程度、分布地区和各地区市场对企业的重要程度，是设计、调整分销和服务网络的重要依据。值得指出的是，这种构成分析至少要利用 5 年以上的资料，才能反映出客户构成的变动趋势。

除以上档案分析内容外，在实践中一些企业还利用客户档案进行关系追踪与评价、客户与竞争者关系分析、客户占有率分析、开发新客户与损失客户分析、企业营销效果分析、合同履行分析等。

3. 客户档案的管理

客户档案管理是汽车维修的基础管理工作，也是企业生产、技术管理的基础工作。

（1）客户进厂后业务接待当日要为其建立业务档案或更新档案；客户档案由业务部门负责收集、整理和保管。汽车大修、总成大修、汽车二级维护的客户档案一车一档，一档一袋，档案内容包括维修合同、检验签证单、竣工证存根、工时清单、材料清单等；汽车一级维护、小修的资料在维修登记本中保存。

（2）客户基本信息应进行整理，并利用计算机存档；纸质档案应保持整齐、完整，不得混杂乱装，档案袋应有明确的标识，以便检索查询，同时防止污染、受潮、遗失。

（3）车辆维修竣工后，检验员应在车辆技术档案中记载总成和重要零件更换情况及重要维修数据（如汽缸、曲轴直径加大尺寸）。

（4）单证入档后除工作人员外，一般人员不得随意查阅、更改、抽换。如确需更正，应经有关领导批准同意。

（5）档案内容有客户有关资料、客户车辆有关资料、维修项目、修理保养情况、结算情况、投诉情况，一般以该车"进厂维修单"的内容为主。老客户的档案资料表填好后，仍存入原档案袋。

（6）客户维修档案应保存两年或两年以上。

4. 客户档案管理工作流程图

如图5-12所示为客户档案管理工作流程图。

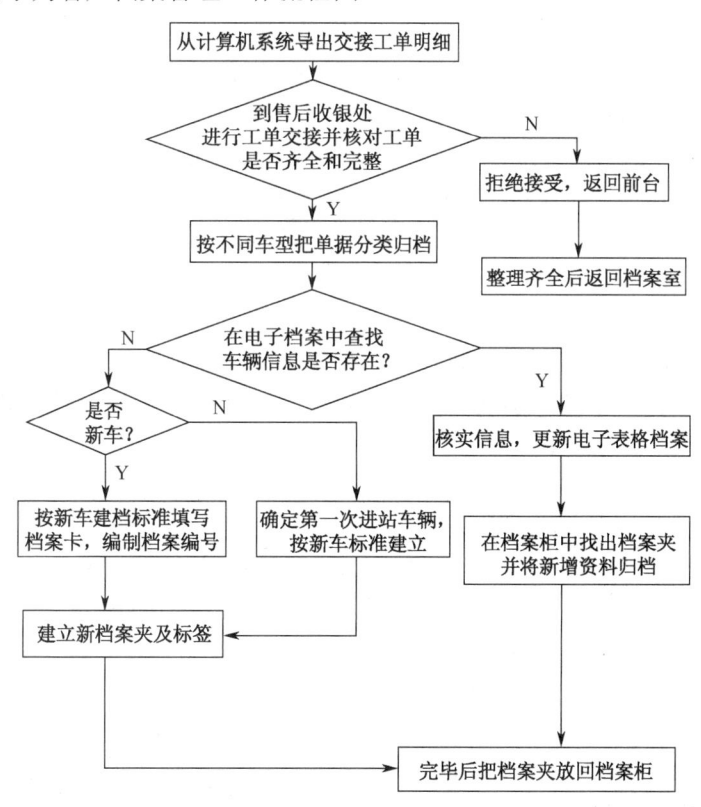

图5-12 客户档案管理工作流程图

5.5　会员折扣管理

吸引到客户之后，商家需要持续努力，才能够长期留住客户，使其成为忠诚客户。会员制度就是留住老客户的常用办法之一，也是客户关系管理的一种有效手段。一套完善的会员制度是与客户建立良好关系的纽带与桥梁。会员制度的管理内容很多，下面我们首先介绍一下会员制度中的重点知识之一——会员折扣制度。

折扣，就是厂商在向客户提供商品或服务时，在普通定价的基础上，以一定的优惠价格收取费用。会员折扣，就是为客户建立会员档案，然后为会员客户提供比普通客户优惠的消费折扣。在维修管理中，折扣可以使用在维修项目和维修用料两个方面。比如，在维修厂中，维修项目的工时费折扣优惠措施，就会使客户感觉到实惠，从而增加客户对修理厂的好感，留住客户。有的汽修厂也对配件的价格进行优惠。也有的采取工时、配件双优惠。

因为维修工时费和配件费的性质有所不同，因此，在一般的修理厂，会将维修工时费和配件折扣分开，即一单业务中会有两个折扣率。不同级别的客户享受的双折扣率也会有所区别，客户级别的划分也就成为会员制度的一个重要内容。一般来说，级别越高的会员，得到修理厂优惠的折扣越多。

5.6　会员积分管理

会员折扣制度可以让会员每次来店都立即享受到优厚的待遇。而会员积分制度则是让会员通过消费积累积分，享受长远的优惠待遇。其方法是，为会员建立消费积分制度，当积分累积到一定额度的时候，可以将积分用于交换礼品，或者获得某种折扣优惠等。

会员积分制度与会员折扣制度相辅相成，成为汽修厂最常用的会员优惠方法。

积分回报是会员制度的一种典型方式。通过积分，可以促进客户消费，客户如果要积累更多的积分，就要不断地进行消费，商家和客户通过积分纽带，达到双赢的结果。

通常，商家会根据积分给会员一定的回馈，或者为会员提供增值服务，或者向会员发放礼品，激发客户持久的消费积极性。当然，伴随这些回馈，通常要进行积分的扣减。

在汽车服务企业中，采取的积分制度通常比较简单易懂，以便操作者和客户都容易领会。

最常见的会员积分制度如下。

本次消费积分=自费金额×自费积分率+索赔金额×索赔积分率+保险金额×积分率+
　　　　　　免费金额×免费积分率

从公式可以看出，客户在修理厂修理车辆所进行的消费，无论是何种收费类别方式，都可以进行积分。

积分的用途一般有两个：一个是会员阶梯制度，即根据积分多少确定会员的阶梯等级；另一个是"积分抵金"制度，会员可以用积分冲抵下次消费时的部分应付款项，或者通过扣减积分换取商家提供的礼品。

5.7　跟踪回访管理

汽车维修企业的客户关系管理中，有必不可少的一项内容——维修后的跟踪回访。维修跟踪也是直接影响客户对维修企业的好感度的重要因素。维修跟踪的目的是了解客户在修车过程中与修车后对本企业各种服务的评价、意见与建议，并对可能存在的问题进行处理。

客户的反馈信息对修理厂纠正问题、改善服务、完善管理，都起着重要作用。一个好的修理厂，只有不断地了解客户所想，满足客户所需，才能提升修理厂在客户心目中的形象，更好地为客户服务。

维修跟踪包括跟踪记录、投诉记录、客户维修满意度统计和投诉处理满意度统计。

（1）跟踪记录是修理厂在客户维修结束后的一定天数后，一般为 3 个工作日内，主动联系客户，询问客户的评价、意见与建议。同时，对客户提出的问题进行解决，反馈给客户并记录处理结果。

（2）投诉记录是指对客户投诉的各种问题进行投诉记录，然后与相关部门讨论，找到问题并解决。

（3）客户维修满意度统计是指在某时间段内，对维修跟踪过程中的客户总体评价进行打分，然后根据分数值进行的统计。

（4）投诉处理满意度统计是指在某时间段内，对客户投诉处理过程中的反馈结果进行打分，然后根据分数值进行的统计。

客户服务部门应该妥善处理跟踪回访和解决投诉。与客户建立起良好的服务关系，对修理厂获得客户忠诚度，是十分重要的。

5.8 短信群发管理

手机短信群发，是近年来客户关系管理的常用手段，也是 CRM 采用汽车售后服务软件的重要功能。

（1）如果管理软件系统能够自动预测出车辆的下次保养时间，就可以用短信通知客户来店保养，为车主带来温馨的服务提醒，同时为管理者带来持久的利润。

（2）有的车辆的保险快要到期了，软件系统能够帮助提醒客户进行续保，这时可以用手机短信群发功能自动通知客户。同样，对于驾照的年审、行驶证的年审等，都可以用短信群发提醒功能。

（3）预防客户流失。有的老客户突然有几个月没有来店进行维修，这时就要警惕了，这个客户有流失的危险。应该通过计算机系统定期查询可能流失的客户，然后使用手机短信群发进行联系。

（4）逢年过节、客户生日、购车的周年日等，在这些特殊的日子，也可以通过短信向客户祝福，增进和客户的感情。

总而言之，使用短信群发联系客户的方法，能够大大拉近汽车服务企业与客户之间的距离。

5.9 紧急救援管理

良好运转的紧急救援服务对提高客户满意度和客户忠诚度、增加企业收入，具有巨大的作用。

要求救援的客户一般是在最困难、最无助的时候，向企业发出救援信号，得到救援帮助的客户将非常感激，并对企业乐于助人留下深刻的印象。既没有维修企业信息又没得到帮助的客户，或长时间等待的客户，会非常生气甚至恼怒，客户将对企业的生产能力和信誉产生怀疑并失去信心。

企业实行良好的紧急救援要具备以下条件。
（1）成立紧急救援小组；
（2）建立 24 小时值班制度；
（3）设立救援电话，并让客户知道救援电话；
（4）设立紧急救援车辆。

知识拓展

马太效应（Matthew Effect）

马太效应指强者越强、弱者越弱的现象。我国中医也认为"扶强不扶弱"。要想在某一个领域保持优势，就必须在此领域迅速做大；另外，当目标领域有强大对手时，就需要另辟蹊径，找准对手的弱项和自己的优势，这是影响企业发展和个人成功的一个重要法则。马太效应的名字来自圣经《新约·马太福音》中的一则寓言："凡有的，还要加给他叫他多余；没有的，连他所有的也要夺过来。"社会学家从中引申出了"马太效应"这一概念，用以描述社会生活领域中普遍存在的两极分化现象。

管理启示

随着我国汽车维修市场竞争的日趋激烈，服务质量成为影响客户选择维修厂的重要因素，维修服务满意度较高的企业，未来占领市场的优势也更加明显。因此，客户满意度高的汽车维修企业，用户将越来越多；而客户满意度低的汽车维修企业，客户将越来越少，直至企业倒闭。

思考与练习

1. "4C"理论的内容是什么？
2. 客户关系管理的内容有哪些？
3. 客户关怀的基本原则是什么？
4. 如何进行客户档案的管理？
5. 怎样建立客户基本资料？
6. 如何做好客户的跟踪回访管理？
7. 客户期望的分类是什么？客户期望如何获得？

能力训练

1. 针对某汽车维修企业，设计一种建立客户群的方案。
2. 针对某汽车维修企业，设计一种客户满意战略的方案。

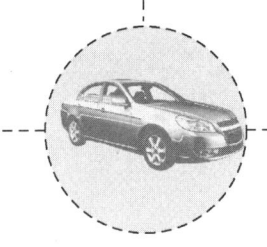

单元 6 汽车维修管理

【学习目标】
1. 了解汽车维修制度；
2. 知道汽车各类维护保养的内容；
3. 知道维修质量控制内容。

6.1 汽车维修制度

1990年交通运输部发布了《汽车运输业车辆技术管理规定》（交通部13号令），规定以汽车可靠性理论和零件磨损理论为依据，在总结经验的基础上不断吸收国外先进的维修管理理念，强调车辆技术管理，坚持以预防为主和技术与经济相结合的原则，对汽车的维修制度推行"定期检测，强制维护，视情修理"的方针。2016年1月22日，交通运输部发布了《道路运输车辆技术管理规定》，并于2016年3月1日起实施。

（1）定期检测。定期检测是指汽车必须按技术文件规定的运行间隔，在指定的专业检测站（点），对汽车、总成、零部件的技术状况进行检测，以确定汽车的技术状况或工作能力，并为汽车维护附加修理作业项目的确定提供依据。

（2）强制维护。强制维护是指汽车行驶到交通运输主管部门规定的维护周期（行驶里程或间隔时间）时，必须进行维护，不得拖延，用不准上路等强制手段，保证维修制度的贯彻执行。

（3）视情修理。视情修理是通过检测诊断手段和技术鉴定的结果，视情安排不同作业范围和深度的修理作业。这样，既可防止拖延修理造成的恶化，又避免了提前修理造成的浪费。

汽车维修制度包括汽车维护与汽车修理两部分内容。

（1）汽车维护。汽车维护是定期地对汽车的各部分进行检查、清洁、润滑、紧固、调整或更换某些零件所进行的一些日常工作，目的在于保持车容整洁和消除故障隐患，防止车辆早期损坏。

（2）汽车修理。汽车修理是指为恢复汽车各部分规定的技术状况和工作能力所进行的活动的总称。修理是汽车有形损耗的补偿，包括故障诊断、拆卸、鉴定、更换、修复、装配、磨合、试验等作业。

汽车维修制度是为实施汽车维修工作所采取技术组织措施的规定。它包括维护的分级、周期、作业项目、技术规范和修理的分类、标志、作业内容及相应的技术标准。

6.1.1 汽车维护制度

1. 汽车维护制度分级及周期

（1）汽车维护的目的。汽车维护（保养）的目的在于保持车容整洁，及时发现和消除故障隐患，防止车辆早期损坏，从而达到下列要求：

①车辆处于良好的技术状况，随时可以出车；

②在合理使用条件下，不会因机件损坏而影响行车安全；

③在运行过程中，降低燃料、润滑油及配件和轮胎的消耗；

④减少车辆噪声和排放污染物对环境的污染；

⑤各部总成的技术状况尽量保持均衡，以延长汽车大修间隔里程。

总之，进行汽车维护是确保车辆性能稳定的关键；定期对车辆系统进行检查是保证其正常工作的最佳方法；也能够确保车辆获得最佳性能、增强车辆可靠性，以及延长使用寿命。

（2）汽车维护制度分级。汽车维护必须贯彻"定期检测，强制维护"的原则。我国目前执行划分为日常维护、一级维护和二级维护的三级汽车维护制度，并在二级维护前强制进行检测诊断和技术评定，根据诊断评定结果视情维修，确定附加作业或小修项目。

强制维护是一种计划预防制度，就是在汽车行驶到规定的维护周期时，必须按期强制进行维护。汽车维护作业必须保证维护质量，但维护作业时不准对汽车主要总成进行大拆大卸，只有在发生故障需要解体时，才允许解体。

日常维护是以清洁、补给和安全检视为作业中心内容，由驾驶员负责执行的维护作业。

一级维护是除日常维护作业外，以清洁、润滑、紧固作业为中心内容，并检查有关制动、操纵等安全部件，由维修企业负责执行的车辆维护作业。

二级维护除一级维护作业外，以检查、调整转向节、转向摇臂、制动蹄片、悬架等经过一定时间的使用容易磨损或变形的安全部件为主，并拆卸轮胎，进行轮胎换位；检查调整发动机工作状况和排气污染控制装置等，是由维修企业负责执行的车辆维护作业。

（3）汽车维护周期。汽车维护周期是指汽车进行同级维护之间的间隔期（行驶里程或时间）。汽车维护周期和作业项目的确定，主要根据车辆结构性能、使用条件、故障规律、配件质量及经济效果等综合因素考虑。我国国家标准《汽车维护、检测、诊断技术规范》（GB/T 18344—2016）关于汽车维护周期的规定是：

①日常维护的周期为出车前、行驶中和收车后。汽车一、二级维护周期的确定，应以汽车的行驶里程为基本依据。

②一级维护周期一般为2 000～3 000km或按车辆使用说明书的有关规定进行。

③二级维护周期一般为10 000～18 000km或按车辆使用说明书的有关规定进行。

对于不便使用行驶里程统计、考核的汽车，用行驶时间间隔确定一、二级维护周期。其时间（天）间隔可依据汽车使用强度和条件，参照汽车一、二级维护里程周期确定。

某品牌汽车定期保养周期表如图6-1所示。

2. 我国汽车维护的作业范围

（1）日常维护。汽车日常维护是日常性作业，每日由驾驶员负责执行。作业的中心内容是清洁、润滑、补给和安全检查。日常维护包括出车前、行驶中和收车后的维护，具体作业项目如下。

①对汽车外观、发动机外表进行清洁，保持车容整洁。

汽车定期保养周期表

累计行驶公里数（km）	常规例行保养项目（每间隔5 000km或6个月）															
	更换机油及滤清器	更换空气滤清器	更换汽油滤清器	更换空调滤清器	更换火花塞	更换防冻液	更换刹车油	更换动力转向油	更换自动变速箱油	更换正时皮带	润滑系统清洗保养	燃油系统清洗保养	自动变速箱系统保养	转向系统清洗保养	冷却系统清洗保养	空调内循环系统消毒
5 000	●										●					
10 000	●										●					●
15 000	●										●					
20 000	●	●	●	●							●	●				●
25 000	●										●					
30 000	●										●					●
35 000	●										●					
40 000	●	●	●	●	●		●		●		●	●	●		●	●
45 000	●										●					
50 000	●										●					●
55 000	●										●					
60 000	●	●	●	●							●	●				●
65 000	●										●					
70 000	●										●					●
75 000	●										●					
80 000	●	●	●	●	●		●		●		●	●	●		●	●
85 000	●										●					
90 000	●										●					●
95 000	●										●					
100 000	●	●	●	●		●		●		●	●	●		●		●
● 常规例行保养项目											备注：					

图6-1　汽车定期保养周期表

②对各部润滑油（脂）、冷却液、制动液、其他工作介质、轮胎气压进行检视补给。

③对汽车制动、转向、传动、悬架、灯光、信号等安全部位，以及发动机运转状态进行检视、校紧，确保行车安全。

（2）一级维护。

一级维护作业的中心内容是在日常维护的基础上增加了润滑、紧固和安全部件检查的要求，并明确指出汽车一级维护的执行应由维修企业负责，即应进厂维护。

一级维护作业中零部件紧固、润滑油添加（或更换）和安全部件技术状况的检查等属专业性维护作业，必须由专业技术工人利用相关设施（举升设备或地沟）和专用设备，按技术标准进行。

汽车一级维护由专业维修工负责执行，除日常维护作业外，具体作业项目如下。

①清洗汽车及各总成的外部；清洗或更换发动机、空气压缩机及加油口的空气滤清器；转动机油粗滤器手柄，放出壳内沉淀物，检查离心式机油滤清器工作是否正常；清洗或更换燃油滤清器。

②检查曲轴箱油面、化油器油面、冷却液液面、制动液液面高度。

③外观检查三元催化转换装置；检查散热器、油底壳、发动机前后支架、水泵、空压机、进排气歧管、化油器、输油泵连接螺栓；检查风扇、空气压缩机、发电机及空调机皮带磨损、老化程度，调整皮带松紧度。

④检查转向器密封状况，润滑万向节十字轴、横直拉杆、球头销、转向节等部位；检查调整离合器踏板自由行程及灵敏可靠性。

⑤检查变速器、差速器液面及密封状况；润滑传动轴万向节，校紧各部位连接螺栓，清洁各通气塞；检查紧固各制动管路，检查调整制动踏板自由行程。

⑥检查、紧固车架、车身及各附件的连接螺栓；检查悬架有无损坏、连接是否可靠；检查

轮胎轮辋及压条挡圈，检查轮胎气压（包括备胎），并视情况补气。

⑦检查轮毂轴承间隙有无明显松旷；检查蓄电池液面并添加电解液，清洁、牢固电桩夹头；检查灯光、仪表、信号装置是否齐全、安装牢固。

⑧全车按规定部位加注润滑油脂；全车不漏油、不漏水、不漏气、不漏电，各种防尘罩齐全有效。

（3）二级维护。

二级维护要求在维护前进行不解体检测诊断以确定附加作业项目，并强调对安全部件检查（或拆检）、调整的要求，尤其强调了二级维护"检查调整发动机工况和排气污染控制装置"的要求。

汽车二级维护作业的技术性和专业性要求更高，必须严格按要求到维修企业进行。在技术人员的指导下，由专业汽车维护技工来完成。

汽车二级维护时首要进行检测，汽车进厂后，根据汽车技术档案的记录资料（包括车辆运行记录、维修记录、总成修理记录等）和驾驶员反映的车辆使用技术状况（包括汽车动力性、转向、制动，以及燃料、润料消耗等）确定所需检测项目。然后依据检测结果及车辆实际技术状况进行故障诊断，从而确定附加项目，再与基本项目一并进行二级维护作业。

二级维护过程中要进行过程检验。过程检验项目的技术要求应满足有关的技术标准或规范。二级维护作业完成后，应经维修企业进行竣工检验，合格后由维修企业填写《汽车维护竣工出厂合格证》后，方可出厂。

汽车二级维护检测项目的技术要求应参照国家有关技术标准或原厂要求。汽车二级维护检测包括如下项目。

①发动机功率、汽缸压力；汽车排气污染物，三元催化转换装置的作用。

②电控燃油喷射系统；柴油机供油提前角、供油间隙角和喷油泵供油压力。

③制动性能，检查制动力；转向轮定位，主要检查前轮定位角和转向盘自由行程；车轮动平衡；前照灯。

④操纵稳定性有无跑偏、发抖、摆头；变速器有无泄漏、异响、松脱、裂纹等现象，换挡是否轻便灵活；离合器有无打滑、发抖现象，是否分离彻底、接合平稳。

⑤传动轴有无泄漏、异响、松脱、裂纹等现象；后桥主减速器有无泄漏、异响、松脱、裂纹等现象。

汽车二级维护内容包含一级维护作业内容，其基本项目如下。

①检查发动机油及机油滤清器；检查转向器、变速器、主减速器等润滑油规格和油面高度，按要求补给。

②清洁空气滤清器；检查燃油箱及油管、燃油滤清器、燃油泵；检查、清洁燃油蒸发控制装置；检查、清洁曲轴箱通风装置；检查散热器、膨胀箱、节温器、百叶窗、水泵及其传动皮带。

③检查、紧固汽缸垫，检查进排气歧管、消声器、排气管；检查、清洁增压器、中冷器；检查、紧固发动机支架、化油器及联动机构；检查、检测喷油器和喷油泵。

④清洁、检查分电器、高压线和火花塞；检查、调整气门间隙；检查、调整离合器；检查、调整前轮制动、后轮制动；检查、调整转向器及转向传动机构。

⑤调整前束及转向角；检查变速器及差速器密封状况、操纵机构及通气孔；检查传动轴、传动轴支架及中间轴承。

⑥清洁、检查空气压缩机、储气筒、安全阀；检查制动阀、制动管路、制动踏板工作状况。

⑦检查驻车制动性能；检查（视情补焊、校正）紧固悬架；检查轮胎（包括备胎）并进行紧固、补气、轮胎换位；清洁、润滑发电机、调节器、启动机。

⑧检查、清洁、补给蓄电池；检查、调整、视情修理或更换前照灯、仪表、喇叭、刮水器、全车电气线路；检查、紧固车架、车身、安全带及内装饰。

⑨检查空调系统工作、密封状况；全车按规定部位加注润滑油（脂）。

此外，在春、秋季末应结合二级维护进行季节性维护。主要任务是装卸冬季保温装置，检查百叶窗、节温器、风扇离合器工作情况，调整火花塞间隙和分电器触点间隙，调整排气歧管上的预热阀，更换润滑油，调整蓄电池电解液密度和发电机电压等。

（4）汽车维护的技术要求。

①清洁：汽车在维护前应清洗干净。清洗后，发动机、底盘、车身各部位应无油污、泥污，车厢内不积水，有条件时应进行烘干。零部件清洗后，应无积炭、结胶、锈斑、油垢和污迹，油、水管道应畅通无阻。

②润滑：维护汽车时，应按润滑图表和规定的周期，选用规定牌号规格的润滑油（脂），各油嘴、油杯通气塞必须配齐，并保持通畅。

发动机、变速器、分动器、驱动桥、转向器、轮毂等应按规定补给、更换润滑油（脂）。

③紧固：维护中对各部螺栓、螺母和锁紧装置应按规定规格、质量和顺序装配并拧紧，不得短缺、松动和损坏。有规定转矩的螺栓、螺母应按规定拧紧。

④调整试验：维护中，应按规定对总成各部件和电气设备等进行调整和必要的试验，使其性能符合要求。汽车在维护竣工后，应按技术条件认真做好竣工检验，以保证维护质量。

汽车保养周期与项目如图6-2所示。

福克斯全系保养周期与项目（福特原厂标准）									
保养里程	机油机滤	空气滤清器	空调滤清器	汽油滤清器	变速箱油	方向机油	制动液	火花塞
5 000	●	—	—	—	O	O	每两年	—
15 000	●	—	O	—	O	O		—
25 000	●	●	O	—	O	O		—
35 000	●	—	O	●	O	O		●
45 000	●	—	O	—	O	O		—
55 000	●	●	O	●	O	O		—
（●表示更换，O表示检查、清洁或添加，—表示无此项目）									

福克斯全系的首保里程为5 000km。
厂家规定的保养间隔为半年/10 000km。
空气滤清器首次更换为25 000km，之后每隔30 000km更换一次。
空调滤清器每10 000km检查，按需更换。
汽油滤清器首次更换为15 000km，之后每隔20 000km更换一次。
手动/自动变速箱油每10 000km检查，按需添加或更换。
制动液更换周期为2年。
冷却液每10 000km检查，按需添加或更换。
方向机油每10 000km，按需添加或更换。
火花塞更换周期为35 000km。

图6-2 汽车保养周期与项目

6.1.2 汽车修理制度

汽车修理是指通过修理或更换零件或总成的方法,为恢复车辆完好的技术状况、工作能力或寿命而进行的作业。汽车修理应贯彻"视情修理"的原则。

1．汽车的修理类别及内容

根据作业范围和技术状况恢复程度的不同,汽车修理可分为汽车大修、总成大修、汽车小修和零件修理4类。

（1）汽车大修。它是新车或经过大修后的汽车,在行驶一定里程（或时间）后,经过检测诊断和技术鉴定,用修理或更换汽车任何零部件的方法,恢复汽车完好的技术状况和工作能力,完全或接近完全恢复汽车寿命的恢复性修理。其目的在于恢复车辆的动力性、经济性和可靠性,配齐原有装备,使车辆的技术状况和使用性能达到规定的技术条件。

（2）总成大修。它是汽车的总成经过一定使用里程（或时间）后,用修理或更换总成任何零部件（包括基础件）的方法,恢复其完好技术状况和寿命的恢复性修理。

（3）汽车小修。它是用修理或更换个别零件的方法,保证或恢复汽车的工作性能的运行性修理。其目的主要是消除在运行过程或维护作业过程中发生或发现的故障或隐患。

（4）零件修理。它是对因磨损、变形、腐蚀等不能继续使用的零件进行修理,是恢复零件性能和寿命的恢复性修理。目前,主要还是采用"换件修理"方式。

2．汽车和总成的大修标志

在确定汽车及其总成是否需要大修时,除必须经过检测诊断和技术鉴定外,还必须掌握汽车和总成大修的送修标志。

（1）汽车大修送修标志。客车以车厢为主,结合发动机总成的送修标志;货车以发动机总成为主,结合车架总成或其他两个总成的送修标志。

（2）挂车大修送修标志。挂车车架（包括转盘）和货箱符合大修条件;定车牵引的挂车（即牵引车和挂车不摘挂）和衔接式大客车,按照汽车大修的标志与牵引车同时进厂大修。

（3）总成大修送修标志。

①发动机总成：汽缸磨损,圆柱度达到 0.175～0.25mm 或圆度已达 0.05～0.06mm（以其中磨损量最大的一个汽缸为准）；最大功率或汽缸压力较标准降低25%以上；燃料和润滑油消耗量显著增加。

②车架总成：车架断裂、锈蚀、弯曲、扭曲变形逾限、大部分铆钉松动或铆钉孔磨损,必须拆卸其他总成后才能校正、修理或重铆修复车架时。

③变速器（分动器）总成：壳体变形、轴承孔磨损逾限、变速轴及齿轮恶性磨损、损坏,需要彻底修复。

④后桥（驱动桥、中桥）总成：桥壳破裂、变形,半轴套管轴承孔磨损逾限,主减速器齿轮恶性磨损,需要校正或彻底修复。

⑤前桥总成：前轴出现裂纹、变形,主销轴承孔磨损逾限,需要校正或彻底修复。

⑥客车车身总成：车厢骨架断裂、锈蚀、变形严重,蒙皮破损面积较大,需要彻底修复。

⑦货车车身总成：驾驶室锈蚀、变形严重、破裂,或者货厢纵、横梁腐朽,底板、栏板破损面积较大,需要彻底修复。

3．汽车和总成的送修规定

（1）在汽车和总成送修时,承修单位与送修单位应签订合同,商定送修要求、修理车日和质量保证等有关问题。合同一经签订，必须严格执行。

（2）车辆送修时，应具备行驶功能，装备齐全，不得拆换。

（3）总成送修时，应装配完整，附件、零件均不得拆损和短缺。

（4）肇事车辆和因特殊原因不能行驶或短缺零部件的车辆，在签订合同时，应做出相应的规定和必要说明。

（5）车辆和总成送修时，应将车辆和总成的有关技术档案一起送承修单位。

4．修竣汽车和总成的出厂规定

送修汽车和总成修竣后，按国家有关技术标准进行检验，合格后承修单位应签发出厂合格证，并将技术档案、修理技术资料和合格证移交送修单位。

送修汽车和总成修竣出厂时，不论送修时的装置（附件）状况如何，均应按照有关部门规定配备齐全。发动机应装限速装置。接车人员应根据合同规定，进行车辆或总成的技术状况和装备情况的验收，当发现不符合竣工要求时，承修单位应立即查明，及时处理。

送修单位必须严格执行车辆走合期的规定，在保证期内因修理质量发生故障或提前损坏时，承修单位应优先安排，及时排除，免费修理。如发生纠纷，由维修管理部门组织技术分析，进行仲裁。

6.1.3 汽车维修工种

汽车维修主要工种有汽车维修工、汽车维修电工、汽车维修钣金工和汽车维修漆工。

1．汽车维修工

汽车维修工是从事汽车发动机、底盘系统的维护、修理和调试工作的工种，其工作内容包括了汽车维护、修理的最重要的工作，并对汽车主要的技术状况和安全性提供保障，具有极其重要的作用。

汽车维修工须掌握汽车发动机、底盘的构造和工作原理及其修理标准和工艺规程，能正确使用常用维修检测设备和机具，独立完成汽车维护作业和总成修理作业，排除汽车故障。

随着汽车新技术的快速发展，以及电控装置的广泛使用，在汽车某些系统如电子控制燃油喷射系统、自动变速器中，机械装置和电子装置相互交融、相互作用，使得汽车维修工与汽车维修电工的界限越来越模糊。

2．汽车维修电工

电气设备是汽车的四大组成部分之一，主要包括蓄电池、点火系统、灯光信号线路、辅助电器等。辅助电器最早只有电喇叭，目前汽车上已具备电子仪表、电动刮水器、电热除霜器、电动门窗玻璃升降机、点烟器、电动门锁、暖风机、电风扇和车用空气调节器、带预选电台的收音机和带调频波段的立体声收放机、电动伸缩天线和电动调节后视镜等设备。

随着汽车技术的高速发展，以及计算机技术在汽车上的应用，越来越多的轿车装备了汽油机电子喷射系统（EFI）、防抱死制动系统（ABS）、安全气囊系统（SRS）、自动变速器（ECT）、双离合变速器（DSG）、电子车身稳定系统（ESP）和防滑转控制系统（ASR）等。

汽车维修电工主要从事汽车电气设备的维护、修理和调试工作。一个熟练的汽车维修电工，必须具备汽车电气理论和电子学知识，掌握汽车电气装置的结构原理，有进行汽车电气、线路故障的判断和修理能力。此外，计算机等高新技术在现代轿车上的应用对汽车维修电工提出了新的更高的要求。

3. 汽车维修钣金工

汽车在使用过程中，由于交通事故、磨损、撞击或使用维护不当，往往会造成部分金属构件（如水箱罩、翼子板、驾驶室、排气管、客车车身、发动机罩、脚踏板、挡泥板和消声器等）歪扭、断裂、锈蚀等损伤。钣金工的任务就是通过修补、整形和更新，恢复这些部分的尺寸、形状和使用性能。

汽车驾驶室、客车车身的修理作业，不仅工作量大，而且质量要求高，其修理质量将在一定程度上影响汽车的使用寿命和性能，关系到驾驶员的劳动条件和安全生产，关系到汽车的外观质量。为此，要求钣金工应当具有较高的操作技能以满足汽车修理工作的需要。

很多制件的加工往往钣金工序不能独立完成，还须经过机械加工、热处理等工序。因此，作为一名合格的钣金工，不仅应能熟练地掌握本工种的技术理论和操作技能，还必须对相关工种如冲压工、铆工、焊工的作业范围、工作内容和操作特点有所了解。目前，在现代轿车的修理中使用了先进的自动化车身修复整形设备，这又对钣金工的素质提出了更高的要求。

钣金工还需要对汽车各金属构件的特点、性能及工作条件有足够的了解。只有了解各金属构件的不同作用和要求，才能选择合理的工艺手段，从而保质保量地完成修理任务。

4. 汽车维修漆工

汽车维修漆工是从事汽车车身、车架、总成件涂漆工作的工种。

在保护汽车不受腐蚀的基础上，需要对汽车表面进行装饰美化。目前，汽车车容装饰美观已经被当作车辆年检中的技术要求项目之一。为了满足各种汽车的装饰要求，汽车的装饰涂装必须具有品种齐全、颜色丰富、色彩鲜艳的特点。可用光泽度计检测汽车涂装的光泽度。汽车高级装饰性的涂装，要求涂膜外观光滑平整、花纹清晰、光亮如镜，光泽度不低于 90%；中级装饰性的涂装，要求涂装外观光滑平整、花纹清晰，允许有轻微"橘皮"，光泽度不低于 80%～85%。根据汽车的类型和涂装部位的不同，汽车涂装的要求也是各不相同的，如轿车车身对涂料的装饰性、耐久性、保护性、保光性要求很高；而载重汽车车身对涂漆的装饰性、耐久性、保护性的考虑就比较全面；汽车底盘的涂装，主要要求耐久性、耐化学腐蚀性及防锈性；油箱内壁的涂装，要求箱体要经受汽油的长期浸泡，涂料的耐油腐蚀性是主要的考虑因素。

因施工对象的差异，对涂装工艺要求也会有所不同。对要求不高的漆工作业，如载货汽车车厢小面积补漆，可采用刷涂法；对要求较高或施工面积较大的漆工作业，通常采用喷涂法。喷涂工艺一般需要经过清理表面、涂刷防锈漆、刮涂腻子、打磨腻子、喷底漆、喷漆前准备、喷面漆、最后清理等工序。中高档汽车的喷漆作业还需要在烤漆房中进行烤漆。

6.1.4 汽车维修工艺

随着现代电子技术在汽车上的广泛应用，使机械技术、电子技术和信息处理技术融为一体，汽车的"机电液一体化"程度越来越高。现代汽车由于在总体结构、工作原理方面与传统汽车差别甚大，使汽车修理工艺也发生了根本性的变化，具体表现在以下几个方面。

（1）传统的汽车修理特别重视零件修复，不管什么零件，能修则修。现代汽车的修理，除一些价格昂贵的机械零件和汽车制造厂设计可修复的零件外，一般都采取"换件修理"。现代汽车对零件机械性能要求高，常采用专用材料和特殊工艺制造，通常的零件修复方法不能满足设计的要求，经济上也不合算。

（2）传统的汽车修理以检验、修复为中心，检验使用通用、简单的量具和仪器设备，凭经验鉴定车辆技术状况，故障诊断方法遵循"观察现象＋检查分析＋凭经验判断"的套路。现代汽车修理则以检测、诊断为中心，使用先进的专用检测诊断设备，如发动机综合检测仪、四轮定位检测仪、制动检测台、侧滑试验台和废气分析仪等检测车辆技术状态。故障诊断方法是利用车上设置的电脑自诊断系统输出故障信息和运行数据，或者使用专用电脑诊断仪进行分析诊断。

（3）现代汽车修理由于以检测诊断为中心，汽车的许多机构和装置共用一些数据信息，这些机构和装置能否正常工作不仅取决于本身的技术状况，也取决于相关的机构和装置的技术状况，所以现代汽车修理工种划分已打破传统工种的界限，逐步形成"机电液一体化"的局面。

汽车维修工艺是指利用生产工具按一定要求进行汽车维护和修理的方法，是在维修汽车过程中积累起来的，并经过总结的操作技术经验。汽车修理可分成许多工艺作业，按规定顺序完成这些作业的过程称为工艺过程。一般汽车修理作业工艺过程如图6-3所示。

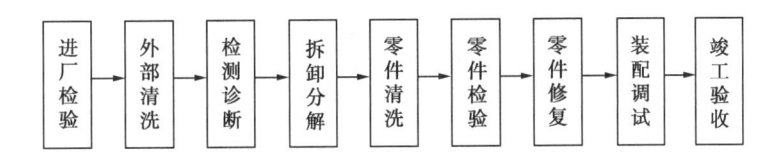

进厂检验 → 外部清洗 → 检测诊断 → 拆卸分解 → 零件清洗 → 零件检验 → 零件修复 → 装配调试 → 竣工验收

图6-3　一般汽车修理作业工艺过程

1．进厂检验

承修的汽车进厂必须经过检验，以便了解车型、修理项目及其技术状况，同时也为估算修理工时和修理费用提供必要的依据。进厂检验由汽车修理厂的专业人员负责进行。检验时，通过对汽车使用情况的调查，以及外部检测、测试，来了解汽车的技术状况。另外，还应核对车辆的装备状况。

2．外部清洗

进厂修理的汽车在施工前视情况需要进行外部清洗，以便于拆卸修复工作的顺利进行。汽车外部清洗一般采用以下3种方法：在固定的外部清洗台上清洗，用可移动的清洗机喷射高压水清洗，或者用自来水清洗。

3．检测诊断

根据车主所述故障情况，运用先进的专用检测诊断设备对故障进行分析、判断，以检测车辆的技术状态。

4．拆卸分解

把汽车需要修理部位的总成、组件拆卸下来再分解成零件。拆卸分解是汽车修理施工的首道工序，具有一定的工艺和技术要求。拆卸分解不当会增加工作难度，贻误工期，损坏零件。

5．零件清洗

把拆下的零件集中，用适当的方法清洗除去零件上的污垢，包括旧漆、油污、积炭、水垢、磨损物和其他杂物，为保证零件的检验质量、修理质量和装配质量做准备。

6．零件检验

对所有拆洗过的零件进行检验鉴定，根据它们的技术状况分为可用零件、需修零件和报废零件3类。可用零件指零件符合使用标准，可以继续使用；需修零件指零件已不符合使用标准，通过修复才可以继续使用；报废零件指既不符合使用标准又无法修复或无修复价值的零件。

7．零件修复

对于有修理价值的零件进行修复，无法修复的零件或无修复价值的零件，目前一般采用更换零件的"换件修理"方法。

8. 装配调试

就是把可用零件、修复好的零件或更换的新零件再次清洗干净，按照规定的技术标准和工艺规程进行装配、调整和试验。

9. 竣工验收

最后由专职检验员负责竣工验收。若发现有不符合技术要求的地方由修理工负责返修。

6.2 汽车维修质量控制

质量是企业的生命，质量控制是向顾客提供满意服务的前提。在近年的消费者投诉中，汽车维修的服务质量一直是热点之一，原因就在于很多汽修厂的质量控制和保障措施不得力。

6.2.1 汽车维修质量控制的基本条件

1. 设备条件

我国交通部颁布的《汽车维修业开业条件》（GB/T 16739—2014）中对一类、二类、三类汽车维修企业，都规定了具体的设备条件。为了更好地贯彻和执行《汽车整车维修企业开业条件》，各省、市的交通运管部门根据自身地区的特点，制定了具体的落实办法。

如果汽车维修企业都能按照上述开业条件的要求配备维修设备，那么汽修厂的质量控制就有了最基本的设备保障。

2. 人员条件

有了合格的设备，还要有合格的使用人员。由于汽车的保有量增长十分迅速，人才，特别是高级技能人才的需求依然是阻碍行业发展的瓶颈。

对于资金雄厚的汽车 4S 服务站和待遇优厚的大型合资企业，人才问题比较容易解决。对于资金比较紧张的中小型企业，可以通过以下方法来解决：

（1）优化组织，人尽其才；
（2）调整制度，奖优罚劣；
（3）加强培训，内部提拔。

3. 工艺规范

汽车是很复杂的工业产品，其装配、维修、养护都有严格的技术要求和生产规范。

"有不少好车，不是被开坏的，而是被修坏的！"当然，也有人可能会说，现在的汽车那么多的品种，我们怎么可能弄懂所有的工艺规范？是的，这个问题看起来有点困难，其实还是有解决办法的。我们应该将常见车型的常用工艺进行整理，至于同类车型或相似项目，可以在现有工艺的基础上，参考相关的技术文件进行。

4. 组织结构

在一个具有一定规模的汽车服务企业中，应该有正规的质量保障体系，在这个体系中，各个部门和人员应该承担起与质量有关的质量保障工作和责任。例如，前台在接车时，就应该进行汽车的初步检查；车间维修工在每个项目完工之后应该自检；而总检员则应承担修车完工之后的检验等工作。质量管理体系中的组织结构与制度，是质量控制的基础。

5. 质量控制制度与执行

建立了质量管理体系的组织结构，还要有一套与之配套的质量控制制度，当然这些制度的效果，最终还是取决于企业的执行力。

在合理的组织结构之上，制定一套可行的质量控制制度，并严格执行，才可能有良好的质量效果。一般应解决以下问题。

（1）制度制定得不合理。很多汽修厂的制度都是仿照现成的文本，不是根据企业自身的情况制定的。

（2）组织结构、人员配备与制度脱节，如部门设置和人员分工已经调整，但是制度却还是几年前的版本。

（3）与质量相关的奖罚不够严明。

（4）制度执行力不够。

6.2.2　质量控制的工作内容

在汽修厂中，质量控制的工作内容很多，主要有材料的质量控制和维修流程的质量控制。

1. 材料的质量控制

材料的质量控制包括入库质量控制、库存质量控制和出库质量控制。材料主要是指汽车配件，也包含其他辅助性用料，如砂纸和手套等。

（1）入库质量控制。入库质量控制指的是在采购入库过程中，控制材料的质量。入库质量控制是材料控制中最初也是最重要的部分，其内容包括采购前、采购中和采购后的控制。采购前的质量控制包括对供应商的调查、样品的采集检测、对采购材料的质量评估等。采购中的质量控制，主要内容是对入库材料的检验，包括对包装的检验，对外观的检验，对生产日期、有效日期和生产批次的确认，对产品功能、性能和成分的检验等。具体内容可以根据企业的具体制度和采购的材料不同而定。采购后的质量控制，主要指的是根据库存质量控制和出库质量控制获得的信息，对采购行为和供应商进行评估和选择。

（2）库存质量控制。库存质量控制指的是在材料的保管过程中，观察并记录其外观和内在质量的变化，并做出反馈，还包括对库存材料的定期和不定期检查。

（3）出库质量控制。出库质量控制指的是对材料出库状况的检测、记录和在使用过程中的质量状况的跟踪，包括在维修、检验、出厂后，以及返修情况的跟踪。

2. 维修流程的质量控制

汽车维修流程中的质量控制主要通过接车检验、维修过程中检验、试车、总检、回访跟踪和返修管理来进行。

按汽车维修工艺可以分为：进厂检验、维修过程检验和出厂竣工检验三级，即"三级检验"制度。

按检验职责又可以分为：工位自检、工序互检和专职检验。

（1）进厂检验。

①汽车进厂业务接待接车时，向车主询问维修记录并在计算机系统中查询其维修记录。

②业务接待负责对送修车辆进行预检，按规范填写有关单据中的检验记录。

③车辆预检后，根据客户的反映及该车技术档案和维修档案，通过检测、测试或检查（初诊），确定基本作业内容，告知客户并签字确认。

④记录应该作业的项目与内容。

（2）维修过程检验。

①维修过程检验必须落实"三级检验"制度。

②检验内容分为汽车或总成解体，清洗过程中的检验，主要零部件的检验，各总成组装、调试的检验。

③各级检验工作严格依据检验标准、检验方法认真检验，做好检验记录。

④经检验不合格的作业项目，需重新作业，不得进入下一道工序。

⑤对于新购总成件，必须依据标准检验，杜绝假冒伪劣配件。

⑥对于影响安全行车的零部件，尤其要严格控制使用标准。对不符合要求的零部件必须进行维修或更换，同时要及时通知业务接待，并协助业务接待向客户做好解释说明工作。

（3）出厂竣工检验。

①所有维修的车辆，在结算前必须由专职检验员进行检验，即进行专职检验。

②在终检之前，各个项目必须完成自检。

③终检的范围根据维修的分类而定。大修的车必须进行全车检查，按照交通运输部的标准执行；普通保养则按照各个车型制造厂的标准进行；小修则按照车间规定进行。

④检验员必须在检验单上签名，对自己的检验结果负责。

⑤对于检验不合格的车辆，一律不得结算出厂，并进行内部返修。

⑥如果出厂以后车主发现不合格现象，返工责任由检验员与项目维修人共同承担。

将专职终检设计成一个必要环节，没有经过终检的车辆，是不能结算出厂的。这样至少从制度上为修车的质量增加了一道保障措施。

6.3 汽车维修设备简介

汽车故障诊断设备有利于提高维修人员对汽车技术状况判断的准确性；具有一定的分析判断能力，为实现汽车故障的快速、准确、有效诊断提供技术支撑。汽车维修设备能有效地提高汽车维修的生产率和维修质量。

6.3.1 发动机故障诊断设备

1. 发动机密封性检测设备

（1）汽缸压力表。汽缸压力表用于检测汽缸压缩压力，根据测试结果可以判断汽缸衬垫、汽缸体与缸盖之间的密封状况、活塞环与缸壁配合状况，以及燃烧室内积炭是否过多等与汽缸有关的技术状况。

（2）汽缸漏气量检测仪。汽缸漏气量检测仪用于测量活塞处于压缩行程上止点位置时，汽缸内、外传输压缩空气的压力变化值，从而判断汽车发动机的汽缸和进、排气门的密封状况。在测量汽缸漏气量的同时，进行人工辅助诊断，可对汽缸、汽缸垫和进、排气门的密封状况进行深入准确的诊断。

（3）曲轴箱窜气量检测仪。曲轴箱窜气量检测仪用于测量发动机曲轴箱窜气量，从而检验发动机的动态密封性，判断发动机汽缸、活塞和活塞环的技术状况，监测发动机磨合质量。

（4）真空表。真空表用于检测汽油发动机进气歧管的真空度，通过测量进气歧管真空度及其变化状况，可以判断发动机密封性能、空燃比和点火性能的好坏，可以诊断汽缸密封性、进气管、配气机构密封性、排气消声器阻塞及气门机构失调、混合气的稀或浓、点火时间和点火性能等诸多方面的故障。

2. 点火正时灯（枪）

点火正时一般用点火提前角表示。点火正时灯（枪）可检测汽油机点火提前角，有的还能测试转速、点火导通（闭合）角和电压参量。

3. 发动机废气分析仪

发动机废气分析仪主要用于测量汽车发动机排气中的多种气体含量。这类仪器还可用于检查空燃比，检测催化转化器性能，检查燃油反馈系统及进、排气管泄漏等故障，帮助分析并排除发动机控制系统的故障，以及确保车辆污染排放指标的正常。根据检测气体种类的不同，发动机废气分析仪分为二气体、四气体和五气体分析仪。

4. 柴油机烟度计

柴油机烟度计用于检测柴油车的排气烟度，以便研究和分析柴油机的工作状况。烟度计可分为滤纸式烟度计、透光式烟度计和重量式烟度计等多种。我国使用滤纸式烟度计和透光式烟度计。

5. 发动机综合分析仪

发动机综合分析仪有汽油机综合分析仪，柴油机综合分析仪和汽、柴油两用发动机分析仪等形式，可适用的发动机类型很广，可对启动和充电系统、点火系统、燃油系统和点火正时等多种项目进行精确测试。

6.3.2 底盘故障诊断设备

1. 底盘测功机

底盘测功机一般用于检测各类汽车的底盘输出功率、驱动力、车速、加速性能、滑行性能，以及车速表和里程表的准确性。若配以燃油流量计可检测油耗，配以排放分析仪可检测排放污染物成分含量，可综合评定汽车的动力性能、经济性，以及环保指标；配以曲轴箱窜气量检测仪和离合器频闪仪，可进行发动机磨损检测和离合器打滑检测。现在的底盘测功机多采用电涡流测功器作为功率吸收装置，并用计算机作为控制中心。

2. 四轮定位仪

四轮定位仪常用于测量车轮的各项定位参数，判断车轮定位的准确性，同时还可检验出车轮定位部件的故障。四轮定位仪存储有大量流行车型的车轮定位参数的标准值和车轮定位调整方法。车轮定位技术状态判断方便，调整操作容易。

3. 底盘间隙检测仪

底盘间隙检测仪用于检测转向系统各销轴、悬架系统及底盘其他部件因磨损产生的间隙，从而协助消除隐患，确保安全。

4. 制动试验台

制动试验台一般用于各种类型车辆的制动性能检测，测量参数包括所有车轮的制动力、制动力差、制动协调时间等。制动试验台有滚筒式和平板式两种。

5. 侧滑试验台

侧滑试验台用于检测汽车前轮的侧滑量，以判断车轮定位中车轮前束和车轮外倾的配合是否恰当。侧滑试验台有单板式和双板式两种，其中双板式应用普遍。

6.3.3 汽车电控系统诊断设备

1. 汽车专用万用表

汽车专用万用表可检测充电、启动、燃油及空气、点火、电气、发动机管理、冷却等系统和各种传感器，检测参量包括电压、电流、电阻、电容、频率、脉宽、占空比、转速、温度和压力等，并可检测线路通断。

2．汽车示波器

汽车示波器可用于测试电池、传感器、ECU 信号的电压，测试火花塞线、传感器、继电器的电阻，测试保险丝、灯、导线、开关的线路通断。使用相应探头可测试温度和电流。

3．通用故障检测仪

通用故障检测仪配备常见车系的软件，并配有各种专用检测接口电缆。使用时，只需将被测汽车的牌号和车辆识别码输入故障检测仪，就能从软件中调出相应的检测程序。按照故障检测仪屏幕上的提示，将相应的故障检测接口电缆一端的插头和汽车上的检测插座连接，就可以根据汽车电控系统自诊断电路的功能范围和检修要求，选择电控发动机、电控自动变速器、制动防抱死装置等各控制系统，进行读取故障代码、查阅故障码内容、测试执行器工作情况、清除电控系统内存储的故障代码等检测工作。

4．专用故障诊断仪

专用故障诊断仪是为各汽车厂家生产的专用测试设备。它除了具备读码、解码、数据扫描等功能外，还具有传感器输入信号和执行器输出信号的参数修正、计算机控制系统参数调整，以及系统匹配和标定、防盗密码设定等专业功能。

6.3.4 汽车维护设备

1．发动机燃油系统免拆清洗机

该设备配合汽车的定期维护和特别除炭维修，无须拆卸发动机，只需将接头与发动机供油、回油管连接，机器内的专用清洗剂可溶解喷油器针阀和燃烧室各组件的积炭、油泥、胶质等污染物，经由汽车的排放系统排出，使汽车燃油供给系统得到彻底清洗。这类仪器一般可以清洗多种汽油机及柴油机的燃油系统，有的还可以检查燃油压力，确定系统是否堵塞。

2．发动机润滑系统免拆清洗机

在汽车的定期维护中，无须拆卸发动机，只需用接头与发动机机油过滤器和油底壳螺孔相连，利用空气动力和专用清洗剂，在发动机静态时进行清洗，可将发动机润滑系统油泥、积炭和杂质一并清除，恢复发动机效率，减少磨损和有害废气的排放。

3．发动机冷却系统清洗机

发动机冷却系统清洗机利用轻微液压冲击原理，对发动机冷却系统进行冲击清洗、循环清洗、再循环清洗和更换冷却液，可清除发动机冷却系统的污垢，恢复发动机冷却系统的性能。

4．自动变速器油更换机

自动变速器油更换机有气动、可调压、可调流量机型。自动变速器油更换机可以调节空气压力和进出油量、油压，能控制变速器内的需求油量，完全解决了手工更换变速器油不彻底和油量不准确的问题。

5．汽油机喷油器清洗机

汽油机喷油器清洗机适用于汽油发动机电子喷射喷油器的清洗，可清除喷油嘴的积污，从而解决喷油器或喷油嘴堵塞问题。这种设备一般都利用超声波的作用来清洗喷油器，利用超声波的冲击和振荡来溶解和排除喷油器内的胶质物，并能清理喷油嘴的积污，而且能够反向清洗，使清洗更彻底，且操作方便，有的清洗机还具有喷油器测试功能，能模拟发动机运转过程，测试发动机转速、喷油器开启时间、脉冲数供给、喷油器电阻或喷油模式、喷油器电压和供油压力等。

6. 柴油机喷油泵试验台

柴油机喷油泵试验台用于检测调试各种类型的喷油泵，可检测各缸供油量及其不均匀度、出油阀的开启压力和喷油泵体的密封性及调速器的性能，并能检测喷油泵供油开始点及供油间隔角。

7. 轮胎平衡机

轮胎平衡机可用于汽车各类型车轮的平衡调试，可以获得动、静态下的精密测试和准确的平衡。此类设备一般都采用计算机控制，具有较高的精确度，能自动测定轮胎两个校正平面的动平衡度。

8. 汽车清洗及打蜡机

汽车清洗及打蜡机主要用于中小型车辆的刷洗、打蜡和吹干等，能自动识别车头、车尾，能进行正、反转的反复刷洗，且都是计算机程序控制，操作方便。

6.3.5 汽车修理设备

1. 气门修磨机

气门修磨机用于汽车发动机气门锥面的磨削加工，操作简便，能保证气门研磨和支承点的准确性。

2. 镗缸机

汽缸镗削的目的是恢复汽缸原有的正确圆度、圆柱度和表面粗糙度，保证各缸中心线与主轴承孔中心线在一个平面内，且互相垂直。目前常用的镗缸设备有固定式镗缸机和移动式镗缸机两种。

3. 磨缸机

磨缸机用于镗缸后缸壁表面的最后一次磨削精加工，以消除汽缸镗削加工时留下的刀痕，减小汽缸壁的表面粗糙度值，达到汽缸加工的最终要求，延长汽缸和活塞的使用寿命。目前一些企业开始使用激光加工设备对汽缸进行激光加工处理，激光加工处理前后都要进行磨削加工。

4. 曲轴磨床

曲轴磨床用于汽车发动机曲轴的主轴颈和连杆轴颈的磨削加工，也可用于一般外圆磨削。

5. 激光加工系统

激光加工系统用于汽车发动机汽缸、缸套内表面、曲轴、凸轮轴轴颈和凸轮工作面等零部件表面的激光加工处理。处理后的零件表面提高了硬度和耐磨性，同时也能更好地存油润滑，使用寿命大幅度延长。

6. 制动鼓镗床

制动鼓镗床是用于镗削汽车制动鼓和制动蹄片的设备，具有加工范围广、刚度高、加工精度高、操作简便的特点。

7. 车身及底盘矫修仪

车身及底盘矫修仪除可实现整形汽车快速多点定位固定、全方位牵引校正外，还配有测量基准定位系统、专用量具和专用测量触头，可实现车身上各测量点的三维坐标精确测量，并备有常见车型测量基点分布图及车身、底盘数据，为提高车身整形速度和质量提供了保证。

知识拓展

手表定律（Watch Law）

手表定律是指一个人有一块手表时，可以知道现在是几点钟，而当他同时拥有两块手表时却无法确定具体时间。两块手表并不能告诉一个人更准确的时间，反而会使看表的人失去对准确时间的判断。

手表定律在企业管理方面给我们一种非常直观的启发，就是对同一个人或同一个组织不能同时采用两种不同的管理方法，不能同时设置两个不同的标准，甚至每一个人不能由两个人来同时指挥，否则将使这个企业或者个人无所适从。

管理启示

汽车维修企业在为客户服务的过程中，当"企业利益"与"客户利益"发生冲突时，就不能采用"模糊心理"来处理问题了。面对这样的问题，不能为了眼前的小利而失去了客户，而要坚持"客户永远是对的"原则，坚信我们舍去了眼前的小利，最终得到的是终身信赖我们的客户。

思考与练习

1. 汽车维护的目的是什么？
2. 汽车维护制度分级方法是什么？
3. 日常维护的范围是什么？
4. 什么是汽车修理？如何分类？
5. 汽车总成大修的标志是什么？
6. 什么是汽车修理作业工艺过程？
7. 发动机密封性检测设备有哪些？

能力训练

1. 结合实际维修现场，完成汽车5 000km与10 000km保养项目完工检验。
2. 结合维修企业的实际，制定汽车各级保养规范及验收标准。

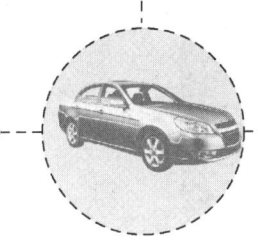

单元 7 车辆识别与汽车配件管理

【学习目标】

1. 会通过 VIN 码与铭牌来识别车辆；
2. 知道配件的分类与成本核算；
3. 知道配件的采购、进货、库房与发货管理的方法和内容。

汽车的型号不同，即使同一个部位的汽车配件也有所不同，包括配件的类型与型号、订货流程、质量、索赔范围、损坏的概率等都可能存在不同，特别是遇到像"汽车召回"这样的事件，必须确定需召回汽车的身份，即必须掌握汽车有效身份的识别，才能完成问题车辆的召回。同样，要知道配件的一些基本知识，也必须先识别车型型号。

7.1 车辆识别

7.1.1 汽车铭牌与铭牌识读

1. 铭牌位置

国家标准《道路车辆 产品标牌》（GB/T 18411—2001）中规定：每一辆车都应有标牌，标牌应位于汽车的右侧。如受结构限制，也可以放在便于接近和观察的其他位置。标牌的固定位置应在产品说明书中标明。例如，半承载式车身及非承载式车身结构的汽车在右纵梁上，一厢式车身的汽车在车身内部右侧，两厢式车身和三厢式车身的汽车在发动机室内右侧。

常见汽车铭牌位置如下。

（1）乘用车：在防火墙上或翼子板、内衬铁上或右前门框座椅边。
（2）载货汽车：在副驾驶安全带旁边。
（3）商务车：在驾驶员座位底下。
（4）客车：在左前门框上。

轿车右门框座椅边的铭牌如图 7-1 所示。

2. 汽车铭牌识读

汽车铭牌如图 7-2 所示。

图中汽车铭牌含义如下。

（1）车辆为中国神龙汽车有限公司制造的"东风标致"牌汽车；VIN 码为 LDC913L2060350042。

图 7-1　轿车右门框座椅边的铭牌

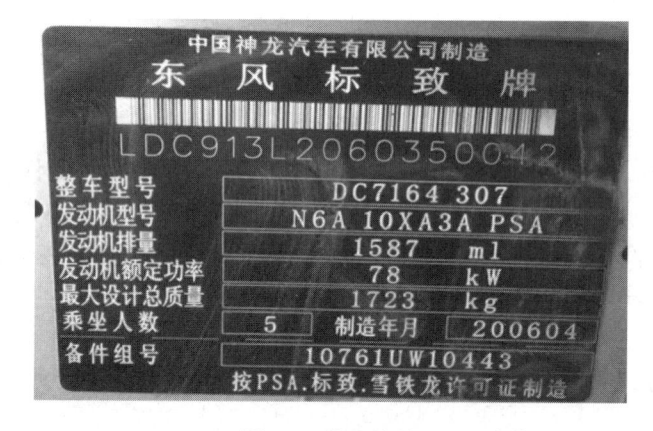

图 7-2　汽车铭牌

（2）车辆整车型号为 DC7164 307。其中，"DC"表示中国神龙汽车有限公司；"7"是车型类别代号，表示此车是轿车；"16"表示此车的排量是 1.6L；"4"表示整车型号中产品序号为 4，即表示第 5 代产品；"307"表示企业自定代码，即型号为 307 轿车。

（3）车辆的发动机型号为 N6A 10XA3A PSA，PSA（Peugeot Citroen）指标致雪铁龙集团公司；发动机的额定功率为 78kW。

（4）车辆最大设计总质量为 1 723kg。

（5）车辆设计的乘坐人数为 5 人。

（6）车辆制造年月为 2006 年 4 月。

（7）车辆备件组号为 10761UW10443。

7.1.2　车辆识别代号

车辆识别代号（Vehicle Identification Number，VIN）是制造厂为了识别而给一辆车指定的一组字码，国际标准化组织（International Organization for Standardization，ISO）将车辆识别方案推向世界，并制定了完善的车辆识别代号系列标准，使世界各国的车辆识别代号建立在统一的理论基础上。

《道路车辆　车辆识别代号（VIN）位置与固定》（GB/T 16735—1997）、《道路车辆　车辆识别代号（VIN）内容与构成》（GB/T 16736—1997）、《道路车辆　世界制造厂识别代号（WMI）》（GB/T 16737—1997）均于 1997 年 1 月 1 日生效。它在内容上采用国际标准，在管理方式上参照了美国机动车安全标准和联邦法规，其适用范围是在中华人民共和国境内生产的汽车、挂车、摩托车和轻便摩托车。1999年1月1日后，适用范围内的所有新生产车必须使用车辆识别代号。

2004年，国家发展和改革委员会发布《车辆识别代号管理办法（试行）》，于2004年12月1日起施行，《车辆识别代号（VIN）管理规则》（CMVR A01-01，国机管［1999］20号）同时废止。同年，国家标准《道路车辆 车辆识别代号（VIN）》（GB 16735—2004）和《道路车辆 世界制造厂识别代号（WMI）》（GB 16737—2004）出台，取代原推荐标准GB/T 16735—1997、GB/T 16736—1997、GB/T 16737—1997。

国家发展和改革委员会负责VIN的监督与管理，中国汽车技术研究中心承办有关具体工作。车辆识别代号每车一号，彼此不同，应保证在30年内不出现重号现象。车辆识别代号就像人们的身份证号码一样，是车辆唯一的身份识别标志。

在汽车上使用车辆识别代号，是各国政府为管理机动车辆实施的一项强制性规定。各国政府都制定了这方面的专门技术法规，强制要求汽车生产厂商在汽车上使用车辆识别代号。

1. **术语定义**

（1）车身型式：指根据车辆的一般结构或外形，如车门和车窗数量、运载货物的特征及车顶型式（如厢式车身、溜背式车身、舱背式车身）的特点区别车辆。

（2）发动机型式：指动力装置的特征，如所用燃料、汽缸数量、排量和功率等。

（3）种类：是制造商对同一型号内的，在诸如车身、底盘或驾驶室类型等结构上有一定共同点的车辆所给予的命名。

（4）品牌：是制造厂对一类车辆或发动机所给予的名称。

（5）型号：指制造厂对具有同类型、品牌、种类、系列及车身型式的车辆所给予的名称。

（6）车型年份：表明某个单独的车型的年份，只要实际周期不超过两个立法年份，可以不考虑车辆的实际生产年。

（7）制造工厂：指标贴VIN的工厂。

（8）系列：指制造厂用来表示如标价、尺寸或重量标志等小分类的名称。主要用于商业目的。

（9）类型：指由普通特征，包括设计与目的来区别车辆的级别。轿车、多用途载客车、载货汽车、客车、挂车、不完整车辆和摩托车是独立的型式。

（10）注意：为了避免和1、0相混淆，VIN中不会包含I、O、Q三个英文字母。

2. **车辆识别代号的组成**

VIN是正确识别汽车必不可少的信息参数，它由17位数字和字母组合而成，故又称为"汽车17位编码"。通过VIN，人们可以识别汽车的产地、制造厂商、种类型式、品牌、系列、装载质量、轴距、驱动方式、生产日期、出厂日期，车身及驾驶室的种类、结构，发动机种类、型号及排量，变速器种类、型号，以及汽车生产出厂顺序号码等。

VIN一般由四部分组成，如图7-3所示。

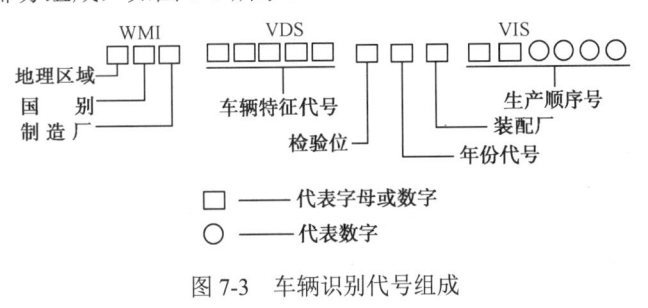

图7-3 车辆识别代号组成

（1）世界制造厂识别代码（WMI）。

世界制造厂识别代码由第 1 位至第 3 位 3 个字码组成，是为识别世界上每一个制造厂而指定给该制造厂的一个代号，表明车辆由谁生产。其中，第 1 位和第 2 位字码组成的双字码块由国际标准化组织（ISO）的国际代理机构——美国汽车工程学会（SAE）预先分配给世界各个地区和国家，如日本为 JA~JZ 及 J0~J9；美国为 1A~1Z 及 10~19，4A~4Z 及 40~49，5A~5Z 及 50~59；中国为 LA~LZ 及 L0~L9。而第 2 位、第 3 位组成的双字码块，则由 SAE 授权的国家机构指定给制造厂家，我国由中国汽车技术研究中心来分配。

第 1 位字码是标明一个地理区域的字母或数字；第 2 位字码是标明一个特定地区内的一个国家的字母或数字；第 3 位字码是标明某个特定的制造厂的字母或数字。世界制造厂识别代码的编写方法全世界统一。第 1、2、3 位字码的组合能保证制造厂识别标志的唯一性。

对于年产量大于 500 辆的制造厂，世界制造厂识别代号由 3 位字码组成；对于年产量小于 500 辆的制造厂，世界制造厂识别代号的第 3 位字码为数字 9，大厂用于分配车系。此时，车辆指示部分的第 3、4、5 位字码将与第一部分的 3 位字码一起作为世界制造厂识别代号，如表 7-1 所示。

表 7-1　世界制造厂识别代号（WMI）

原　产　国	世界制造厂识别代号（WMI）	汽车品牌
中国 LA~L0	LSV	上海大众
	LFV	一汽大众
	LDC	神龙富康
	LEN	北京吉普
	LHG	广汽本田
	LFM、LTV	一汽丰田
	LVH	东风本田
	LSG	上海通用
	LS5	长安汽车
	LFP	一汽集团
	LGA	东风集团
	LGB	东风日产
日本	JAA、JAJ、JAL	五十铃
	JA5、JB5、JJ5、JMA、JP5	三菱
	JSA	铃木
	JT1、JT7、JTM、JTE、JTD	丰田
	JT6、JT8	雷克萨斯
	JHM、JH4、1HG	本田
德国 W（德国） 8（阿根廷） 9（巴西）	WD3、WDB、8A3、8AB、9BM	戴姆勒克莱斯勒
	WV1、WV2、WV3、WVM	大众
	WBA、WBS、WB1、4US	宝马
美国 1A~10，4A~40，5A~50 2（加拿大） 3（墨西哥）	1FD、1FT	福特
	1G0、1G9、1G9	通用
	1B3、4P3	克莱斯勒

（2）车辆说明部分（VDS）。

车辆说明部分（VDS）由第 4 位至第 8 位 5 个字码组成，用以说明和反映车辆的一般特征，如品牌、种类、系列、车身类型、底盘类型、发动机类型、约束系统、制动系统和额定总质量等。这 5 个字码是由各企业自行规定的，但是不允许缺位，如果制造厂不用其中的一位或几位字码位置，则应在该位置填入制造厂选定的字母或数字占位。不同品牌汽车 VIN 码"车辆说明部分"的意义不尽相同。

（3）检验位。

VIN 码的第 9 位，在该位置应填入一个用来表示车辆识别代号（VIN）书写准确性的"检验数字"（一个数字或一个字母 X），美国车辆制造厂的 VIN 在第 9 位都有检验位，这是美国联邦法规规定的。与身份证号码中的校验位一样，检验位的目的是校验 VIN 编码的正确性，通过它就可以核定整个 VIN 码正确与否。它是其他 16 位字码对应数值乘以其所占位置权数的和除以 11 所得的余数，当余数为 0～9 时，余数就是检验数字；当余数是 10 时，使用字母"X"作为检验数字。

（4）车辆指示部分（VIS）。

车辆指示部分（VIS）由第 10 位至第 17 位 8 个字码组成，是表示车辆个性特征的，如制造年份、装配地点和生产顺序号等。

第 10 位为车型年份代号，全世界统一，此位不包含 I、O、Q、U、Z 五个英文字母和数字"0"，如表 7-2 所示。第 11 位为装配厂代号。第 12 位至第 17 位为某年份某装配厂生产的产品顺序号。如果制造厂生产的某种类型的车辆年产量大于或等于 500 辆，该部分的第 3～8 位字码表示生产顺序号；如果制造厂的年产量小于 500 辆，则该部分第 3、4、5 位字码应与第一部分的 3 位字码一起来表示一个车辆制造厂。

表 7-2 车型年份代号

年	份	代 码	年	份	代 码
1980	2010	A	1995	2025	S
1981	2011	B	1996	2026	T
1982	2012	C	1997	2027	V
1983	2013	D	1998	2028	W
1984	2014	E	1999	2029	X
1985	2015	F	2000	2030	Y
1986	2016	G	2001	2031	1
1987	2017	H	2002	2032	2
1988	2018	J	2003	2033	3
1989	2019	K	2004	2034	4
1990	2020	L	2005	2035	5
1991	2021	M	2006	2036	6
1992	2022	N	2007	2037	7
1993	2023	P	2008	2038	8
1994	2024	R	2009	2039	9

中国汽车技术研究中心是 SAE 授权的负责我国境内的 WMI 分配和管理的机构。制造厂首先必须向其申请 WMI。由于国际代理机构分配给我国的 WMI 代号容量只有 33×33=1 089 个,这对于目前我国已有的汽车制造企业来说,虽然够用但也没有多少富余。因此,每个企业每类产品或每个品牌都希望得到一个 WMI 是不大可能的,只有那些大型企业集团,如第一、第二汽车制造厂等国家重点大型企业才有这种可能。广大中小型企业极有可能是一个企业只获准得到一个 WMI。

每辆车都必须具有车辆识别代号,并标记在车辆上。此外,车辆在销售时,随车文件中要对标注位置和方式加以说明(非完整车辆还应对车辆识别代号内容进行解释),以便使用者发现、了解和利用它。

对于车辆识别代号的标记方式等要求,可以遵照国家标准《道路车辆 车辆识别代号(VIN)》(GB 16735—2004)和《机动车运行安全技术条件》(GB 7258—2017)的相关规定。

3. 车辆识别代号标记方式

汽车、摩托车、半挂车和中置轴挂车应具有唯一的车辆识别代号,其内容和构成应符合国家标准《道路车辆 车辆识别代号(VIN)》(GB 16735—2004)的规定;应至少有一个车辆识别代号打刻在车架(无车架的机动车为车身主要承载且不能拆卸的部件)能防止锈蚀、磨损的部位。车辆识别代号(或整车型号和出厂编号)一经打刻不得更改、变动,同一辆车上标识的所有车辆识别代号内容应相同。

根据《机动车运行安全技术条件》(GB 7258—2017)的要求:乘用车和总质量小于或等于 3 500kg 的货车(低速汽车除外)应在靠近风窗立柱的位置设置能永久保持的车辆识别代号标识;该标识从车外应能清晰地识读,且非经破坏性操作不能被完整取下。对具有发动机电子控制单元(ECU)的乘用车,其 ECU 应记载有车辆识别代号等特征信息,且记载的特征信息应能被读取;但如乘用车至少有一处电子数据接口,且通过读取工具能够获得车辆识别代号等特征信息的,应视为满足要求。

乘用车还应在后备厢(或行李区)从车外无法观察但打开后能直接观察的合适位置标示车辆识别代号,并至少在 5 个主要部件上标示车辆识别代号。

车辆识别代号的标识,一般情况如下:

(1)除挂车和摩托车外,标牌应固定在门铰链柱、门锁柱或与门锁柱接合的门边之一的柱子上,接近于驾驶员座位的地方。如果没有这样的地方可利用,则应固定在仪表板的左侧。如果那里也不能利用,则应固定在车门内侧靠近驾驶员座位的地方。

(2)标牌的位置应当是除了车门外,不移动车辆的任何零件就可以容易读出的地方。

(3)我国轿车的 VIN 码大多可以在仪表板左侧、挡风玻璃下面找到,如图 7-4 所示。

4. VIN 码的应用

VIN 码的具体应用如下。

(1)车辆管理:登记注册、信息化管理。

(2)车辆检测:年检和排放检测。

(3)车辆防盗:识别车辆和零部件订购,车钥匙选配。

(4)车辆维修:在线诊断、电脑匹配、客户关系管理。

(5)二手车交易:车辆追溯、查询车辆历史信息。

(6)汽车召回:显示年代、车型、批次和数量。

(7)车辆保险:保险登记、理赔,浮动费率的信息查询。

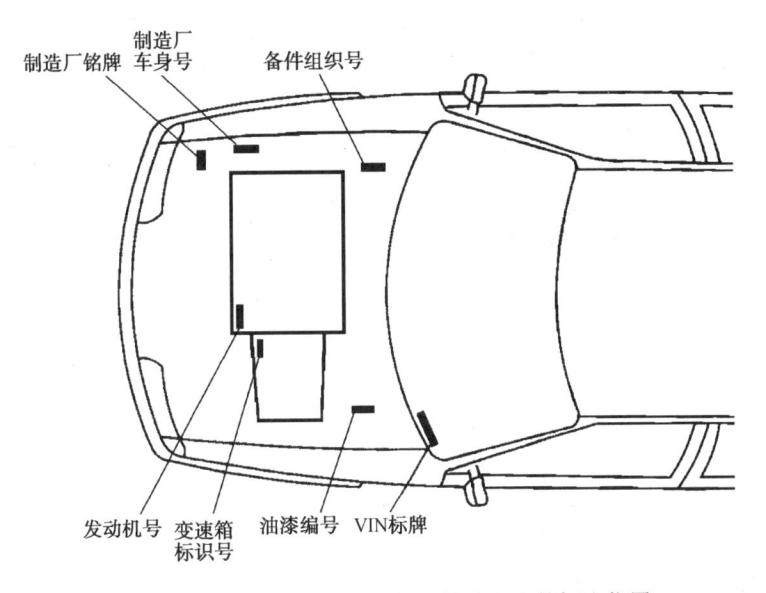

图 7-4 汽车 VIN 码、发动机号等在车上的标注位置

5. 应用举例

以某上海大众桑塔纳 2000 型轿车为例，VIN 码为 LSVHJ133022221761，下面了解一下 VIN 编码规则，如图 7-5 所示。

WMI			VDS						VIS							
L	S	V	H	J	1	3	3	0	2	2	2	2	1	7	6	1
1	2	3	4	5	6	7	8	9	10	11	12	13	14	15	16	17

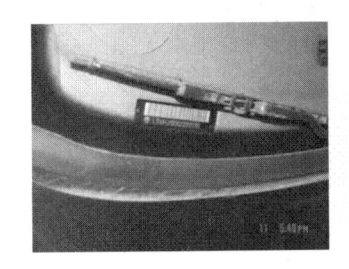

图 7-5 上海大众桑塔纳 2000 型轿车的 VIN 码与位置

该 VIN 码的含义是 2002 年，上海大众汽车有限公司生产的桑塔纳 2000 型轿车，该车配备 AYJ 发动机，FNV（01N.A）自动变速器，出厂编号为 221761。

7.1.3 汽车电子标识

汽车电子标识（Electronic Registration Identification of the motor vehicle，ERI）也叫汽车电子身份证、汽车数字化标准信源，俗称"电子车牌"，将车牌号码等信息存储在射频标签中，能够自动、非接触、不停车地完成车辆的识别和监控，是基于物联网无源射频识别（RFID）在智慧交通领域的延伸。汽车电子标识的工作原理如图 7-6 所示。汽车电子标识由国家公安部制定并予以推广，是用于全国车辆真实身份识别的一套高科技系统的统称，由公安部交通管理局统一标准、统一推行、统一管理，与汽车车辆号牌并存，并且法律效力等同于车辆号牌。

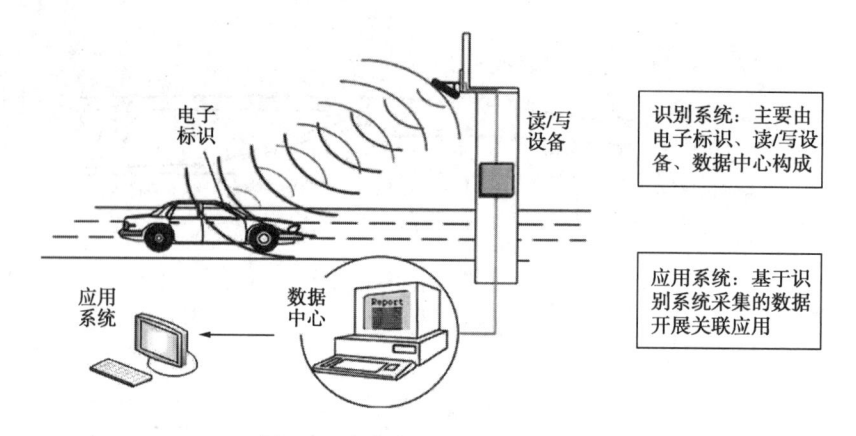

图 7-6 汽车电子标识的工作原理

汽车电子标识在汽车风窗玻璃上安装有芯片的卡片,实现高速运动状态下对车辆身份的识别、动态的监测,附带实现流量监测,助推城市交通智能化管理。汽车电子标识是车联网重要入口之一,通过汽车电子标识获得的交通大数据,将便利交管部门对车辆的管理。汽车电子标识的工作流程如图 7-7 所示。

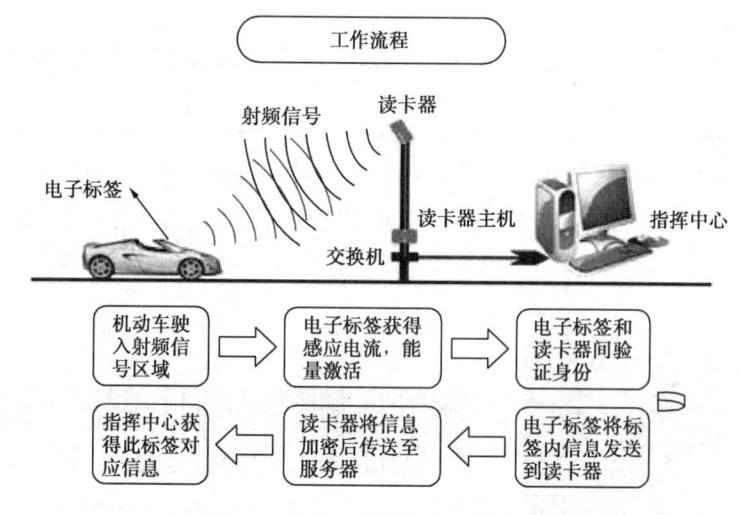

图 7-7 汽车电子标识的工作流程

国家标准化管理委员会发布了一系列有关汽车电子标识的国家标准,如《机动车电子标识安全技术要求》(GB/T 35788—2017)、《机动车电子标识通用规范 第 1 部分:汽车》(GB/T 35789.1—2017)、《机动车电子标识安装规范 第 1 部分:汽车》(GB/T 35790.1—2017)等。

汽车电子标识的主要功能如下。

(1)服务涉车监管与服务。如重点车辆通行证电子化、指定区域/专用车道车辆通行监管服务、危险化学品运输车辆监管服务、出租车/网约车监管服务、新车登记/车辆年检便利性服务、年检/保险标志电子化等。

(2)服务场所车辆高效出入。如小区/单位门禁管理、大型赛事/会议车辆便利通行、学校/景区等场所车辆出入。

(3)服务公众便捷出行与车生活。如公交/特种车辆优先通行,路桥收费、停车、加油、维修保养等涉车消费的无感支付,车辆保险理赔、贷款租赁、二手车交易等涉车金融服务。

汽车电子标识使用大容量国产化芯片及国密算法,是车辆可见特征信息的数字化载体,是车辆数字化身份可信信源，也是精准高质的交通大数据源之一，可以服务社会公众便捷出行、高质量车生活，也可以提升各行业涉车管理服务效能。汽车电子标识样例如图7-8所示。

图7-8　汽车电子标识样例

7.2　汽车配件基本知识

汽车配件是指汽车的零部件和耗材的统称。汽车配件作为商品来说，既具有普通商品的一般属性，又有一些独特的特点。

1. 品种繁多

只要是有一定规模的汽配商或汽修厂，其经营活动涉及的配件都很多，一般都有上万种，甚至几十万种。

2. 代用性复杂

很多配件可以在一定范围内代用，不同配件的代用性是不一样的。例如，轮胎、灯泡的代用性就很强，但是集成电路芯片、传感器等配件的代用性就不强。掌握汽车配件的代用性，也是管好汽车配件的重要条件。

3. 识别体系复杂

一般汽车配件都有原厂图号（或称原厂编号），而且通常经营者还会为其配件进行自编号。

4. 价格变动快

因为整车的价格经常变动，所以汽车配件的价格变动就更加频繁。

7.2.1　汽车配件的分类

汽车配件种类较为复杂，对汽车配件分类的方法有很多，有按标准化、实用性、用途和生产来源等分类的方法。

1. 按标准化分类

汽车零部件总共分为发动机零部件、底盘零部件、车身及饰品零部件、电气电子产品和通用件共5大类。根据汽车的术语和定义，零部件包括总成、分总成、子总成、单元体和零件。

（1）总成。由数个零件、数个分总成或它们之间的任意组合而构成一定装配级别或某一功能形式的组合体，具有装配分解特性的部分就是总成。

（2）分总成。由两个或多个零件与子总成一起采用装配工序组合而成，对总成有隶属装配级别关系的部分就是分总成。

（3）子总成。由两个或多个零件经装配工序或组合加工而成，对分总成有隶属装配级别关系的部分就是子总成。

（4）单元体。由零部件之间的任意组合构成的具有某一功能特征的功能组合体，通常能在不同环境独立工作的部分就是单元体。

（5）零件。不采用装配工序制成的单一成品、单个制件，或由两个以上连在一起具有规定功能、通常不能再分解的制件就是零件。

2．按实用性分类

根据我国汽车配件市场供应的实用性原则，汽车零配件分为易耗件、标准件、车身覆盖件与保安件4类。

（1）易耗件。在对汽车进行二级维护、总成大修和整车大修时，易损坏且消耗量大的零部件称为易耗件。

1）发动机易耗件。

①曲柄连杆机构：汽缸体、汽缸套、汽缸盖、汽缸体附件、汽缸盖附件、活塞、活塞环、活塞销、连杆、连杆轴承、连杆螺栓及螺母、曲轴轴承、飞轮总成和发动机悬架组件等。

②配气机构：气门、气门导管、气门弹簧、挺杆、推杆、摇臂、摇臂轴、凸轮轴轴承、正时齿轮和正时齿轮皮带。

③燃油供给系统：电动汽油泵、压力调节器、空气流量传感器、喷油器、三元催化装置、输油泵总成、喷油泵柱塞偶件、出油阀偶件和喷油器等。

④冷却系：散热器、节温器、水泵和风扇等。

⑤润滑系：机油滤清器滤芯和机油软管等。

⑥点火系：点火线圈、分电器总成及附件、蓄电池、火花塞和电热塞等。

2）底盘易耗件。

①传动系：离合器摩擦片、从动盘总成、分离杠杆、分离叉、踏板拉杆、分离轴承、回位弹簧、变速器变速齿轮、凸缘叉、滑动叉、万向节叉、传动轴及轴承、主从动锥齿轮、行星齿轮、十字轴及差速器壳、半轴和半轴套管等。

②行驶系：主销、主销衬套、主销轴承、调整垫片、轮辋、轮毂、轮胎、内胎、钢板弹簧片、独立悬架的螺旋弹簧、钢板弹簧销和衬套、钢板弹簧垫板、U形螺栓和减振器等。

③转向系：转向蜗杆、转向摇臂轴、转向螺母及钢球、钢球导流管、转向器总成、转向盘、纵拉杆与横拉杆等。

④制动系：制动器及制动蹄、盘式制动器摩擦块、液压主缸、制动轮缸、制动气室总成、储气筒、单向阀、安全阀、制动软管、空气压缩减压阀和制动操纵机构等。

3）电器设备及仪表的易耗件。高压线、低压线、车灯总成、安全报警及低压电路熔断电器和熔断丝盒、点火开关、车灯开关、转向灯开关、脚踏板制动开关、车速表、电流表、燃油存量表、冷却水温表、空气压力表和机油压力表等。

4）密封件。各种油封、水封、密封圈和密封条等。

（2）标准件。按国家标准设计与制造的，并具有通用互换性的零部件称为标准件。汽车上属于标准件的有汽缸盖紧固螺栓及螺母、连杆螺栓及螺母、发动机悬架装置中的螺栓及螺母、轮胎螺栓及螺母等。

（3）车身覆盖件。为使乘员及部分重要总成不受外界环境的干扰，并具有一定的空气动力学特性的、构成汽车表面的板件，如发动机罩、翼子板、散热器罩、车顶板、门板、行李厢盖等均属于车身覆盖件。

(4) 保安件。汽车上不易损坏的零部件称为保安件，如曲轴启动爪、正时齿轮、扭转减振器、汽油箱、汽油滤清器总成、调速器、机油滤清器总成、离合器压盘及盖总成、变速器壳体及上盖、操纵杆、转向节、转向摇臂和转向节臂等。

3．按用途分类

汽车配件按照用途可以分为必装件、选装件、装饰件和消耗件 4 类。

(1) 必装件：就是汽车正常行驶所必需的配件，如转向盘、发动机等。

(2) 选装件：就是非汽车正常行驶必需的备件，但是可以由车主选择安装以提高汽车性能或功能的配件，如氙气大灯、倒车影像系统等。

(3) 装饰件：又称精品件，是为了汽车的舒适和美观加配的备件，一般对汽车本身的行驶性能和功能影响不大，如香水、抱枕等。

(4) 消耗件：是汽车使用过程中容易发生损耗、老旧，需要经常更换的备件，如机油滤清器、冷却液、制动液和雨刮片等。

4．按生产来源分类

汽车配件按照生产来源可以分为原厂件、副厂件与自制件 3 类。

(1) 原厂件：是指与整车制造厂家配套的装配件，如纯牌零件是指通过汽车制造厂严格质量检验的零件。它们的性能和质量完全能够满足车辆要求。

(2) 副厂件：指的是由专业配件厂家生产的，虽然不与整车制造厂配套安装在新车上，但是按照制造厂标准生产的，达到制造厂技术指标要求的配件。

(3) 自制件：是指配件厂家依据自己对汽车配件标准的理解，自行生产的、外观和使用效果与合格配件相似，但是其技术指标由配件制造厂自行保证，与整车制造厂无关的配件。

需要说明的是，不论副厂件，还是自制件都是必须达到指定标准水平的。这里说的原厂件、副厂件和自制件，都是合格的配件。那些不符合质量标准的所谓"副厂"配件，不属于上述范畴。

另外，汽车配件按照使用周期和库存要求可以分为常备件和非常备件，或者快流件、中流件和慢流件。

汽车配件按照材质可以分为金属配件、电子配件、塑料配件、橡胶配件和组合配件等。汽车配件按照供销关系可以分为滞销配件、畅销配件和脱销配件等。

7.2.2 汽车配件的标识

汽车配件的外包装包括分类标志、供货号、货号、品名规格、数量、重量、生产日期、有效期限、生产厂名、体积、收货地点和单位、发货地点和单位，以及运输号码等，这是为在物流过程中辨认货物而采用的必要标识。它对收发货、入库及装车配船等环节管理起着特别重要的作用。

分类标志是表明汽车配件类别的特定符号，按照国家统计目录汽车配件分类，用几何图形和简单的文字来表明汽车配件的类别，作为收、发货之间据以识别的特定符号。汽车配件常用分类图示标志如图 7-9 所示。

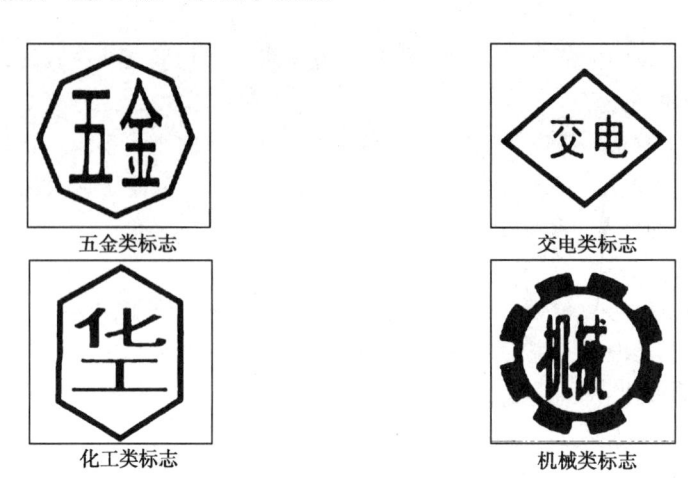

图 7-9 汽车配件常用分类图示标志

7.2.3 汽车配件的编号

1. 汽车零配件原厂编号

为便于对汽车配件的检索、流通和供应，我国汽车行业有《汽车零部件编号规则》(QC/T 265—2004)。它把汽车零部件分为 64 个大组，规定完整的汽车零部件编号表达式由企业名称代号、组号、分组号、源码、零部件顺序号和变更代号构成。汽车零部件的编号表达式如图 7-10 所示，根据其隶属关系可按下列 3 种方式进行选择，其中的代码使用规则如下。

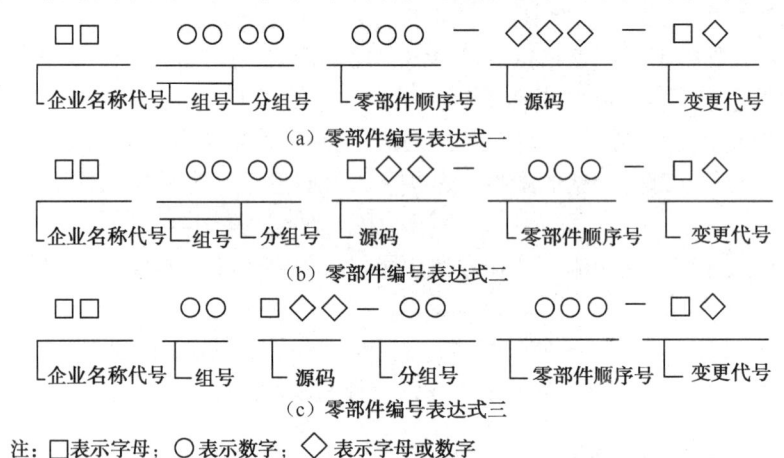

图 7-10 汽车零部件编号表达式

（1）企业名称代号：由 2 位或 3 位汉语拼音字母表示。

（2）源码：用 3 位字母、数字或字母与数字混合表示，描述设计来源、车型系列和产品系列，由生产企业自定。

（3）组号：用 2 位数字表示汽车各功能系统分类代号，按顺序排列。

（4）分组号：用 4 位数字表示各功能系统内分系统的分类顺序代号，按顺序排列。

（5）零部件顺序号：用 3 位数字表示功能系统内总成、分总成、子总成、单元体零件等顺序代号。

（6）变更代号：由 2 位字母、数字或字母与数字混合组成，由生产企业自定。

通常，整车制造厂都会对制造汽车所用的配件进行统一编码，编码的规定各不相同，但都有相对固定的规则。这些固定的编码通称原厂编码，由英文字母和数字组成，每一个字符都有特定的含义。

下面以几个常见车系的编码为例，举例说明。

（1）奥迪车系。奥迪车系的配件编码一般是一个10位的字符串，可以使用英文字母或阿拉伯数字，其分段规则是3-1-2-3-1。例如，奥迪A6的一款发动机电脑原厂编码如图7-11所示。

型号	主组	子组	零件号	变更字母
4 A 0	9	2 7	1 5 6	A

图7-11 奥迪A6发动机电脑原厂编码

奥迪汽车配件主组如下。

主组1：发动机。

主组2：油箱、油管、排气系统、制冷系统。

主组3：变速器。

主组4：前轴、差速器、转向器。

主组5：后桥。

主组6：车轮、制动系统。

主组7：手操纵系统、脚踏板系统。

主组8：车身。

主组9：电器。

主组0：附件。

（2）奔驰车系。奔驰车系的配件分为基本件、电器件、辅助件和选装件。

①基本件：由10位阿拉伯数字组成，分为4段，格式是3-3-2-2。例如，奔驰车的某种弹簧的原厂编码如图7-12所示。

车系	系统分属	材料、左右	子系统
4 3 5	3 2 4	0 6	0 4

图7-12 弹簧的原厂编码

②电器件：由10位阿拉伯数字组成，分为4段，格式是3-3-2-2。其中，首位为"0"。例如，奔驰车的一种开关的原厂编码如图7-13所示。

车系	系统分属	材料、左右	子系统
0 0 1	5 4 5	2 9	0 9

图7-13 开关的原厂编码

③辅助件：由12位阿拉伯数字组成，分为4段，格式是6-2-2-2。其中，前3位数字都为"0"，代表辅助件（包括螺钉等标准件）。例如，奔驰车的某种垫片的原厂编码如图7-14所示。

| 0 | 0 | 0 | 1 | 3 | 7 | 0 | 0 | 8 | 2 | 0 | 4 |

图 7-14　垫片的原厂编码

④选装件：由 9 位字符组成，其中第一位是"B"，后 8 位为阿拉伯数字，如图 7-15 所示。

| B | | | | | | | | |

图 7-15　选装件的原厂编码

（3）日产车系。日产车系的配件编码一般由 10 位字符组成，可以是英文字母或阿拉伯数字。其格式是 5-2-3，其中前 2 位字符代表类别。例如，日产车 FS2 的某种前纵梁螺钉的原厂编码如图 7-16 所示。

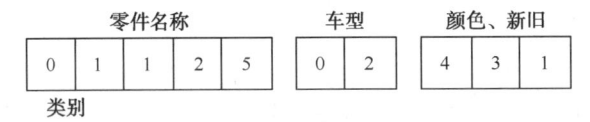

零件名称　　　　　车型　　　颜色、新旧

| 0 | 1 | 1 | 2 | 5 | 0 | 2 | 4 | 3 | 1 |

类别

图 7-16　前纵梁螺钉的原厂编码

（4）丰田车系。丰田车系的配件分为普通件、单一件、半总成件、组件、修理包和专用工具等几大类。

以普通件为例，它的编码有 12 位，分为 3 段，是 5-5-2 结构。其中，第一段的 5 位字符是基本编号，表示配件的种类；第二段的 5 位字符是设计和变更编号，表示发动机类型和汽车型号；第三段的两位字符是附加编号，表示配件的颜色和其他属性。例如，丰田车的某种室内镜的原厂编码如图 7-17 所示。

基本编号　　　　　设计和变更编号　　　附加编号

| 8 | 7 | 8 | 0 | 1 | 2 | 8 | 0 | 1 | 0 | 2 | 5 |

图 7-17　室内镜的原厂编码

2．汽车配件的自编号

大多数汽车配件确实有原厂编码，而且这个编码在一定程度上可以作为配件的识别符号，这个识别体系一般来说能够得到行业内人士的普遍认可。

但是，由于配件可以分为原厂件、副厂件、自制件，也可以分为新配件、旧配件，就算两种配件原厂编码相同，性能、产地、价值也不见得相同，更不见得就是同一种商品。所以原厂编码并没有唯一性。在企业的经营管理中，必须为配件进行自编号工作。

在汽车服务企业经营的汽车配件中，原厂编码可以重复，但是自编号却不能重复。

下面介绍几种常见的配件自编号规则。

（1）分类顺序法。这种编号方法是在自然顺序法的编号规则上变通而来的，就是把配件分类，然后对每一类按照顺序进行编号。这样，配件编号就分为两段，前一段表示配件的类别，后一段表示配件的序号。

这种方法的优点是，配件类别一目了然，而且还可以在配件的类别之下，再细分子类别，层层细分，结构严谨。其缺点是，在制订编号规则之前，必须对整个配件的分类体系非常清楚。由于很多汽车服务企业的对象包含很多车型，尤其对于新建的企业来说，这是一项繁重的工作。

（2）原厂编码加注法。这种编号方法是在原厂编码的基础上发展而来的，就是在汽车配件原厂编码的基础上增加前缀或后缀（通常是后缀），用以表示不同的配件。这样，配件编号就分为两段，前一段是配件的原厂编码，后一段则被经营企业赋予特定的含义，如产地、新旧和批次等。这种方法的优点是各种配件的原厂编码是行业内公认的，非常有助于订货、采购和销售，尤其适合于4S服务站、特约维修服务站等固定汽车品牌的服务企业。缺点是由于各个汽车制造企业的配件原厂编码规则千差万别，直接影响到本单位的编码体系，如果经营的配件涉及车系较多，会觉得其编号规则缺乏一致性。

（3）车型分类加注法。这种分类方法是把经营的配件按照车系、车型分类，也可以进一步根据系统、子系统细分，然后在分类的后面加上序号和注释内容。

这种方法的优点是各种配件的适用车型一目了然，即便是对汽车配件不太熟悉的非专业人士，也能较快上手。缺点是这种方法对分类规则的制订者要求比较高，要求熟悉多种车型的配件体系。而且很多配件都有通用性和代用性，用车型来区分时，会遇到一些难题。

（4）货位序号法。这种编号方法是基于库房管理的货位编号生成的，就是首先对仓库的货位进行分类编号，给每一种配件规定固定的放置位置，相似的配件往往放在相邻的位置。然后根据货位的不同，给不同配件赋予相应的编号。

这种方法的优点主要是方便库存管理，而且非常切合企业本身的实际。缺点是，如果发生企业搬迁、改建、仓库变动等情况，配件编号就要重新修正，否则实用性就大打折扣了。

7.2.4　汽车配件成本的核算方法

汽车配件作为商品，在经营过程中是有成本的。成本是指为获得该商品所付出的代价。选择合适的成本核算方法，对企业的管理是至关重要的。

商品的成本包括采购成本、加工成本和其他成本。

采购成本包括购买价款、相关税费、运输费、装卸费、保险费，以及其他可以归属于商品采购成本的费用。其中，商品的购买价款是指企业购买商品时的发票单上列明的价款，但是不包括可以抵扣的增值税额。商品的相关税费是指企业购买商品时发生的进口关税、消费税、资源税和不能抵扣的增值税进项税额，以及相应的教育附加等应计入商品采购成本的税费。其他可归属于商品采购成本的费用是指采购成本中除上述费用以外的可归属于商品采购的费用，如在采购过程中发生的仓储费、包装费，运输途中的合理损耗，入库前的挑选费用等。

在汽车配件的经营企业中，配件成本的核算方法有个别计价法、月末一次加权平均法、移动加权平均法和先进先出法等。

1．"平均类"的几种成本核算方法

（1）移动加权平均法。这是指以每次进货的成本加上原有库存成本之和，除以每次进货数量加上原有库存数量之和，据以计算加权单位平均单位成本，作为在下次进货前计算各次发出商品成本依据的一种方法。其计算公式为：

$$商品单位成本=\frac{原有库存的实际成本+本次进货的实际成本}{原有库存数量+本次进货数量}$$

相关公式如下：

$$本次发货成本=本次发货数量\times本次发货前存货的单位成本$$
$$本月月末库存成本=月末存货单位成本\times月末库存存货数量$$

这种方法的优点是，除了考虑商品每批进货量的单价和数量之外，还把时间的有效性考虑

进去了。在每次进货之后,可"动态"地得出配件的平均成本单价。

采用移动加权平均法,能够使企业经营管理者及时了解存货的结存情况,计算出的平均单位成本及发出、结存的存货成本比较客观。其缺点是因为每次收货都要计算一次平均成本,计算工作量较大,所以这种方法尤其适合于采用计算机软件自动计算成本的企业。

在我国的汽车配件经营企业中,移动加权平均法是目前最常用的成本核算方法之一。

(2) 月末一次加权平均法。这种方法是指用本月全部进货数量加上月初库存数量作为权数,去除本月全部进货成本加上月初库存成本,计算出商品的加权平均单位成本,以此作为基础计算本月发出商品的成本和期末库存成本的一种方法。该方法的计算公式如下:

$$商品单位成本 = \frac{月初库存成本 + \sum(本月各批进货实际单位成本 \times 本月各批进货数量)}{月初库存数量 + 本月各批进货数量之和}$$

相关几个公式如下:

本月发出商品的成本=本月发出商品的数量×商品单位成本

本月月末库存成本=月末库存数量×商品单位成本

本月月末库存成本=月初库存成本+本月入库实际成本-本月发货实际成本

采用这个方法的企业,只在月末一次计算加权平均单价。其优点是每月只进行一次成本核算,工作量小,有利于简化成本计算工作。其缺点是由于平时无法从账上看出发出和结存商品的单价和金额,因此不利于商品成本的日常管理和控制。

随着计算机管理的普及,在汽车配件经营企业中,采用这种成本计算方法的企业越来越少。

2. "批次类"的几种成本核算方法

这类方法的特点是不计算配件的平均价格,而是精确到每一个进货批次来计算配件的成本价格。

(1) 先进先出法。这个方法是指以先购入的配件存货应该先发出(销售、耗用、采购或退货等)这样一种存货实物流动假设为前提,对发出配件的成本进行计价的一种方法。

采用这种方法,先购入的存货成本在后购入的存货成本之前转出,据此确定发出存货和期末存货的成本。其具体方法是收入配件时,逐笔登记收入配件的数量、单价和金额;发出配件时,按照先进先出的原则,逐笔登记配件的发出成本和结存金额。通俗地说,这种成本核算方法是假设配件的出库顺序与入库顺序相同。也就是说,先入库的配件先出库。

先进先出法可以随时结转配件发出成本,但是也比较烦琐;如果配件收发业务频繁,且配件价格不稳定时,其工作量较大。

另外需要注意的是,在物价持续上升时,期末存货成本接近于市价,而发出成本偏低,会高估企业当期利润和库存存货价值;反之,在物价持续下降时,则会低估企业当期利润和库存存货价值。

(2) 后进先出法。顾名思义,这种成本核算方法是假设配件的出库顺序与入库顺序相反。也就是说,后入库的配件先出库。

7.3 汽车配件的管理

车辆维修企业的零配件管理,可分为汽车配件的采购管理、进货管理、库房管理与库存分析和配件的发货管理等。

7.3.1 配件的采购管理

ABC 分类法又称"帕累托"分析法，这种方法有利于人们找出主次矛盾，有针对性地采取对策，常用于库存控制的定量分析管理。基于汽车配件库存控制的汽车配件的供应与采购管理，采用 ABC 分类法来对复杂的采购行为进行简单的规划和管理。

1. 原理

下面通过实例简单讲述 ABC 分类法的应用。按照配件的价格和数量，把常见的配件分为以下 3 类，如图 7-18 所示。

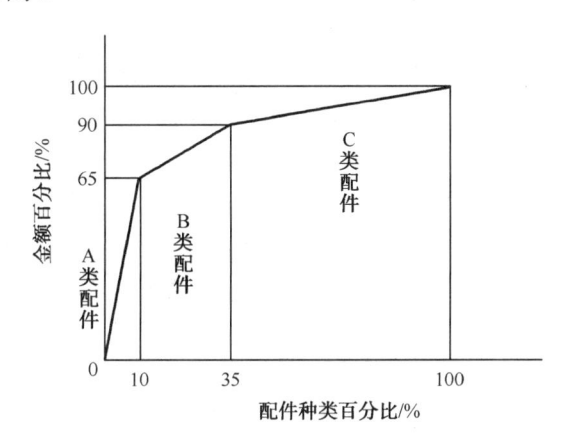

图 7-18　ABC 分类图示

（1）A 类配件：占配件种类的 10%左右，金额占总金额的 65%左右。
（2）B 类配件：占配件种类的 25%左右，金额占总金额的 25%左右。
（3）C 类配件：占配件种类的 65%左右，金额占总金额的 10%左右。
显然，这 3 类配件具有如下特点：
（1）A 类配件：种类少、金额高；
（2）C 类配件：品种多、金额少；
（3）B 类配件：介于 A 类与 C 类之间。

2. 操作步骤

（1）配件的资料统计。将每一种配件上一时间段的用量、单价和金额进行制表。
（2）按照金额大小进行排序，计算每种配件占配件总金额的百分比。
（3）按照金额大小顺序计算每一种配件的累计百分比。
（4）根据累计百分比绘制 ABC 分析表。
（5）进行 ABC 配件分类。

在制订采购计划时，应该从 C 类配件入手，如机油、三滤等，这类配件需求量大，容易找到消耗的数量规律。在完善 C 类配件的采购计划的基础上，逐步制订 B 类配件的采购计划，由于 B 类配件的数量规律往往波动较大，所以没有办法全部严格定量计划，但是我们可以制订一个大致的计划。对于 A 类配件，一般不制订采购计划，而是按照需要随时订货。需要补充强调的是，制订采购计划时，还需要考虑配件的到货时间和付款条件。

7.3.2 配件的进货管理

车辆配件进仓实行质检员、仓管员、采购员联合作业，对零配件质量、数量进行严格检查，把好零配件进仓质量关。

零配件验收依据主要是进货发票，另外进货合同、运货单、装箱单等都可以作为车辆零配件验收的参考依据。车辆零配件验收内容主要是品种、数量和质量。

1．品种验收

根据进货发票，逐项验收车辆零配件的品种、规格和型号等，检查是否有货单和货物不相符的情况；易碎件、液体类物品，应检查有无破碎或渗漏情况。

2．点验数量

对照发票，先点收大件，再检查零配件包装及其标识是否与发票相符。一般对整箱整件，先点件数，后抽查细数。零星散装配件点细数，贵重零配件逐一点数。对原包装零配件有异议的，应开箱开包点验细数。

3．质量验收

质量验收方法有两种，一是仪器验收，二是感观验收。主要检验车辆零配件证件是否齐全，如有无合格证、保修证、标签或使用说明等；车辆零配件是否符合质量要求，如有无变质、水湿、污染和机械损伤等。

经过验收，对于质量完好、数量准确的车辆零配件，要及时填制和传递"车辆零配件验收入库单"，同时组织零配件入库。对于在验收中发现问题的，如数量、品种或规格错误，包装标签与实物不符，零配件受污受损，质量不符合要求等，均应做好记录，判明责任，联系供应商解决。如表 7-3 所示为某企业的"车辆零配件验收入库单"。

表 7-3　车辆零配件验收入库单

供货单位						入库日期：20　年　月　日			在途卡号_____		
供货方发票	货号规格品名	单位	产地牌价	供应价	每件数量	应　收			实　收		
年 月 日	号码					件数	数量	金　额 十万千百十元角分	件数	数量	金　额 十万千百十元角分
入库纪要	编制记录日期：20　年　月　日					短损情况		被盗	破损	仓库主任审批：	
	货运记录号码					数　量					
	普通记录号码					金　额					
备注						配件存放					

储运主管　　　保管员

4．进口零配件的辨认

众多进口汽车的品牌、车型繁杂，而某一具体车型的实际保有量又不一定多，所以除正常渠道进口的配件外，各种水货、赝品也大量涌现，鱼目混珠。转卖伪劣汽车配件以牟取暴利的现象屡见不鲜。汽车维修企业采购人员只有了解并熟悉国外汽配市场中的配套件（OEM Parts）、纯正件（Genuine Parts）和储运主管保管员专厂件（Replacement Parts）的商标、包装、标记及相应的检测方法和数据，才能做到有理有据，保护好消费者的正当权益。

（1）外部包装。一般原装进口配件的外部包装多为 7 层胶合板或选材较好、做工精细、封装牢固的木板箱，纸箱则质地细密、坚挺不易弯曲变形、封签完好。外表印有用英文注明的产品名称、零件编号、数量、产品商标、生产国别和公司名称，有的则在外包装箱上贴有反映上述数据的产品标签。

（2）内部包装。国外产品的内部包装（指每个配件的单个小包装盒），一般都使用印有该公司商标图案的专用包装盒。

（3）产品标签。日本的日产、日野、三菱、五十铃等汽车公司的正品件都有"纯正部品"的标签，一般印有本公司商标、中英文的"纯正部品"、中英文的公司名称、英文或日文配件名称编号（一般为图号）、英文"MADE IN JAPAN"（日本制造）及长方形或正方形标签，而配套件、专厂件的配件标签无"纯正部品"字样，但一般有用英文标明的适用的发动机型或车型、配件名称、数量及规格、公司名称和生产国别，同时，标签形状不限于长方形或正方形。

（4）包装封签。进口配件目前大多用印有本公司商标或检验合格字样的专用封签封口。例如，德国 ZF 公司的齿轮、同步器等配件的小包装盒的封签，日本大同金属公司的曲轴轴承的小包装盒的封签，日产公司的纯正件的小包装盒的封签，五十铃公司纯正件的小包装盒的封签等。也有一些公司的配件小包装盒直接用标签作为小包装盒的封签，一举两得。

（5）内包装纸。德国奔驰汽车公司生产的金属配件一般用带防锈油的网状包装布进行包裹，而日本的日产、三菱、日野、五十铃等汽车公司的纯正件的内包装纸均印有本公司标志，并用一面带有防潮塑料薄膜的专用包装纸包裹配件。

（6）外观质量。从日本、德国等地进口的纯正件、配套件及专厂件，做工精细，铸铁或铸铝零件表面光滑，精密无毛刺，油漆均匀光亮。而假冒产品却铸造件粗糙，喷漆不均匀，无光泽，真假两个配件在一起对比有明显差别。

（7）产品标记。原装进口汽车配件，一般都在配件上铸有或刻有本公司的商标和名称标记。例如，日本自动车工业株式会社生产的活塞，在活塞内表面铸有凸出的 IZUMI 字样；日本活塞环株式会社（NPR）的活塞环在开口平面上，一边刻有 N，另一边刻有 1NK7、2NK7、3NK7 或 4NK7 字样；日本理研株式会社（RIK）的活塞环，在开口处平面上一边刻有 R。

（8）配件编号。配件编号也是签订合同和配件验收的重要内容。各大专业生产厂都有本厂生产的配件与汽车厂配件编号的对应关系资料。配件编号一般都印或铸造在配件上（如德国奔驰纯正件）或标在产品的标牌上，而假冒配件一般无刻印或铸造的配件编号。在进行配件验收时，应根据合同要求的配件编号或对应资料进行认真核对。

7.3.3 配件的库房管理

配件的库房管理，是汽车服务企业管理的一个很重要的内容。从维修管理的角度来讲，配件合理仓储是保证正常维修销售的重要部分，仓库存储越完备则配件的后备利用机会就越多。如何合理地分配资金与仓储的比例是配件库房管理的重要内容。

从某种角度来讲，库存的存在是对资源和资金的占用。然而为了有效地防止或缓解供需矛盾，库存又是必须存在的，如图 7-19 所示。

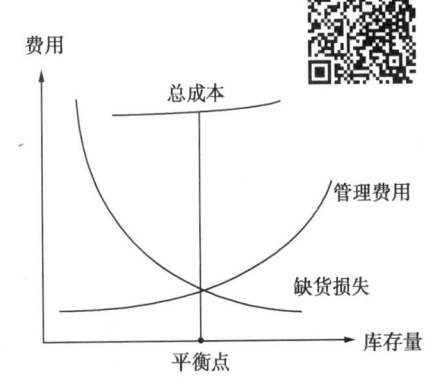

图 7-19 库存与费用的关系曲线

1. **库房管理目的**

配件的库房管理，其目的主要有6点。

（1）保证库房及配件的安全有效。这一条主要依靠管理制度来强行保证。例如，安全保卫制度、收发签字制度、仓库岗位制度。至于配件的时效性，则主要依靠库房管理员工作的细致程度了。

（2）保证配件出入库数量的准确性。这也是库房管理的基本要求，如果数量都不准确，就很难谈得上什么管理了。

（3）保证配件出入库的及时性。配件采购和发出的及时与否，关系到生产部门和销售部门能否正常运转，所以库房的工作效率直接影响其他业务部门的工作效率。

（4）尽量降低配件占用的周转资金。资本的本质，决定了任何企业都意欲用尽可能少的资金，获取尽可能多的利润。

（5）合理利用库房空间。与资金一样，仓库的占地面积总是有限的，合理地编排货位、巧妙地立体化使用空间，可以节约空间成本，提高工作效率，还有助于盘点、统计等工作的进行。

（6）给财务提供精确的依据。仓库管理是企业的有形资产，其工作内容和工作质量，要接受财务部门的监管；同时，还要向财务部门提供准确的数据，供财务部门进行核算。

2. **库房管理工作的特点**

（1）重要性。作为企业有形资产的主要管理部门，其工作重要性不言而喻。在汽车修配企业中，一般来说，仓库负责管理企业的大部分有形资产，其中既有固定资产，又有流动资产。

（2）独立性。在大多数企业中，仓库这个部门都是比较独立的，不管其在行政上作为独立的部门存在，还是隶属于生产部门管理，或者隶属于财务部门管理，它的工作性质决定了它具有不同于其他部门的独立性。

（3）关联性。由于业务流的进行依赖于物资流，因此几乎所有的业务部门，其工作都或多或少与仓库紧密相连。

（4）无形性。仓库管理的对象一般是有形资产，但是其工作的质量和效益的指标往往不像生产部门和业务部门那样一目了然。人们说的无形性，既指其工作内容，又指其工作考核的方式。

（5）连续性。大多数汽车服务企业，库存的商品种类繁多，情况复杂。这样的工作，对经验要求比较高，对人员的稳定性要求也比较高。

（6）滞后性。滞后性指的是管理的效果。仓库管理与财务管理类似，其管理效果的好坏，往往要经过一段时间之后才能体现出来。所以，企业的管理班子如果需要评定仓库的管理水平，应该进行长时间的持续考察。

3. **库房管理的考核**

鉴于库房管理工作的特点，对其进行考核是比较难的。在本文中列出了以下几个库房管理的考核项目，供读者在将来的管理中参考：

（1）库房的安防措施；

（2）商品的丢失金额和丢失率；

（3）商品的破损率和失效率；

（4）商品的到货入库速度；

（5）商品的发货出库速度；

（6）发货的错误率；

（7）入库的错误率；

（8）单位面积的存放货值；

（9）库房的整洁程度。

考核项目的具体评分标准，一般由企业自行制定。

4．配件的库房管理

仓库管理员应对进厂入库的零配件认真查验，不断提高管理和业务水平，使验收分类、堆放、发送、记账等手续简便、迅速和及时；采用科学方法，根据配件的不同性质，进行妥善的维护保管，确保零配件的安全；存放货位编号定位，整齐划一，有条不紊，便于收发查点和库容整洁；配件发放要有利于生产，方便工人，配合作业现场；定期清仓和盘点，及时掌握库存量变动情况，避免积压、浪费和丢失，保持账、卡、物相符；做好废旧配件和物资的回收利用。

（1）仓库管理。仓库各工作区域应有明显的标牌，如备件销售出货口、车间领料出货口、发料室、备货区、危险品库房等，应有足够的进货、发货通道和备件周转区域。货架的摆放要整齐划一，仓库的每一过道要有明显的标志，货架应标有位置码，货位要有备件号和备件名称。一般不宜将备件堆放在地上，为避免备件锈蚀及磕碰，必须保持完好的原包装。易燃易爆物品应与其他备件严格分开管理，存放时要考虑防火、通风等问题，库房内应有明显的防火标志。非仓库人员不得随便入内，仓库内不得摆放私人物品。索赔件必须单独存放。

1）库房要求。仓库的基本设施要求为，配备专用的备件搬运工具，配备一定数量的货架、货筐等，配备必要的通风、照明及防火设备器材；宜采用可调式货架，便于调整和节约空间；货架颜色宜统一，一般中货架和专用货架必须采用钢质材料，小货架不限，但必须保证安全耐用。

仓库布局的原则如下：

①有效利用有限的空间，根据库房大小及库存量，按大、中、小型及长型进行分类放置，以便于节省空间。用纸盒来保存中、小型配件，用适当尺寸的货架及纸盒，将不常用的备件放在一起保管。留出用于新车型配件的空间，无用配件要及时报废。

②防止出库时发生错误，将配件号完全相同的备件放在同一纸盒内，不要将配件放在过道或货架的顶上。配件号接近、配件外观接近的备件不宜紧挨存放。

③保证配件的质量，保持清洁，避免潮湿、高温或阳光直射。仓库内禁止吸烟，须放置灭火器。

2）货物存放定位。仓库货位编号可采用"四段编号"方法，即物资存放以四段编号进行合理定位，将库房按照分类区统一编号设置存放区。库房的四段编号是库、架、层、位。第一段1~2位数表示库或场，第二段3~4位数表示架或货区，第三段5~6位数表示货架的层或区的排，第四段7~8位数表示货位。

（2）卡账管理。

1）车辆零配件保管卡。车辆零配件保管卡是根据各仓库的业务需要而制定的，常见的有以下两种形式。

①保管卡片：多栏式保管卡是适合同一种车辆零配件分别存放在好几个地方时使用的卡片，如表7-4所示。

表7-4　车辆零配件保管卡

每　　件	长　宽　高　m
每件容量	重量
单位毛重	kg

货　　号＿＿＿＿＿
品　　名＿＿＿＿＿
规　　格＿＿＿＿＿

存货单位＿＿＿＿＿　　　计租等级＿＿＿＿＿　　　产地＿＿＿＿＿　　　单位＿＿＿＿＿

年		凭证号码		摘要	收入数量	付出数量	结存数量	堆存地点	折合重量
月	日	字	号						
				过次页					

货卡（　　）

② 货垛卡片：如表7-5所示，车辆零配件储存必须根据其性能、数量、包装质量和形状等要求，以及仓库条件和季节变化等因素，采用适当方式整齐稳固地堆存，称为货垛。

表7-5　货垛卡片

货主单位：＿＿＿＿＿　　　　　　　　　　　　　　　　　　　　　　　货位：＿＿＿＿＿

货号		品名		规格			
细数		色别		生产厂			
年		单据号码	进仓	出仓	结存	总垛	分垛1	分垛2	分垛3
月	日					货位	货位	货位	货位

2) 车辆零配件保管账。如表7-6所示为某企业的车辆零配件保管账。保管账的设计，有的以保管组建账，有的以仓间为单位建账，也设专人记账。记账时，须严格以凭证为依据，按顺序记录库存零配件的进出存情况。按规定记账，坚持日账日清，注销提单，按日分户装订，分清账页，定期或按月分户排列，装订成册。零配件账册应注意保密，非经正式手续，外来人员不准翻阅。各类单证销毁，须先报经批准。

表7-6　车辆零配件保管账

配件体积：	m^3
换算重量：	包装数：

品名：
类种品：
规格：　　　　等级：

年		凭证号码	摘要	出入库单位名称	入库		出库		结　　存						货位编号
月	日				件数	数量	件数	数量	件数	数量	件数	数量	合计件数	合计数量	

(3) 库存盘点。为了掌握库存零配件的变化情况，避免零配件的短缺、丢失或超储积压，必须对库存零配件进行盘点。盘点的内容是查明实际库存量与账卡上的数字是否相符，检查收发有无差错，查明有无超储积压、损坏和变质等。对于盘点出的问题，应组织复查，分析原因，及时处理。盘点方式有永续盘点、循环盘点、定期盘点和重点盘点等。

①永续盘点：是指保管员每天对有收发动态的零配件盘点一次，以便及时发现问题，防止收发差错。

②循环盘点：是指保管员对自己所管物资分轻重缓急，做出月盘点计划，按计划逐日盘点。

③定期盘点：是指在月、季、年度组织清仓盘点小组，全面进行盘点清查，并造出库存清册。

④重点盘点：是指根据季节变化或工作需要，为某种特定目的对仓库物资进行的盘点和检查。

⑤合理储耗：对容易挥发、潮解、溶化、散失和风化的物资，允许有一定的储耗。凡在合理储耗标准以内的，由保管员填报"合理储耗单"，经批准后，即可转财务部门核销。储耗的计算一般一个季度进行一次，计算公式如下：

$$合理储耗量 = 保管期平均库存量 \times 合理储耗量$$

$$实际储耗量 = 账存数量 - 实存数量$$

$$储耗量 = \frac{保管期内实际储耗量}{保管期内平均库存量} \times 100\%$$

实际储耗量超过合理储耗部分作盘亏处理，凡因人为的因素造成物资丢失或损坏，不得计入储耗内。由于被盗、火灾、水灾、地震等原因及仓库有关人员失职，使配件数量和质量受到损失的，应作为事故向有关部门报告。

⑥盈亏报告：在盘点中发生盘盈或盘亏时，应反复落实，查明原因，明确责任，由保管员填制"库存物资盘盈盘亏报告单"，经仓库负责人审签后，按规定处理。

在盘点过程中，还应清查有无本企业多余或暂时不需用的配件，以便及时把这些配件调剂给其他需用单位。

⑦报废削价：由于保管不善，造成霉烂、变质、锈蚀等配件的；在收发、保管过程中已损坏并已失去部分或全部使用价值的；因技术淘汰需要报废的；经有关方面鉴定，确认不能使用的，可由保管员填制"物资报废单"报经审批。

由于上述原因需要削价处理的，经技术鉴定，由保管员填制"物资削价报告单"，按规定报上级审批。

5. 配件的库存分析

所谓库存分析，就是通过对库存商品的存量和流量的数据分析，找到控制采购和库存的办法。

(1) 初级库存分析。所谓初级的库存分析，就是观察哪些配件缺货，哪些配件库存过剩，或者有缺货与过剩的可能，以向采购部门提供采购计划的参考意见。库存分析最好是建立在计算机管理的基础之上，如果上述的工作内容用人工来实现，工作量就非常巨大了。

要为每一个汽车配件规定它的属性，除了规定它的名称、价格等参数外，还要规定它的库存参数。库存参数包括其存放时间、占地面积或体积、货位、数量等。初级库存分析涉及的主要是其数量参数。在不考虑库存体积和容积的情况下，最常用的数量参数有3个，即库存上限、库存下限和库存警戒线。

库存上限，就是在正常情况下，商品在仓库里允许存放的最大数量。也就意味着，超过上限的商品库存，就成为冗余了。库存下限，就是在正常情况下，库存中商品应该保持的最低数量。低于下限，就意味着商品库存严重不足，可能影响生产。库存警戒线，是为了保证商品库存不低于下限，当商品在使用过程中，数量减少到一定限度，就要进行补货采购，这个限度就是警戒线。因而，库存分析对采购也有监督的作用。

一般来说，仓库管理员每天上下班时，都要检查一下库存，以确定是否有库存过剩或不足的情况。

（2）进阶库存分析。进阶库存分析，就是不仅要简单地查看直观的库存数据，而且要从这些直观数据之中，结合其他信息，进行计算和分析，找到维持合理库存的有效办法。例如，给采购部提供补货参考。

除了要知道库存数量这些数据之外，还需要掌握配件的存放时间、订货周期等，才能计算出合理的补货量。如果该参考建议要成为可行的计划，则还需要将可替代配件、采购金额等因素考虑进去，结合本企业的实际情况，才能给出可行的计划。

如果企业的商品流量很大，可能还会要求库存分析者提供特定的图表，供采购部门参考。

7.3.4 配件的发货管理

仓库发货必须有正式的单据为凭，首先审核零配件出库单据。主要审核零配件调拨单或提货单，查对其名称有无错误，必要的印鉴是否齐全和相符；配件品名、规格、等级、牌号和数量等有无填错，填写字迹是否清楚，有无涂改痕迹。其次审核提货单据是否超过了规定的提货有效日期。如发现问题，应立即退回，不许含糊不清地先行发货。

1. 凭单记账

出库凭单经审核无误，仓库记账员即可根据凭单所列各项对照登入零配件保管账，并将零配件存放的货区库房、货位及发货后应有的结存数量等批注在车辆零配件出库凭证上，交保管员查对配货。

2. 据单配货

保管员根据出库凭证所列的项目核实并进行配货。属于自提出库的配件，不论整零，保管员都要将货配齐，经过复核后，再逐项点付给要货人，当面交接，以清责任。属于送货的零配件，如整件出库的，应按分工规定，由保管员或包装员在包装上刷写或粘贴各项发运必要的标志，然后集中待运。必须拆装取零拼箱的，则保管员从零货架提取或拆箱取零（箱内余数要点清），发交包装场所编配装箱。

7.3.5 仓库条码管理系统简介

汽车零部件仓库条码管理系统的主体是建立在公司局域网基础上，结合客户具体的业务流程，整合无线条码设备的系统。运用条形码自动识别技术，在仓库无线作业环境下，适时记录并跟踪从产成品入库、出库到销售整个过程的物流信息，为产成品销售管理及客户服务提供支持，进一步提高企业整个仓库管理及销售的质量和效率。

如图 7-20 所示，货物入库时，首先由条码采集终端记录外包箱上的条码信息，选择对应的采购信息和仓库及货位信息，然后把数据批量传输到条码管理系统中，系统会自动增加相应的库存信息，并记录相应的产品名称、描述、生产和采购日期。

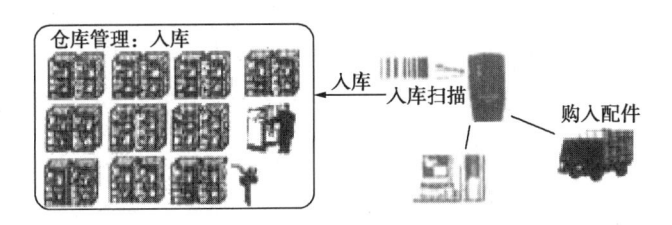

图 7-20　汽车零部件入库条码管理系统

在零部件入库上架作业过程中，系统均与采集终端进行自动校对和传入，实现自动化作业流程控制，如自动生成拣货单并下载到终端，自动比对拣货数量，自动传送拣货信息到后台系统。自动化的作业流程可以极大限度地提高入库工作效率。

作为仓库管理重要的一步工作环节，每到一定时间都要进行盘库作业，以确保库存准确无误，防止资产流失。借助于条码管理系统，盘库作业将变得非常轻松。条码数据采集终端的一个主要功能就是进行盘点作业，所以又称"盘点机"。盘点管理时系统会产生盘点单，可以根据仓库规模的大小，选择是全仓盘点还是分仓位盘点。因为本方案的编码方式，不但可以准确地计算出理论库存和实际库存的差距，还可以精确定位到出现差错产品的条码，继而可以有效追踪到单品和相关责任单位。

如图 7-21 所示，销售的配件可通过配件上的条码进行"追溯"工作，确定某一个配件的具体信息，确定其是否销售到该地区。如果发现有"窜货"行为，显示该配件最初是销售给哪个区域，并追溯到最初的经销商。

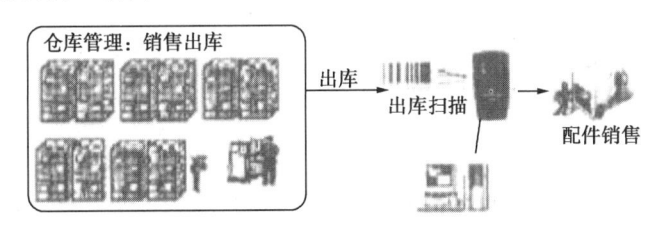

图 7-21　零部件出库条码管理示意图

汽车配件追溯制度，是对机动车配件的质量追溯，可以登录机动车配件质量保证和追溯系统，通过配件经销质保凭证的编号进行查询。如图 7-22 所示，为杭州市机动车服务局指定的汽车配件质量追溯查询网站的查询页面。

图 7-22　杭州市机动车服务局汽车配件质量追溯查询网站

知识拓展

青蛙现象（Frog Phenomenon）

把一只青蛙直接放进热水锅里，由于它对不良环境的反应十分敏感，就会迅速跳出锅外。如果把一只青蛙放进冷水锅里，慢慢地加温，青蛙并不会立即跳出锅外，水温逐渐增加的最终结局是青蛙被煮死了，因为等水温高到青蛙无法忍受时，它已经来不及或者说是没有能力跳出锅外了。

青蛙现象告诉我们，一些突变事件往往容易引起人们的警觉，而易置人于死地的却是在自我感觉良好的情况下，对实际情况的逐渐恶化，没有清醒地察觉。

管理启示

汽车维修企业在经营过程中，很多企业领导往往非常重视维修技术，坚持"技术第一，质量第一"，而忽视了服务细节。如车辆维修完成后，疏忽了车内卫生，这会给客户一个服务质量很差的印象，在此维修质量已显得不再重要，对内部空间不整洁的不满已超越其上，客户还会将这种不满传达给他的亲朋好友。久而久之，就会失去更多的客户，企业生存就会有危机。

思考与练习

1. 什么是车辆识别代号？车辆识别代号的组成与作用是什么？
2. 常用车辆识别代号标记方式有哪些？
3. 配件按生产来源分有哪几类？
4. 什么是先进先出法？
5. 什么是 ABC 分类法？
6. 库房管理的目的是什么？
7. 仓库布局的原则是什么？

能力训练

1. 识读美系、日系、德系与法系车辆的 VIN 码，并在同一车辆上至少找出 3 处 VIN 码。
2. 针对某一汽车维修企业，制定配件管理方面的改进方案。
3. 针对某一地区，设计一套配件追溯系统的方案。
4. 上网查询：准时生产方式（Just In Time，JIT）。JIT 生产方式的基本思想是"只在需要的时候，按需要的量，生产所需的产品"，它对丰田公司渡过第一次能源危机起到了突出的作用。国内某 4S 店也想采用该方式来供应汽车配件，你认为可行性如何？

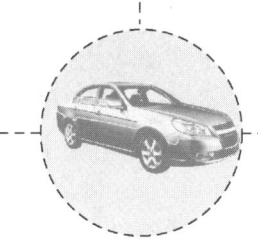

单元 8

汽车维修合同与财务结算

【学习目标】
1. 熟悉汽车维修合同的内容与填写；
2. 知道一般财务常识；
3. 会进行维修价格的结算。

8.1 汽车维修合同

8.1.1 汽车维修合同的特征与作用

1. 汽车维修合同的概念

汽车维修合同是一种契约。它是承修、托修双方当事人之间设定、变更、终止民事法律关系的契约。是为了协同其汽车维修活动达到规定标准和约定条件维修汽车的目的，而协商签订的相互制约的法律性协定。

2. 汽车维修合同的特征

汽车维修合同是一种法律文书，其目的在于明确承修、托修双方的设定、变更、终止权利义务的一种法律关系。通过合同条款确定当事人之间的权利义务，而所发生的法律后果是当事人所要求的。同时签订汽车维修合同是承修、托修双方意思表示一致的法律行为。"意思表示一致"是合同成立的条件，意思表示不一致，合同不成立。在合同关系中，承修、托修双方当事人的地位是独立的、平等的、有偿的、互利的。

3. 汽车维修合同的作用

(1) 维护汽车维修市场秩序。合同明确了承修、托修双方的权利义务，可以保障当事人的权益。合法的维修活动受到法律保护，并防止或制裁了不法维修活动，从而维护了市场的正常秩序。

(2) 促进汽车维修企业向专业化、联合化方向发展。使用合同制，使各部门、各环节、各单位通过合同明确相互的权利义务和责任，便于相互监督、相互协作，从而有利于企业发挥各自的优势，实行专业化，促进横向经济联合。

(3) 有利于汽车维修企业改进经营管理。实施合同制，企业要按照合同要求来组织生产经营活动。企业的生产经营状况与合同的订立和履行情况紧密联系在一起。企业只有改进经营管理，努力提高维修质量，才能保证履行合同。

8.1.2　汽车维修合同的主要内容

按照交通部和国家工商行政管理局发布的《汽车维修合同实施细则》的规定，汽车维修合同主要有以下内容：

（1）承修、托修双方的名称；
（2）签订日期及地点；
（3）合同编号；
（4）送修车辆的车种、车型、牌照号、发动机型号（编号）、VIN/底盘号；
（5）维修类别及项目；
（6）预计维修费用；
（7）质量保证期；
（8）送修日期、地点、方式；
（9）交车日期、地点、方式；
（10）托修方所提供材料的规格、数量、质量及费用结算原则；
（11）验收标准和方式；
（12）结算方式及期限；
（13）违约责任和金额；
（14）解决合同纠纷的方式；
（15）双方商定的其他条款。

8.1.3　汽车维修合同的使用

1. 汽车维修合同的签订

（1）合同签订的原则。汽车维修合同必须按照平等互利、协商一致、等价有偿的原则依法签订，承修、托修双方签章后生效。

（2）合同签订的范围。凡属下列汽车维修作业范围的，承修、托修双方必须签订维修合同：
①汽车大修；
②主要总成大修；
③二级维护；
④维修预算费用在一千元以上的作业项目。

（3）合同签订的形式。汽车维修合同的签订方式分为两种：第一种是长期合同，即最长在一年之内使用的合同；第二种是即时合同，即一次使用的合同。承修、托修双方根据需要也可以签订单车或成批车辆的维修合同，还可签订一定期限的包修合同。如果是代签合同必须有委托单位证明，根据授权范围，以委托单位的名义签订，对委托单位直接产生权利和义务。

2. 汽车维修合同的履行

汽车维修合同的履行是指承修、托修双方按照合同的规定内容全面完成各自承担的义务，实现合同规定的权利。

汽车维修合同的履行是双方的法律行为。但是，若双方当事人中一方没有履行自己的义务在前，则另一方有权拒绝履行其义务。

（1）托修方的义务。
①按合同规定的时间送修车辆和接收竣工车辆。

②提供送修车辆的有关情况（包括送修车辆基础技术资料及技术档案等）。
③如果提供原材料，必须是质量合格的原材料。
④按合同规定的方式和期限缴纳维修费用。
（2）承修方的义务。
①按合同规定的时间交付修竣车辆。
②按照有关汽车修理技术标准（条件）修理车辆，保证维修质量，向托修方提供竣工出厂合格证，在保证期内应尽包修义务。
③建立承修车辆维修技术档案，并向托修方提供车辆的有关资料及使用的注意事项。
④按规定收取维修费用，并向托修方提供票据、维修工时及材料明细表。

3．汽车维修合同变更和解除

（1）变更和解除的含义。
①变更是指合同未履行或完全履行之前由双方当事人依照法律规定的条件和程序，对原合同条款进行修改或补充。
②解除合同是指合同在没有履行或在完全履行之前，当事人依照法律规定的条件和程序，解除合同确定的权利义务关系，终止合同的法律效力。
（2）合同变更、解除的条件。
1）双方协定变更、解除维修合同的条件。
①必须双方当事人协商同意。
②必须不因此损害国家或集体利益，或影响国家指令性计划的执行。
2）单方协定变更、解除维修合同的条件。
①发生不可抗力。
②企业关闭、停业、转产、破产。
③严重违约。

除双方协商和单方决定变更、解除合同的法定条件之外，任何一方都不得变更或解除合同。发生承办人或法定代表人的变动，当事人一方发生合并或分立，违约方已承担违约责任情况下，均不得变更或解除维修合同。

（3）变更、解除维修合同的程序及法律后果。汽车维修合同签订后，当事人一方要求变更或解除维修合同时，应及时以书面形式通知对方，提出变更或解除合同的建议，并取得对方的答复，同时协商签订变更或解除合同的协议。

因一方未按程序变更或解除合同，使另一方遭受损失的，除依法可以免除责任外，责任方应负责赔偿。

4．汽车维修合同的担保

汽车维修合同的担保是合同双方当事人为保证合同切实履行，经协商一致采取的具有法律效力的保证措施。担保的目的在于保证当事人在受损失之前即可保障其权利的实现。

汽车维修合同一般采取的是"定金担保"形式。它是一方当事人在合同未履行之前，先行支付给对方一定数额的货币，这种形式是在没有第三方参加的情况下，由合同双方当事人采取的保障合同履行的措施。定金是合同成立的证明。汽车维修合同的担保也可另立担保书作为维修合同的副本，内容包括抵押担保、名义担保和留置担保等。

根据《中华人民共和国担保法》规定：定金的数额由当事人约定，但不得超过合同标的额的百分之二十。

托修方预付定金违约后，无权要求返还定金，接受定金的承修方违约应加倍返还定金。定金的制裁作用，可以补偿因不履行合同而造成的损失，促使双方为避免制裁而认真履行合同。

不履行或不完全履行合同义务的结果是承担违约责任。承修、托修双方任何一方发生了违约责任问题，对违约责任处理的方式一般为支付违约金和赔偿金两种。

8.1.4 汽车维修合同的填写规范

汽车维修合同是规范市场经营行为，保护承修、托修双方合法权益的法律措施，是道路运政管理部门处理汽车维修质量和价格纠纷的依据。为了规范汽车维修合同的管理和使用，国家工商行政管理局和交通部联合发布了专门通知，在全国范围内，统一了汽车维修合同示范文本，明确该文本由各省、直辖市工商行政管理部门监制，省、直辖市交通运输厅（局）统一印制发放、管理，汽车维修企业和经营者必须使用。汽车维修合同示范文本如下：

汽车维修合同

托修方：_____ 签订时间：_____ 合同编号：_____

承修方：_____ 签订地点：_____

1. 车辆型号：

车种		牌照号		发动机	型号	
车型		VIN/底盘号			编号	

2. 车辆交接期限（事宜）：

送　　修			接　　车		
日期		方式		日期		方式	
地点				地点			

3. 维修类别及项目：
_____
_____
_____

预计维修费总金额（大写）：_____（其中工时费：_____）

4. 材料提供方式：_____

5. 质量保证期：_____
维修车辆自出厂之日起，在正常使用情况下，_____天或行驶_____公里以内出现维修质量问题承修方负责。

6. 验收标准及方式：_____

7. 结算方式及期限：_____
现金_____ 转账_____ 银行汇款_____ 期限_____

8. 违约责任及金额：_____

9. 如需提供担保，另立合同担保书，作为本合同副本。

10. 解决合同纠纷的方式：经济合同仲裁_____ 法院起诉_____

11. 双方商定的其他条款：_____

托修方单位名称（章）	承修方单位名称（章）
单位地址：_____	单位地址：_____
法人代表：_____	法人代表：_____
代表人：_____	代表人：_____
电　话：_____	电　话：_____
传　真：_____	传　真：_____
开户银行：_____	开户银行：_____
账　号：_____	账　号：_____
邮政编码：_____	邮政编码：_____

说明：

1. 承、托修方签订书面合同的范围：汽车大修、主要总成大修、二级维护及维修费在一千元以上的。

2. 本合同正式一式二份，经承、托修方签章生效。

3. 本合同维修费是概算费用。结算时凭维修工时费、材料明细表，按实际发生金额结算。

4. 承修方在维修过程中，发现其他故障需增加维修项目及延长维修期限时，承修方应及时以书面形式（包括文书、电报）通知托修方，托修方必须在接到通知后＿＿＿＿＿天内给予书面答复，否则视为同意。

5. 承、托修方签订本合同时，应以《汽车维修合同实施细则》的规定为依据。

注：本合同一式＿＿＿份。承、托修双方各一份，维修主管部门各＿＿＿份。

　　　　　　　　　　　　　　　　　　　　　　　　　　　　　　监制　　　　　印制

根据《道路运输管理工作规范》的规定，应按以下要求填写汽车维修合同。

（1）"托修方"栏填写送修车辆单位（个人）全称。

（2）"签订时间"栏填写托修方与承修方签订汽车维修合同时的具体时间（年、月、日）。

（3）"合同编号"由省级道路运政管理机构和地级道路运政管理机构核定，前两位为地域代号，后六位为自然序号。

（4）"承修方"栏填写汽车维修企业的全称和企业类别。

（5）"签订地点"栏填写承、托修双方实际签订合同文本的地点。

（6）"车种"栏按货车（重、中、轻）、客车（大、中、轻、微）填写。

（7）"车型"栏填写车辆型号，如"东风 EQ1090E""桑塔纳 2000"等。

（8）"牌照号"栏按交警部门发放的车辆牌照号填写。

（9）"VIN/底盘号"栏按生产厂家编号填写。

（10）"发动机编号"栏按汽、柴油及生产厂家编号填写。

（11）"送修日期、方式、地点"栏填写送修车辆时间、车辆独立行驶或拖拉进厂及托修车辆的交接地。

（12）"接车日期、方式、地点"栏填写车辆维修竣工出厂的交接时间、交接车方式和地点。

（13）"维修类别及项目"栏填写托修方报修项目及附加修理项目。

（14）"预计维修费总金额"栏填写承修方初步估计的维修费（包括工时费、材料及材料附加费等）总金额。

（15）"其中工时费"栏填写工时单价。

（16）"材料提供方式"栏按"托修方自带配件""承修方提供需要更换的配件"等填写。

（17）"质量保证期"用大写填写质量保证的天数和行驶里程数。

（18）"验收标准及方式"栏填写所采用的标准编号和双方认同的内容、项目及使用设备等。

（19）"结算方式"栏在双方认同的一栏内打钩。

（20）"结算期限"栏在双方认同的一栏内打钩。

（21）"违约责任及金额"栏填写双方认同的各自责任和应承担的金额数。

（22）"解决合同纠纷的方式"栏在双方认同的一栏内打钩。

（23）"双方商定的其他条款"栏填写双方未尽事宜。

（24）"托修方单位名称（章）"栏盖托修方单位的印章，没有印章的填写单位全称或个人姓名及身份证号。

（25）"单位地址"栏填写单位或个人所在的详细地址。

（26）"法人代表"栏填写承修方或托修方法人代表的姓名。

（27）"代表人"栏填写承修方或托修方法人代表指定的代表人姓名。

（28）"承修方单位名称（章）"栏盖承修方单位的印章。

8.1.5　汽车维修合同的鉴证与仲裁

1．汽车维修合同的鉴证

鉴证是汽车维修合同管理的一项主要内容。通过鉴证，可以证实维修合同的真实性，使合同的内容和形式都符合法律的要求；可以增强合同的严肃性，有利于承修、托修双方当事人的认真履行；便于合同管理机关监督。

汽车维修合同鉴证实行自愿原则。在承修、托修双方当事人请求鉴证的情况下，约定鉴证的合同只有经过鉴证程序，合同才能成立。

经审查符合鉴证要求的，国家工商行政管理机关予以鉴证，鉴证应制作维修合同鉴证书。

2．汽车维修合同纠纷的调解

汽车维修合同发生纠纷，承修、托修双方当事人应及时协商解决。协商不成，可向当地交通运政部门申请调解。由主诉方填写申请书，交通运政部门通过调查取证，做出调解意见书，并监督双方当事人执行。当事人一方或双方对调解不服的，可向国家工商行政管理部门及国家规定的仲裁委员会申请调解或仲裁，也可直接向人民法院起诉。纠纷费用原则上由责任方负担，或应根据承、托修双方责任的大小分别负担。汽车维修合同纠纷的调解与仲裁，如图8-1所示。

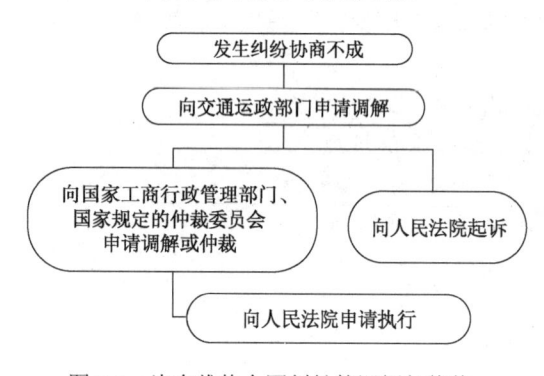

图 8-1　汽车维修合同纠纷的调解与仲裁

3．汽车维修合同纠纷的仲裁

当发生了合同纠纷调解失败后，当事人可采用仲裁方式调解纠纷。双方当事人应当自愿达成仲裁协议。仲裁协议包括合同订立的条款和以其他书面方式在纠纷发生前或纠纷发生后达成的请求。没有书面仲裁协议，一方申请，仲裁委员会不予受理。如果达成仲裁协议后，一方向人民法院提出起诉，人民法院将不予受理，但仲裁协议无效的除外。

仲裁委员会应当由当事人协议选定。仲裁委员会应根据事实，符合国家规定，公平合理地解决纠纷。

仲裁不实行级别和地域管辖。仲裁依法独立进行，不受行政机关、社会团体和个人的干涉。

仲裁实行一裁终局的制度。裁决做出后，当事人就同一纠纷再申请仲裁或向人民法院起诉的，仲裁委员会或人民法院不予受理。裁决被人民法院依法裁定撤销或不予执行的，当事人就该纠纷可以根据双方重新达成的仲裁协议申请仲裁，也可以向人民法院起诉。

当事人对仲裁协议的效力有异议的，可以请求仲裁委员会做出决定或请求人民法院做出裁定。一方请求仲裁委员会做出决定，另一方请求人民法院做出裁定的，由人民法院裁定。

仲裁委员会对维修问题认为需要鉴定的，可以交由当事人约定的鉴定部门鉴定，也可以由仲裁庭指定的鉴定部门鉴定。

经仲裁委员会或人民法院仲裁的，仲裁委员会或人民法院应向双方当事人下达裁决书。

已经裁决当事人申请撤销裁决的，应当自收到裁决书之日起 6 个月内提出。人民法院应当在受理撤销裁决申请之日起 2 个月内做出撤销裁决或者驳回申请的裁决。

当事人应当履行裁决。一方当事人不履行的，另一方当事人可以依照民事诉讼法的有关规定向人民法院申请执行。受申请的人民法院应当强制执行。

仲裁费用原则上由败诉方承担，但是实践中考虑各种因素由当事人分摊仲裁费。

8.2 财务结算

8.2.1 一般财务知识

1．票据

（1）发票。发票是单位和个人在购销商品、提供或者接受服务，以及从事其他经营活动中，开具、取得的收付款凭证。发票根据其作用、内容及使用范围的不同，可以分为普通发票和增值税专用发票两大类。

1）普通发票。

①开具发票有如下的一般规定。

- 发票限于领购单位和个人自己使用，不准买卖、转借、转让、代开。向消费者个人零售小额商品，也可以不开发票，如果消费者索要发票不得拒开。
- 开具发票要按规定的时限、顺序、逐栏、全部联次一次性如实开具，并加盖单位财务印章或者发票专用章。未经税务机关批准，不得拆撕本使用发票。
- 填开发票的单位和个人必须在发生经营业务确认经营收入时开具发票，未发生经营业务一律不准开具发票。发票只能在工商行政管理部门发放的营业执照上核准的经营业务范围内填开，不得自行扩大专业发票使用范围。填开发票时，不得按照付款方的要求变更商品名称、金额。
- 人民币（大写）：数字大写写法，如零、壹、贰、叁、肆、伍、陆、柒、捌、玖、拾、佰、仟、万、亿。
- 开具发票应当使用中文。民族自治地方可以同时使用当地通用的一种民族文字，外商投资企业和外国企业可以同时使用一种外国文字。

②开具发票有如下的特殊规定。

- 用票单位和个人在整本发票使用前，要认真检查有无缺页、缺号、发票联有无发票监制章或印刷不清楚等现象，如发现问题应报告税务机关处理，不得使用。整本发票开始使用后，应做到按号顺序填写，填写项目齐全，内容真实，字迹清楚，填开的发票不得涂改、挖补、撕毁，如发生错开现象，应将发票各联完整保留，书写或加盖"作废"字样。
- 开具发票后，发生销货退回的，在收回原发票并注明"作废"字样或取得对方有效证明后，可以填开红色发票；发生销售折让的，在收回原发票并注明"作废"字样后，重新开具销售发票。
- 使用计算机开具发票，须经主管税务机关批准，并使用税务机关统一监制的机打发票，开具后的存根联要按照顺序号装订成册。

如图 8-2 所示为普通发票。

图 8-2　普通发票

2）增值税专用发票。增值税专用发票是为加强增值税的征收管理，根据增值税的特点而设计的，专供增值税一般纳税人销售货物或应税劳务使用的一种特殊发票。增值税专用发票只限于经税务机关认定的增值税一般纳税人领购使用。

①增值税一般纳税人在填开增值税专用发票时的注意事项如下。
- 使用国家税务总局统一印制的专用发票，不得开具伪造的增值税专用发票。
- 按规定的使用范围、时限填开。
- 字迹清楚、项目填写齐全、内容正确无误。
- 不得涂改。如果填写有误，应另行开具增值税专用发票，并在填写错误的专用发票上注明"误填作废"四字。如果专用发票填开后因购货方不索取而成为废票的，也应按填写有误办理。
- 一份发票应一次填开完毕，各联内容、金额完全一致。
- 发票联、抵扣联加盖开票单位的财务专用章或发票专用章。
- 不得拆撕。

② 开具增值税专用发票的具体要求如下。
- "销售单位"和"购货单位"栏要写全称，"纳税人登记号"栏必须填写购销双方新15位登记号码，否则不得作为扣税凭证。
- "计量单位"栏应按国家规定的统一"计量单位"填写，"数量"栏按销售货物的实际销售数量填写，"单价"栏必须填写不含税单价，纳税人采用销售额和增值税额合并定价方法的，应折算成不含税价。

- "金额"栏的数字应按不含税单价和数量相乘计算填写。计算公式为：

$$"金额"栏数字=不含税单价×数量$$

- "税率"栏除税法另有规定外，都必须按税法统一规定的货物的使用税率填写。
- "税额"栏应按"金额"栏和"税率"栏相乘计算填写。计算公式为：

$$"税额"栏数字="金额"×"税率"$$

或

$$"税额"栏数字=单价×数量×税率$$

- 税务所为小规模企业代开增值税专用发票，应在专用发票"单价"栏和"金额"栏内分别填写不含其本身应纳税额的单价和销售额；"税率"栏填写增值税征收率17%；"税额"栏填写其本身应纳税的税额，即按销售额依照17%征收率计算的增值税额。

③增值税专用发票的开具时限。

- 采用预收货款、托收承付、委托银行收款结算方式销售货物的，专用发票的开具时间为货物发出的当天。
- 采用交款提货结算方式销售货物的，专用发票的开具时间为收到货款的当天。
- 采取赊销、分期付款结算方式销售货物的，专用发票的开具时间为合同约定收款日期的当天。
- 采用其他方式销售货物、应税劳务或按税法规定其他视同销售货物的行为应当开具专用发票的，应于货物出库、转移或劳务提供的当天填开专用发票。

④纳税人销售货物并向购货方开具发票后，发生退货或销售折让时，应根据具体情况来办理。

- 购货方尚未付款，并且未做账务处理的情况下发生退货，销货方应收回原填开的专用发票的发票联和抵扣联，在各联上都注明"作废"字样，作为扣减当期销项税额的凭证。
- 购货方尚未付款，并且未做账务处理的情况下发生销售折让，销货方收回原填开的专用发票，该折让后的货款重新填开专用发票。
- 购货方已付货款，或者货款未付但已做账务处理的情况下发生退货或销售折让、发票联及抵扣联无法退还，此时购货方必须取得主管税务机关开具的《进货退出及索取折让证明单》，送交销货方作为其开具红字专用发票的依据。红字专用发票的存根联、记账联作为销货方扣减退货当期销项税额的凭据；发票联和抵扣联作为购货方扣减进项税额的凭证。如图8-3所示为增值税发票。

目前增加"营改增"试点工作，"营改增"是以前缴纳营业税的应税项目改成缴纳增值税，增值税就是对于产品或者服务的增值部分纳税，减少了重复纳税的环节。同样，"营改增"就是对以前交营业税的项目，比如提供的服务也采取增值部分纳税的原则计税。"营改增"的目的是最终取消营业税，由增值税代替。

(2) 税票。税票是税务机关征收税款时所用的专用凭证。它是一种可以无偿收取货币资金的凭证。税票填用后成为征纳双方会计核算的原始凭证。税票是纳税人履行纳税义务的唯一合法凭证。

1) 税票的种类。1994年国家税务总局制定了全国统一的税收票证式样，共21种。按税票的征款方式不同，可分为3类。

①税收缴款书类：包括税收缴款书、出口产品税专用缴款书、固定资产投资方向调节税专用缴款书和税收汇总专用缴款书共4种。

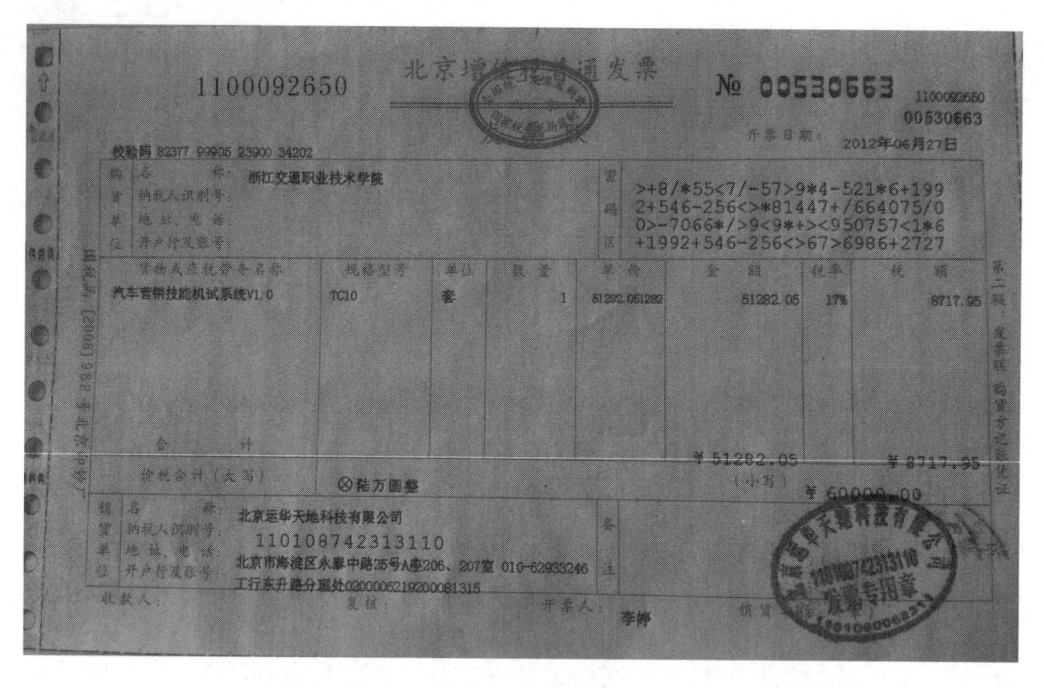

图 8-3 增值税发票

②税收完税证类：包括税收完税证、税收定额完税证、车船使用税定额完税证、代收代扣税款凭证和印花税票共5种。

③纳入票证管理的其他票证类：包括税收罚款收据、税收收入退还书、小额税款退税凭证、出口产品完税分割单、固定资产方向调节税零税率项目凭证、税票调换证、纳税保证金收据、印花税票销售凭证、税收票证监制章、征税专用章、印花税收讫专用章、车船使用税完税和免税票共13种。

2）税票的填写。首先应了解各种票证的内容、用途及填写规定，然后逐项逐栏如实填写。

（3）支票。支票是出票人签发的，委托办理支票存款业务的银行在见票时，无条件支付确定金额给收款人或持票人的票据，支票无金额起点。

1）支票的种类。支票按支付方式可分为现金支票和转账支票。

①现金支票：支票上印有"现金"字样的支票，它只能用于支取现金。

②转账支票：支票上印有"转账"字样的支票，它只能用于转账，不能支取现金。

2）支票的填写。

①填写要求：为了防止涂改支票，必须做到标准化、规范化、要素齐全、数字正确和字迹清晰。签发支票应使用墨汁或碳素墨水填写。为了防止编造票据的出票日期，必须用中文大写。

②填写日期：填写日期时，月为壹、贰和壹拾的，日为壹至玖和壹拾、贰拾、叁拾的，应在其前加"零"；日为拾壹至拾玖的，应在其前加"壹"。填写日期时填写位置要规范，不得出现错位、挤压现象，否则就是无效支票。

③金额：大写应用正楷或行书填写。大写填写时应紧接"人民币"字样填写，不得留有空白。数字到"元"为止的，在"元"之后必须加"整"字；数字到"角""分"为止的，"角""分"后不可以加"整"字。

小写应使用阿拉伯数字填写，均应在小写数字前填写人民币符号"￥"。

3）支票的有效期。自出票日起10日内有效，超出有效期的支票为无效支票，银行不予受理。

4）支票的背书。

①持票人向其开户行提示付款的，无须做委托收款背书（又称主动付款，出票人主动到自己的开户行送交支票，付款给收款人）。

②委托收款背书：被背书人栏填写收款人开户银行的名称；签章栏填写"委托收款"字样并签章。

③支票转让背书：背书应当连续，也就是指在转让中，转让支票的背书人与受让支票的背书人在支票上的签章，依次前后衔接。

如图 8-4 和图 8-5 所示为支票正面与背书。

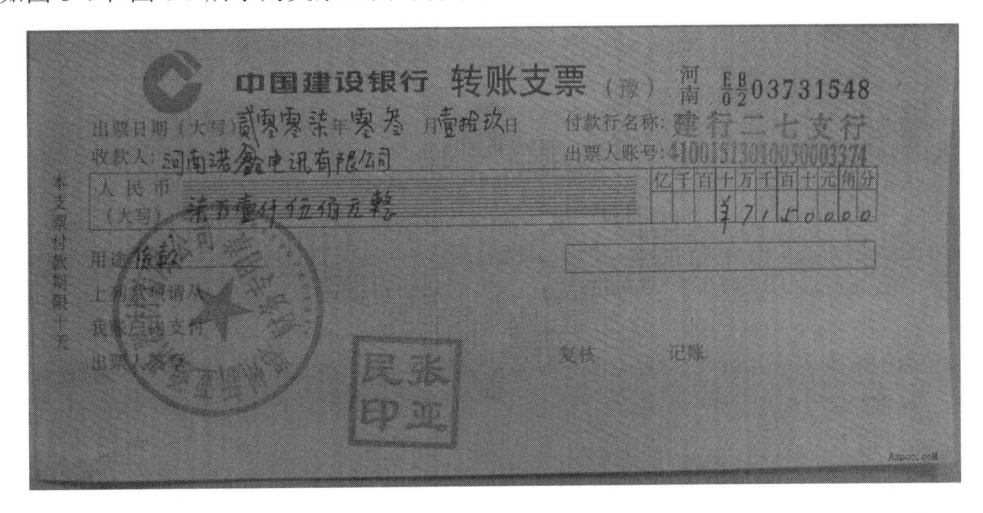

图 8-4　支票（正面）

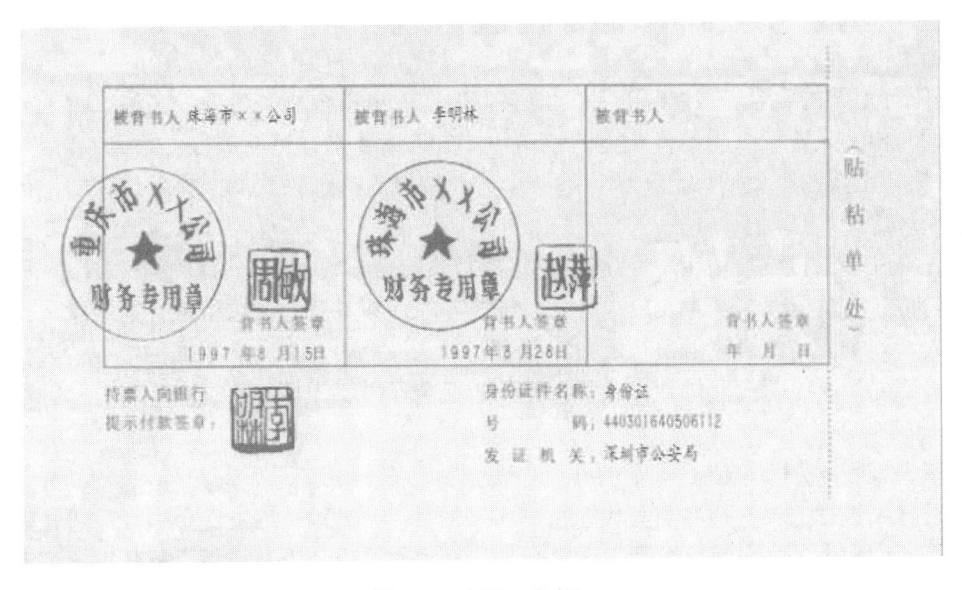

图 8-5　支票（背书）

5）支票的挂失。丢失支票之后，可以依据《票据法》的规定，及时通知付款人或代理付款人挂失止付。

挂失支票的条件是支票的各项要素必须齐全。在挂失时应填写挂失止付通知书并签章。填写内容包括支票丢失的时间和事由，支票的种类、号码、金额、出票日期、付款日期、付款人名称和收款人名称，挂失止付人的名称、营业场所、住所及联系方法。需要交纳票面金额1%，但不低于5元的手续费，并立即到人民法院办理挂失止付。银行暂停止付权限为12日，在这12日内银行没有收到人民法院的止付通知书，自第13日起，挂失止付通知书失效。

在失票人到银行办理挂失止付之前，此支票已经依法向持票人付款了，就不能办理挂失止付了。

6）支票的交存。

①收款人交存支票时应填写二联银行进账单，然后连同支票一并交付银行办理，银行签章后退回一联。

②收款人和出票人在同一行开户的，收款和付款都是当时入账。

7）支票的有效性。出票日期、受款人名称和出票金额，这三项记载缺一不可。否则就是无效支票，银行不予受理。

8）禁止签发的支票。

①签发支票的金额不得超过付款人实有的存款金额（即空头支票）。

②支票的出售人预留银行签章是银行审核支票付款的依据。因此，出票人不得签发与其预留银行签章不符的支票。

③银行还可以审核与出票人约定的使用支付密码，出票人不得签发密码错误的支票。

以上3种情况，即签发空头支票、印鉴不符和密码错误，根据人民银行的规定，银行应予以退票，并收取票面金额的5%，但不低于1 000元的罚款。

（4）银行汇票。银行汇票是出票银行签发的，由其在见票时按照实际结算金额无条件支付给收款人或者持票人的票据。银行汇票的出票银行为银行汇票的付款人。单位和个人任何款项结算，均可采用银行汇票。银行汇票可以用于转账，也可以填写"现金"字样的银行汇票用于支取现金。

1）银行汇票的要素。要标明"银行汇票"字样、出票金额、付款人名称、收款人名称、出票日期、出票人签章、无条件支付的承诺等，欠缺诸要素之一的银行汇票无效。

2）银行汇票的有效期。自出票日起一个月。持票人超过付款期限提示付款的，代理付款人不予受理。

3）银行汇票的办理。申请人使用银行汇票，应向出票银行填写"银行汇票申请书"，填明收款人名称、汇票金额、申请人名称、申请日期等项目并签章，要预留银行的签章。若申请人和受款人均为个人，需要使用银行汇票向代理付款人（兑付行）支取现金的，申请人应在"银行汇票申请书"上注明代理付款人名称，在"汇票金额"栏先填写"现金"字样，后填写汇票金额。

申请人或收款人为单位的，不得办理"现金"汇票。

签发转账银行汇票，不得填写代理付款人（兑付行）名称；签发现金银行汇票，申请人和收款人必须均为个人，在银行汇票"出票金额"栏填写"现金"字样后，填写出票金额，并填写代理付款人名称。

4）银行汇票的解付。

①收款人收到银行汇票之后，应在出售金额之内，将实际结算金额和多余金额准确、清晰地填入银行汇票和解讫通知的有关栏内。未填写实际结算金额和多余金额，或者实际结算金额

超出票面金额的银行汇票,银行不予受理。

②银行汇票实际结算金额不得更改,更改实际结算金额的银行汇票无效。

③持票人向银行提示付款时,必须同时提交银行汇票和解讫通知,缺少任何一联,银行不予受理。

④持票人向银行提示付款时,应在汇票的背面"持票人向银行提示付款签章"处签章,签章须与预留银行签章相同,并将银行汇票、解讫通知和进账单一同送交银行。

⑤持票人是未在银行开立账户的个人,可以向选择的任何一家银行提示付款。提示付款时,应在汇票的背面"持票人向银行提示付款签章"处签章,并填写本人身份证名称、号码及发证机关,由其本人向银行提交本人身份证及其复印件。

银行汇票的实际结算金额低于出售金额,即有多余金额的,其多余金额由出票银行退交申请人。

⑥申请人因银行汇票超过付款提示期限或因其他原因要求退款时,应将银行汇票和解讫通知同时提交到出票银行,做未用退回处理。申请人为单位的,应出具该单位的证明;申请人为个人的,应出具本人的身份证件。此证明或证件也同时提交出票银行。

⑦银行汇票的背书和挂失与支票相同。

2. 税收

(1) 税务登记。税务登记是税务机关依法对纳税人与履行纳税义务有关的生产经营情况及其税源变化情况进行的登记的管理活动。

①税务登记的范围和时间。凡经国家工商行政管理部门批准,从事生产、经营的纳税人,都属于税务登记的范围,均应按规定向当地税务机关申报,办理税务登记。

②税务登记的内容包括以下几项。开业税务登记,从事生产经营的纳税人,应当在规定的时间内向税务机关书面申报办理税务登记;变更或注销税务登记,当税务登记内容发生变化时,纳税人在工商行政管理机关办理注册登记的,应当自工商行政管理机关办理变更登记起30日内,持有关证件向原税务机关申报办理变更税务登记;纳税人不需要在工商行政管理机关办理注册登记的,应当自有关机关批准或者宣布变更之日起30日内,持有关证件向原税务机关申报办理变更税务登记。

(2) 纳税申报。纳税人办理纳税申报时,应当如实填写纳税申报表,并根据不同情况相应报送下列有关证件和资料:

①财务、会计报告表及其说明材料;

②与纳税有关的合同、协议书;

③外出经营活动税收管理证明;

④境内或境外公证机构出具的有关证明文件;

⑤税务机关规定应当报送的其他有关证件、资料;

⑥纳税申报的时间和期限。

(3) 适用税种与税率。我国现行使用的税种有增值税、消费税、营业税、资源税、外国投资企业和外国企业所得税、固定资产投资方向调节税、城市维护建设税、城镇土地使用税、房地产税、车船使用税、印花税、土地增值税、契税和进出口关税等。税率是应纳税额与征税对象之间的比例,是计算税额的尺度,反映了征税的深度。在征税对象数额已定的情况下,税率的高低决定了税额的多少。

我国税率分为3种,即比例税率、累进税率和定额税率。

①比例税率是对同一征税对象，不论数额多少，根据所需税目，都按同一个比例征税。这种税率在税额和征税对象之间的比例是固定的。

②累进税率是按照征税对象的数额大小或比率高低，划分为若干等级，每个等级由低到高规定相应的税率。税率与征税对象数额或比率成正比，征税对象数额越大、比率越高，税率越高；反之，税率就越低。

③定额税率是按征税对象的一定计量单位直接规定一定数量的税额，而不是征收比例。

3．财务结算

（1）同城结算与异地结算。按国内转账结算交易双方所处的地理位置分为同城结算与异地结算两种。

①同城结算，是指同一城镇内各单位之间发生经济往来而要求办理的转账结算。同城结算有支票结算、委托付款结算、托收无承付结算和同城托收承付结算等。其中支票结算是最常用的同城结算。

②异地结算，是指异地各单位之间发生经济往来而要求办理的转账结算。异地结算的基本方式有异地托收承付结算、信用证结算、委托收款结算、汇兑结算、银行汇票结算、商业汇票结算、银行本票结算和异地限额结算等。其中，异地托收承付结算、银行汇票结算、商业汇票结算、银行本票结算和汇兑结算是最常用的异地结算手段。

（2）现金结算与转账结算。货币结算按其支付方式的不同，可分为现金结算和转账结算。

①现金结算是发生经济行为的关系人直接使用现金结清应收应付款的行为。

②转账结算是发生经济行为的关系人使用银行规定的票据和结算凭证，通过银行划账方式，将款项从付款单位账户划到收款单位的账户，以结清债权债务的行为。转账结算是货币结算的主要方式。转账结算的主要工具有支票、汇兑、委托受款、银行汇票、商业汇票、银行本票和信用卡7种。支票结算是最常用的转账结算方式。

（3）支票结算流程。

①开立账户办理结算。

②付款人根据商品交易、劳务供应或其他经济往来向收款人签发支票。

③收款人将商品发运给付款人，或向付款人提供劳务服务。有时，根据实际情况，收款人在未接到支票的情况下，也可先提供商品或劳务服务，后收取支票。

④收款人将支票送交开户银行入账。

⑤收款人开户银行向付款人开户银行提出清算。

⑥付款人开户银行根据有关规定计划转货款或劳务服务款。

⑦收款人开户银行给收款人收妥款项后，通知收款人入账。

⑧付款人与开户银行定期对账。

8.2.2 汽车维修价格结算的基本知识

1．汽车维修价格预算

汽车维修价格的预算，是汽车维修价格结算中的前期工作，托修方在接受维修服务之前，有权向承修方了解该次维修的价格。

（1）汽车维修价格预算的含义。汽车维修价格预算，是指汽车维修企业作为承修方与托修方在签订汽车维修合同之前，根据汽车维修前技术状况的鉴定，对所列出的维修项目进行维修费用的概算。

（2）汽车维修价格预算的程序和依据。汽车维修价格预算时，先由汽车维修企业的业务员或专职检验员进行待修车的进厂检验和检测工作，认真听取托修方对车况的陈述，并做必要的检验和不解体检测。介绍维修方案，与托修方共同确定维修项目，再根据所列的项目清单，确定维修工艺过程中所牵涉的工种，预计所需更换的材料费和加工费。然后根据维修工时定额标准及本企业收费标准，计算出将发生的维修预算总费用。

2. 汽车维修价格结算

汽车维修价格结算，是在承修车辆维修竣工交付使用时，由承修方对车辆维修作业所发生的全部工时费、材料费、外协加工费及其他各种费用，用统计的方法计算出来，向托修方收取全部费用的结算过程。

（1）汽车维修价格结算的特点。

①合法性：汽车维修价格结算必须遵循国家有关价格法律法规和行业管理规章，并承担相应的法律责任。做到明码实价，公开服务项目和收费标准，公平合理收费；建立采购配件登记制度，记录购买日期、供应商名称、地址、产品名称及规格型号等，并提供产品合格证等相关证明。对于换下的配件、总成，应交托修方自行处理。

②准确性：汽车维修价格结算工作务必做到统计准确，每项收费有凭有据，做到不错收、漏收或重复收费。

（2）汽车维修收费方式。经营者制定机动车维修服务价格可采用综合价格或分类价格的计价方式。

综合价格是指经营者在机动车维修服务中，对某项维修作业所需的工时费和材料费（含管理费）等各项费用实行包干计价而形成的价格。实行综合价格计价方式的，经营者不得收取除综合价格以外的任何费用。

分类价格是指经营者在机动车维修服务中，对维修作业的工时费、材料费（含管理费）及其他费用分别计价而形成的价格。分类价格收费的汽车维修企业，可按机动车维修协会等行业中介组织统一制定的标准执行，也可按经营者报所在地维修行业管理部门备案后的标准执行，还可按机动车生产厂家公布的标准执行。当与上述标准不一致时，优先采用经营者所在地维修行业管理部门备案的标准执行。

8.2.3 汽车维修价格结算的计算方法

汽车维修价格结算主要包括工时费、材料费和其他费用的结算。

1. 汽车维修工时费

汽车维修工时费是指汽车维修所付出的劳务费用，即完成一定的维修作业项目而消耗的人工作业时间所折算的费用。

我国规定汽车维修工时费按统一规定的"工时单价"与统一规定的"定额工时"相乘的乘积进行计算，即汽车维修工时费的计算公式为：

$$工时费 = 工时单价 \times 定额工时$$

（1）汽车维修工时单价。是统一规定的完成某种汽车维修作业项目每 1 小时的收费标准。根据汽车维修作业项目的不同，可将汽车维修工时单价划分为汽车大修（包括发动机、车架、变速器、前桥、后桥、车身等总成大修）、汽车维护（包括一级维护、二级维护）和专项修理（包括小修）3 种，各类维修作业项目规定不同的工时单价标准。

汽车维修工时单价一般由各省交通行业主管部门和物价管理部门统一制定并向社会公布

执行。

(2) 汽车维修工时定额。是统一规定的完成某种维修作业项目所需要的工时限额，通常也称为定额工时。汽车维修工时定额是汽车维修企业计算和收取汽车维修工时费的最高限额。汽车维修企业在收取汽车维修工时费时，必须严格按照统一规定的维修工时定额标准进行计算。它一般也是由各省交通行业主管部门和物价管理部门统一制定并向社会公布执行的。

汽车维修工时定额根据汽车维修作业项目的不同，规定了不同类别的工时定额标准。一般主要分为以下几类。

①汽车大修工时定额：一般根据车辆类别和参数，如客车按座位数、货车按吨位、轿车按型号等参数，规定不同的工时定额标准。

②汽车总成大修工时定额：一般根据车辆类别和参数，如客车按座位数、货车按吨位、轿车按型号等参数，规定其各主要总成的工时定额标准。

③汽车维护工时定额：一般也是根据车辆类别、型号和参数等，分别规定其一级维护、二级维护的工时定额标准。各级汽车维护工时定额，是指按国家或当地交通行业主管部门规定的汽车维护作业项目的全部工时限额，一般不包括汽车维护作业范围以外的附加维修作业项目的工时。

④汽车小修工时定额：一般根据车辆类别、型号和参数等，规定具体的汽车小修作业项目的工时定额标准。

汽车维修工时定额除了用于计算汽车维修工时费以外，在汽车维修企业内部还可用作维修作业派工、维修工作量考核等的依据。

2. 汽车维修材料费

汽车维修材料费是指汽车维修过程中合理消耗的材料的费用，一般分为配件费、辅助材料费和油料费3类。

(1) 配件费。配件费用包括外购配件费、自制配件费和修旧配件费3种。

①外购配件费：即使用汽车维修业户购进的汽车配件的费用。按实际购进的价格收费。

②自制配件费：指使用汽车维修业户自己制造加工的汽车配件的费用。属于国家（或省）统一定价的，按统一价格收费；无统一定价的，按实际加工成本价收费；对个别加工成本较高的配件，可与用户协商定价。

③修旧配件费：指由汽车维修业户在加工修复备用旧汽车配件时所需的费用。

(2) 辅助材料费。汽车维修辅助材料费是指汽车维修过程中消耗的棉纱、砂布、锯条、密封纸垫、开口销、通用螺栓、螺母、垫圈、胶带等低值易耗品。汽车维修过程中这类材料的消耗不易单独核算费用，因此，交通行业主管部门和物价管理部门一般按汽车维修作业的不同类别和车辆的不同类型规定"汽车维修辅助材料费用定额"，作为汽车维修辅助材料费的收费标准。汽车维修业户应依据汽车维修辅助材料费用定额收取汽车维修辅助材料费。

(3) 油料费。是指汽车维修过程中消耗的机油、齿轮油、润滑脂、汽油、柴油、制动液和清洗剂等油品的费用。对汽车维修过程中各种油料的消耗，交通行业主管部门和物价管理部门一般也按照汽车维修作业的不同类别和车辆的不同类型规定统一的"油料消耗定额"。各种油料的费用应依据规定的油料消耗定额与油料的现行市场价格进行计算和收取。

3. 其他费用

其他费用是指上述费用以外的、汽车维修过程中按规定允许发生的费用，主要包括材料管理费、外协加工费等。

（1）材料管理费。是指在汽车维修过程中使用维修业户的外购汽车配件时，在其购进价格的基础上加收的一部分费用。材料管理费的实质，是对汽车维修业户外购汽车配件过程中所发生的采购费用、运输费用、保管费用及材料损耗等费用的补偿。

材料管理费的计算方法是，以汽车维修过程中所消耗的外购配件费用为基数，乘以规定的材料管理费率，即

$$材料管理费=汽车维修过程中所消耗的外购配件费用×材料管理费率$$

材料管理费率由交通行业主管部门和物价管理部门统一规定，一般为7%~8%。

但是，在汽车维修过程中使用的辅助材料和油料，以及使用维修业户的自制配件和修旧配件，都不允许加收材料管理费。

（2）外协加工费。外协加工是指在汽车维修过程中，由于承修企业的设备与技术条件所限不能进行的加工项目，由承修企业组织到厂外进行的加工。

外协加工项目，如果属于客户报修的维修类别规定的作业范围之外的项目，其外协加工费一般由承修企业事先垫付，然后向客户照实收取；但如果外协加工项目包含在客户报修的维修类别规定的作业范围之内，则承修企业应按相应的标准工时定额收取工时费用，不得再向客户加收外协加工费。

4．汽车维修总费用的计算

汽车维修总费用就是工时费、材料费和其他费用3项之和，即

$$维修总费用=工时费+材料费+其他费用$$

按汽车维修行业管理部门的规定，车辆维修竣工后，维修企业必须出具有效发票，其中工时费、材料费、材料管理费和外协加工费等，必须开列清楚，并附有工时清单、材料清单，其中一份交托修方。工时清单应标明维修项目、工时单价、分项工时费和总工时费用。材料清单应标明材料名称、型号、规格、数量、单价和材料总费用。

8.2.4 汽车维修价格结算常用单据

汽车维修行业的收费一般采用国家指导价。在汽车维修行业的价格体系中，价格之间的相互关联、相互制约的主要因素有维修技术及劳务、维修材料及流通环节、生产规模及修车数量、维修质量及装备和地区差别等。这些因素之间相互作用、相互影响，把所有的价格因素互相联系起来，从而构成汽车维修行业的完整的价格体系。

为了加强汽车维修企业价格结算工作的管理，规范汽车维修企业价格结算行为，保护汽车维修承托双方的合法权益，在进行维修价格结算工作时，把以下单据作为结算工作的依据：

（1）汽车维修合同文本；

（2）维修检验单及《机动车维修竣工出厂合格证》；

（3）施工单（或称派工单）；

（4）材料、工时费结算清单；

（5）《汽车维修业户专用发票》（小规模纳税人用）；

（6）《增值税专用发票》（增值税一般纳税人用）。

1．汽车维修合同文本

汽车维修合同是一种契约。它是托修方和承修方当事人为了协同其汽车维修活动，达到按规定标准和约定条件维修汽车的目的，从而协商签订的相互制约的法律性契约。

汽车维修合同依法签订后，即具有法律约束力。承、托修双方必须对合同中的权利和义务

负责，必须承担由此而引起的一切法律后果。

2. 维修检验单及《机动车维修竣工出厂合格证》

（1）维修检验单。维修检验单是签订汽车维修合同和填写施工单或派工单的重要依据，样式如下所示：

×××汽车维修检验单

单位（章）：　　　　合同号：　　　　厂编号：

单位				联系人			联系电话			
牌号		车类		厂牌车型			进厂		年 月 日 时	
里程		维修类别		维修小组			出厂		年 月 日 时	
维修车辆进出厂交接内容										
名称	进厂	出厂		名称	进厂	出厂	名称		进厂	出厂
1．驾驶证				10．喇叭			19．座垫			
2．道路运输证				11．收放音机			20．备胎			
3．车辆技术档案				12．冷热风机			21．备胎架			
4．牌照				13．空调装置			22．挂钩			
5．空气滤清器				14．门锁及钥匙			23．保险杠			
6．蓄电池				15．门把			24．轮胎装饰盖			
7．水箱盖				16．遮阳板			25．工具箱			
8．油箱盖				17．后视镜			26．油箱存油			
9．雨刮器				18．座椅靠背及套			27．灭火器			
检查点符号：有（√）　缺（0）　无（×）										
车辆进厂方式：开进（ ）　拖进（ ）　装进（ ）　事故（ ）										
车辆出厂方式：接走（ ）　送达（ ）										
车辆检测及出厂手续签发记录										
检测报告单		上线检测次数			初检不合格项		竣工出厂合格证号			签发人
维修发票号		工时费（元）			材料费（元）		合计维修费用（元）			接车人

（2）《机动车维修竣工出厂合格证》。机动车维修竣工质量检验合格的，维修质量检验人员应当签发《机动车维修竣工出厂合格证》，未签发《机动车维修竣工出厂合格证》的机动车，不得交付使用，客户可以拒绝交费或接车。

《机动车维修竣工出厂合格证》由省级道路运输管理机构统一印制和编号，市级汽车维修管理机构统一管理，县级汽车维修管理机构负责发放，并对其监督管理，机动车维修企业管理本单位《机动车维修竣工出厂合格证》的签发。

3. 施工单（或称派工单）

汽车维修施工单样式如下所示。

×××修理厂施工单

工作单号			车主电话					
车主			接车日期					
车牌			预约交车日期					
车型			完工交车日期					
派工			工时费合计					
序号	维修类别	作业项目	工时（h）	单价（元）	工时费（元）	修理工（签名）	备注

施工单是由业务部门根据维修合同中"维修类别及项目"栏中的内容开出实施维修工作的单据，是维修车间进行维修工作的依据。业务接待填写施工单时，必须依据维修合同的"维修类别及项目"进行。施工单中的维修项目必须符合维修合同中的"维修类别及项目"，不能超出维修合同所规定的维修范围。

车辆在维修过程中，施工单在维修车间应随车一起流动。维修人员若在维修过程中发现新的问题需要增加维修项目的，必须反映给业务接待。新增维修项目，由业务接待与客户取得联系，经客户同意后方可增加，否则，进行该项目所发生的工时费、材料费等一切费用在结算时无法律效力，即未经客户同意增加的维修项目不能进行结算计费。

在车辆维修竣工价格结算时，进行工时费核算，按施工单和维修合同，对照施工单中的维修项目是否超出维修合同中"维修类别及项目"一栏所列出的范围，做出工时结算。

施工单应包括如下内容。

（1）工作单号：本次承、托修合同编号。
（2）车主：车主姓名或单位名称。
（3）电话：车主联系电话号码。
（4）车牌：托修车辆号牌号码。
（5）车型：托修车辆型号。
（6）接车日期。
（7）预约交车日期。
（8）完工交车日期。
（9）序号：本施工单顺序号。
（10）维修类别：指大修、总成大修、维护和小修。
（11）作业项目：具体作业项目。
（12）修理工：修理工完成作业项目后签名。
（13）定额工时：指该维修类别与作业项目的定额工时。
（14）工时费：指该维修类别与作业项目的工时费。
（15）工时单价：企业明示的工时单价。
（16）备注：其他相关事宜，如增加作业项目等。

4. 工时、材料费结算清单

在车辆维修竣工价格结算时，进行工时费核算，必须提供工时、材料费结算清单。

（1）工时费结算清单样式。

×××汽车维修工时结算清单

托修单位/个人						
工作单号						
厂牌车型						
序号	维修项目	施工单（份）	单价（元）	工时（h）	工时费（元）	备注
				工时费合计		

单位_____　维修合同号_____　发票号码_____
签字_____　制　　单_____

（2）材料费结算清单样式。

×××汽车维修材料结算清单

工作单号			车牌			
车主			车型			
序号	材料名称及规格	单位	数量	单价（元）	材料费（元）	备注
		材料费合计				

单位_____　维修合同号_____　发票号码_____
签字_____　制　　单_____

知识拓展

羊群效应（The Effect of Sheep Flock）

领头羊往哪里走，后面的羊就跟着往哪里走。

羊群效应是指人们经常受到多数人影响，特别是某一行业的领先者（领头羊）的影响，而跟从大众的思想或行为，也称为"从众效应"。现实中，人们常常追随大众所同意的事件，自己并不愿思考事件的意义。经济学里经常用"羊群效应"来描述经济个体的"从众跟风"心理。"从众"心理很容易导致盲从，而盲从往往会使自己陷入骗局或遭遇失败。

管理启示

羊群效应带给我们的启示有：①不要轻易跟风，要保持自己的思考和判断，制造后发优势；②敏锐性、敏感性可以使你少受羊群效应带来的伤害；③信息的筛选变得越来越重要，越来越关键；④保持创新的动力，创新可以使你站在羊群的前列，成为羊群效应的受益者。

思考与练习

1. 什么是汽车维修合同？汽车维修合同的作用是什么？
2. 汽车维修合同的主要内容有哪些？
3. 如何进行汽车维修合同的变更和解除？
4. 增值税专用发票的开具时限有哪些？
5. 如何进行支票的挂失？
6. 纳税申报应提供哪些证件与资料？
7. 汽车维修价格结算的特点是什么？
8. 什么是汽车维修工时定额？汽车维修工时定额的分类有哪些？
9. 汽车维修价格结算常用单据有哪些？

能力训练

1. 设计一张汽车进厂时的"接车问诊单"，要求：服务双方职责分明，内容简明扼要且方便使用。
2. 分别找一些使用过的普通发票、增值税发票与作废支票，观察其书写方式与防伪标记。

单元 9 汽车售后服务管理软件

学习目标

1. 会操作汽车维修接待软件；
2. 会操作汽车配件软件；
3. 了解汽车保险理赔软件。

9.1 汽车售后服务管理软件的选择与使用

汽车售后服务管理软件是否可靠适用，对于整个公司的业务运作和员工的工作有着重要的影响。

汽修公司一般选择购买实用的汽车售后服务管理软件。常用的有北京运华天地、绍兴恒泰科技和广东超越等。

不同品牌的汽车售后服务管理软件从功能、质量、服务到价格都相差极大，需要仔细比较、精心选择。

汽修公司选择汽车售后服务管理软件，主要是由厂长或系统管理员负责，但他们必须广泛征求各个部门员工的意见，这些部门包括财务部、业务部、车间、库房和结算部等。业务员的意见应当受到足够重视。

选择汽车售后服务管理软件有以下基本要求。

1. 功能强大和实用性

对汽车售后服务管理软件最基本的要求是满足企业的业务管理要求，应选择功能强大与实用性好的软件。另外，至少还要考虑：

（1）单机还是网络，需要几台计算机？
（2）这些计算机放在哪些工位？
（3）处理哪些工作？
（4）谁处理这些工作？
（5）打印哪些单据和报表？谁阅读？谁签字？
（6）相互之间工作如何衔接？

在选择软件时，不应只考虑公司目前的管理状况，还要考虑公司未来的管理改革方向，以适应更高的管理要求。

2. 操作方便

汽车售后服务管理软件的使用和操作是否方便快捷，对于提高工作效率至关重要。

软件操作方便，就意味着：

（1）在很大程度上，减少操作员的记忆需求量；
（2）在很大程度上，减少操作员的手工计算需求量；
（3）在很大程度上，减少操作员的击键次数；
（4）尽可能实现全键盘操作或小键盘操作。

例如，对于零件查询，软件如果只提供按照编号头查询（按照编号的头几位查询），那么就需要我们把零件编号和修理项目编号的头几位完全背下来，那是很困难的。如果软件还能提供按照零件编号和修理项目编号的模糊查询、零件名称的模糊查询、厂家编号查询、零件名称的拼音字头查询、原厂编号查询、旧原厂编号查询、商品别称查询、车型查询、通用车型查询、互换号查询和规格查询等，那么，就会给业务员带来极大的方便。

3．使用灵活

员工在使用汽车售后服务管理软件中，往往要处理很多复杂的情况。比如，与客户讲价时要求快速查询过去的销售记录、进货记录；有时有的零件没有了，需要快速查询采购计划和订货档案；客户来修车，需要快速查询客户的修车档案和保养计划。如果汽修汽配管理软件能够提供这些灵活的功能，就可以大大提高员工处理各类复杂业务的能力。这些功能至少应当包括：

（1）快速查询客户档案；
（2）快速查询车辆档案；
（3）快速查询材料档案。

4．严谨性

汽车售后服务管理软件的严谨性，意味着软件不容易出错，各类数据报表清晰、明确、严谨、准确，符合一般的财会和统计规定。

5．速度快

汽车售后服务软件的速度快，可以提高员工的工作效率。软件的速度主要取决于该软件的编程技巧和数据平台。

6．易于维护

汽车售后服务管理软件是一个复杂的产品。它的使用，需要多种因素的配合，由于硬件故障、误操作、病毒等原因，发生错误是不可避免的。如果出现任何大小问题，都需要系统管理员或软件公司处理，就会耽误很多时间。软件最好具有易维护性，员工可以自己处理偶然发生的软件小问题。

7．价格

汽车售后服务管理软件的价格一般在几万元左右。

作为汽修公司的经营者，往往因为对计算机软件的细节不够了解，盲目追求低价位，但追求到的却是低品质和恶劣服务，这点要特别注意。

8．售后服务

由于汽车售后服务管理软件的复杂性和重要性，它的长期稳定的使用，必须依赖软件公司的良好售后服务，如软件维护响应的时间与费用等。

9.2 软件的基本功能介绍

下面以恒泰科技有限公司开发的汽车维修管理系统为例，讲述一般汽修管理软件的功能。

如图 9-1 所示为汽车维修管理软件的系统结构。

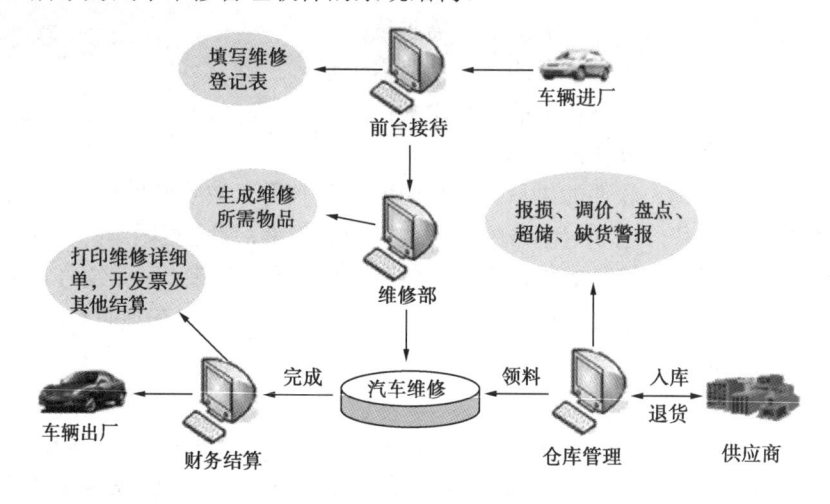

图 9-1　汽车维修管理软件的系统结构

汽车维修管理系统充分运用了先进的管理思想，管理细致明确，报表丰富，可以实现业务财务一体化，可满足大、中、小各种类型的汽车修理厂、快修店或各种汽车服务中心的管理需求。同时，全面实现实时化、定量化、网络化、智能化和个性化，并帮助企业实现业务管理的电脑一体化。

9.2.1　系统的特点

（1）本系统界面美观，全程实现简单化操作，即使不懂电脑的人也很容易上手。

（2）具有完善的安全性设计，能设置多级权限控制体系，可自定义使用权限及密码。

（3）电脑打印全部单据，单据工整、正规、美观。

（4）提供扫描枪接口，使日常操作更为简单、方便。

（5）使用先进的全字段检索查询，抛弃了同类软件中常用的难于记忆的通过数字编码来检索配件，所有信息均只需输入配件的拼音或五笔首字母即可自动检索出相应的配件材料，更易于操作员记忆，也加快了日常操作处理的速度。例如，领用配件中需要输入"机油泵"时，只需输入"jyb"或"JYB"，系统便会自动检索出该配件并直接填入。

（6）实现操作日志跟踪手段，能清楚地了解各个终端操作员的每一步操作，并且系统管理员可直接对各操作员的使用进行锁定控制。

（7）本软件的一大特点是数据转移功能，用户可以把以前的营业额等数据用 Excel 导出保存到别处，这样既可以提高软件的运行速度又可以使数据更加安全。当然，如果日后需要用到历史数据，还可以还原恢复。

（8）本软件的最大特点在于可以给操作员设定输入法习惯，如习惯用五笔的设定为五笔码后，就可用五笔输入法来输入和检索整个系统数据，这是其他同类软件极少能做到的。

9.2.2　系统的进入

如图 9-2 所示为汽车维修软件系统的主界面，包含系统、基础资料、仓库管理、施工领料、前台管理、统计查询、系统管理、窗口和帮助等菜单。

第一次登录恒泰汽车维修管理系统时，默认用户名为 admin，密码为 hengtek。

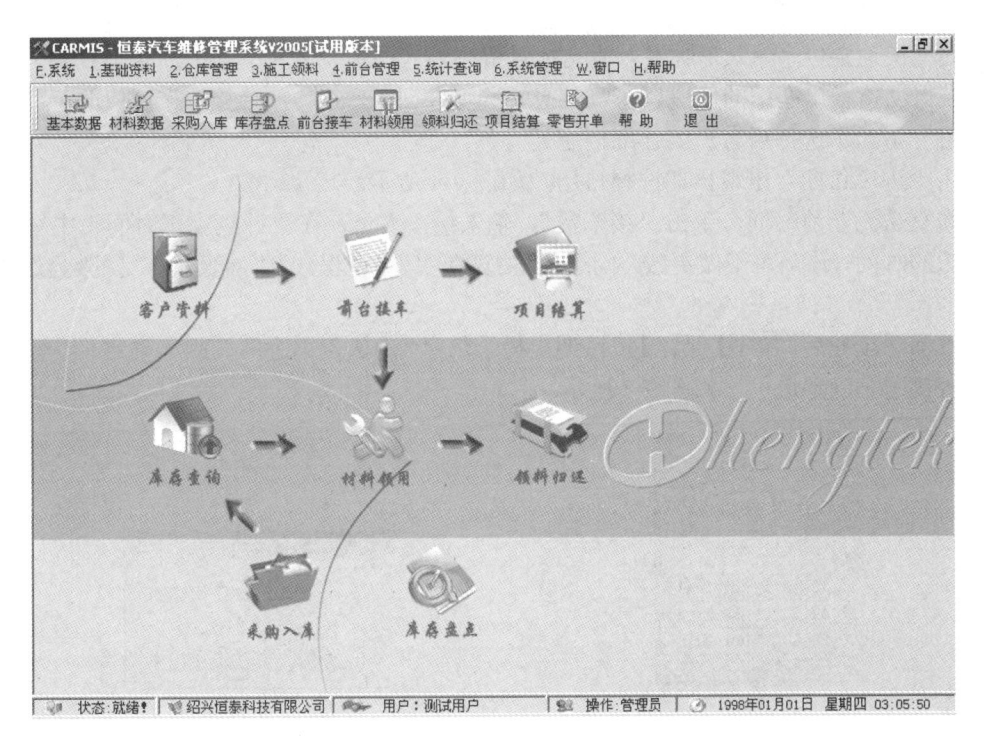

图 9-2 汽车维修软件系统的主界面

9.2.3 接车

客户来修车，首先由业务接待听取车主的诉求，对车辆进行仔细检查，然后在计算机软件上进行客户登记。

功能：实现对外来车辆的进厂操作，以便进行各项施工操作。

单击菜单【前台管理】→【前台接车】或单击导航图标，打开"前台接车"窗口，如图 9-3 所示。

图 9-3 "前台接车"窗口

单击"快速定位[输入车牌]",使光标停留在输入框中,输入车牌中的若干数字,按回车键,系统自动检索出匹配的已进厂车辆信息,选定并回车,在"前台接车"窗口的下部"车辆基本信息"中显示选择后客户的详细信息。

单击"进厂日期"出现日期选择日历,如图9-4所示。

系统默认为当前时间,单击"接车员",输入接车人员,在"计划完工时间"中填入车辆计划完工的时间,该项可不做更改。同理,"估算费用""里程数""油表量""预缴金"等信息可选填。

以上信息填完后,单击【保存】按钮调出提示信息"确认该车进厂?回车确定!",单击【是】按钮或直接回车确定进厂,如图9-5所示。

图9-4 日期选择日历

图9-5 车辆进厂确认信息

9.2.4 车间的调度

通过车间得到的维修单,对照计算机上的记录,车间调度开始决定调派修理工修理该车辆。

1. 加修

如果在修理过程中,发现有前台接待没有确定的修理项目,那么可以增加修理项目,在软件中记录为"加修"的项目。这些项目如果价格较高,应通知前台业务员,与车主联系,得到认可。

2. 减修

如果在修理的过程中,发现前台接待确定的修理项目没有必要修,那么可以减少修理项目,在软件中记录为"减修"的项目。在结算中,应当向客户说明。

3. 派工

将某个项目委派给某个修理工修理就是派工。派工时,可以根据计算机查询每个修理工的工作状态,手头是否有未完成的工作。派工时,应指定该工人可以得到的劳动工时,工人可以按照劳动工时得到奖金,在计算机上加以记录。

一个项目可以同时派给几个工人,如一个师傅和一个徒弟,劳动工时在他们之间自动按照规定的比例加以分配。

派工时,可以给工人打派工单。

4. 停工

如果某个修理项目因故停工了,应当在计算机上记录停工时间和停工原因。

业务接待主管会对停工的原因和停工的时间加以控制,一旦停工时间超标,就应该对各个造成停工的相关部门追究责任。

比如,停工原因是待料,待料的时间超过标准,那么就应该追究库房的责任;停工原因是等待车主就加修项目给予答复，等待时间超标，就应当追究前台业务员的责任；停工原因是等待设备，就应当考虑设备的维护或增购问题。

修理工的项目一旦停工，就可以给他派新的修理项目。

5．复工

停工的项目可以复工，同样要在计算机上记录复工的时间。

6．项目完工

一个修理项目完工了，要在计算机上记录完工时间。

7．项目检验

如果所有的项目都已经完工检验了，则应对车辆进行总检，在软件中记录总检时间和总检人。车辆总检后，即可转向完工。

9.2.5 库房的管理

在汽修厂，库房管理是一项复杂而重要的工作。如何储存合理数量的零件，既可以满足基本要求，又不占用过多的资金，是计算机管理的重要任务。

1．采购入库

功能：对采购材料的数量、进价、销售价等采购单据项的录入。

单击菜单【仓库管理】→【采购入库】或者工具栏上的桌面导航图标，进入"采购入库"主窗口。

单击"进货单位"使光标停留在输入框中，输入拼音码或五笔码后回车，如输入"hzdn"，系统会弹出相匹配的单位列表菜单，如"杭州东南五金汽配"，选择需要的单位按"回车"即可，如图9-6所示。

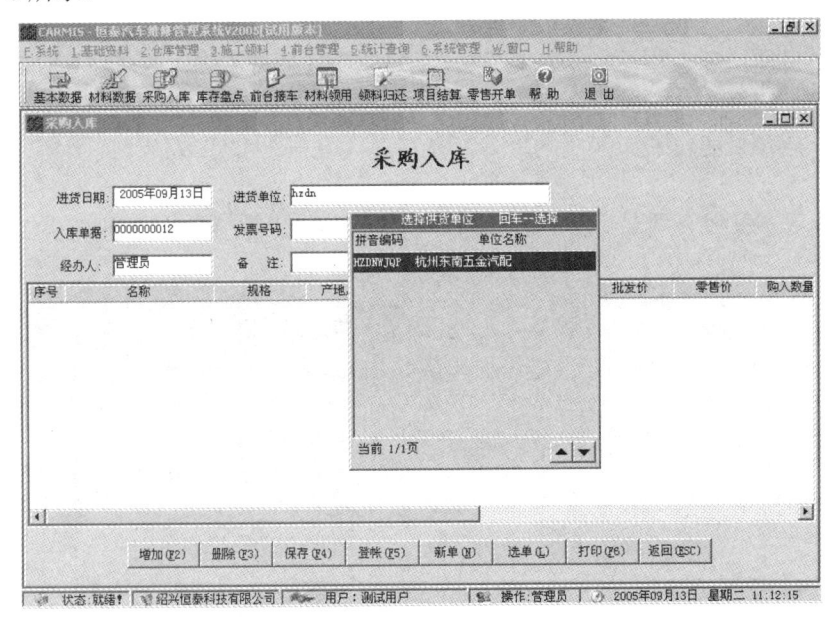

图9-6 选择进货单位

发票号码、备注等可选项如果不需要填写就直接按"回车"，系统会自动进入下一项。录入材料时在明细的名称栏里输入拼音码或五笔码后按"回车"，系统会弹出相匹配的材料，选择需要的材料按"回车"即可，如图9-7所示。

图 9-7 选择配件

选择产地，填入进价、零售价和数量等。按【登账】（界面中"登帐"应为"登账"，下同）按钮或按【F5】键后，系统会自动增加库存数量和金额。按【保存】按钮可保存当前单据，注意此时系统并不增加库存，只是保存当前单据，以便可以从【选单】中调用保存的单据进行修改后再登账。

提示：此处保存并不增加库存数量，只有在登账后才增加库存。

2．采购退货

功能：退还材料给供货商。

单击菜单【仓库管理】→【采购退货】进入"采购退货"主窗口。

选择进货日期，输入进货单位，如图 9-8 所示，按【查询】按钮或者按【F7】键，系统弹出该单位这段时间内的全部进货单据，选择其中的单据后按"回车"，系统自动把数据添加到进货明细中，用户只要再输入退货的数量，然后按【登账】按钮或按【F5】键即可完成材料的退货。

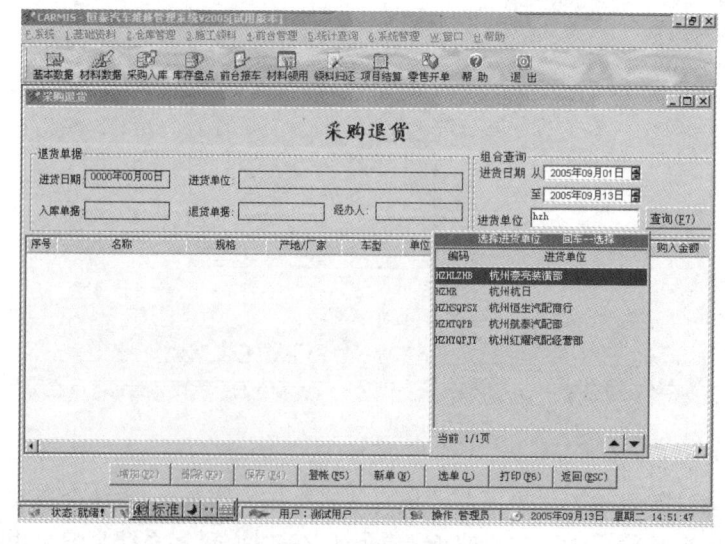

图 9-8 采购退货

3．库存盘点

功能：对仓库里的材料进行盘点，以保证库存数量与计算机内的账面数量一致。

建议：一段时间后定时盘点库存，如一个季度。

单击菜单【仓库管理】→【库存盘点管理】或导航图标的【库存盘点】，进入"库存盘点"窗口。

按【增加】按钮或按【F2】键，添加需要盘点的材料，如图9-9所示。输入数量，按【登账】按钮或按【F5】键完成盘点，库存自动增加或减少。按【保存】按钮是保存当前单据，注意此时系统并不改变库存，以后可以从【选单】中调用保存的单据进行修改后再登账。

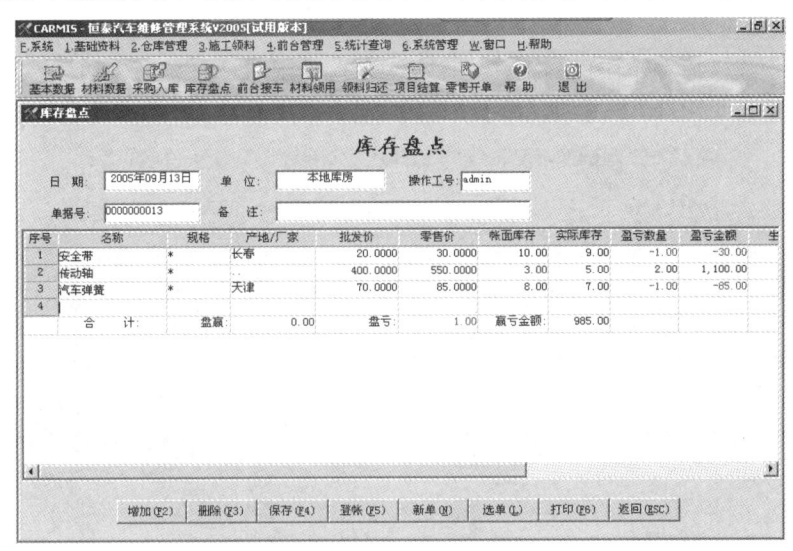

图 9-9 库存盘点

提示：此处保存并不更改库存数量，只有在登账后才更改库存。

4．材料报损

功能：对损坏的材料进行登记并减少库存数量。

单击菜单【仓库管理】→【库存材料报损】，进入"材料报损"窗口。

单击【增加】按钮或按【F2】键，添加需要报损的材料，材料输入方法与入库类似，输入数量，单击【登账】按钮或按【F5】键完成报损。按【保存】按钮是保存当前单据，注意此时系统并不改变库存，以后可以从【选单】中调用保存的单据来做修改并登账。

提示：此处保存并不更改库存数量，只有在登账后才更改库存。

5．材料调价

功能：对材料的销售价格进行调整以适应不断变化的价格趋势。

单击菜单【仓库管理】→【库存材料调价】，进入"材料调价"主窗口。

按【增加】按钮或按【F2】键，添加需要调价的材料，输入新的价格，按【登账】按钮或按【F5】键完成材料的调价。单击【保存】按钮保存当前单据，以后可以从【选单】中调用保存的单据来做修改并登账。

特别提示：调价只能调销售价格，进价与批发价格不能在此做调整。进价、批发价、销售价都是在入库时录入的，若该材料是第一次录入，则在入库时填入的销售价将作为结账的价格，若该材料已不是第一次入库，则在入库时系统会自动调出以往的批发价、销售价并填入。因同一材料在不同的批次进货，进货价格并不统一，但其销售价格、批发价格是一致的（这两类价格参照其首次录入时指定的价格），故该模块的调价所影响的范围也是该材料的所有批次。

6．日常单据维护

功能：对没有做登账处理的进货、盘点、调价、报损单据进行明细的增加、修改或删除等操作。

单击菜单【仓库管理】→【日常单据维护】，进入"日常单据维护"主窗口。

选择单据的类型，按【选单】按钮或按【F12】键，弹出该类型的具体单据，选择单据，按相应的按钮来增加、修改或删除，按【保存】按钮或按【F4】键完成单据的操作。

7．材料缺货报警

功能：对设置了库存下限的材料，当库存小于此下限时，系统会自动报警提示。

单击菜单【仓库管理】→【物品缺货报警】，进入"物品缺货报警"窗口，如图9-10所示。

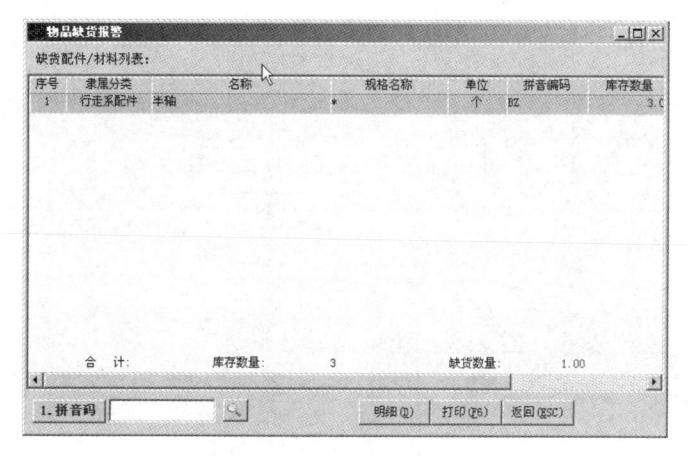

图 9-10　物品缺货报警

可在菜单【系统管理】→【库存临界设置】里设置具体材料库存的下限。

8．材料失效报警

功能：对有有效期的材料，系统会自动提前给出失效报警提示。

单击菜单【仓库管理】→【物品失效报警】，进入"物品失效报警"窗口，如图9-11所示。

在设置了提前天数和截止失效日期后，系统会自动提前进行失效报警。

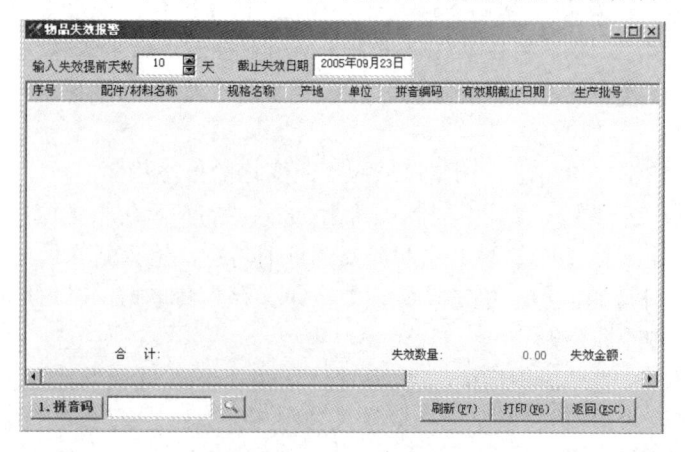

图 9-11　物品失效报警

9．材料超储报警

功能：对设置了库存上限的材料，当入库材料大于此上限时，系统会自动报警提示。

单击菜单【仓库管理】→【材料超储报警】，进入"物品超储报警"窗口，如图9-12所示。

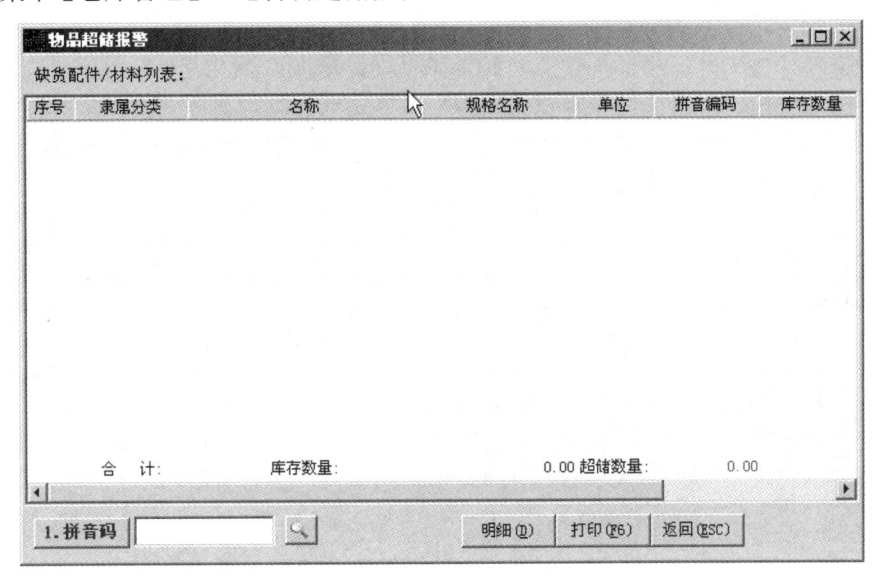

图9-12 物品超储报警

可在菜单【系统管理】→【库存临界设置】里设置具体材料库存的上限。

9.2.6 结算

1．项目结算

功能：对进厂车辆完成施工后的费用进行结算，结算内容包含材料费用和工时费用。

单击菜单【前台管理】→【项目结算】或单击导航图标，打开"项目结算"主窗口，如图9-13所示。

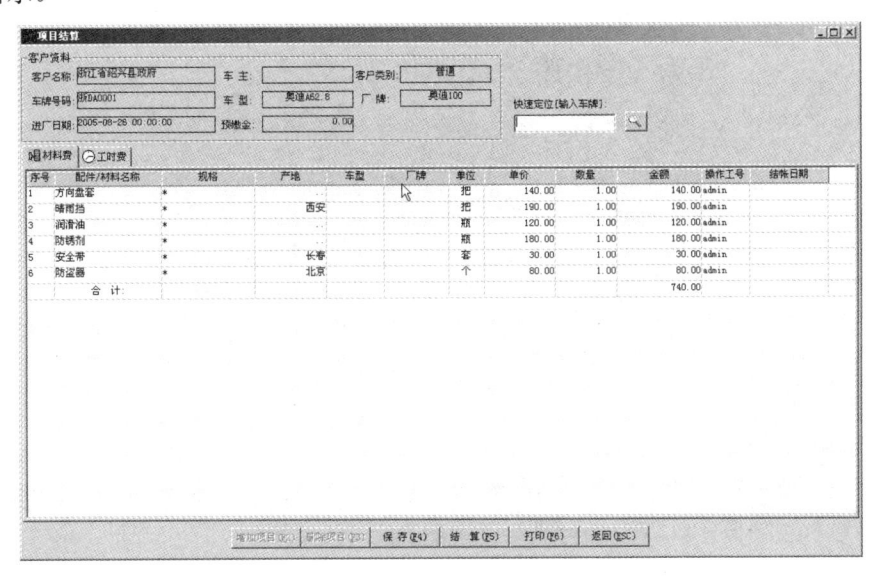

图9-13 项目结算

窗口下半部分为客户费用的分类：材料费和工时费。材料费即仓库中材料领用所产生的费用，工时费可以直接输入产生。

单击"快速定位［输入车牌］"，使光标停留在输入框中，输入车牌中的若干数字，按回车键或直接单击 按钮，系统会自动检索出匹配的已进厂车辆信息。选定并回车，在"项目结算"窗口的客户资料中显示客户的详细信息，并且在"材料费"和"工时费"中自动检索出该客户已经产生的所有费用。因材料费在材料领用时产生（网络版为在仓库录入，单机版为在另外模块中录入），所以在结账时材料费是不能做任何更改的，以保证数据的完整性。工时费可自由录入，但必须指定所隶属的工种，否则不能保存；其次，工时费保存后即作为历史费用，将不能再更改。费用录入完毕后单击【保存】按钮完成数据的存盘，以后还可再增加相关的费用。

所有费用录入完毕后，单击【结算】按钮或直接按【F5】键，完成数据保存并调出"出厂结算"窗口，如图 9-14 所示（图中"结帐"应为"结账"，下同）。

在该窗口中，可选的结账方式有现金结账和挂账结账。

（1）现金结账。结账后费用产生，进入当日日报以备每日查看费用。

（2）挂账结账。结账后费用不产生，但日报中作为挂账金额存在（即欠账），日后必须在某一时刻完成对该笔挂账费用的补交后才算正式结束。

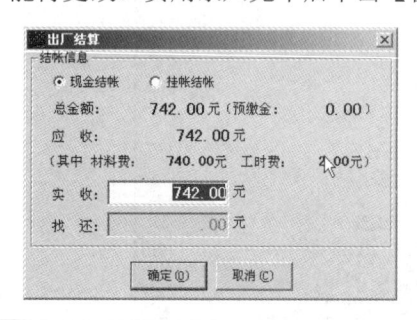

图 9-14 出厂结算

在该窗口中，"总金额"显示总共产生的费用，"应收"为总金额减去预缴金后的费用，材料费与工时费为两类费用各自的总数，"实收"默认为"应收"费用。在"实收"栏中填入金额，系统可自动在"找还"中计算出应该找还的金额。

例如，该客户应收费用为 1 295.00 元，在"实收"中填入 1 300.00，则"找还"中会自动显示应找还的金额为 5.00 元，以方便操作员计算。

单击【确定】按钮进行结账，系统出现"打印作业已传送至后台打印机，请撕下打印纸后打印机自动复位！"，回车后系统自动出该客户的结账单，如图 9-15 所示。

图 9-15 打印客户的结账单

特别提示：本系统有打印机走纸自动控制功能，即打印完后不需要人为转动打印机转轴，只需直接撕下结算单即可，下次打印时打印机会自动回到正确位置。若手工转动了打印机转轴，反而会使下次打印的位置不准确。

2. 取消项目结算

功能：对已结账的车辆（不包含挂账车辆）进行取消操作。发生该情况的可能有：对该结账车辆还需进行另外操作，或对该车辆结账操作有误。

单击菜单【前台管理】→【取消项目结算】，打开"取消项目结算"主窗口，如图 9-16 所示。

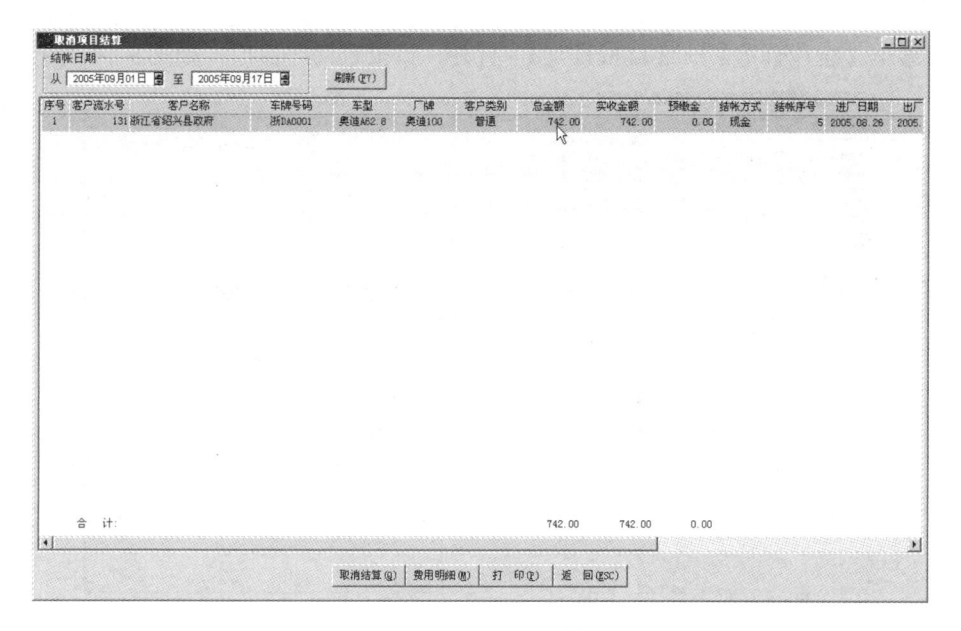

图 9-16　取消项目结算

单击【刷新】按钮或直接按【F7】键，可实时显示当日结账车辆的信息。

单击【费用明细】按钮，可显示该结账客户的详细费用，如图 9-17 所示。

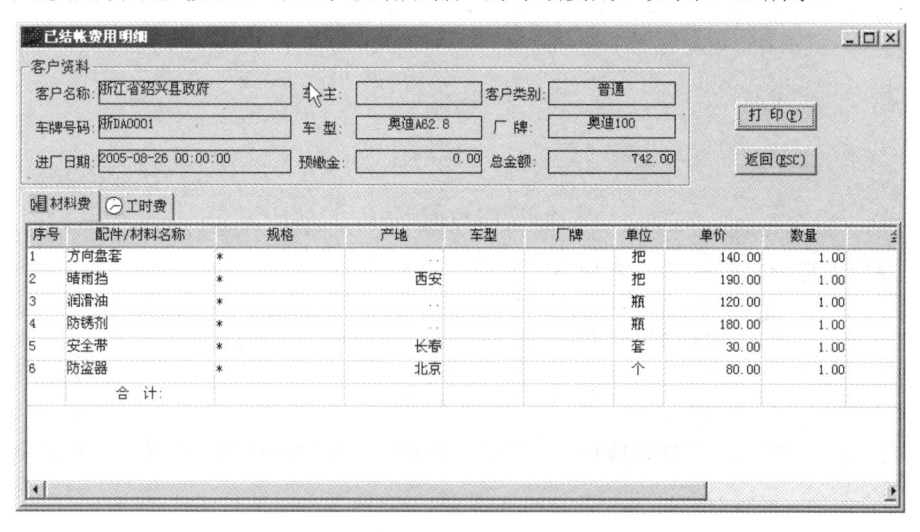

图 9-17　费用明细

单击【取消结算】按钮，出现提示"确认该车辆取消出厂结账吗？"，单击【是】按钮，提示"取消出厂结算成功，按任意键继续！"，如图 9-18 所示。

注意：在取消项目结算后，所操作车辆即与结账前一样。

9.2.7　统计查询

图 9-18　取消结算提示

1. 日报查询

功能：查看以往日报，以了解每日的营业情况及费用归类情况。

单击菜单【统计查询】→【日报查询】,打开"日报查询"窗口,如图 9-19 所示。

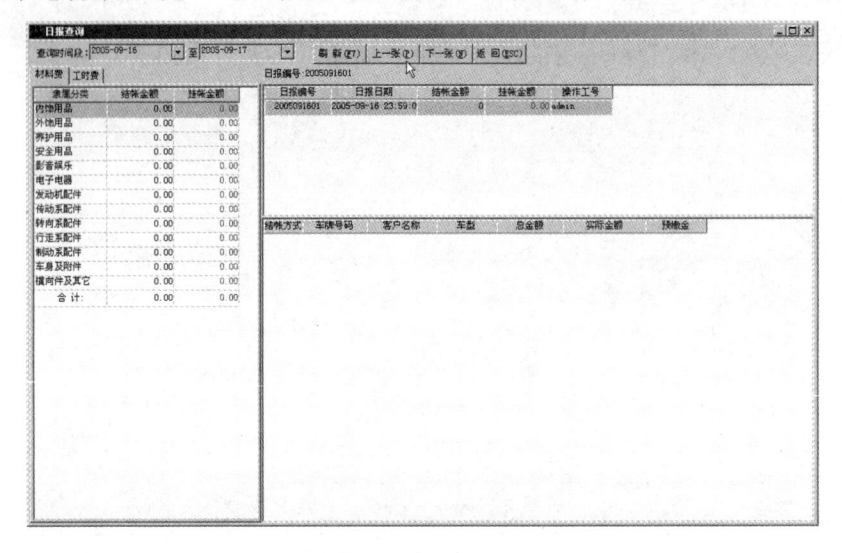

图 9-19　日报查询

该窗口中右上部分列表为该时间段的日报总信息,如图 9-20 所示。

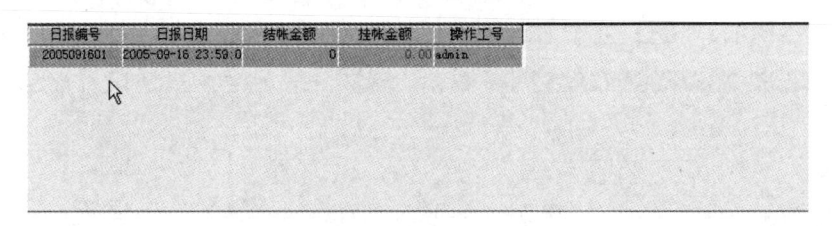

图 9-20　日报总信息

右下部分为选中日报的结算客户费用信息,如图 9-21 所示。

图 9-21　结算客户费用信息

左半部分为选中日报的费用按材料/工时费隶属归类后的计算值,如图 9-22 所示。

图 9-22　材料/工时费计算值

若要查询某段时间内的日报情况,可在"查询时间段中"单击箭头按钮▼,出现下拉日历表,在日历表中单击某一日期,再单击【刷新】按钮或直接按【F7】键进行检索即可。

2. 退货查询

功能:按条件自定义查询某段时间内产生的退货业务情况。

单击菜单【统计查询】→【退货查询】,打开"进出流水账页查询"窗口,如图 9-23 所示(图中"帐"应为"账",下同)。

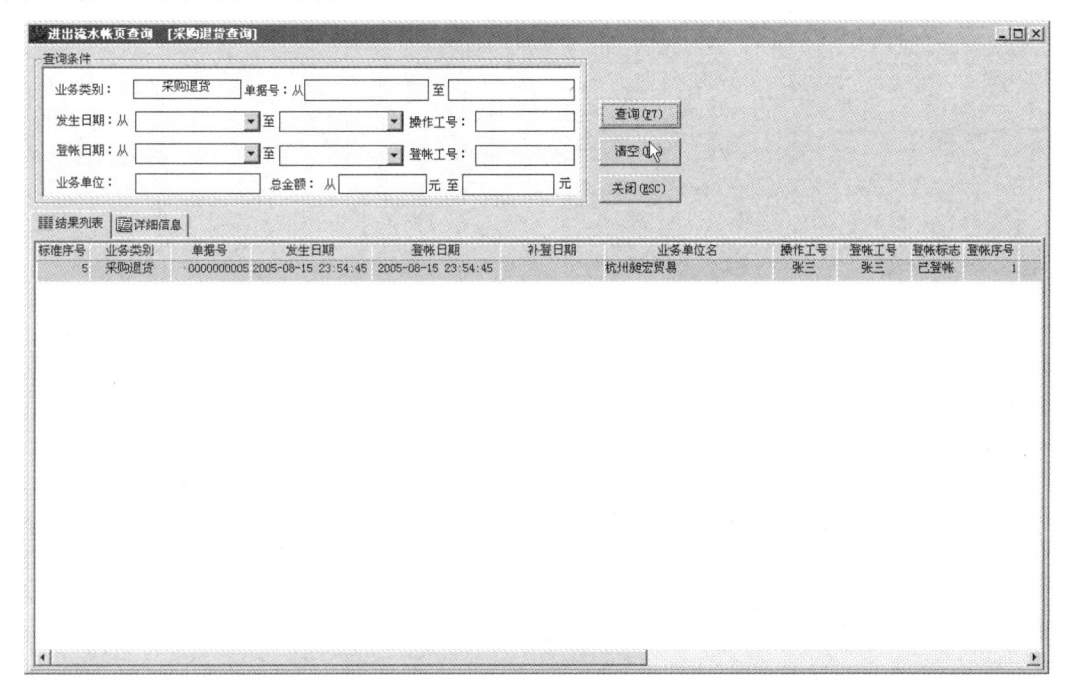

图 9-23 进出流水账页查询

"查询条件"中的"业务类别"不可编辑,可分别在"单据号""发生日期""操作工号""登账日期""登账工号""业务单位"和"总金额"中输入相关信息,单击【查询】按钮或直接按【F7】键进行检索,检索的结果出现在"结果列表"中,如图 9-24 所示。

图 9-24 结果列表

"详细信息"一页显示的是对应"结果列表"中某一笔业务单据的详细业务明细,如图 9-25 所示。

图 9-25 详细业务明细

若未能查询到任何业务单据则系统提示"找不到符合条件的信息!",若要进行第二次不同的查询,可在前次查询条件中进行修改,但若不需要某一查询条件,则必须单击【清空】按钮或直接按【F3】键后再次输入相应查询条件。

提示：若不输入任何查询条件信息直接单击【刷新】按钮或按【F7】键，则检索出的是所有的退货单据记录及其详细信息。

3．库存查询

功能：按条件自定义查询某些符合条件的配件材料的详细情况及所剩库存数量。

单击菜单【统计查询】→【库存查询】，打开"库存配件查询"窗口，如图9-26所示。

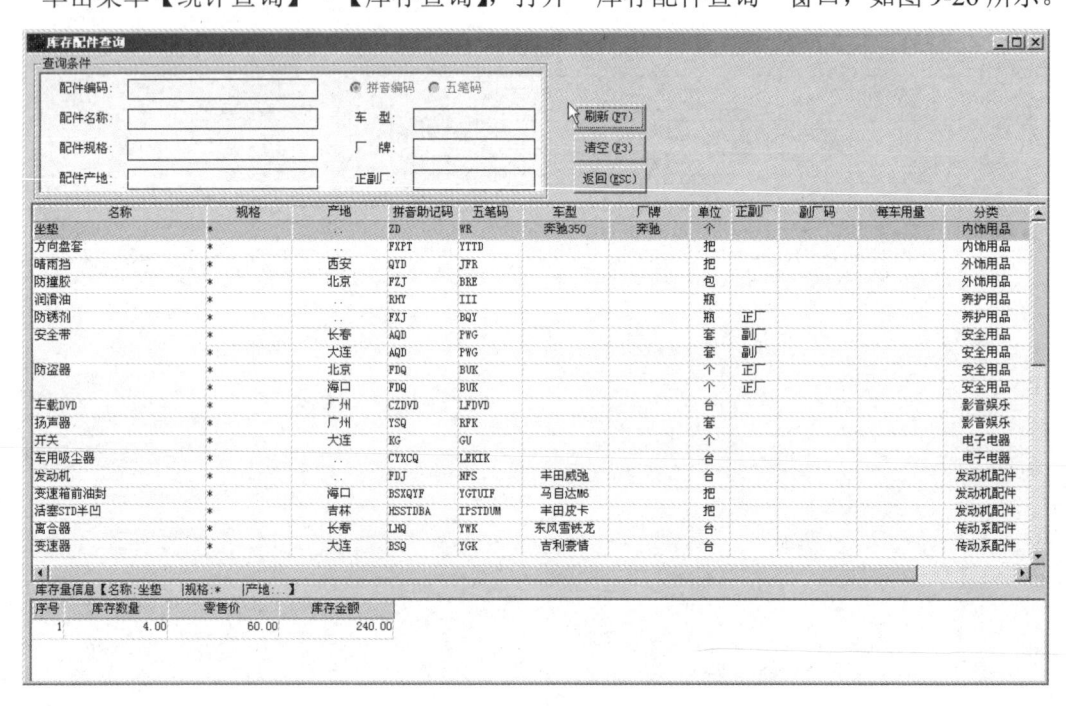

图9-26　库存配件查询

在"查询条件"中，分别在"配件编码""配件名称""配件规格""配件产地""车型""厂牌""正副厂"中输入相关信息，单击【查询】按钮或直接按【F7】键进行检索，检索出的结果出现在下面列表中。单击某一条记录，在"库存量信息"中显示当前配件材料的库存数量信息、零售价格和库存金额。

若未能查询到任何业务单据则系统提示"找不到符合条件的信息！"，若要进行第二次不同的查询，可在前次查询条件中进行修改，但若不需要某一查询条件，则必须单击【清空】按钮或直接按【F3】键后再次输入相应查询条件。

若不输入任何信息，直接单击【刷新】按钮，则检索出的是所有的配件材料信息。

提示：在窗口中有编码选择 ◉拼音编码 ◯五笔码，该选择为不可用。若显示的是"拼音编码"，则在"查询条件"的"配件编码"中可按拼音编码查询；若显示的是"五笔码"，则在"查询条件"的"配件编码"中可按五笔码查询。

若要改变输入编码方式，可在【用户管理】→【属性】→"个性化设置"中进行设置。

4．库存进出账页查询

功能：按条件自定义查询某段时间内产生的进货业务情况。

单击菜单【统计查询】→【库存进出账页查询】，打开"进出流水账页查询"窗口，如图9-27所示。

单元 9　汽车售后服务管理软件

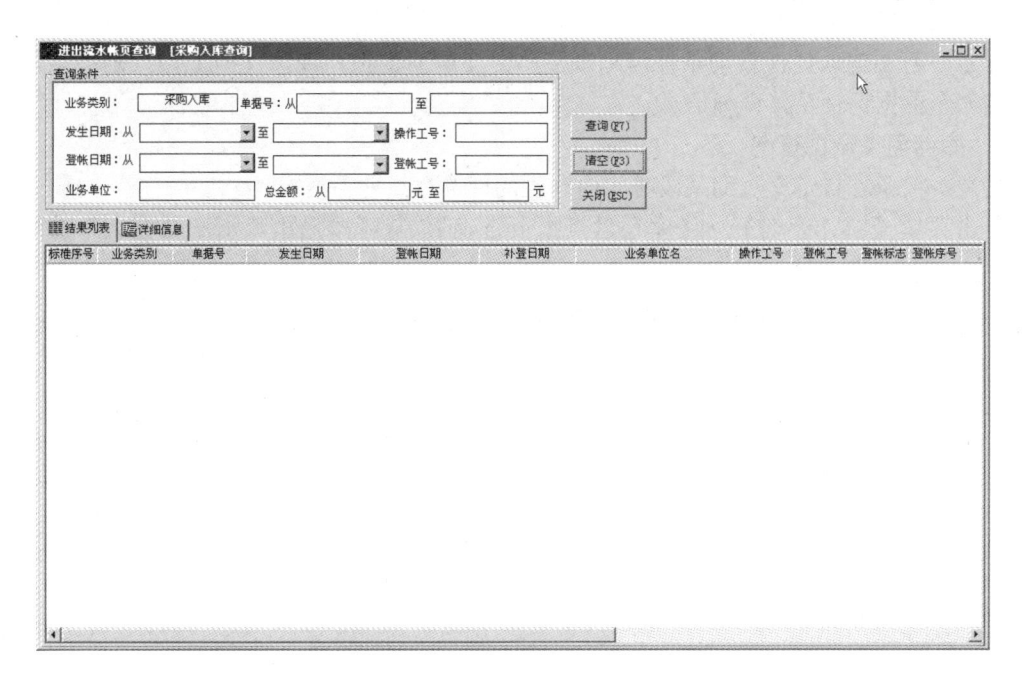

图 9-27　进出流水账页查询

"查询条件"中的"业务类别"不可编辑，可分别在"单据号""发生日期""操作工号""登账日期""登账工号""业务单位""总金额"中输入相关信息，单击【查询】按钮或直接按【F7】键进行检索，检索出的结果出现在"结果列表"中，如图 9-28 所示。

图 9-28　检索结果列表

"详细信息"一页显示的是对应"结果列表"中某一笔业务单据的详细业务明细，如图 9-29 所示。

图 9-29　结果列表详细业务明细

若未能查询到任何业务单据则系统提示"找不到符合条件的信息！"，若要进行第二次不同的查询，可在前次查询条件中进行修改，但若不需要某一查询条件，则必须单击【清空】按钮或直接按【F3】键后再次输入相应查询条件。

203

提示：若不输入任何查询条件信息直接单击【刷新】按钮或按【F7】键，则检索出的是所有的入库单据记录及其详细信息。

5．库存盘点账页查询

功能：按条件自定义查询某段时间内产生的库存盘点业务情况。

单击菜单【统计查询】→【库存盘点账页查询】，打开"进出流水账页查询"窗口，如图9-30所示。

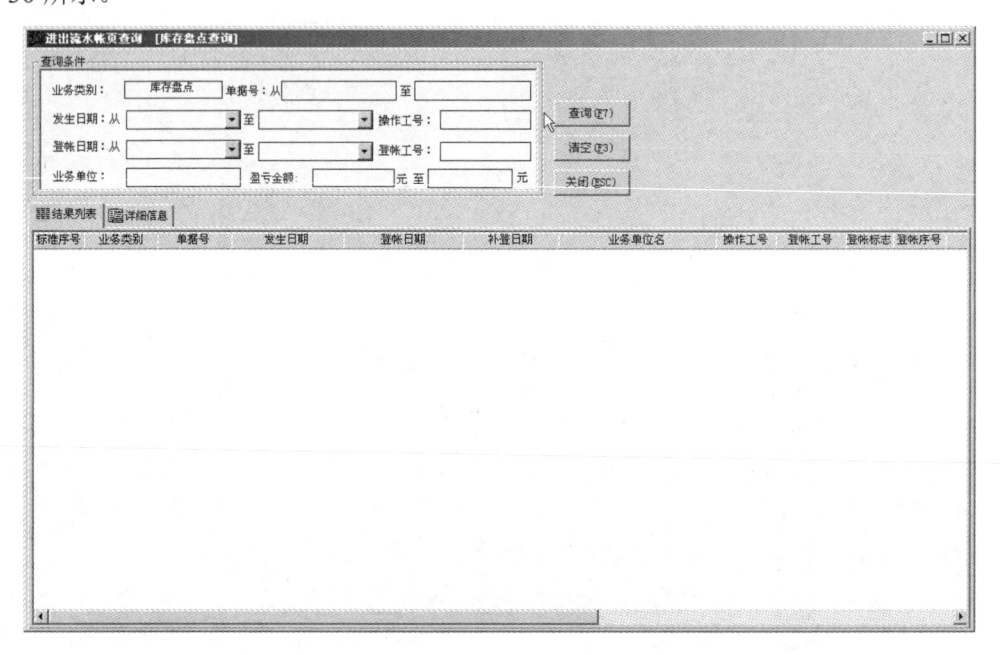

图9-30　库存盘点查询

"查询条件"中的"业务类别"不可编辑，可分别在"单据号""发生日期""操作工号""登账日期""登账工号""业务单位""盈亏金额"中输入相关信息，单击【查询】按钮或直接按【F7】键进行检索，检索出的结果出现在"结果列表"中，"详细信息"一页显示的是对应"结果列表"中某一笔业务单据的详细业务明细。若未能查询到任何业务单据则系统提示"找不到符合条件的信息！"，若要进行第二次不同的查询，可在前次查询条件中进行修改，但若不需要某一查询条件，则必须单击【清空】按钮或直接按【F3】键后再次输入相应查询条件。

提示：若不输入任何查询条件信息直接单击【刷新】按钮或按【F7】键，则检索出的是所有的盘点单据记录及其详细信息。

6．库存调价账页查询

功能：按条件自定义查询某段时间内产生的库存调价情况。

单击菜单【统计查询】→【库存调价账页查询】，打开"进出流水账页查询"窗口，如图9-31所示。

"查询条件"中的"业务类别"不可编辑，可分别在"单据号""发生日期""操作工号""登账日期""登账工号""业务单位""调价金额"中输入相关信息，单击【查询】按钮或直接按【F7】键进行检索，检索出的结果出现在"结果列表"中，"详细信息"一页显示的是对应"结果列表"中某一笔业务单据的详细业务明细。若未能查询到任何业务单据则系统提示"找不到符合条件的信息！"，若要进行第二次不同的查询，可在前次查询条件中进行修改，但若不需要某一查询条件，则必须单击【清空】按钮或直接按【F3】键后再次输入相应查询条件。

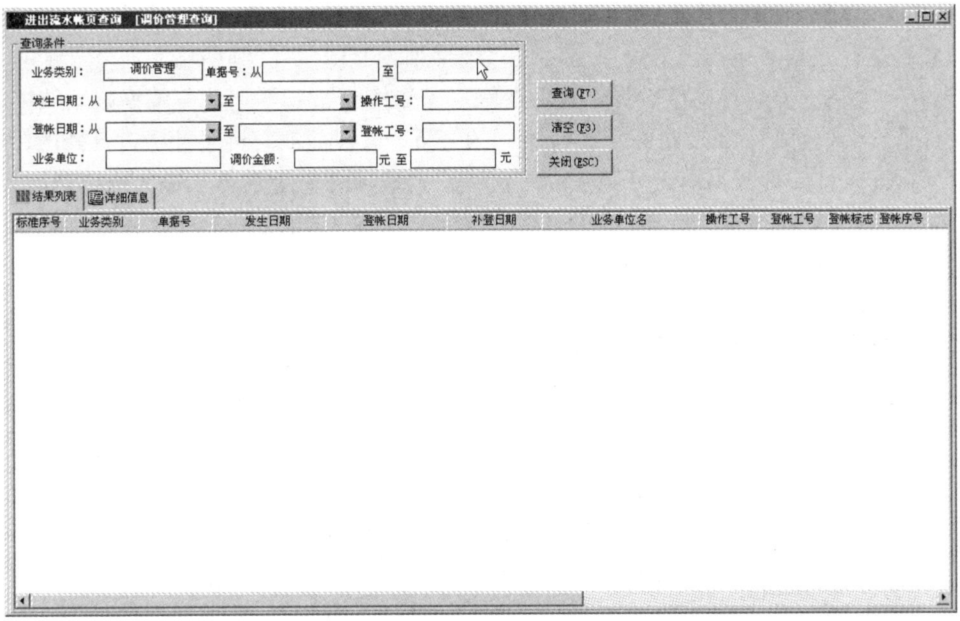

图 9-31　调价管理查询

提示：若不输入任何查询条件信息直接单击【刷新】按钮或按【F7】键，则检索出的是所有的材料调价单据记录及其详细信息。

7．库存报损账页查询

功能：按条件自定义查询某段时间内产生的库存报损情况。

单击菜单【统计查询】→【库存报损账页查询】，打开"进出流水账页查询"窗口，如图 9-32 所示。

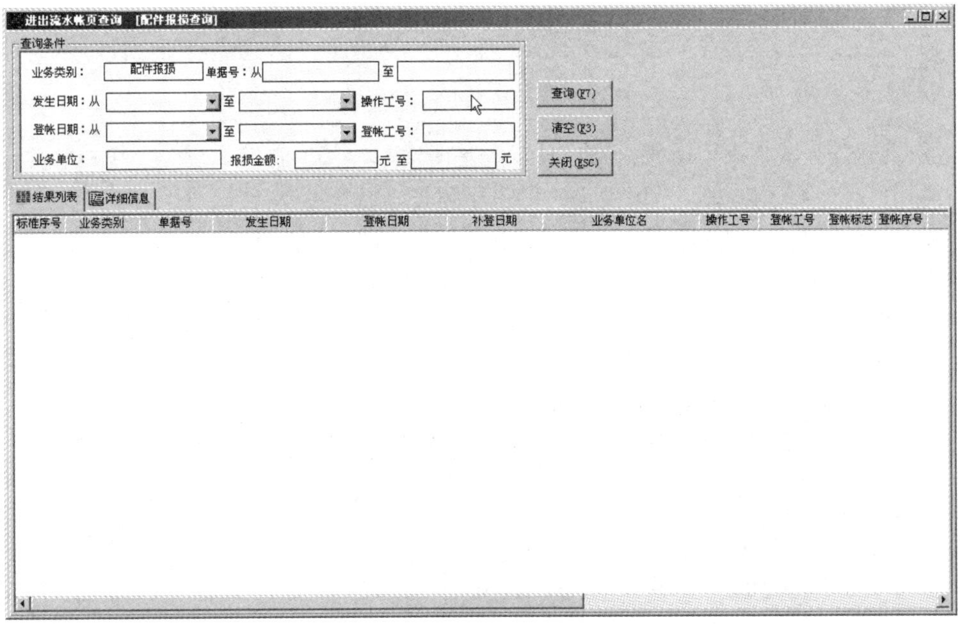

图 9-32　配件报损查询

"查询条件"中的"业务类别"不可编辑,可分别在"单据号""发生日期""操作工号""登账日期""登账工号""业务单位""报损金额"中输入相关信息,单击【查询】按钮或直接按【F7】键进行检索,检索出的结果出现在"结果列表"中,"详细信息"一页显示的是对应"结果列表"中某一笔业务单据的详细业务明细。若未能查询到任何业务单据则系统提示"找不到符合条件的信息!",若要进行第二次不同的查询,可在前次查询条件中进行修改,但若不需要某一查询条件,则必须单击【清空】按钮或直接按【F3】键后再次输入相应查询条件。

提示:若不输入任何查询条件信息直接单击【刷新】按钮或按【F7】键,则检索出的是所有的材料报损单据记录及其详细信息。

8. 结账车辆信息查询

功能:按车牌号码查询以往已结账车辆的维修施工记录及其费用明细。

单击菜单【统计查询】→【结账车辆信息查询】,打开"已结账车辆费用查询"窗口,如图 9-33 所示。

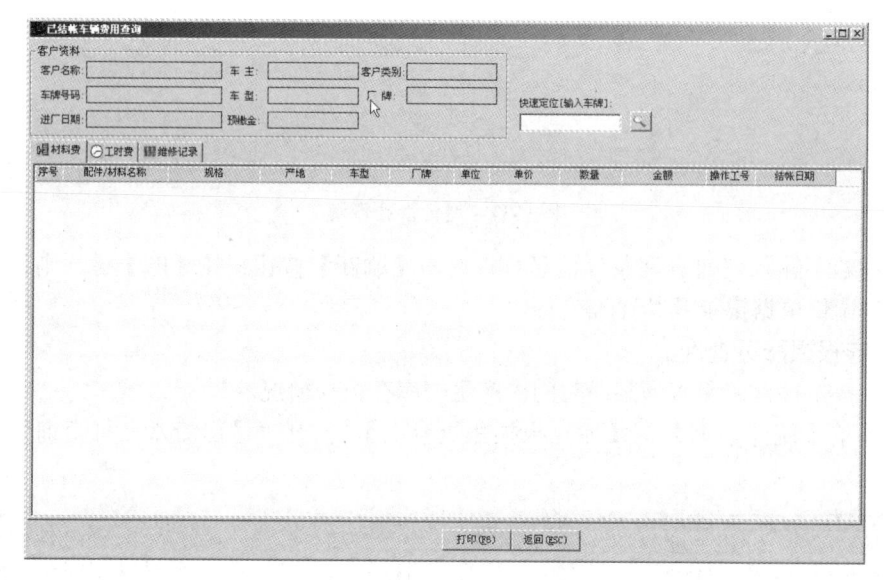

图 9-33 已结账车辆信息查询

"客户资料"区域为不可编辑区域,显示的是所选车辆的客户基本信息(客户名称、车主、客户类别、车牌号码、车型、厂牌及当时的进厂日期、预缴金等)。

单击"快速定位",使光标停留在输入框中,输入车牌中的若干数字,单击回车键或直接单击按钮,系统会自动检索出匹配的已进厂车辆信息,选定并回车。在"客户资料"中显示该客户的详细资料,下面三项检索区域(材料费、工时费和维修记录)会自动切换到"维修记录"这一区域,显示该客户的所有维修记录,如图 9-34 所示。

图 9-34 维修记录查询

单击某一条维修记录，可在"材料费"与"工时费"中显示相应的详细信息，如图 9-35 所示。

图 9-35　工时费查询

如在"快速定位"中输入车牌的某几个数字，则显示的是相匹配的所有车辆的维修记录，如输入"123"则会显示车牌为"浙 D/R0123""浙 D/R1234"和"浙 D/T1230"等。

同理，若不输入任何字符，则显示的是所有的车辆信息。

9．修理工时费用核算查询

功能：可根据时间段、班组、时间方式（按月、按周、按天）查询出已存盘的相关数据。

单击菜单【统计查询】→【修理工时费用核算查询】，打开"修理工时费用核算查询"窗口，如图 9-36 所示。

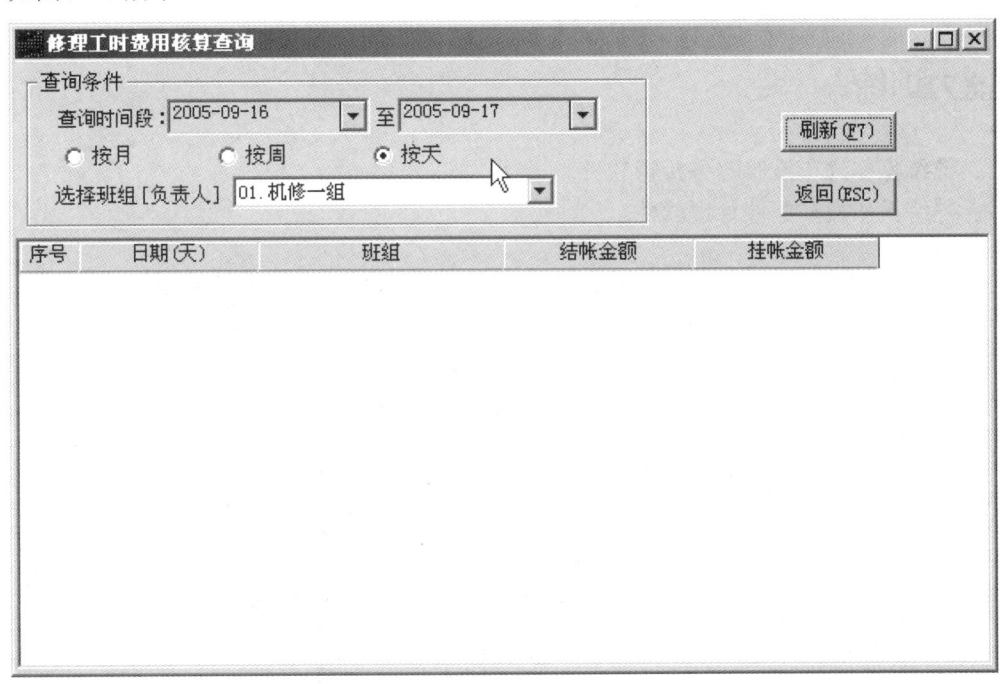

图 9-36　修理工时费用核算查询

单击【刷新】按钮或直接按【F7】键可查询出符合条件的相关信息。

知识拓展

破窗理论（Broken Windows Theory）

一栋房子如果有一扇窗户破了，没有人去修补，隔不久，其他的窗户也会莫名其妙地被人打破；一面墙，如果出现一些涂鸦没有被清洗掉，很快的，墙上就布满了乱七八糟、不堪入目的东西；一个很干净的地方，人们不好意思丢垃圾，但是一旦地上有垃圾出现之后，人们就会毫不犹豫地乱抛垃圾，丝毫不觉得羞愧。

管理启示

任何一种不良现象的存在，都在传递着一种信息，这种信息会导致不良现象的无限扩展；同时，必须高度警觉那些看起来是偶然的、个别的、轻微的"过错"，如果对这种行为不闻不问、熟视无睹、反应迟钝或纠正不力，就会有更多的人"去打烂更多的窗户玻璃"，极有可能演变成"千里之堤，溃于蚁穴"的恶果。

思考与练习

1. 汽车售后服务管理软件的基本要求是什么？
2. 一般的汽修管理软件有哪些功能？
3. 如何进行修理工时费用核算查询？
4. 如何进行库存配件信息查询？

能力训练

1. 熟练操作汽车维修服务接待软件。
2. 熟练操作汽车配件管理软件。

单元 10

车辆三包索赔和车辆保险理赔

学习目标

1. 了解车辆三包的原则与内容；
2. 熟悉车辆三包索赔的条件与流程；
3. 了解车辆保险的种类；
4. 熟悉车辆承保与理赔的流程。

10.1 车辆三包概述

10.1.1 车辆三包的定义

汽车三包指汽车的包修、包换和包退。

我国现阶段，按照《家用汽车产品修理、更换、退货责任规定》，为了保护家用汽车产品消费者的合法权益，明确家用汽车产品可以实现修理、更换、退货，其他类别的汽车尚不能完全实现三包规定，一般仅实现汽车产品的包修规定。

1. 包修（修理）

自销售者开具购车发票之日起，家用汽车产品在汽车产品包修期内，出现产品质量问题，符合三包规定的包修条件，消费者凭三包凭证、购车发票等由修理者免费修理（包括工时费和材料费），即消费者可以免费修车。

2. 包换（更换）

自销售者开具购车发票之日起，家用汽车产品在汽车产品三包有效期内，出现严重的质量问题，符合三包规定的包换条件，消费者凭三包凭证、购车发票等由销售者更换家用汽车产品，即消费者可以换车。

3. 包退（退货）

自销售者开具购车发票之日起，家用汽车产品在汽车产品三包有效期内，出现严重的质量问题，符合三包规定的包退条件，消费者凭三包凭证、购车发票等由销售者退还家用汽车产品，即消费者可以退车。

10.1.2 车辆三包的原则

家用汽车产品实行"谁销售谁负责"的三包原则。按照《家用汽车产品修理、更换、退货责任规定》规定："家用汽车产品三包责任由销售者依法承担。销售者依照规定承担三包责任后,属于生产者的责任或者属于其他经营者的责任的,销售者有权向生产者、其他经营者追偿。"

10.1.3 车辆三包的责任

1. 车辆包修期和三包有效期

车辆三包有效期是指汽车制造商向消费者卖出商品时,承诺的对该商品因质量问题而出现故障时提供免费维修、更换或退货的期限。

家用汽车产品包修期限不低于3年或者行驶里程60 000km,以先到者为准;家用汽车产品三包有效期限(包退、包换)不低于2年或者行驶里程50 000km,以先到者为准。

家用汽车产品包修期和三包有效期自销售者开具的《机动车销售统一发票》之日起计算。

2. 零件质量保证期

零件质量保证期指在特约服务站更换的零部件的质量保证期。一般汽车生产厂家采用与新车零部件相同的质量保证期。

家用汽车产品的易损耗零部件在其质量保证期内出现产品质量问题的,消费者可以选择免费更换易损耗零部件。易损耗零部件的种类范围及其质量保证期由生产者明示在三包凭证上。生产者明示的易损耗零部件的种类范围应当符合国家相关标准或规定。

易损耗零部件超出生产者明示的质量保证期出现产品质量问题的,经营者可以不承担本规定所规定的家用汽车产品三包责任。

3. 车辆三包的责任

(1)维修。

在家用汽车产品包修期内,家用汽车产品出现产品质量问题,消费者凭三包凭证由修理者免费修理(包括工时费和材料费)。

家用汽车产品自销售者开具购车发票之日起60日内或者行驶里程3 000km之内(以先到者为准),发动机、变速器的主要零件出现产品质量问题的,消费者可以选择免费更换发动机、变速器。发动机、变速器的主要零件的种类范围由生产者明示在三包凭证上,其种类范围应当符合国家相关标准或规定。

在家用汽车产品包修期内,因产品质量问题每次修理时间(包括等待修理备用件时间)超过5日的,应当为消费者提供备用车,或者给予合理的交通费用补偿。

修理时间自消费者与修理者确定修理之时起,至完成修理之时止。一次修理占用时间不足24小时的,以1日计。

(2)更换、退货。

在家用汽车产品三包有效期内,符合《家用汽车产品修理、更换、退货责任规定》更换、退货条件的,消费者凭三包凭证、购车发票等由销售者更换、退货。

家用汽车产品自销售者开具购车发票之日起60日内或者行驶里程3 000km之内(以先到者为准),家用汽车产品出现转向系统失效、制动系统失效、车身开裂或燃油泄漏,消费者选择更换家用汽车产品或退货的,销售者应当负责免费更换或退货。

在家用汽车产品三包有效期内,发生下列情况之一,消费者选择更换或退货的,销售者应当负责更换或退货:

①因严重安全性能故障累计进行了2次修理,严重安全性能故障仍未排除或者又出现新的严重安全性能故障的;

②发动机、变速器累计更换2次后,或者发动机、变速器的同一主要零件因其质量问题,

累计更换 2 次后，仍不能正常使用的，发动机、变速器与其主要零件更换次数不重复计算；

③转向系统、制动系统、悬架系统、前/后桥、车身的同一主要零件因其质量问题，累计更换 2 次后，仍不能正常使用的；

其中，转向系统、制动系统、悬架系统、前/后桥、车身等主要零件由生产者明示在三包凭证上，其种类范围应当符合国家相关标准或规定，具体要求由国家质检总局另行规定。

④在家用汽车产品三包有效期内，因产品质量问题修理时间累计超过 35 日的，或者因同一产品质量问题累计修理超过 5 次的，消费者可以凭三包凭证、购车发票，由销售者负责更换；

⑤在家用汽车产品三包有效期内，符合更换条件的，销售者应当及时向消费者更换新的合格的同品牌同型号家用汽车产品；无同品牌同型号家用汽车产品更换的，销售者应当及时向消费者更换不低于原车配置的家用汽车产品；

⑥在家用汽车产品三包有效期内，符合更换条件，销售者无同品牌同型号家用汽车产品，也无不低于原车配置的家用汽车产品向消费者更换的，消费者可以选择退货，销售者应当负责为消费者退货；

⑦在家用汽车产品三包有效期内，符合更换条件的，销售者应当自消费者要求换货之日起 15 个工作日内向消费者出具更换家用汽车产品证明；

⑧在家用汽车产品三包有效期内，符合退货条件的，销售者应当自消费者要求退货之日起 15 个工作日内向消费者出具退车证明，并负责为消费者按发票价格一次性退清货款。

需要注意的：按照规定更换或者退货的，消费者应当支付因使用家用汽车产品所产生的合理使用补偿，销售者依照本规定应当免费更换、退货的除外。

合理使用补偿费用的计算公式为：$[（车价款（元）×行驶里程（km））/1\,000]×n$。使用补偿系数 n 由生产者根据家用汽车产品使用时间、使用状况等因素在 0.5%～0.8%间确定，并在三包凭证中明示。

10.1.4 车辆三包内容的告知

销售者应当建立并执行进货检查验收制度，验明家用汽车产品合格证等相关证明和其他标识。

1. 销售商销售汽车产品时

销售商销售汽车产品时，应当如实告知用户以下内容：

（1）汽车产品的产地；

（2）汽车产品结构、配置与性能；

（3）汽车产品三包承诺的相关内容。

2. 销售商向用户交付汽车产品时

销售商向消费者交付汽车产品时，应当符合下列要求：

（1）向消费者交付合格的家用汽车产品以及发票；

（2）按照随车物品清单等随车文件向消费者交付随车工具、备件等物品；

（3）当面查验家用汽车产品的外观、内饰等现场可查验的质量状况；

（4）明示并交付产品使用说明书、三包凭证、维修保养手册等随车文件；

（5）明示家用汽车产品三包条款、包修期和三包有效期；

（6）明示由生产者约定的修理者名称、地址和联系电话等修理网点资料，但不得限制消费者在上述修理网点中自主选择修理者；

（7）在三包凭证上填写有关销售信息；

（8）提醒消费者阅读安全注意事项、按产品使用说明书的要求进行使用和维护保养。

对于进口家用汽车产品，销售者还应当明示并交付海关出具的货物进口证明和出入境检验检疫机构出具的进口机动车辆检验证明等资料。

3．汽车产品三包凭证

汽车产品三包凭证应当包括以下内容：

（1）产品品牌、型号、车辆类型规格、车辆识别代号（VIN）、生产日期、生产者名称、地址、邮政编码、客服电话；

（2）销售者名称、地址、邮政编码、电话等销售网点资料、销售日期；

（3）修理者名称、地址、邮政编码、电话等修理网点资料或者相关查询方式；

（4）家用汽车产品三包条款、包修期和三包有效期，以及按照规定要求应当明示的其他内容。

4．三包凭证的补办

消费者遗失家用汽车产品三包凭证的，销售者、生产者应当在接到消费者申请后 10 个工作日内予以补办。消费者向销售者、生产者申请补办三包凭证后，可以依照本规定继续享有相应权利。

按照本规定更换家用汽车产品后，销售者、生产者应当向消费者提供新的三包凭证，家用汽车产品包修期和三包有效期自更换之日起重新计算。

在家用汽车产品包修期和三包有效期内发生家用汽车产品所有权转移的，三包凭证应当随车转移，三包责任不因汽车所有权转移而改变。

车辆销售者与生产经营者破产、合并、分立、变更的，其三包责任按照有关法律法规规定执行。

10.2　车辆三包索赔

10.2.1　车辆三包索赔的意义

车辆三包索赔是汽车销售商对在三包有效期内损坏的车辆进行免费维护检修、更换配件等排除故障和维持汽车性能的项目，并由汽车生产商结算销售商维修费用的服务方式。

索赔即生产商对产品的质量担保。质量担保的目的：

（1）让用户对生产商的产品满意；

（2）让用户对销售商的售后服务满意。

这两个因素是维护生产商和产品信誉以及促销的决定基础。其中，消费者对售后服务是否满意最为重要。如果消费者对生产商的服务不完全满意，生产商无疑就会失去这个用户；相反，如果生产商的售后服务能够赢得消费者的信任，使消费者满意，那么生产商就能够继续推销其产品和服务。

质量担保制度是售后服务部门的有力工具，生产商可以用它来满足消费者的合理要求，每个销售商都有义务贯彻这个制度，执行质量担保承诺也是销售商吸引消费者的重要手段。

众所周知，尽管在生产制造过程中生产者足够认真，检验手段足够完善，但还是会出现质量缺陷，重要的是这些质量缺陷能够通过售后服务系统，利用技术手段迅速正确地得到解决。售后服务的质量担保正是要展示这种能力，在消费者和销售商之间建立一种紧密的联系并使之不断地得到巩固和加强。

10.2.2 车辆三包索赔的内容

车辆三包索赔的内容：
（1）车辆正常三包索赔的材料费、工时费；
（2）外出救援的交通、住宿等费用；
（3）厂家特殊要求适度延长的质量保证期。

10.2.3 车辆三包索赔的条件

1．一般索赔条件

以东风标致汽车有限公司生产的轿车为例说明。

（1）整车质量担保（保证）。

质量担保的起始时间为《机动车销售统一发票》上的购车日期。

①非经营类别的新车质量担保期为 2 年或 60 000km（以先达到者为限）。

②对于出租车、租赁等经营性类别的新车质量担保期为 1 年或 10 000km（以先达到者为准）。

③质量担保期内若用户变更轿车用途，轿车享受原质量担保期，期限和里程不做变更。

汽车上某些主要部件，如大众汽车 DSG 变速箱的保修政策，曾经在原有 2 年或 60 000km 的基础上延长到 10 年或 160 000km（以先达到者为准）。

（2）配件质量担保（保证）。

配件质量担保的起始时间为用户购买配件并装车之日，且配件购买与装车必须在同一授权经销商。

配件质量担保期为 1 年或 50 000km（以先达到者为准）。

2．延长保修期服务

除整车质量担保期规定外，非经营类别车型用户可有偿购买延长整车质量担保期服务，许多著名的汽车品牌，如上海通用、东风标致、奥迪与长安福特等汽车品牌，都提出这项服务。

例如：上海通用汽车现提供在原厂 2 年或 60 000km 质保期后的"延长保修"的服务。也就是说，客户只需在购买新车时支付一笔相对较少的费用，就能避免在两年之后因机械故障可能会引起的大笔的费用支出，最多可获得 5 年或 120 000km 的原厂保障。

上海通用汽车在新车原厂保修期结束后，可供的延长保修期计划："1 年或 20 000km、2 年或 40 000km 或 3 年或 60 000km"的保修服务，时间和里程数以先到者为准。

有三种保修计划供客户选择。

（1）重要部件保修计划（1 年或 20 000km）。

重要部件保修计划是经过精心挑选，对价格相对昂贵的部件进行有针对性的保障：

- 发动机；
- 变速箱（自动或手动）；
- 差速器和驱动系统；
- 油封和内衬；

- 大型零部件外罩；
- 发动机管理系统。

（2）综合保修计划（2年或40 000km）。

综合保修计划是除了极少数部件之外，所有其他部件均属于保修范围内：
- 涡轮单元；
- 冷却系统；
- 电气系统；
- 燃料系统；
- 转向系统；
- 影音设备；
- 三元催化器。

（3）全面保修计划（3年或60 000km）。

全面保修计划是除了少数易损件之外，所有其他部件均属于保修范围内：
- 排气系统；
- 离合器；
- 刹车片、制动盘、制动鼓；
- 软管、火花塞、蓄电池、继电器；
- 减震器；
- 安全带。

以下少数列明的易损件不属于"全面保修计划"保修范围内：
- 非原厂配件；
- 灯泡、轮胎、风挡玻璃雨刮器刮片、传动皮带；
- 空调重新加注（厂商认可的维修要求除外）；
- 装潢、内饰（包括座椅）；
- 车身钣金、油漆、玻璃、车身配件；
- 燃料管、滤清器、节气门与泵的清理，以及错误使用或使用污染的燃料引起的损坏。

延长保修的修理范围是修正在延长保修期内与材料和制造工艺有关的车辆缺陷。延长保修服务为车主解决后顾之忧，既能省去大笔的维修费用，又能享受原厂标准的服务，同时还有二手车保值的作用，可谓多全其美。汽车延长保修期计划如图10-1和图10-2所示。

3．新车质量担保条件

新车质量担保条件，以"东风标致汽车"为例：

（1）首次保养及以后各次定期保养必须按照保养规范由东风标致特约商进行；

（2）用户必须出示盖有东风标致特约商印章的质量担保卡；

（3）质量担保必须由东风标致特约商按照东风标致规定程序进行；

（4）用户提出质量担保期前，必须保护好损坏的原始状态；

（5）兑现质量担保承诺时换下的零部件属于东风标致所有。

新车质量担保使用的范围：在质量担保期内，因产品的设计、制造、装配或原材料等因素引起的质量问题。对于上述质量问题，东风标致免费提供维修或更换零部件服务。

4．易损件质量担保期限

车辆易损件质量担保期限，以"东风标致汽车"为例，如表10-1所示。

	重要部件保修计划	综合保修计划	全面保修计划
发动机	✓	✓	✓
变速箱	✓	✓	✓
差速器和驱动系统	✓	✓	✓
油封和内衬	✓	✓	✓
大型零部件外罩	✓	✓	✓
发动机管理系统	✓	✓	✓
涡轮单元		✓	✓
冷却系统		✓	✓
电气系统		✓	✓
燃料系统		✓	✓
转向系统		✓	✓
影音设备		✓	✓
三元催化器		✓	✓
排气系统			✓
离合器			✓
刹车片、制动盘、制动鼓			✓
软管、火花塞、蓄电池和继电器			✓
减震器			✓
安全带			✓

图 10-1 汽车延长保修期计划（1）

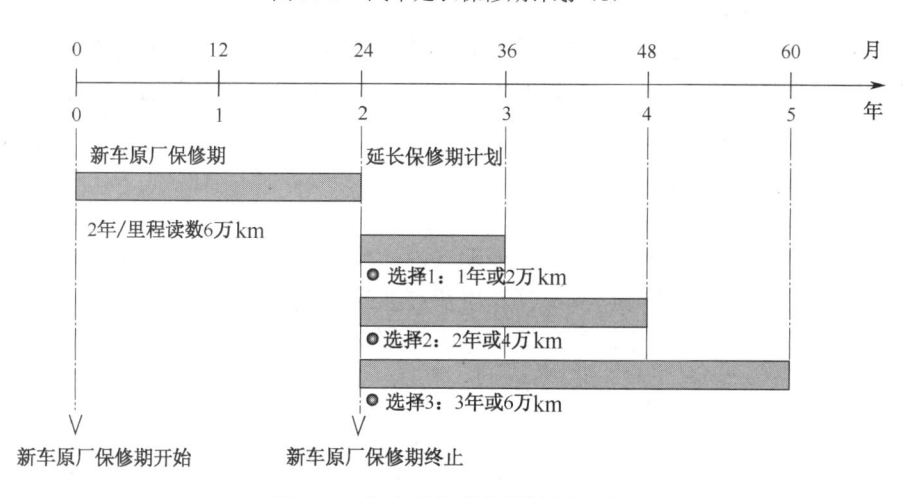

图 10-2 汽车延长保修期计划（2）

表 10-1 易损件质量担保期限（东风标致汽车）

易损件名称	质量担保期限
离合器片	6 个月/5 000km
附件皮带类	10 000km
制动片	6 个月/5 000km
火花塞	6 个月/5 000km
机油滤清器	3 个月/5 000km
空气滤清器	1 个月/5 000km
轮胎	5 000km
雨刮片	2 个月/1 000km

续表

易损件名称	质量担保期限
灯泡类	2个月/5 000km
保险丝	1个月
蓄电池	12个月/20 000km

10.2.4　车辆三包责任免除

在家用汽车产品包修期和三包有效期内，存在下列情形之一的，经营者对所涉及产品质量问题，可以不承担本规定所规定的三包责任：

（1）消费者所购家用汽车产品已被书面告知存在瑕疵的；
（2）家用汽车产品用于出租或者其他营运目的的；
（3）使用说明书中明示不得改装、调整、拆卸，但消费者自行改装、调整、拆卸而造成损坏的；
（4）发生产品质量问题，消费者自行处置不当而造成损坏的；
（5）因消费者未按照使用说明书要求正确使用、维护、修理产品，而造成损坏的；
（6）因不可抗力造成损坏的；
（7）车辆易损耗零部件超出生产者明示的质量保证期出现产品质量问题的。

在家用汽车产品包修期和三包有效期内，没有三包凭证和购车发票的，经营者可以不承担本规定所规定的三包责任。

10.2.5　车辆三包索赔的形式

汽车三包索赔是指在其规定的质量保证期限内，为其制造并经合法登记、正常使用的汽车提供免费保修服务，包括对整车、零部件及自费更换的原厂备件的免费服务承诺。

不同品牌的生产商会制定不同的车辆三包索赔规定。一般来说，车辆三包索赔包含3种常见的形式。

（1）新车保养；
（2）在质量保证期内，发生正常条件使用下的配件失效或性能异常下降；
（3）车辆批量召回。如大众汽车DSG变速器抖动异常严重，经央视曝光并在质检总局施压之后，大众汽车中国公司及两家合资企业向国家质检总局递交报告，要求主动召回38万辆配备7速双离合变速箱（DSG）的车辆。

在质量保证期内，如果商品出现了质量问题或由于设计、制造等原因造成的产品缺陷，可以通过各种手续，由生产商承担维修或更换的费用。如果车辆出现质量问题，消费者有权向销售商提出索赔，销售商对其故障应立即进行诊断并排除，损坏的零部件根据技术要求进行修复或更换。在汽车销售时，销售商应该主动向消费者说明汽车的包赔期限与条件。

车辆的保养一般分为新车保养和常规保养。大部分的新车首保属于车辆三包内容，也有的新车还要进行一保、二保等，费用由谁承担，视不同品牌、车种而定。

首保即首次保养，指的是新车在行驶到《质量担保和保养手册》规定的里程或者时间时，就需要进行的第一次保养，首保是保证新车正常行驶而进行的强制性保养。如果车主未按照要求进行首保，将来厂家很可能对车辆行驶中发生的问题不承担责任。

首保的主要内容有检查并更换发动机油，检查或添加冷却液、风窗洗涤液、制动液、动力转向液，检查底盘各个部件的密封状况和固定状况，检查轮胎情况，调整轮胎气压和车轮螺栓的拧紧力矩，检查蓄电池情况，检查灯光情况等。

在日常使用过程中，车辆每次行驶到《质量担保和保养手册》规定的里程数或者时间时，都应该到指定的销售商处进行常规保养。

一般轿车的常规保养间隔里程/时间为5 000~10 000km或6个月（或12个月），以先到的为准。也就是说，车辆每行驶该公里数或时间后，无论是否有问题出现，都应该到指定销售商处进行保养。

作为汽修厂、服务站或者4S店，如果预测保养时间到了，也应该主动提醒车主来店保养，做好售后服务工作。作为汽车修理厂的索赔人员，要了解汽车厂家的索赔原则，同时及时提醒车主，以免车主与修理厂发生纠纷。

一般来说，三包索赔的流程如下。

销售商（汽车4S店或特约维修站）中都设置有索赔员一职，专门负责有关三包索赔事宜。

索赔的流程包括前台接待定项、车间派工、领料、维修换件、索赔申请、索赔确认和收索赔款等。

消费者在使用车辆过程中，发现车辆出现故障或存在缺陷，可以向销售商提出索赔。消费者来到销售商处，无论服务项目中是否应有索赔项，销售商都应该同样接待。

（1）销售商按照服务流程为车辆进行登记开单，即前台接待。在接待过程中，接待人员听取消费者的诉求并进行初检，初步判定是否有索赔项，如果有，则应该在委托书中注明。在一次服务过程中，可能有些项目是自费的，有的是属于索赔的，还可能有其他收费类别，所以将每个项目的费用归属标注清楚是十分必要的。

（2）索赔项目的维修、用料过程与普通维修大同小异，其最大的差别在于，在维修和换件过程中，索赔员要根据实际情况进一步判断是否属于索赔项目。如果索赔员判断应属于索赔项目，则需要将索赔项目和配件的收费类别定为"索赔"，并向生产商提出申请。其后的管理环节，与普通维修流程相同。在结算时，销售商只收取客户的自费项目的款项，索赔项目与配件则应该由生产商来承担。

（3）索赔员进行索赔申请时，应该根据服务记录生成相应的索赔记录，并填写索赔单的相关内容，按照生产商的要求进行传真、邮寄或者在网上申请索赔。经生产商确认后，该索赔款项计为向生产商的应收款，到一定时间，销售商可以按照规定与整车厂进行核对收款。

（4）如果索赔过程中发生索赔单内容需要变动的情况，则需要对已经确认的索赔单进行相应的修改，此时，应收款项也会有相应的变动。

图10-3所示为索赔工作流程。

10.2.6　车辆三包争议的处理

家用汽车产品三包责任发生争议的，消费者可以与经营者协商解决；可以依法向各级消费者权益保护组织等第三方社会中介机构请求调解解决；可以依法向质量技术监督部门等有关行政部门申诉进行处理。

家用汽车产品三包责任争议双方不愿通过协商、调解解决或者协商、调解无法达成一致的，可以根据协议申请仲裁，也可以依法向人民法院起诉。

（1）经营者应当妥善处理消费者对家用汽车产品三包问题的咨询、查询和投诉。

（2）经营者和消费者应积极配合质量技术监督部门等有关行政部门、有关机构等对家用汽车产品三包责任争议的处理。

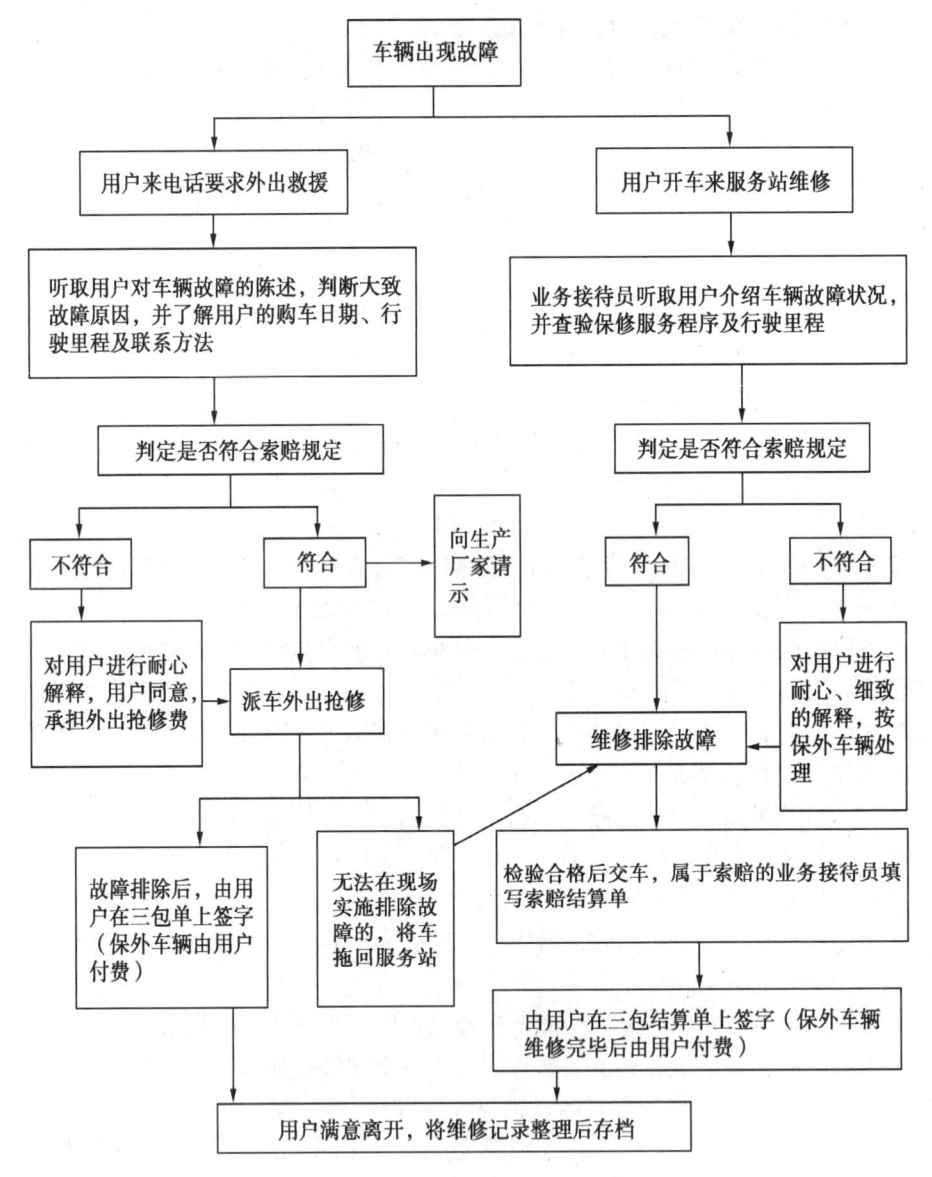

```
                        ┌──────────────┐
                        │  车辆出现故障  │
                        └──────┬───────┘
              ┌────────────────┴────────────────┐
    ┌─────────┴──────────┐              ┌───────┴──────────┐
    │ 用户来电话要求外出救援 │              │ 用户开车来服务站维修 │
    └─────────┬──────────┘              └───────┬──────────┘
    ┌─────────┴──────────┐              ┌───────┴──────────┐
    │听取用户对车辆故障的陈述,│              │业务接待员听取用户介绍│
    │判断大致故障原因,并了解│              │车辆故障状况,并查验保│
    │用户的购车日期、行驶里程│              │修服务程序及行驶里程 │
    │及联系方法          │              │                 │
    └─────────┬──────────┘              └───────┬──────────┘
    ┌─────────┴──────────┐              ┌───────┴──────────┐
    │  判定是否符合索赔规定 │              │ 判定是否符合索赔规定 │
    └──┬───────────────┬─┘              └──┬──────────────┬┘
  ┌────┴───┐       ┌───┴──┐  ┌──────┐  ┌──┴──┐       ┌───┴───┐
  │ 不符合 │       │ 符合 │──│向生产 │  │ 符合│       │ 不符合│
  └────┬───┘       └───┬──┘  │厂家请│  └──┬──┘       └───┬───┘
       │               │     │ 示  │     │              │
  ┌────┴─────┐    ┌────┴────┐└──────┘    │         ┌────┴─────┐
  │对用户进行耐│    │派车外出  │            │         │对用户进行 │
  │心解释,用户│    │抢修     │            │         │耐心、细致 │
  │同意,承担外│    │         │            │         │的解释,按 │
  │出抢修费   │    └──┬───┬──┘            │         │保外车辆处 │
  └──────────┘       │   │        ┌──────┴──┐      │理        │
                     │   │        │维修排除故障│      └────┬─────┘
                     │   │        └─────┬────┘           │
         ┌───────────┘   └──────┐       │                │
   ┌─────┴─────┐         ┌──────┴─────┐ │                │
   │故障排除后,由│         │无法在现场实 │ │                │
   │用户在三包单 │         │施排除故障的,│ │                │
   │上签字(保外│         │将车拖回服务 │ │                │
   │车辆由用户付│         │站          │ │                │
   │费)       │         └────────────┘ │                │
   └─────┬─────┘                        │                │
         │                   ┌──────────┴──────────┐     │
         │                   │检验合格后交车,属于索 │     │
         │                   │赔的业务接待员填写索赔│     │
         │                   │结算单              │     │
         │                   └──────────┬──────────┘     │
         │                   ┌──────────┴──────────┐     │
         │                   │由用户在三包结算单上签│     │
         │                   │字(保外车辆维修完毕后│◄────┘
         │                   │由用户付费)         │
         │                   └──────────┬──────────┘
         └──────────┬────────────────────┘
              ┌─────┴──────────────────┐
              │用户满意离开,将维修记录整 │
              │理后存档               │
              └───────────────────────┘
```

图 10-3 索赔工作流程

（3）省级以上质量技术监督部门可以组织建立家用汽车产品三包责任争议处理技术咨询人员库，为争议处理提供技术咨询；经争议双方同意，可以选择技术咨询人员参与争议处理，技术咨询人员咨询费用由双方协商解决。

（4）经营者和消费者应当配合质量技术监督部门家用汽车产品三包责任争议处理技术咨询人员库建设，推荐技术咨询人员，提供必要的技术咨询。

（5）质量技术监督部门处理家用汽车产品三包责任争议，按照产品质量申诉处理有关规定执行。

（6）处理家用汽车产品三包责任争议，需要对相关产品进行检验和鉴定的，按照产品质量仲裁检验和产品质量鉴定有关规定执行。

10.3　车辆保险理赔

10.3.1　机动车辆保险概述

保险是指投保人根据合同约定，向保险人支付保险费，保险人对于合同约定的可能发生的事故因其发生所造成的财产损失承担赔偿保险金责任，或者当被保险人死亡、伤残、疾病或者达到合同约定的年龄、期限等条件时承担给付保险金责任的商业行为。

机动车辆保险是以机动车辆本身及其相关经济利益为保险标的的一种不定值财产保险。

机动车辆是指汽车、电车、电瓶车、摩托车、拖拉机、各种专用机械车和特种车。汽车保险是财产保险的一种，也称为机动车辆保险，是以汽车（机动车辆）本身及其第三者责任为保险标的的一种运输工具保险。

1．机动车辆保险的特点

（1）保险标的出险率较高。汽车是陆地上的主要交通工具。由于其经常处于运动状态，总是载着人或货物不断地从一个地方开往另一个地方，很容易发生碰撞及意外事故，造成人身伤亡或财产损失。

（2）业务量大，投保率高。由于汽车出险率较高，汽车的所有者需要以保险方式转嫁风险。各国政府在不断改善交通设施，严格制定交通规章的同时，为了保障受害人的利益，对第三者责任保险实施强制保险。

（3）扩大保险利益。不仅被保险人本人使用车辆时发生保险事故保险人要承担赔偿责任，而且凡是被保险人允许的驾驶人使用车辆时，也视为其对保险标的具有保险利益。

（4）被保险人自负责任与无赔款优待。为了促使被保险人注意维护、养护车辆，使其保持安全行驶状态，并督促驾驶人注意安全行车，以减少交通事故，驾驶人在交通事故中所负责任，车辆损失险和第三者责任险在符合赔偿规定的金额内实行绝对免赔率；保险车辆在保险期限内无赔款，续保时可以按保险费的一定比例享受无赔款优待。

2．机动车辆保险的作用

机动车辆保险在不同的社会制度及不同的历史时期具有不同的作用。我国现阶段，机动车辆保险在维护社会稳定、防灾减损，以及提高车辆性能等方面起着重要作用。

（1）稳定了社会秩序。

①机动车辆保险解决了机动车辆在交通事故中可能承担的对第三者责任赔偿能力的问题，稳定了社会关系和社会秩序。

②保险车辆遭受自然灾害或意外事故，轻则会使企业财产受损，重则使生产停顿，破坏正常的经济秩序。通过保险筹集赔偿基金，及时进行经济补偿，可使受灾单位或个人得到及时救济，迅速恢复生产，有利于人民生活的安定。

（2）扩大了汽车的需求。机动车辆保险业务自身的发展对于汽车工业的发展起到了有力的推动作用，机动车辆保险的出现，解除了企业和个人对在使用汽车过程中可能出现的风险的担心，扩大了对汽车的需求。

（3）保证了道路安全畅通。保险公司无论从自身效益考虑，还是从社会效益考虑，都必须做好防灾减损工作，把预防工作做到前头，减少各种损失。另外，保险公司还可以从中分析发生事故的特点和规律，进而找到预防交通事故的办法，促进道路的安全与畅通。

（4）促进了车辆安全性能的提高。机动车辆保险的保险人从自身和社会效益的角度出发，联合车辆生产厂家、维修企业开展关于机动车辆事故原因的统计分析，研究和应用安全设计新技术，促进了车辆安全性能的全面提高。

3．机动车辆保险的参与者

车辆保险的参与者中有保险人、投保人、被保险人及保险中介人等。

（1）保险人。保险人指经营保险业务，收取保险费用，并在保险事故发生后负责赔偿损失的机构法人，通常保险人是保险公司。保险公司的设立必须符合我国《保险法》和《中华人民共和国公司法》的规定。

（2）投保人。投保人是指保险标的具有可保利益，并且与保险人订立保险合同，按保险合同负有支付保险费义务的人。自然人和法人都可以成为投保人。

（3）被保险人。被保险人是指其财产或者人身受保险合同保障，享有保险赔偿请求权的人。当投保人为自己的利益投保，且保险人接受其投保时，投保人就同时成了被保险人。

（4）保险中介人。保险中介人是指介于保险人与投保人之间，专门从事保险业务咨询与招揽、风险管理与安排、价值衡量与评估、损失鉴定与理赔等中介服务活动，并从中获取代理费、佣金或手续费的单位，具体有保险代理、保险经纪和保险公估等保险中介。现在汽车4S店及一些有规模的修理厂都担任着保险代理的角色。

如表10-2所示为保险基本术语。

表10-2 保险基本术语

术　语	解　释
保险人	就是保险公司，在机动车保险中，就是有权经营机动车保险的保险公司
投保人	是指与保险人订立保险合同，并按照保险合同负有支付保险费义务的人。投保人可以是自然人、法人或其他组织
被保险人	一般是指受保险合同保障的机动车的所有者，也就是行驶证上登记的车主
第三者	保险合同中，保险人是第一方，也叫第一者；被保险人或致害人是第二方；除保险人与被保险人之外的因保险机动车意外事故而遭受人身伤害或财产损失的受害人是第三人，即第三者
新车购置价	是指在保险合同签订地购置与被保险机动车同类型新车（含车辆购置附加费）的价格，它是投保时确定保险金额的基础
保险金额	简称保额，是指保险单上载明的保险标的实际投保的金额，也是保险公司承担赔偿义务的最高限额
保险费	简称保费，是投保人或被保险人根据保险合同的规定，为取得因约定事故发生所造成的经济损失补偿（或给付）权利，而缴付给保险人的费用
保险费率	简称费率，是保险人计算保险费的依据，它是保险人向被保险人收取的每单位保险金额的保险费，通常都用百分率或千分率来表示
保险责任	是指保险公司承担赔偿或者给付保险金责任的项目
保险合同	指被保险人和保险人双方约定保险权利和义务关系的协议。在机动车保险中，保险合同不是单一的，而是由投保单、保险单、批单等共同构成的
不定值保险合同	指双方当事人在订立保险合同时不预先确定保险标的的保险价值，而是按照保险事故发生时保险标的的实际价值确定保险价值的保险合同
保险期限	是保险合同中规定的一个时间期限，只有保险事故发生在这个期限内，保险人才承担保险责任
主险	是指构成保险合同的主体。可以单独购买的保险品种就是主险
附加险	必须随附在主险上的品种，叫作附加险

续表

术语	解释
投保单	是投保人申请投保的一种书面凭证，投保单通常由保险人提供，由投保人填写并签字或盖章后生效，保险人根据投保人填写的投保单内容出具保险单
保险单	简称保单，是保险人与投保人订立的保险合同的书面证明部分。保险单由保险人出具，上面载明保险人与被保险人之间的权利和义务关系，是被保险人向保险人索赔的凭证
批单	保险合同的内容需要变更时，才需要批单。批单是为了变更保险合同的内容，保险人出具给被保险人的补充性书面证明
实际价值	是指同类型机动车市场新车购置价减去该车已使用期限折旧金额后的价格
全部损失	指保险机动车整体损毁，或保险机动车的修复费用与施救费用之和达到或超过出险时的实际价值，保险人可推定全损
单方肇事事故	指不涉及与第三方有关的损害赔偿的事故，不包括因自然灾害引起的事故
车上人员	是指发生意外事故的瞬间，在保险机动车车体内的人员，包括正在上下车的人员
事故责任免赔率	在保险合同中，在保险责任范围内根据保险机动车驾驶人在事故中所负责任确定的，保险人不予赔偿的损失部分与全部损失的比率

4．机动车辆保险的职能

机动车辆保险的基本职能就是组织经济补偿和实现保险金的给付。

生产力水平的提高、科学技术的发展使人类社会走向文明，汽车文明在给人类生活以交通便利的同时，也给人类带来了因汽车运输中的碰撞、倾覆等意外事故造成的财产损失和人身伤亡。而且，随着汽车的速度越来越快，财产的价值越来越高，事故所造成的风险和损失也越来越大，对人类社会的危害也越来越严重。同时，机动车辆在使用过程中遭受自然灾害风险和发生意外事故的概率较大，特别是在发生第三者责任的事故中，其损失赔偿是难以通过自我补偿实现的。

机动车辆使用过程中的各种风险及风险损失，通过保险转嫁方式将其中的风险及风险损失得以在全社会范围内分散和转移，以最大限度地抵御风险。汽车用户以缴纳保险费为条件，将自己可能遭受的风险成本全部或部分转嫁给保险人。机动车辆保险是一种重要的风险转嫁方式，在大量的风险单位集合的基础上，将少数被保险人可能遭受的损失后果由全体被保险人分担，而保险人作为被保险人之间的中介对其实行经济补偿。通过机动车辆保险，将拥有机动车辆的企业、家庭和个人所面临的种种风险及其损失后果得以在全社会范围内分散与转嫁。

机动车辆保险是现代社会处理风险的一种非常重要的手段，是风险转嫁中一种最重要、最有效的技术，是不可缺少的经济补偿制度。

10.3.2　机动车辆保险的种类

根据我国目前机动车辆保险的政策，机动车辆保险因保险性质的不同，一般又分为机动车强制责任保险和机动车商业保险两大部分。虽然它们都属于商业保险公司经营，但机动车强制责任保险是强制性保险，而其他的险种则是建立在保险人和被保险人自愿基础上的机动车商业保险。2006年7月1日起，《机动车交通事故责任强制保险条例》开始施行。

目前我国机动车辆保险产品的分类（2020版）如表10-3所示。

表10-3　我国机动车辆保险产品的分类（2020版）

机动车交强险条款	机动车综合商业险条款	
机动车交通事故责任强制保险	主险（3个）	车辆损失险、商业第三者责任险、车上人员责任险

续表

机动车交强险条款	机动车综合商业险条款	
机动车交通事故责任强制保险	附加险（11 个）	绝对免赔率特约条款、发动机进水损坏除外特约条款、新增设备损失险、车身划痕损失险、修理期间费用补偿险、车上货物责任险、精神损害抚慰金责任险、车轮单独损失险、法定节假日限额翻倍险、医保外用药责任险、机动车增值服务特约条款险

表 10-3 中是比较常见的车险险种，车险改革后，有的保险公司把全车盗抢险以及车上人员责任险也列为基本险。比如，中国保险行业协会根据人保制定的《机动车辆保险条款》就把车上人员责任险作为基本险，并可单独投保；根据太平洋保险公司制定的《机动车辆保险条款》把盗抢险及车上人员责任险同样作为基本险，也可单独投保，主要体现在主险的附加险方面。不同地区、不同的车险产品都不尽相同，而且各车险公司根据市场情况的变化，会适时推出新的车险品种。2020 版机动车综合商业险条款统一：3 个主险和 11 个附加险。

1．机动车交通事故责任强制保险

机动车交通事故责任强制保险（简称交强险），是指由保险公司对被保险机动车发生道路交通事故造成本车人员、被保险人以外的受害人的人身伤亡、财产损失，在责任限额内予以赔偿的强制性责任保险。依据此条的规定：

（1）该强制性保险只承保机动车上的人员、被保险人之外的第三人所遭受的损害；

（2）第三人所遭受的损害包括人身损害和财产损失，但不包括精神损害；

（3）该强制性保险有一定的责任限额，保险人只在该责任限额内承担支付保险金的责任。

交强险责任限额是指被保险机动车发生道路交通事故，保险公司对每次事故所有受害人的人身伤亡和财产损失所承担的最高赔偿金额。机动车交通事故责任强制保险采取限额保险制，交强险在全国范围内实行统一的责任限额。交强险责任限额（2020 版）如表 10-4 所示。

表 10-4　机动车交通事故责任强制保险责任限额（2020 版）

被保险车辆责任情况	死亡伤残赔偿限额（元）	医疗费用赔偿限额（元）	财产损失赔偿限额（元）
被保险机动车在道路交通事故中有责任	180 000	18 000	2 000
被保险机动车在道路交通事故中无责任	18 000	1 800	100

2．商业机动车保险

机动车辆保险除交强险之外，还有商业机动车险。根据保障的责任范围，商业机动车险分为基本险和附加险，如图 10-4 所示。基本险主要包括车辆损失险和第三者责任险，但也有的保险公司把全车盗抢险和车上人员责任险列入基本险；附加险包括全车盗抢险、车上责任险、无过错责任险、车载货物掉落责任险、玻璃单独破碎险、车辆停驶损失险、自燃损失险、新增加设备损失险、不计免赔特约险。

单元 10 车辆三包索赔和车辆保险理赔

```
                          ┌─ 车辆损失险
              ┌─ 基本险 ──┼─ 商业第三者责任保险
              │          └─ 车上人员责任险
              │
              │          ┌─ 绝对免赔率特约条款
机动车综合    │          ├─ 发动机进水损坏除外特约条款
商业保险 ─────┤          ├─ 新增设备损失险
              │          ├─ 车身划痕损失险
              │          ├─ 修理期间费用补偿险
              └─ 附加险 ─┼─ 车上货物责任险
                         ├─ 精神损害抚慰金责任险
                         ├─ 车轮单独损失险
                         ├─ 法定节假日限额翻倍险
                         ├─ 医保外用药责任险
                         └─ 机动车增值服务特约条款险
```

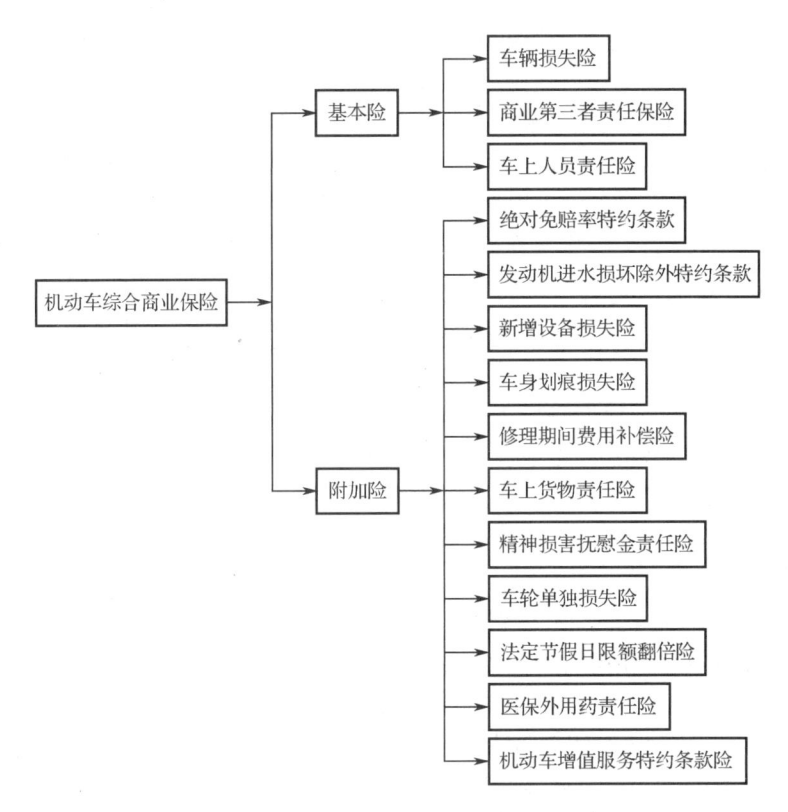

图 10-4 机动车辆商业保险的分类（2020 版）

（1）车辆损失险。车辆损失险是包括碰撞在内的一种综合险，其保险标的是机动车辆本身。车辆损失险是保险人对于投保人投保的机动车辆，因保险责任范围内的事故所致的毁损、灭失予以赔偿的保险。这是车险中最主要的险种。花钱不多，却能获得很大的保障。

（2）商业第三者责任险。负责赔偿保险车辆因意外事故，致使第三者遭受人身伤亡或财产的直接损失，保险人依照保险合同的规定给予赔偿。此险种是自愿保险，与机动车交通事故责任强制保险不同。投保这个险种是最有必要的。消费者可根据自身的需要，在投保交强险基础上选择投保不同档次责任限额的商业第三者责任险，以便享受更高的保险保障。

（3）车上人员责任险。该险种负责赔偿车辆发生意外事故造成车上人员的人身伤亡（包括司机和乘客）和所载货物的损失。

（4）全车盗抢险。该险种负责赔偿车辆因被盗窃、被抢劫造成的全部损失，以及被盗窃、被抢劫期间由于车辆损坏或车上零部件、附属设备丢失所造成的损失。（现已纳入车损险！）

（5）无过失责任险。无过失责任险是指机动车辆与非机动车辆、行人发生交通事故造成对方人身伤亡、财产损失，虽然保险车辆无过失，但根据《道路交通事故处理办法》第 44 条的规定，仍应由被保险人承担 10%的经济补偿。对于 10%以上的经济赔偿部分，如被保险人为抢救伤员等已经支付而无法追回的费用，保险人亦在保险赔偿限额内承担赔偿责任。保险人承担的 10%及 10%以上的赔偿责任加免赔金额之和，最高不得超过赔偿限额。（现已修改！）

（6）车上货物掉落责任险。车上货物掉落导致他物受损，该责任属于车载货物掉落责任险范畴，即对车载货物从车上掉下来造成他人（即第三者）人身伤亡、财产的损失，保险公司予以赔偿。（现已修改！）

223

（7）玻璃单独破碎险。在全国条款中，玻璃单独破碎险是专门为前后玻璃和车窗玻璃设计的险种。（现已纳入车损险！）

对于玻璃单独破碎险，是指车辆在停放或使用过程中，其他部分没有损坏，仅挡风玻璃和车窗玻璃单独破碎，保险公司负责赔偿，对于高档车辆是很有必要买这个险种的。

（8）车辆停驶损失险。车辆停驶损失险负责赔偿保险车辆发生保险事故造成的车辆损坏，因停驶而产生的损失。保险人在双方约定的修复时间内按保险单约定的日赔偿金额乘以从送修之日起至修复竣工之日止的实际天数计算赔偿。对于从事专业营运的大型客货车辆及营运出租轿车，由于肇事后修车耽误营运，间接损失较大，是有必要投保的。（现已修改！）

（9）自燃损失险。自燃损失险是负责赔偿保险车辆因本车电器、线路、供油系统发生故障及运载货物自身原因起火燃烧，造成保险车辆的损失；而由于外界火灾导致车辆着火的，不属于自燃损失险责任范围。虽然车辆发生自燃的概率相对较小，但自燃往往导致较严重的经济损失，因此在条件许可的情况下，建议车主投保自燃损失险。（现已纳入车损险！）

（10）新增加设备险。新增加设备险负责赔偿车辆发生保险事故时造成车上新增加设备的直接损失。当车主自己为车辆加装了制冷、加氧设备、清洁燃料设备、CD及电视录像设备、真皮或电动座椅等不是车辆出厂所带的设备时，应考虑投保新增加设备损失险。否则，当这些设备因事故受损时，即使投保了车辆损失险，保险公司也是不赔偿的。（现已修改！）

（11）不计免赔特约险。不计免赔特约险仅针对车辆损失险和第三者责任险范围内的损失，不适用附加险的免赔规定。根据条款规定，一般情况下，上述险种范围内的每次保险事故与赔偿计算履行按责免赔的原则，车主须按事故责任大小承担一定比例的损失（称为免赔额）。但如果投保了不计免赔特约险，则发生保险事故后，保险公司不再按原免赔规定进行免赔，而按规定计算的实际损失给予赔付。（现已纳入车损险！）

10.3.3　机动车辆的投保

机动车辆的投保，就是投保人购买机动车辆保险产品，办理保险手续，与保险人正式签订机动车辆保险合同的过程。投保操作就是办理相应的保险手续，该手续一般要经过以下程序：准备材料，填写投保单，交保险费并签订保险合同，领取保险单证并进行妥善保管。

1．机动车辆投保的条件

（1）有正式的车辆号牌，如果是新车投保，在车辆上牌的同时办理保险业务。如果是购买的新车开往异地的，投单程提车保险的，必须有公安交通管理部门核发的临时车辆号牌。

（2）有公安交通管理部门核发的机动车辆行驶证。

（3）有车辆检验合格证和购车发票。新车应有出厂前的检验合格证，在用车的行驶证上应有年审的合格章。所投保的车辆必须达到《机动车辆安全运行技术条件》（GB 7258—2017）的要求，否则视为质量不合格车辆或报废车辆，不具投保资格。

（4）对于在用车续保的应提供上年度保单正本。

另外，车辆应保养良好，清洁干净，技术状况正常。

2．机动车辆保险金额

保险金额主要是针对机动车辆损失险、全车盗抢险及其附加险而言的。

保险金额由投保人和保险人从下列3种方式中选择确定。保险人根据确定保险金额方式的不同承担相应的赔偿责任。

（1）按投保时被保险车辆的新车购置价确定。

新车购置价是指在保险合同签订地购置与被保险车辆同类型新车的价格（含车辆购置税）。

投保时的新车购置价，根据投保时保险合同签订地同类型新车的市场销售价格（含车辆购置税）确定，并在保险单中载明，无同类型新车市场销售价格的，由投保人与保险人协商确定。

（2）按投保时被保险车辆的实际价值确定。

实际价值是指新车购置价减去折旧金额后的价格。

投保时被保险车辆的实际价值，根据投保时的新车购置价减去折旧金额后的价格确定。

被保险车辆的折旧按月计算，不足一个月的部分，不计折旧。9座以下客车月折旧率为0.6%，10座以上客车月折旧率为0.9%，最高折旧金额不超过投保时被保险机动车新车购置价的80%。

折旧金额＝投保时的新车购置价×被保险机动车已使用月数×月折旧率

（3）在投保时被保险车辆的新车购置价内协商确定。

投保人和保险人可根据实际情况选择保险金额的确定方式。原则上新车按第一种方式承保，在用车可以在3种方式中由投保人和保险人双方自愿协商确定，但保险金额的不同确定方式，直接影响和决定发生保险事故时保险赔偿的计算原则。保险人根据保险金额确定方式的不同承担相应的赔偿责任。

另外，投保车辆标准配置以外的新增设备，应在保险合同中列明设备名称与价格清单，并按设备的实际价值相应增加保险金额。新增设备随保险车辆一并折旧。

3．机动车辆保险责任限额

责任限额主要针对机动车辆第三者责任险、车上人员责任险及其附加险而言。

第三者责任险的责任限额，由投保人和保险人在签订保险合同时按5万元、10万元、15万元、20万元、30万元、50万元、100万元和100万元以上不超过1 000万元的档次协商确定。主车与挂车连接时发生保险事故，保险人在主车责任限额内承担赔偿责任。

4．机动车辆的投保方式

机动车辆投保是投保人向保险人表达缔结保险合同意愿的过程。机动车辆承保是指投保人提出投保请求，保险人经审核认为符合承保条件，即同意接受投保人申请，承担保单合同规定的保险责任的行为。

机动车辆的投保方式：

（1）电话投保；

（2）上门投保；

（3）柜台投保；

（4）网上投保；

（5）通过代理人投保；

（6）通过保险经纪人投保。

当投保人确定了保险公司、保险产品和投保方式后就可以进行投保操作了。

机动车辆承保流程如图10-5所示。

10.3.4 保险车辆理赔的流程

机动车辆保险理赔是指保险人依据机动车辆保险合同的约定，对被保险人提出的给付赔偿金的请求进行处理的行为和过程。机动车辆保险理赔工作是保险政策和保险职能的具体体现，是保险人执行保险合同、履行保险人义务、承担损失补偿责任的实现形式。

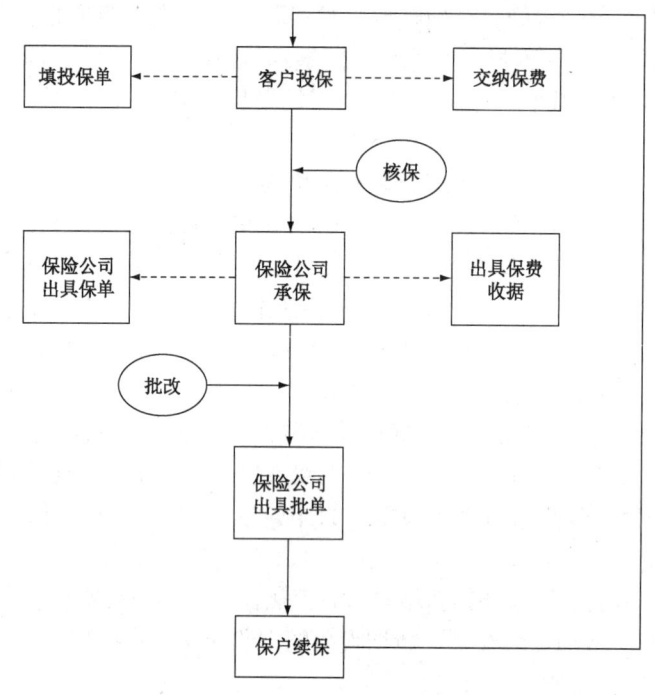

图 10-5　机动车辆承保流程

作为保险人，机动车辆的保险理赔工作，一般都要经过受理报案、现场查勘、确定保险责任并立案、定损核损、赔款理算、核赔、结案处理、理赔案卷归档等过程。如图 10-6 所示，为某保险公司的机动车辆保险的理赔业务流程。

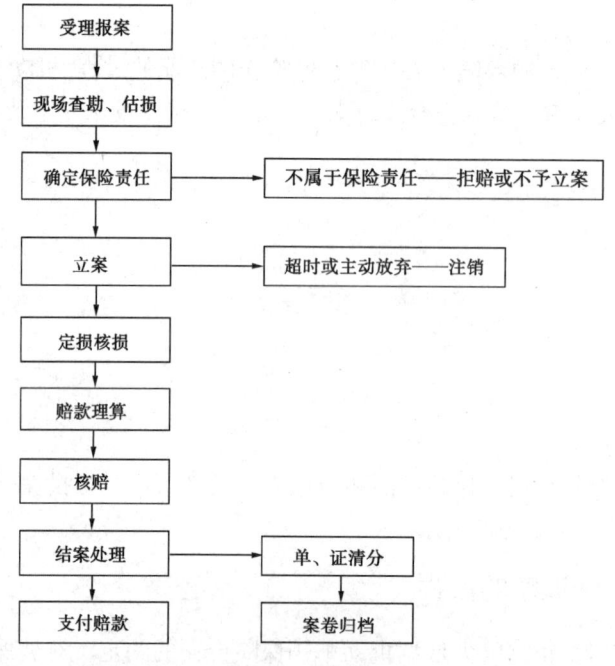

图 10-6　机动车辆保险的理赔业务流程

作为车主,在车辆出险后,要保护现场、及时报案,除了向交通管理部门报案外,还要及时向保险公司报案。

(1)车主出示保险单证、行驶证、驾驶证、被保险人身份证。
(2)车主出示保险单。
(3)车主填写出险报案表,详细填写出险经过、出险地点、时间、报案人、驾驶员和联系电话。
(4)保险公司理赔员和车主一起检查车辆外观,拍照定损。
(5)根据车主填写的报案内容拍照核损。
(6)车辆交付汽车维修企业。
(7)开具任务委托单,确定维修项目及维修时间。
(8)车主签字认可。
(9)车辆维修作业。

10.3.5　保险车辆维修的流程

保险车辆维修流程一般如下:
(1)保险车辆进厂,需要保险公司进行受损车辆损伤鉴定,切不可不经保险公司而直接拆卸,以免引起纠纷。
(2)积极协助保险公司完成对车辆查勘、照相及定损等必要工作。
(3)保险公司鉴定结束后,由车间主任负责安排班组进行拆检。各班组长将拆检过程中发现的损伤件列表,并通知车间主任或业务经理。
(4)服务主管将损伤件列表后联系保险公司,对车辆进行全面定损并协商保险车维修工时费。定损时应由业务经理陪同,业务经理不在,应提前向业务接待员交代清楚。
(5)业务接待根据保险公司定损单下达维修任务委托书。顾客有自费项目,应征得顾客同意,并另开具一张维修任务委托书,然后将维修任务委托书交由车间主管安排生产。
(6)对于定损时没有发现的车辆损失,由业务经理协调保险公司,由保险公司进行二次查勘定损。
(7)如有用户要求自费更换的部件,必须由顾客签字后方可到备件库领料。
(8)保险车维修完毕后应严格检验,确保维修质量。
(9)维修车间将旧件整理好,以便保险公司或顾客检查。
(10)检验合格后,维修任务委托书转业务接待审核,注明顾客自费项目。审核后转结算处。
(11)业务接待在结算前将所有单据准备好。
(12)最后由业务接待通知顾客结账,业务经理负责车辆结账解释工作。
(13)如有赔款转让,由业务经理协调顾客、保险公司办理。

如图10-7所示为保险车辆维修的流程。

知识拓展

♣ 鳄鱼法则(Alligator Principle)

也叫鳄鱼效应,其核心理论是止损。它的原意是假定一只鳄鱼咬住你的脚,如果你用手试图去帮助挣脱你的脚，鳄鱼便会同时咬住你的脚与手。你越挣扎，就被咬住得越多。所以，万一鳄鱼咬住你的脚，你唯一的办法就是牺牲一只脚。

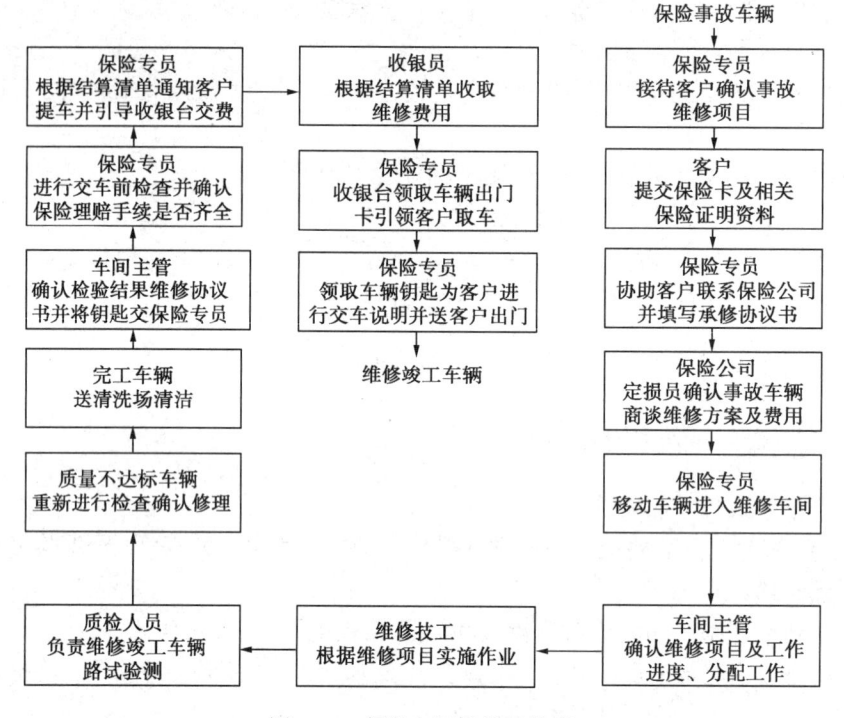

图 10-7　保险车辆维修的流程

管理启示

（1）当你犯了错误的时候，要立即停下来，不可以找借口、找理由或采取其他任何动作，否则将陷入更大的麻烦和错误中，以致造成更加严重的后果。

（2）要学会放弃。生活中，有时不好的境遇会不期而至，令我们猝不及防，手忙脚乱，甚至造成严重的损失，这时候要安然处之，及时主动放弃局部利益而保全整体利益是最明智的选择。

思考与练习

1. 车辆三包的定义是什么？原则是什么？
2. 三包索赔的意义是什么？
3. 三包索赔的内容是什么？形式是什么？
4. 三包索赔的工作流程是什么？
5. 机动车辆保险的作用是什么？
6. 机动车辆保险产品的分类与内容是什么？
7. 机动车辆投保的条件是什么？
8. 机动车辆保险的理赔业务流程是什么？

能力训练

有一天,张先生把他购买才 1 个月的汽车开到汽车 4S 店,他说发动机漏油需要保修索赔,左前门刮花了要保险理赔。你作为一名汽车维修业务接待,应如何接待张先生,对张先生提出的服务要求应如何处理。

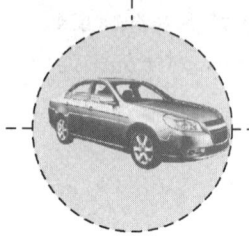

单元 11 汽车维修服务流程

学习目标
1. 知道汽车维修服务的流程与作用；
2. 会进行客户招揽；
3. 会进行维修车辆预约；
4. 会接待来店客户与客户关怀；
5. 会进行环车检查；
6. 会派工与进行工作进度控制；
7. 会交车结算；
8. 会根据客户资料跟踪回访客户。

汽车维修服务流程实际上就是汽车维修企业的维修业务管理流程。一个汽车维修企业是否有一套科学完整的维修服务流程，以及这种流程执行得是否全面和细致，直接体现了企业的经营管理水平。

1．汽车维修服务流程的目的
（1）使经销商维修业务作业标准化。
（2）促使维修作业流畅，人力、设备发挥最佳效率。
（3）满足顾客要求，实现客户满意和忠诚。

2．汽车维修服务流程的实质
（1）对传统维修服务程序的改进。
（2）以广泛研究为基础并已证明成功，是国际通用的管理维修部门的工具。
（3）超越客户期望、确保客户满意的手段。
（4）以客户为中心的维修服务系统。

3．制定汽车维修服务流程的意义
（1）提供一个全局的观点，把员工和服务视为不可分割的整体，并与"我要做什么"联系起来，从而在员工中树立以顾客满意为导向的意识。
（2）识别失误点，即服务行动链上的薄弱环节，确定随后的质量改善目标。
（3）提供一个由表及里的提高质量的途径，促进合理的服务设计并不断提高服务质量。
（4）明确过程和职责，减少和预防服务差距的产生和扩大。

4．遵循汽车维修服务流程的意义
（1）提高效率。

(2)降低成本。

(3)取之即用。

(4)有章可循。

5．汽车维修服务标准流程对汽车维修服务企业的益处

(1)在市场中树立专业化的形象。

(2)有助于平均分配每天的工作量。

(3)增加每个维修单的销售工时数。

(4)增加每个维修单所销售的零部件数。

(5)减少返工修理量。

(6)提高劳动生产率和工作效率。

(7)增加企业利润。

(8)最大限度地实现客户满意。

(9)提高客户的忠诚度。

6．汽车维修服务流程的内容

维修服务流程一般是从车辆进厂接待开始，经过预检（或初诊）、开具任务委托书、派工、维修作业、竣工检验、试车、结算、车辆交付出厂这样一个过程，这也是多数修理企业常见的传统流程。但是，从为了更好地提高服务质量和顾客满意度，提升本企业的社会形象角度出发，大部分4S汽车销售维修服务企业及大型综合性维修企业还在此基础上增加了用户招揽、预约、准备专用工位和人员及车辆竣工出厂后的跟踪回访等服务流程。从服务质量反馈的结果看，这些增加的流程确实起到了锦上添花的作用，即实现销售店的成功经营，其中最重要的是充实维修服务活动。虽然，促进新车销售也是非常重要的因素，但更重要的是通过维修服务赢得顾客的信任。可以说对维修服务的理解程度直接影响到经销店的营销业绩。维修服务工作的实施水平与好坏对顾客满意度具有巨大的影响力。

虽然，各汽车服务企业在流程处理上内容基本一致，但还是存在一定差别，各有自己的特色，如图11-1～图11-4所示分别为国内四家著名汽车服务企业的服务流程。

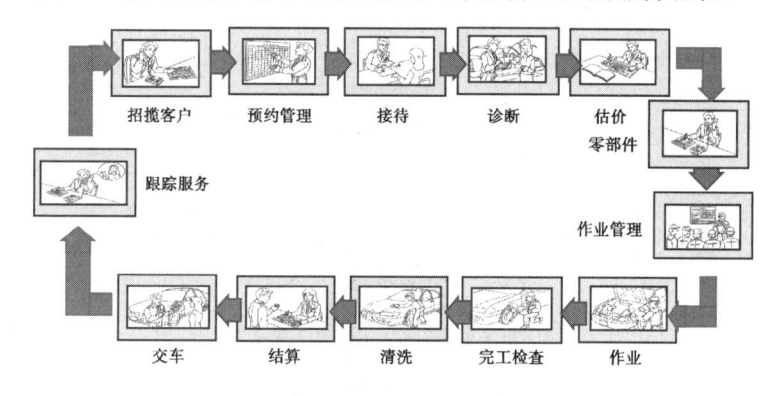

图11-1 A汽车服务企业的服务流程

如图11-5所示为上汽荣威汽车服务企业的服务流程标准。上汽荣威ei6新能源汽车重点推出"绿芯管家"专属服务，以"双管家"模式，即由专属服务顾问和技术顾问"绿芯双管家"，贯穿整个车辆服务过程，共同完成车辆的维修服务接待工作，凸显新能源车车主尊贵差异化服务，实现接车让顾客放心，交车让顾客满意，增加客户与品牌黏连度，提升产品市场口碑。

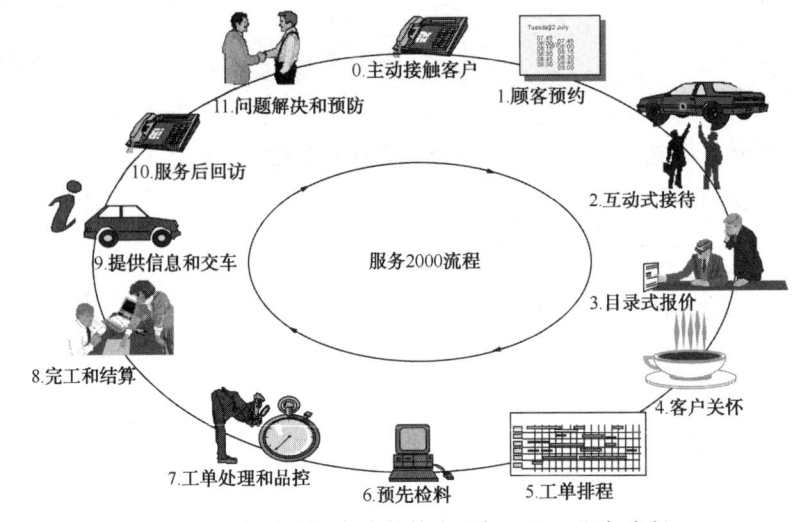

图 11-2　B 汽车服务企业的"服务 2000"服务流程

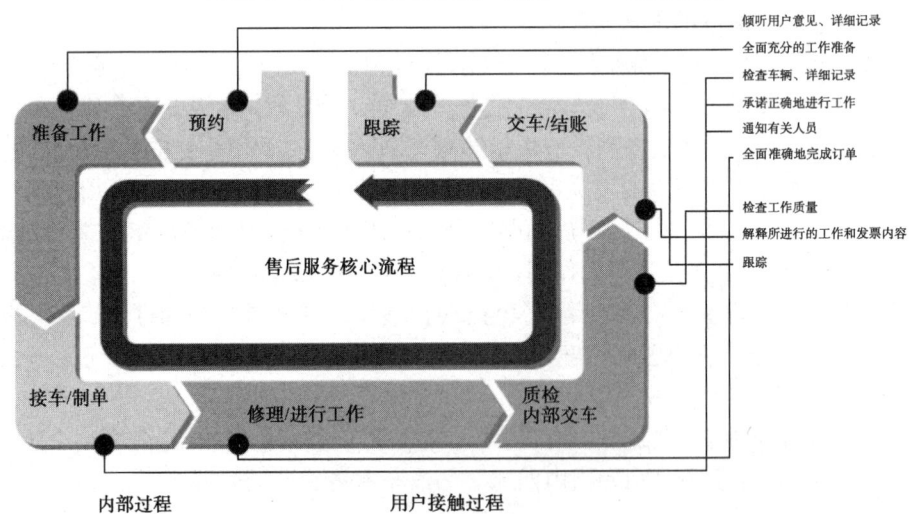

图 11-3　C 汽车服务企业的服务流程

图 11-4　D 汽车服务企业的服务流程

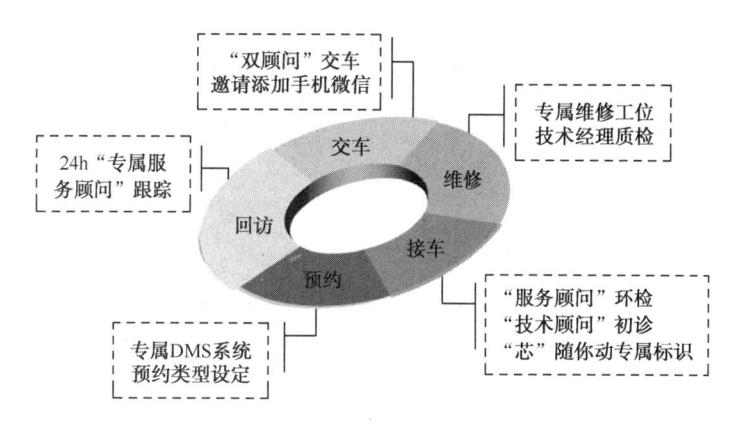

图 11-5　上汽荣威汽车服务企业服务流程标准

因此，现代汽车维修服务流程可以归纳为客户招揽、预约、接车（含初诊）、维修作业（含准备工作、派工、维修作业与过程检验）、竣工检验、结算、交车、跟踪回访，如图 11-6 所示。

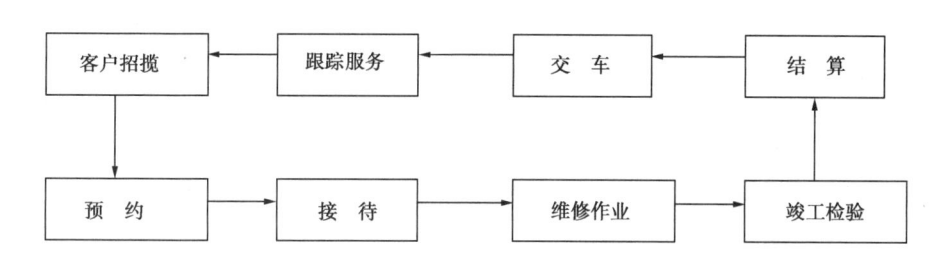

图 11-6　汽车维修服务一般流程

11.1　客户招揽

1．招揽目的
（1）提高汽车品牌和特约经销店的知名度。
（2）提高顾客对汽车品牌和特约经销店的满意度。
（3）提高特约经销店的服务收益。

2．招揽方法
（1）采用广告宣传方式，如微信公众号、微博广告、电视广告、电台广告、报刊广告、户外广告、传单派发、网络宣传、路演宣传等。
（2）采用直接联络方式，如微信邀请、邀请信函、电话联络、短信提示、E-mail 服务、上门服务等。
（3）采用其他服务活动方式，如车主学堂、"五一服务周""空调节""麦当劳"式套餐服务、积分回报、会员制 VIP 服务等。

3．招揽步骤
（1）制作定期保养一览表。
①选取定期保养对象或目标客户。
根据购车后 1 个月的回访客户车辆里程预估记录，排定首次保养邀约时间计划；依据购车后一个月回访时的里程，预估客户行驶 5 000km 所需时间，提前一星期行首次保养邀约，对于

233

预估时间超过三个月的客户,在三个月的首次保养期限一星期进行邀约;制定邀约名单,查阅首次保养记录,删除已首次保养客户。

②按照售后服务软件的提醒功能,掌握档案中客户下次保养的日期,或者推算档案中客户下次保养的日期。

根据客户用车习惯、来店保养的时间与里程数等状况,估计下次保养(30 000km)的日期:

来 店 日 期	行驶里程(km)	保养作业项目(km)
2 020.1.1	20 500	20 000
2 020.2.24	24 500	25 000
		30 000

估计下次保养时间的方法:

距离下次保养的时间=(下次保养里程−行驶里程)÷日平均行驶里程

日平均行驶里程=上两次保养里程间隔÷间隔的时间

(30 000−24 500)÷[(24 500−20 500)÷53]=73(天)

由此估算出下次实施定期保养的日期为 2020 年 5 月 8 日;把该客户登记到 5 月份的定期保养提醒名单中。

(2)定期保养招揽的实施记录。

①向客户发邀约信件,并记录时间。

②向客户打邀约电话,并记录联络时间和预约结果。

按照客户希望回访时间进行邀约;自我介绍并解释电话目的,询问客户是否便于接听电话;询问客户车辆行驶里程,解释首次保养重要意义;解释预约的优点,询问客户是否接受预约;提示客户携带相关资料;感谢客户,礼貌挂断电话。

(3)核对保养实施车辆。

(4)招揽工作统计。

①统计招揽成功率。

②汇总没有来店客户的数量和原因。

③改善客户招揽方案。

11.2　预约

维修生产企业在顾客来店高峰期常会出现停车位紧张,接待前台人满为患,客户因等待而显得焦虑或不高兴,一些客户的服务要求被简化或被拒绝,服务过程中无法提供必要的附加服务,客户觉得服务工作敷衍了事等情况。因此,有必要对客户的预约进行管理。

1. 预约的目的

预约是指就某事双方进行的预先约定,有效的预约减少了可能发生的意外情况,从而使双方的工作效率得到提高。

预约是汽车维修服务流程的一个重要环节,它提供了立即与客户建立良好关系的机会。预约是根据特约店自身的维修能力(人员和设备等),以及顾客对作业内容要求的约定完工时间,合理地分配维修工作。

预约服务对维修企业有什么好处呢？根据现有维修企业车辆进厂情况来看，一般是上午来车较多，下午来车较少。平时来车少，周末来车多。这就意味着维修企业在客户集中时很忙碌，接待客户时的态度和维修质量有所下降；客户稀少时，接待和维修任务不饱满，能力闲置，造成资源浪费。为了维修企业的维修生产"均衡化"或"平整化"，保证客户有计划、有秩序地进厂维修，实施预约式维修服务是行之有效的一种方式。

采用维修预约系统的经销店一般以预约率60%为起点，逐步增加到最大，即80%的预约率。剩下20%留给遗留工作、返修车辆、未预约顾客、紧急维修和其他额外维修工作。

预约目的：
（1）合理安排工作时间，提高企业生产效率；
（2）均化每天工作量，避免人员和设备过度疲劳，或避免设备闲置、浪费；
（3）减少客户等待时间，提高客户满意度。

2. 预约的优点

维修的过程中，客户更期望服务企业能够提供方便、快捷和准确的服务。

就预约而言，客户期望得到的好处是：
（1）能够避免维修高峰期的漫长等待；
（2）通过提前告知故障，避免零部件准备不足而延误维修，缩短维修时间；
（3）服务企业能够在配件、工具、技术人员等方面提前准备，从而可保障维修和保养的服务质量，提高工作效率；
（4）希望获得服务企业针对预约提供的优惠折扣。

预约作业对汽车服务企业期望的好处是：
（1）通过客户预约，实现"削峰填谷"，提高工位利用率及服务产能；
（2）减少由于维修服务的突然性而导致的非作业时间延长，提高生产效率；
（3）通过强化的预约活动，提高维修服务工作的计划性和规范化，达到提高服务水平的目的；
（4）通过预约活动的开展，达到降低维修生产成本、提高企业服务收益率的目的。

正是因为预约对双方都有益处，所以使得预约作业成为服务业是否成熟的标志性活动之一。

3. 预约的分类

（1）主动预约。许多客户因时间、工作等各种原因不可能对自己的车辆时时关注，另外客户的汽车专业知识也不一定十分丰富，不一定了解车辆何时需要何种维护或修理，平时需要对汽车采取何种保养等，这就需要维修企业定期对客户进行电话访问，及时了解车辆的使用状况，提出合理的维修建议，根据客户的时间和维修企业的生产情况进行积极主动的合理安排，这种预约方式称为主动预约。主动预约不但是体现维修企业对客户的关怀，增进与客户之间的感情交流的纽带，而且也是服务营销工作向客户展示维修企业的服务形象、介绍和推销维修企业的服务、增加维修企业的业务量、提高营业收入的需要。

（2）被动预约。有的客户感觉到自己的车辆需要维护或车辆发生故障需要修理时也会给维修企业打电话进行预约，预订好时间、工位和配件，以便进厂之后迅速进行维修作业，节约自己的时间。这对维修企业而言是被动的，称为被动预约。当然也有许多客户时间观念不是很强，也没有预约意识，这就需要维修企业去引导客户，推销自己的预约服务。

4. 预约的实施

预约工作一般由客服人员来完成。在进行预约前必须完成以下两方面的准备。

（1）熟悉客户信息和客户的车辆情况，如客户的姓名、性格、爱好、联系方式、车辆牌照号、车辆型号、行驶里程数、以往的维修情况、车辆需要做何种维护或有何种故障现象、需要何种维修等。

（2）了解本厂的维修生产情况和收费情况，如维修车间是否可以安排工位、维修工，专用工具、资料是否可用，相应的配件是否有现货或何时到货，以及相应维修项目的工时费和材料费等。

如果预约人员对以上两方面情况很清楚，那么与客户做预约就会得心应手，也显得非常专业，同客户的沟通交流也就很方便。如果预约人员当时不清楚情况，就需要及时了解清楚之后再与客户用电话确认。不要在情况不清的情况下盲目预约，以免无法践约给客户造成时间损失，引起客户不满，影响维修企业信誉。

与客户的预约方式：通过4S店微信公众号来实现，如图11-7所示；也可以通过电话来实现，电话是一种有声的名片，代表着维修企业的形象。电话沟通交流技巧也是一门艺术，因此需要专门的电话培训，电话预约记录单如表11-1所示。

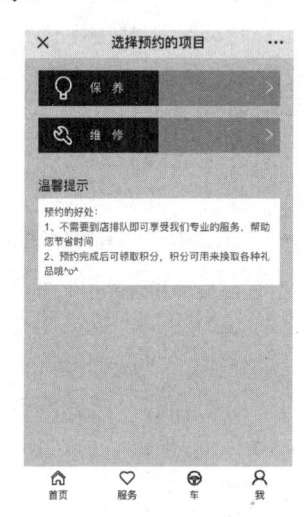

图11-7　通过企业微信公众号来预约

表11-1　电话预约记录单

1. 您好！****4S店，我是前台（工种）　　　　姓名，　　　　请问您有什么事？

2. 客户陈述：

3. 客户姓名：_____车型：_____车牌号：_____

大致行驶里程：_____联系电话：_____。

4. 询问客户预约来店时间：_____，与客户交谈此预约时间段来店是否合适_____（参考店内车间工作状况及零件供应状况）。若不合适提供给客户本店合适时间段的选择_____。

5. 询问客户上次维修保养的时间：_____，里程：_____

大致项目：_____。

6. 再次确认客户预约的项目：_____。

所需零件项目：_____。

大致维修报价：_____。

再次确认预约来店时间：_____。

7. 非常感谢您的这次来电预约，我会给您做好相应的准备工作。我们会在第一时间优先安排您的车辆维修，同时您这次一般维修作业的工时费可打 8.5 折。谢谢，再见！

8. 等待客户挂断电话之后再挂断电话。

9. 跟踪确认客户来店预约状况。

预约人员与客户做好预约之后应当及时做好记录汇总，以便有据可查，如表 11-2 和表 11-3 所示。

表 11-2 预约登记表

填表时间：____年____月____日

车型：	车号：	车架号：	发动机号码：			
车主：	联系电话：	接待员：	预约时间：	年	月	日
故障陈述		维修项目	跟踪情况			
			客户签名			
说明：①此表用于客户预约服务的登记；②业务接待人员必须认真填写此表以作为客户跟踪的依据；③业务接待人员必须在预约到期的前 1~2 天提醒客户如期来公司维修保养；④如果由于跟踪不及时而导致客户流失的要追究业务接待人员的责任						

若有必要，预约人员在客户到来之前比较相近的时间（如与客户约定修车前的 1 小时）对客户进行一次电话提醒，对预约进行进一步的确认，如果由于其他特殊原因客户不能来的，还应与客户续约，确定下次来访时间。

表 11-3　维修预约确认单

客户名称			联系人	
客户地址		客户住址		
客户电话		来厂时间	年　月　日　时　分	
维修项目：				
预约进厂时间：				
客户其他要求：				
客户预交材料订金：		订金接收人签字盖章：		
接待员：		公司业务电话：		

预约的实施规范如下。

（1）掌握自身企业的预约维修能力。

（2）优先安排返修、召回、保修、紧急维修和特殊客户。

（3）预约的进厂时间应尽量方便客户。

（4）提醒服务可采用电话、短信等直接有效的方式进行，提醒后 2 小时内，客户关系员与客户进行电话联系，确认客户收到提醒。

（5）预约工作以《预约登记表》为依据，表中的内容应填写完整。

（6）若经销商处没有该客户的档案，在客户进行主动预约时应及时为客户建立档案；若已有该客户档案，则确认各项内容是否发生变更。

（7）业务接待必须将客户所描述的情况记录清楚，并通过适当的提问明确进厂原因。

（8）在记录要点时必须进行必要的重复，以使客户知道经销商已经将车辆情况掌握清楚。

（9）业务接待向客户确认进厂时间时应对进厂项目进行时间与价格的预估并向客户说明。

（10）由于配件无货无法给客户安排预约时，应由业务接待向客户解释，并对客户说明可优先安排在配件到货后的预约计划中，若客户同意，则直接列入该日的预约计划。

（11）预约成功后，应提前做好人员、工具、设备及配件等的准备工作。

（12）预约成功后，应做好预约看板的登记工作。向准时来店的预约客户传递服务意识，使预约客户产生被重视的感觉。

（13）从开始安排预约到向客户解释维修时间及报价，不应超过 2 小时。

（14）对于提醒服务，在客户进厂前 3 小时进行追踪。

（15）若客户超过进厂时间半小时仍未到达，业务接待应及时与客户进行联系并确认到达的准确时间。

（16）若客户超过进厂时间 1 小时仍未到达，业务接待与客户联系后取消本次预约，但可优先列入下一预约计划中。

（17）各部门交接必须及时、准确，以《预约登记表》为依据。

5. 提高预约率的方法

要让预约客户享受到预约的待遇，要与直接入厂维修客户严格区分开。这是决定此客户是否再次预约的关键因素。因而，提高预约率的方法如下：

（1）让客户知道预约服务的好处。

①缩短客户非维修等待时间。
②节省客户的宝贵时间。
③有更多的时间咨询、沟通。
④维修人员可以马上开始工作。
⑤可免费享受一些维修项目。
（2）在客户接待区和客户休息室放置告示牌，提醒客户预约。
（3）把当日预约客户的名单写在欢迎板上，让客户产生被重视的感觉。
（4）在跟踪回访客户时，宣传预约业务，让更多的客户了解预约的好处。
（5）经常向未经预约直接入厂的客户宣传预约的好处，增加预约维修量。

6．预约的流程

预约的流程如图11-8所示。

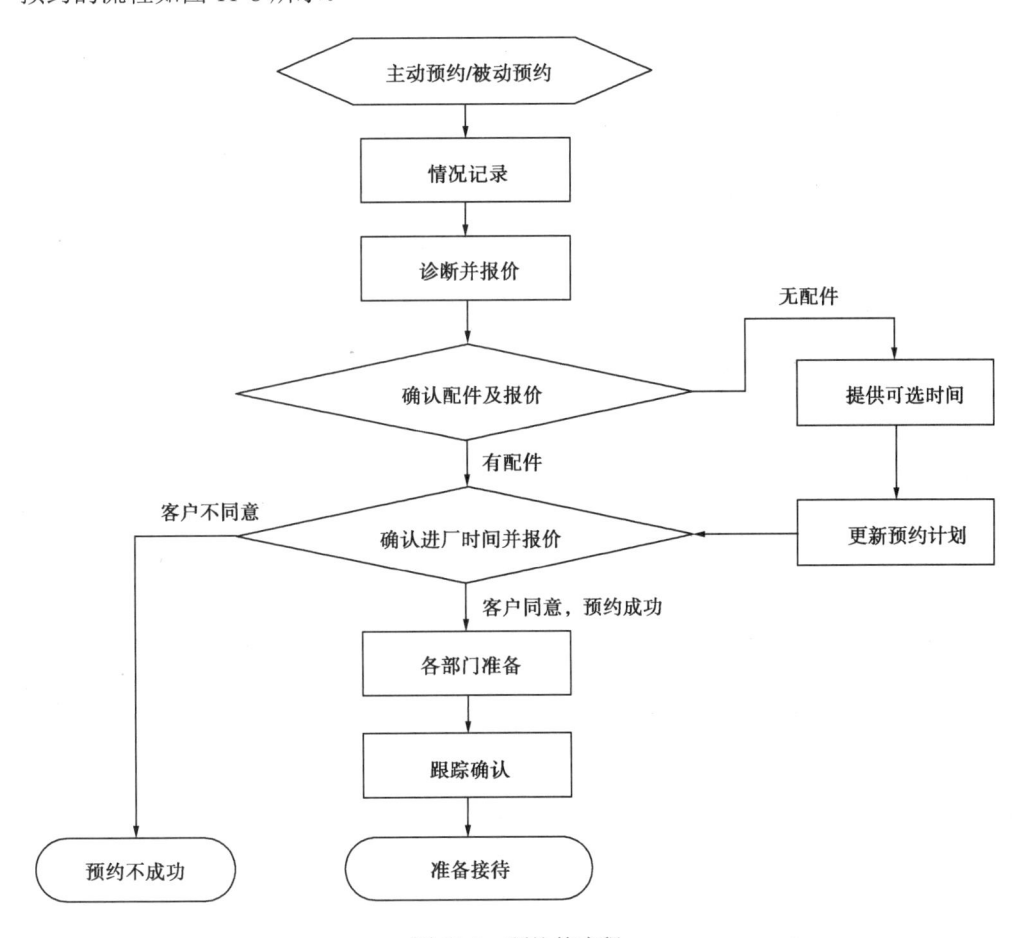

图11-8 预约的流程

维修企业为了更好地推广预约工作，在预约维修推广开始时，除了大力宣传预约给客户带来的利益外，可以倡导"预约优先"的思想（如预约客户与非预约客户优先维修车辆的区别对待，让预约客户感到被重视），还可以对能够准时赴约的客户在维修费用上给予适当的优惠或赠送纪念品进行鼓励。

需要指出的是，在进行预约工作时，企业必须履行自己的承诺，所有预约内容必须到位，不能预约与不预约都一样，体现不出预约的好处，从而打击客户对预约的积极性，导致预约维修的推广困难。

11.3 接待

1. 接待的内容

客户如约而至维护或修理车辆，发现一切工作准备就绪，业务接待在等待着他的光临，这样客户肯定会有一个比较好的心情，而这些恰恰是客户又一次对维修企业建立信任的良好开端。因此业务接待应当具有良好的形象和礼仪，并善于与客户进行有效的沟通，体现出对客户的关注与尊重，体现出高水平的业务素质。接待属于服务流程中与客户接触环节，在此环节中业务接待通过与客户的沟通交流，建立良好的互信平台。在客户入厂时，业务接待必须按规定整顿仪表着装，能主动、迅速出迎，对来店客户进行礼貌的问候，树立良好的第一印象。

在接车处理环节中最主要的两项工作是填写接车问诊表（接车检查单）和签订维修施工单（任务委托书或维修委托任务书）。

（1）环车检查与填写接车问诊表。

为避免客户提车时产生不必要的误会或纠纷，业务接待在车辆进入维修车间前必须与客户共同对车辆进行"环车检查验证"，并对于车辆的使用情况与故障进行问诊，也即进厂检验。检验完成后，填写接车问诊表并经客户签字确认。

问诊的重要性：
- 服务顾问接车流程中的一项重要工作；
- 顾客所看重的正面真实一刻（Moment of Truth，MOT）之一；
- 若未能做好问诊，顾客可能会有抗拒；
- 引导车间主管派工的方向；
- 正确引导维修工执行维修的方向；
- 掌握质检时所需确认的要领；
- 服务促销的重要启示。

如图11-9所示，为准确问诊的重要性。

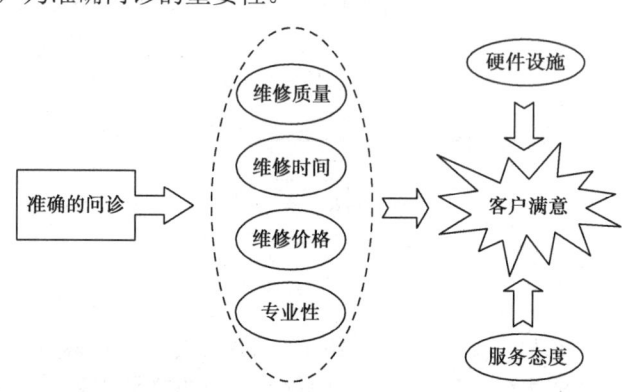

图 11-9 准确问诊的重要性

环车检查的内容主要有车辆外观是否有漆面损伤、车辆玻璃是否完好、内饰是否有脏污、仪表盘表面是否有损、随车工具附件是否齐全、车内和后备厢是否有贵重物品等，环车检查的重点在于车辆外观状况确认。接车问诊表一般有两份，一份由车主保管，一份由企业保管，如表 11-4 所示。

表 11-4　接车问诊表

车牌号：	行驶里程：	（公里）	车架号（VIN）：		
客户名：	电话：		来店时间：	年　月　日	时　分

客户陈述及故障发生时的状况：

故障发生状况提示：行驶速度、发动机状态、发生频度、发生时间、部位、天气、路面状况、声音描述

接车员检测确认建议：

检测确认结果及主要故障零部件：

检查确认者：

外观确认：
（请在有缺陷部位打上标识"×"）

功能确认：（工作正常"√"，不正常"×"）
□ 音响系统　　□ 门锁（防盗器）　　□ 全车灯光
□ 工具　　　　□ 后视镜　　　　　□ 天窗　　□ 座椅
□ 点烟器　　　□ 玻璃升降器　　　□ 玻璃

物品确认：（有√，无×）

□ 贵重物品提示
□ 工具　□ 备胎　□ 灭火器
□ 其他（　　　　　　　　　）

旧件交还客户　□ 是　□ 否

　　检测费说明：本次检测的故障如客户在本店维修，检测费包含在修理费用内；如客户不在本店维修，请您支付检测费。本次检测费：￥　　　元。

　　贵重物品提醒：在将车辆交给我店检查修理前，已提示将车内贵重物品自行收起并保存好，如有遗失恕不负责。

　　业务接待：_____　　　　　　　　客户确认：_____

问诊表的使用流程如图 11-10 所示。

接车问诊表是客户与企业之间的重要文件，确立了企业与客户之间的契约关系，服务接待必须认真填写问诊表，完成后必须由服务接待与客户签字认可方为有效文件。

①环车检查。

环车检查是从车左侧驾驶席位置开始，绕车顺时针检查一周。如果在检查的过程中发现问题，业务接待要立即为客户指出，并在接车问诊表、委托书中做好记录。如果需要处理，

业务接待要进行估价，以便让客户决定是否处置。环车检查的作业时间原则上控制在 8～10 分钟以内。

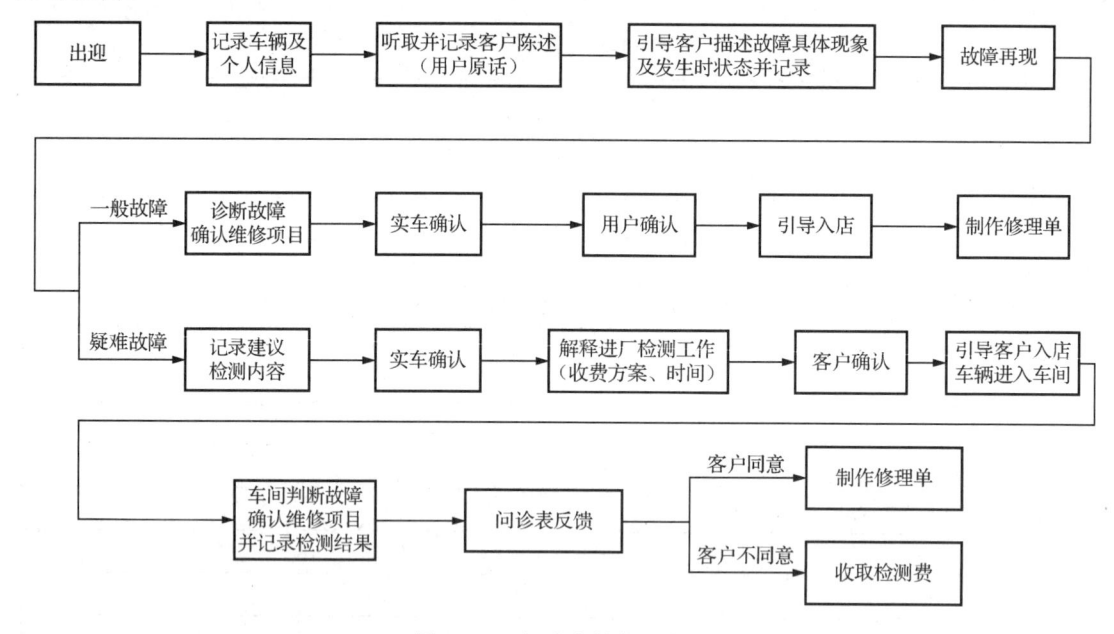

图 11-10 问诊表的使用流程

业务接待要对来店维护或维修的车辆进行环车外观检查，其主要目的是：
- 明确客户的主要维修项目；
- 记录车辆以前的损伤情况；
- 记录所有已经遗失或损坏的部件；
- 发现额外需要完成的工作（客户没有发现的问题）；
- 提醒客户存放或带走遗留在车内的贵重物品；
- 有效减少后期交车时可能出现的争议，避免对企业不利的索赔。

②填写接车问诊表。

问诊表的重要性主要表现在：
- 它记录了服务接待与客户之间的沟通情况，可以防止可能出现的误解；
- 它把客户的要求进行了详细而清楚的说明，可以有效地帮助维修技师提高修复率；
- 它记录了企业和客户在维修时间和预期费用方面达成的协议，有助于后期双方发生争议的解决；
- 有助于维修技师的工资确定；
- 可作为企业保修费用和零部件存货的审计依据。

③问诊表的主要内容与信息填写（如表 11-4 所示）。

问诊表的内容及注意事项如下所述：
- 车辆牌照号；
- 客户姓名及最新联系方式（电话号码）；
- 车辆识别号（VIN）；
- 行驶里程数——服务接待要认真记录客户行驶里程数，以免在交车时双方发生争议；

- 准确记录油表刻度位置；
- 受理日期及接受时间；
- 修理种类——要注明是保修还是维修，收费还是内部收费，以免混淆；
- 故障描述——要记录客户的原话，以便维修技师进行故障确诊；
- 环车检查时要把车辆所有严重明显的损伤记录到接车问诊表中。

车辆问诊时，需要业务接待将客户的粗略信息细化成车间人员希望得到的信息，相当多的故障都可以进行下表的细化过程。可以采用"5W2H"方式进行，有利于准确判断车辆的故障，如表 11-5 所示。

表 11-5　车辆问诊的标准 5W2H 信息

What	何事？如异响 什么样的异响或其他	什么样的症状及症状的具体特征	若以噪声为例，其音质及声音的方向等	如果不正确传达的话，就可能造成不知道问题是否已经解决，或者不知道问题在哪个部位，修理哪个部分，怎么修理才好的情况
When	何时开始的 在什么样的时候发生这种症状	发生状况的时间	发生的时间、发生的频率、行驶状态、天气情况等	
Where	何地行驶发生这种症状 什么部位发生这种症状	发生状况的地点、车辆的部位	发生的地点、道路状况等	
Who	何人感觉到这种症状	体验了症状的人	直接听取体验者的意见	
Why	是什么造成了这种症状	出现症状的起因	比如进行某项操作后、非常规使用、修理史等	
How	怎么样操作会发生这种症状	结果（包括程度）	比如确认后的多大程度、多少时间等	
How much	程度多大	多长时间等		

（2）签订维修施工单。

维修施工单（任务委托书或维修委托任务书）是客户委托维修企业进行车辆维修的合同文本。维修施工单的主要内容有客户信息、车辆信息、维修企业信息、维修作业任务信息、附加信息和客户签字。客户信息包括客户名称和联系方式等；车辆信息包括牌照号、车型、颜色、底盘号、发动机号、上牌日期、行驶里程和车辆其他相关信息等；维修企业信息包括企业名称、电话和业务接待姓名等，以便客户联系；维修作业信息包括进厂时间、预计完工时间、维修项目、工时费和预计配件材料费；附加信息是指客户是否自带配件（某些品牌的专营店不准自带配件）、客户是否委托企业处理换下的旧件等。上述内容都需要同客户做一个准确的约定，并得到客户的确认。客户签字意味着对维修项目、有关费用和时间的认可。维修施工单如表 11-6 所示。

维修施工单一般为三联，其中一联交付客户，作为客户提车时的凭证，以证明客户曾经将该车交付维修企业维修，客户结算提车时收回。企业自用的两联可分别用于维修车间派工及维修人员领料使用。

进厂车辆如果进行一级维护，可以直接同客户签订维修施工单。进厂车辆如果要进行故障修理，业务接待应对客户车辆进行技术性检查和初步故障诊断，验证故障现象是否如预约中描述的那样，必要时需请技术人员和客户一起试车验证或用仪器检测和会诊。根据检测诊断结果，拟订维修方案，初步估算修理工时费、材料费及其他费用，预计完工时间，打印好任务委托书，并请客户签字确认。

业务接待同客户签订维修施工单时需向客户解释清楚维修施工单的内容,重点解释说明维修项目、估算修理工时费、材料费、其他费用和预计完工时间。

表 11-6 维修施工单

客户签字	业务接待签字

工单 No:		业务接待:	
车牌号		VIN	
客户 ID		客户姓名	
邮政编码		地址	
电话 1		电话 2	
车型		SFX	外观色	内饰色
入厂履历				
上次行驶公里		入厂预定	卡号	

入厂日	维修内容	入厂日	维修内容

此次入厂情况		交车预定时间	
此次行驶公里		下次入厂预定	

委托事项	维修内容	必要的零件

开始时间	完成时间	主修签字	主任签字	检验员签字

注意事项:

1. 本施工单经双方确认后具有合同效力,可作为维修预检交接单使用。任务书为概算费用,结算时凭维修结算清单,按实际发生金额结算。结算方式及期限:_____。

2. 承修方在维修过程中增加维修项目或费用及延长维修期限时,承修方应及时通知托修方,并以书面等形式确认。使用的正副厂配件及质量担保期由双方约定,必要时,附材料清单作为任务书的附件。托修方自带配件,承修方应查验登记,由此产生的质量问题,承修方不负责任。

3. 承修方应妥善保管托修车辆。托修方随车贵重物品随身带走,如遗失,承修方不承担责任。

4. 维修质量保证期:从竣工出厂之日起_____日或行驶里程_____公里,以先达到指标为准。

2. 接待的实施规范

(1)客户车辆进入经销商待修车停车区,尚未接待客户的业务接待应主动出迎致意,出迎时携带接车单。

（2）若客户是进厂维修客户，则业务接待直接在接车单上记录车辆外观情况、进厂原因，并进行情况描述简要记录；若客户不是进厂维修客户，则应带领客户至相关业务部门。

（3）遇到雨、雪天气，若停车区与营业厅之间的通道没有雨棚，当客户车辆进入停车区时，任何一位工作人员在不影响正常业务流程的情况下都有义务主动打伞出迎并引领客户至相关业务部门。同时，在营业厅门口处也应准备好吸水性强的白毛巾，以备客户在进入营业厅时擦去身上的雨雪。

（4）若业务接待无法出迎，应在客户进入营业厅时主动向客户致意；若业务接待正在接待其他客户，也应及时对新到来的客户打招呼并请其稍等。

（5）接待台应备有饮水机，客户在接待台前坐下时应送上一杯水（冷天热水，热天根据客户喜好选择冷水或热水）。

（6）如果客户需要等候接待，则等待时间不得超过5分钟。如果客户等待时间超过5分钟或有几位客户同时等待时，必须增加临时业务接待。

（7）预约过的客户到来后必须立即接待，禁止等待。接待后直接将接车单、委托单与车辆一起送至车间交给接受了预约的班组。

（8）禁止让返修客户等候接待，在委托单中需注明返修。

（9）对于保养客户，业务接待在进行保养项目记录的同时，应主动询问近期车况，并参考车辆的维修保养记录，以便及时发现隐含问题。接待时间应控制在8分钟以内。

（10）对于一般维修客户，倾听客户描述故障情况并进行需求分析的时间不得低于6分钟。

（11）在客户进行故障情况描述时，业务接待可以在适当的时候用引导性语言进行需求调查，但严格禁止打断客户的描述。

（12）对于客户描述的情况，在记录要点的同时应及时重复确认无误。

（13）对于客户描述的故障，可通过查看维修记录、试车、会诊、请求技术支持等一系列手段进行诊断（初诊），但必须保证快速、准确。如需试车，必须保证客户在场。

（14）根据客户描述情况确定进厂项目，若暂无配件，应主动向客户说明并向客户提供到货时间；若需转包修理，应主动向客户说明并得到客户确认后才可以进行。

（15）打印维修施工单（委托单）前，应对提车时间及费用情况进行预估，按照客户描述的情况向客户逐项解释所需进行的项目及该项目所需时间与费用，并参考车间进度预估提车时间。得到客户确认后才可以打印，打印后由客户签字确认。

（16）维修施工单（委托单）至少三联，一联客户提车用，一联用于前台保存备份，一联用于随车作业。

（17）若即将进行的项目中存在索赔项目，应及时向客户说明并解释清楚。

（18）预估准确。预估费用与实际发生费用相差不要大于10%，预估时间与实际时间相差不要超过30分钟，但在作业过程中发现新问题时除外。

（19）如果客户在到达经销商处时业务接待未出迎，则在从客户手中接过车钥匙前应随同客户一起进行环车外观检查、贵重物品确认，并在接车单上标明。

（20）如果客户需自己付费更换配件，则先与客户确定旧件是否带走，并在接车单和委托单上注明。

（21）业务接待在从客户手中接过车钥匙后，应将标有客户车牌号及停车位号码的钥匙牌连在钥匙上，方便找到车辆。

（22）业务接待应在客户面前将护车套件（方向盘套、座椅套、脚垫，如果条件许可还应包括换挡手柄、灯光雨刷控制手柄等维修工可能接触地方的保护套）安置好，并亲自将车辆送入车间。

（23）接车时，业务接待应尽量记住座椅、后视镜、反光镜等的位置及角度。

（24）业务接待将车辆送入车间时，应先建议客户去客户休息室休息，然后将车辆送入车间，将接车单与委托单交给车间主管，最后向客户确认车辆已经送入车间并再次说明预计交车时间。若客户要求直接离开，则在和客户确认预计的交车时间后送客户离开，并留给客户能够随时联络到的联系方式，在客户离开后应随时保持联系。

（25）业务接待应善于利用《车间进度看板》《工时标准》等辅助工具，随时掌握车间工作进度。

（26）在客户需要了解工作进度时，业务接待有义务为客户进行确认。

（27）当客户产生投诉时，业务接待必须将客户引领至一个安静的环境（如业务洽谈室）进行处理，避免因环境嘈杂导致客户心烦而使不满意情绪扩大化，避免不满意的客户影响到其他客户。

3．接待的流程

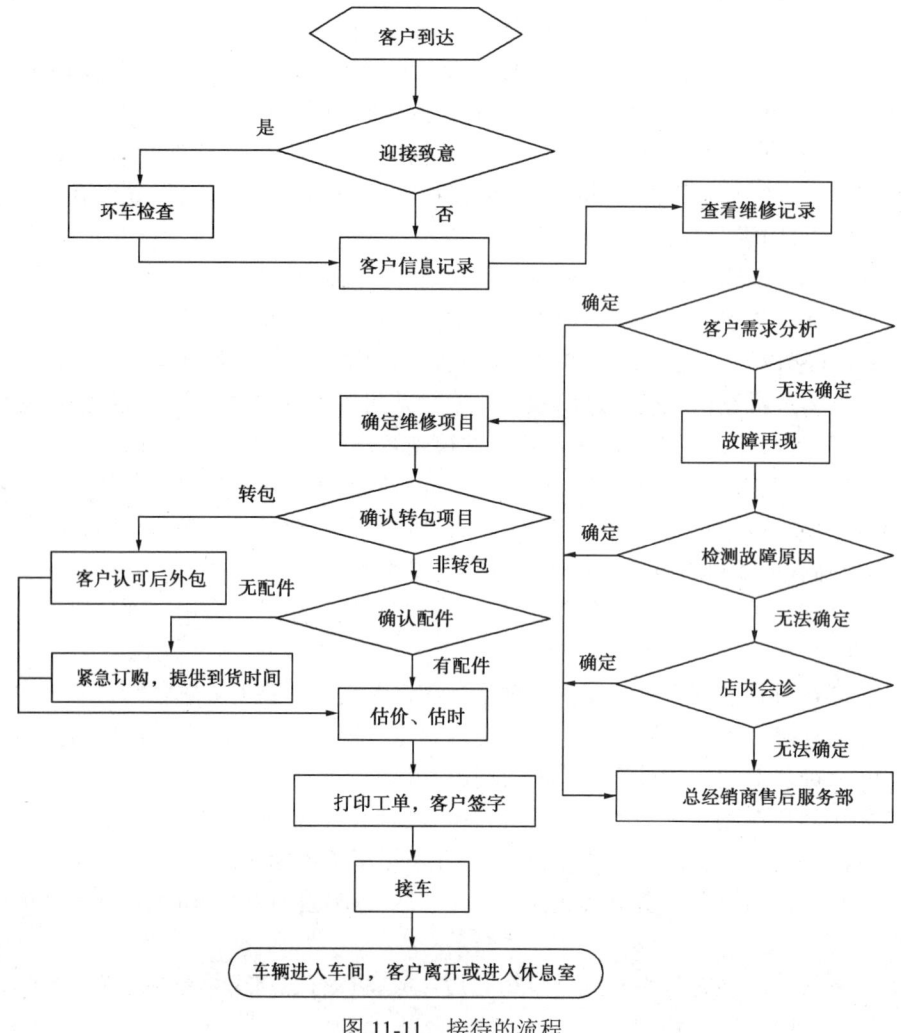

接待的流程如图 11-11 所示。

图 11-11　接待的流程

11.4 维修作业与增项处理

1．维修准备工作

（1）维修工单。根据由双方确认的接车问诊表，和按要求选择的维修项目、工时费与作业时间等，并在确认零件库存状况后制作工单，如表 11-7 所示。

表 11-7 维修工单

客户：_____ 车型：_____ VIN：_____ 日期：_____

维修项目	工时费	零件代码	零件名称	数量	售价
工时费合计					
维修费用总计：						
客户签字		接待员签字		零件费合计	
备注：						
增补（追加）维修：						
维修项目	工时费	零件代码	零件名称	数量	售价
增补（追加）维修：						
维修项目	工时费	零件代码	零件名称	数量	售价
工时费合计					
维修费用总计：						
客户签字		接待员签字		零件费合计	
备注：						

根据业务接待提供的工单查看零件目录，并确认该零件有无库存。零件无库存时将零件到货期及价格通知业务接待，由业务接待向客户确认修理是否进行；有库存时，做零件出库表，如表 11-8 所示。

表 11-8　零件出库表

工单 No：_____　　　班组：_____　　　主修：_____

客户：_____　　　车型：_____　　　车牌：_____

序号	名称	型号、规格	单位	数量	售价	备注
1						
2						
3						
4						
5						
6						
7						
8						

日期：_____　　制表：_____　　审核：_____　　批准：_____

（2）项目说明、确认与派工。向客户出示维修工单及报价单，与客户进行修理项目、时间、预计金额、支付方法及交车时间的说明，并征求其同意。

①客户同意维修作业，则请客户签字确认，并将施工单和零件出库表交车间主任。

②派工。将车移至车间，安排维修技工工作并将其记入工作管理进度板。

③客户要求追加作业的情况。将追加作业内容通知配件员，并委托其确认零件的库存，做出库表，以便据此做出新的报价单。根据配件员做出的追加零件出库表做出新的报价单。按上述要求，向客户说明并征求其同意是非常重要的，然后再让客户在工单上追加签名。

必须向客户说明修理项目、预计费用与交车时间，并征求其同意，特别是追加修理的情况，一定不能忘记请客户签名确认。

（3）维修前说明的实施规范。

①在确定维修范围之后，告诉客户可能花费的工时费及材料费。如果客户对费用感到吃惊或不满，应对此表示理解，并为其仔细分析所要进行的每项工作，千万不要不理睬或讽刺挖苦。接待时对客户的解释，会换来客户的理解，否则会很容易惹恼客户。

如果只有在拆下零件或总成后才能准确地确定故障和与此相关的费用时，报价应当特别谨慎。在这种情况下，在费用预算上必须明确地用诸如以下的措辞来保护自己："以上是大修发动机的费用，维修离合器的费用核算不包括在本费用预算中，只能在发动机拆下后才能确定。"

②分析维修项目，告诉客户可能出现的几种情况，并表示在进行处理之前会征求客户的意见。

例如，客户要求更换活塞环，业务接待应提醒客户，可能会发现汽缸磨损。拆下缸盖后将检查结果告诉客户，征求其意见。

③业务接待写出或打印出维修单，经与客户沟通确认能满足其要求后，请客户在维修单上签名确认。

④提醒客户将车上的贵重物品拿走。

⑤最后请客户到客户休息区休息或与客户道别，并向客户说一声"谢谢"或"再见"。

（4）维修前说明的流程。维修前说明的流程如图11-12所示。

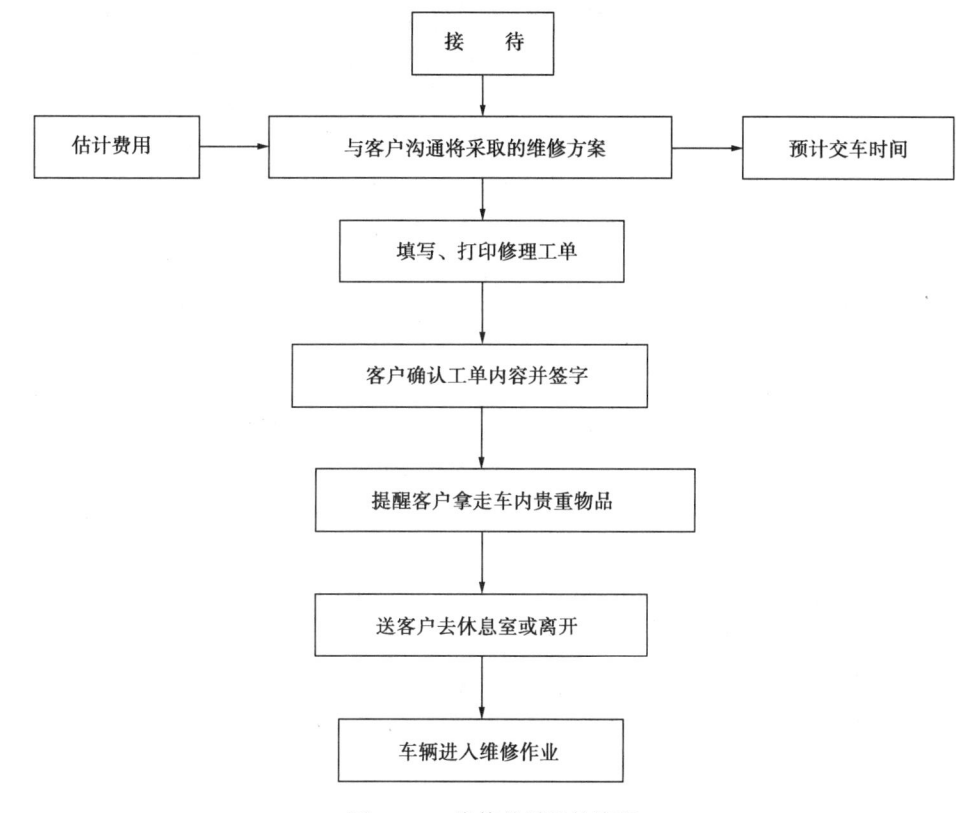

图 11-12　维修前说明的流程

2. 维修作业

（1）维修作业的内容。当业务接待与客户签订好维修施工单和接车问诊单后，所承修的车辆的隶属关系由客户转为企业，企业负有委托保管和维修责任，维修作业也由此开始。

业务接待传递给维修车间的作业指令是通过维修施工单或派工单来实现的。比较简化的方式是业务接待将维修施工单随同承修车辆直接交由自己所带领的维修团队（维修人员的组合）进行维修，这一般称为团队式生产管理模式。比较精细化的方式是业务接待将维修施工单随同承修车辆直接交由车间主任或车间调度员，再由车间主任或车间调度员依据任务委托书的内容开具维修作业派工单，将派工单随同承修车辆交由维修人员进行维修，这是传统的生产管理模式。至于维修企业采用哪种模式，可根据企业实际情况自定。

维修作业环节属于维修企业内部环节，维修企业的经营业绩和车辆维修的质量主要由此环节产生，因此这个环节是维修企业管理的核心环节。为保证维修的效率和质量，应注意以下几方面工作。

①维修人员接到维修施工单后，应当及时、全面、准确地完成维修项目，不应超出维修范围进行作业。如发现维修内容与车辆的实际情况不完全相符，需要增加、减少或调整维修项目时，应及时通知业务接待，由业务接待估算相关维修费用、完工时间，取得客户同意后方可更改维修内容，并办理签字手续。

②由于新车型、新技术不断出现，对维修人员的综合技术素质要求越来越高，维修人员应当具备比较丰富的汽车理论知识与实践经验，受过专业培训并取得维修资格后方可上岗。在常规维护检查作业时，维修人员应当严格按照维护检查技术规范进行，更换、添加、检查、紧固等有关项目应做到仔细全面、准确到位，最后填写维护检查单。在故障修理作业中应当按照维修手册及有关操作程序进行检修，并使用相关检测仪器和专用工具，不能只凭老经验、土办法、走捷径，违规作业。

③维修人员在作业中应当爱惜客户的车辆，注意车辆的防护与清洁卫生。作业前需要给车辆加上翼子板护垫、座椅护套、方向盘护套、脚垫等防护用具。

④维修作业时应当注意文明生产、文明维修。做到零件、工具、油水"三不落地"，随时保持维修现场的整洁，保持维修企业的良好形象。

在每项维修作业完成后或需要更换工位时，维修作业的负责人或小组长必须对本次维修做一次全面检查，检查其是否符合相关要求。例如，一辆事故车，当在维修工位竣工后，要转到钣金工位时，负责维修工位的技术人员必须进行自检和互检，确认无误后方可转移工位，这样的检查也称为过程检验。

（2）维修的服务规范。

①各工种作业必须保证及时、准确、诚信，保证作业的质量与速度。

②维修施工单必须保证与车辆在一起。

③禁止在客户车内吃东西、喝水、吸烟，禁止接触、乱动与操作项目无关的地方。

④在各工位的操作过程中，必须使用保护装置。

⑤操作过程中一旦护车套件发生破损，必须及时更换。

⑥各操作步骤必须按照维修手册进行。

⑦更换下来的索赔旧件在该工位作业完成后应及时交给索赔员，由索赔员进行统一管理。

⑧对于客户已经声明不要的非索赔旧件，在更换下来后应按旧件管理规定进行处理。否则，应在包装后放在车辆后备箱内交还客户，如果无法放入后备厢，应妥善保存以便交给客户。

⑨车间主管依据维修施工单内容，按照工种、工作难度进行派工，如果是预约过的客户必须直接交给已经确定的班组。

⑩对于返修车辆，车间主管应参考上次的维修记录，如果是由于技术水平原因造成的，则将工作安排给技术更高的班组。

⑪各工位班组长在接车时，应先对照维修施工单简单检查车辆外观、内饰有无损坏。

⑫所有物品的领用以委托单为依据，如配件、专用工具、电脑解码仪等。

⑬进行作业时如遇到难以解决的问题，应向技术总监或检验员求助。如果仍然解决不了，必须与品牌车辆售后服务部取得联系。

⑭工位作业完成，应先进行自我质量检验，即"工位自检"。

● 检查作业项目有无漏项。

- 掌握橡胶件、易损件的磨损情况，并做好记录。
- 查看工具、资料有无遗失。
- 检查车上的收录机等电器设备是否复原为接车时的状况。
- 将换下的旧件包装好以便交给索赔员或业务接待，并在交车时交给客户。
- 班组长在维修施工单上记录下作业内容、完工时间及对车辆使用方面的意见并签名。

⑮某工位完成作业或维修进度发生变化时，需及时通知业务接待，以便业务接待更新车间进度看板或车间进度表，并向客户说明。

⑯在车辆转至下一工序进行交接时，由各班组长进行"工序互检"。

⑰在操作过程中，当出现维修施工单上没有涉及的项目时，必须及时通知业务接待。业务接待确认了维修时间、配件及费用的情况后在委托单上记录，并向客户进行说明。客户同意，进行追加操作；客户不同意，维持原维修施工单内容。无论客户是否同意，均需客户在发现的新项目、处理意见等后面签字（可在说明时或客户提车时签字）。

⑱对于一般小修及保养，尽量保证在车辆进入车间后 2 小时内交车。

3．维修作业的流程

维修作业的流程如图 11-13 所示。

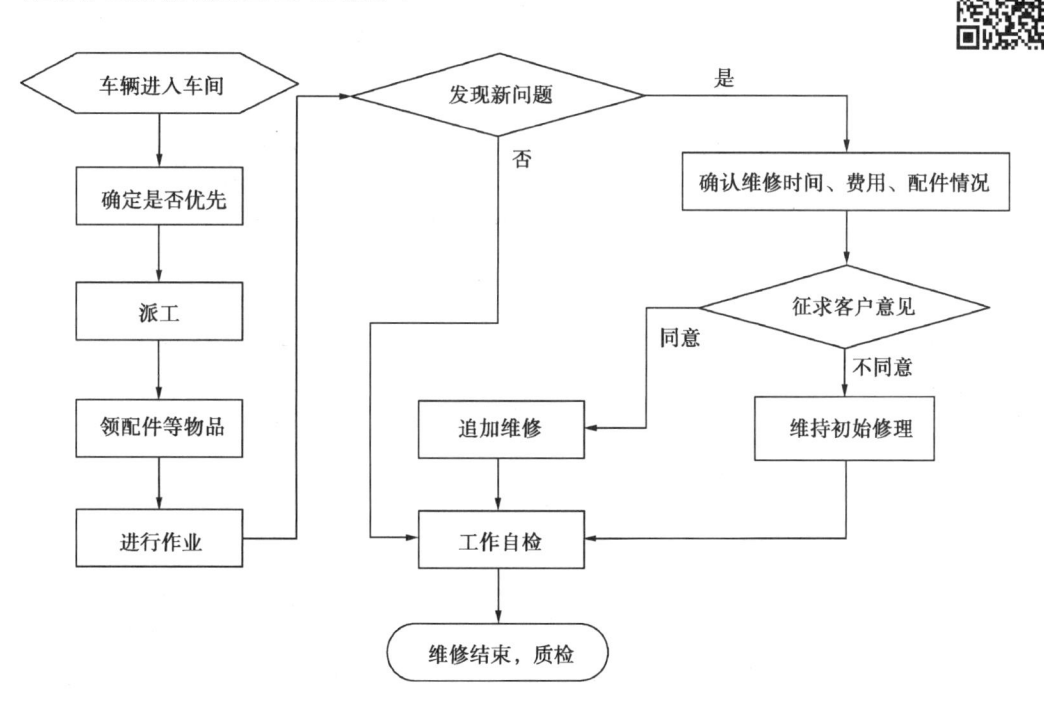

图 11-13　维修作业流程

4．工作进度监督

业务接待的主要职责之一是要准确掌握维修作业状态，对维修进度进行监控，以保证维修作业能按时完成，如图 11-14 所示。要完成好维修进度监控，主要从三个方面来着手。

（1）要掌握和熟悉各类维修作业的工作流程。

1）日常保养维修作业的跟踪。

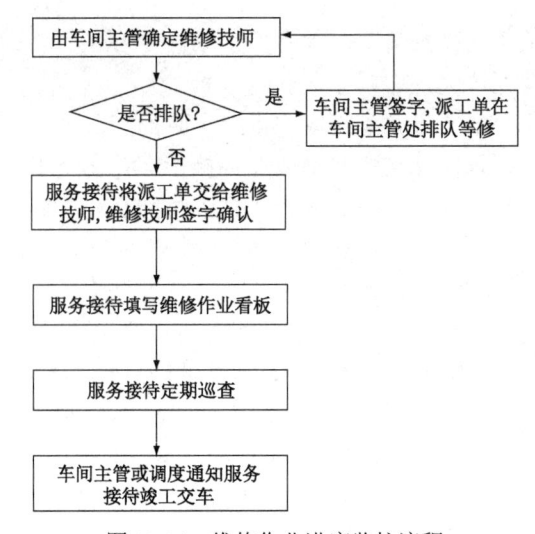

图 11-14 维修作业进度监控流程

日常保养维修作业流程如图 11-15 所示。跟踪作业时要注意三个时间段：

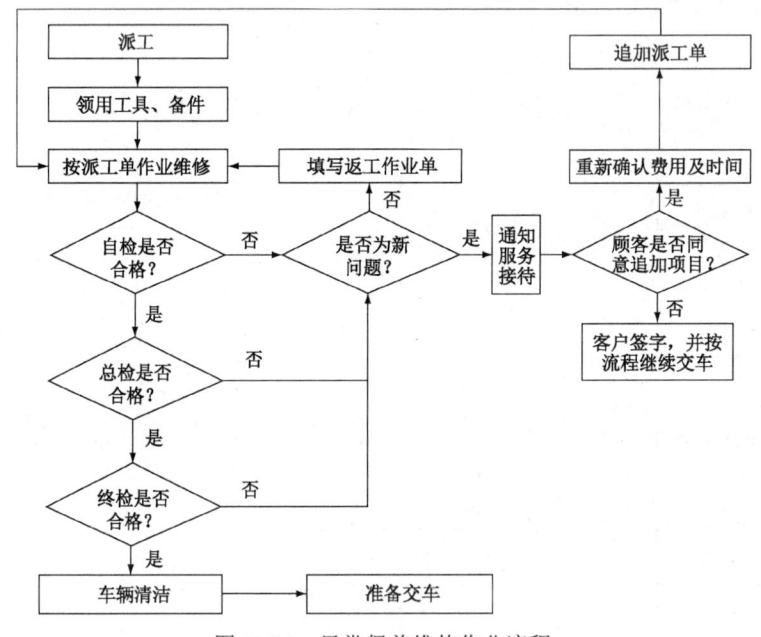

图 11-15 日常保养维修作业流程

①开工半小时左右服务接待要注意检查进度，因为维修技师检查出新的问题，或者备件供应出现意外均在这一时段。

②预计时间过半时，要确认维修是否进入自检环节，观察并询问维修技师是否有意外情况发生。因为这一时段就能大概判断出是否能够按时交车。

③接近预计时间要进行跟踪，因为此时多数车辆已进入竣工检验期，服务接待此时进行跟踪，有利于服务接待在接下来的交车环节占据主动地位。

2）事故车维修作业的跟踪。

事故车维修作业流程（如图 11-16 所示）的跟踪节点主要有：服务接待要与备件库沟通事故车的备件是否均已到位，关注维修过程进行到哪一阶段，钣金作业是否完成？是否开始进行复位？是否开始喷漆？每日不少于4次观察维修进度，并根据进度情况与维修技师沟通，了解可能的交工时间；完工后首先与保险公司确认作业完成，其次与交警部门联系该事故是否已经结案，最后在保险公司及交警部门确认后，方可通知客户作业完成。

3）故障车的跟踪。

故障车维修作业流程（如图11-17所示）的控制节点除去时间段外，需考虑备件保修期内索赔件的鉴定。业务接待对可能出现索赔的故障车要进行维修过程的监督，并要注意与索赔员沟通，了解索赔情况，并及时通知客户。

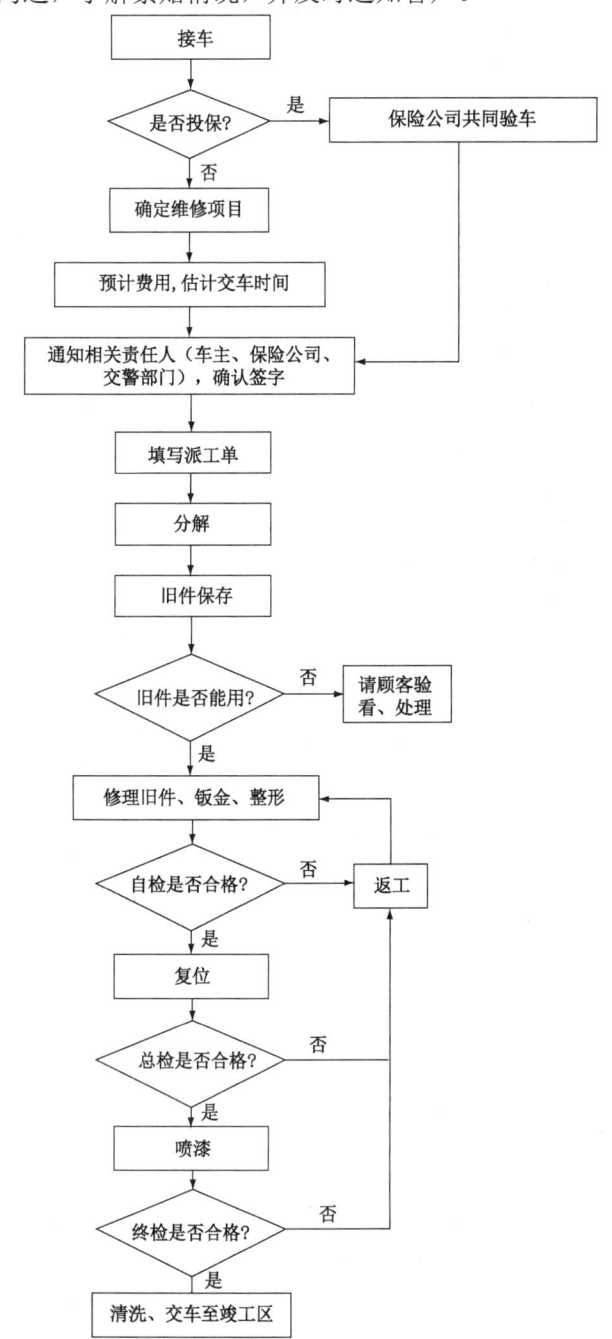

图 11-16　事故车维修作业流程

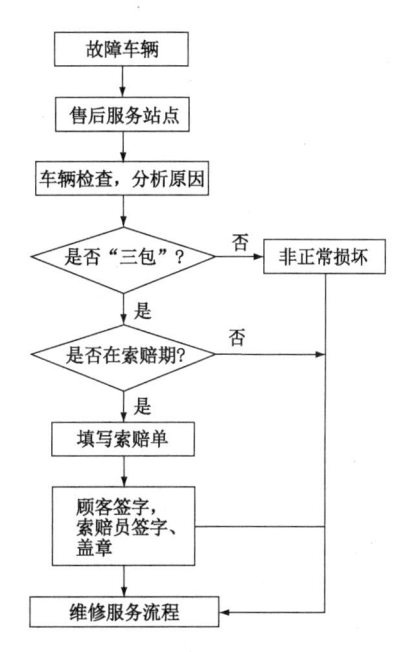

图 11-17　故障车维修作业流程

4）紧急救援维修服务的跟踪。

紧急救援维修服务流程（如图 11-18 所示）的控制节点在抢修作业的前期安排上，能否按照与客户约定的时间到达是服务的关键所在。

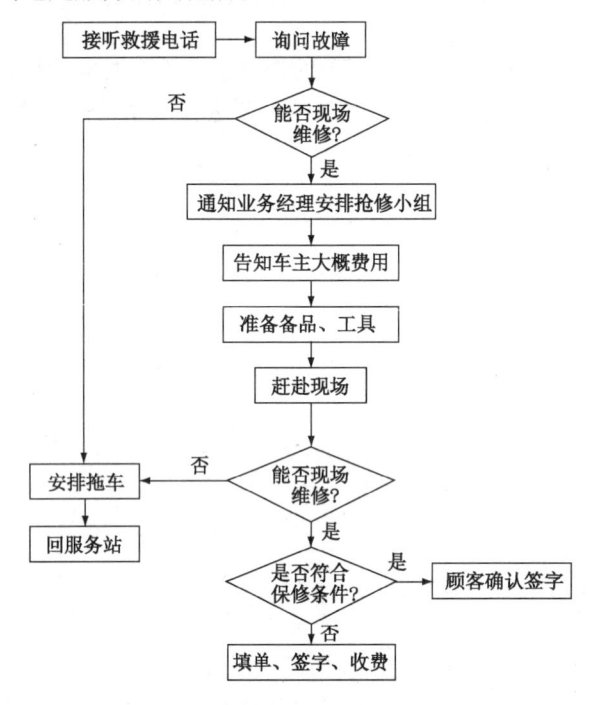

图 11-18　紧急救援维修服务流程

（2）有效利用维修作业管理看板。

维修作业管理看板是企业现场管理的重要手段之一。多数采取现代化管理方式的维修服务企业都设有维修作业管理看板（如表 11-9 所示）。车间主管、维修技师、业务接待通过作业管理看板实现了可视化沟通，从而为减少可能出现的生产组织混乱提供了有效的解决方式。

表 11-9　维修作业管理看板

序号	维修技师	派工单编号	接车时间	车牌号	维修状态	预计交车时间	业务接待	备注

①业务接待在将车间派工单交给车间主管指定的维修小组后，随即将相关信息登记到维修作业看板上。

②维修作业管理看板由业务接待填写，有条件的企业可以采用电子显示屏。

③维修作业看板的作用在于实时管理，因此，如果作业有变化，一定要及时予以更新。

④同一组跟进作业的时间衔接安排上要留有 15 分钟左右，以避免意外情况的发生。

⑤每位维修技师可安排一位排队待修的客户，如果有更多的客户需要排队，则要等到在修作业完成后方可填写到作业看板上。

⑥如果日维修台次达到 40 台左右，则企业需要设置专门的调度员进行作业安排和引导，并协助业务接待填写维修管理看板。

（3）定时巡查，及时与车间沟通。

业务接待通过巡查的方式，了解维修进度，并主动与车间主管、维修技师和索赔员进行沟通。

1）定时巡查。

通常维修接待每隔一小时到车间巡查一次,例如：上汽荣威汽车的"一小时进度跟进汇报"。巡查的主要目的是：

①业务接待要到工位上去了解所派业务车辆维修进度如何。

②业务接待要与维修技师沟通，了解故障排除情况以及有没有增加的服务项目。

③要与车间主管沟通，了解排队客户的派工情况，是不是还可以承受加进来的维修任务等。

④业务接待要及时将客户增加的服务项目告知维修技师，以免发生服务漏项。

⑤业务接待在巡查过程中发现维修技师有不符合要求的维修操作方式，要及时反馈给车间主管，以免发生意外。

⑥如果客户的故障车辆在保修期内，业务接待还需与索赔员进行沟通，了解客户车辆的索赔情况。

2）业务接待必须巡查的两个阶段。

如果业务接待工作较为繁忙，那么最少在下面的两个时段必须到车间巡查：

①业务接待在上午 11 点左右必须到车间巡查。上午 11 点的时候车辆维修情况比较明朗，早上进来维修的车辆，有些基本上已经修好了，有些可能是在等待零件，这时候零件到没到，情况也已经明朗了。所以 11 点进去的时候，基本上可以知道作业维修的情况。

在上午 11 点的时候进车间了解情况，还可使业务接待能够提前有所准备。比如，与客户约定下午 4 点取车，但是往往客户在中午 12 点吃饭的时间就会打电话来问车修得怎么样了。这时候如果没有事先准备的话，就只能对客户说请他等一下，这样就不能及时地给客户提供最新的信息。所以建议业务接待在 11 点的时候进车间看一看，这样 12 点或者下午 1 点客户打电话来问的时候，就可以马上回答他的问题，使客户觉得你非常关心他的车。

②业务接待在下午两三点必须到车间巡查。到了这段时间必须进车间看的原因是，很多工作都应该完成了，这时候再跟车间沟通，就可以知道是不是能够正点交车。如果不能正点交车或者出现意外情况，也可以在这个时候及时通知客户。如果通知客户太迟，比如客户来取车时才告诉他今天不能拿车，这时客户就会很生气，从而严重影响服务的客户满意度。

5．增项处理

对于正常的维修作业来说，由于维修预检的不确定性，产生增项是很自然的事情。处理好增项服务是业务接待为客户提供优质服务过程中必不可少的环节之一。

所谓增项服务作业是指在业务接待制单完成后，针对客户需求追加的服务作业或者经维修技师检查又发现新的问题，再增加的维修项目。增项服务的作业流程如图 11-19 所示。

（1）维修过程控制。

在维修服务过程中，业务接待要随时查看维修进度，了解客户需求，以便为客户提供相应的服务。

（2）服务增项。

客户等待期间，如果维修技师发现有新增的维修项目，或者客户在等待过程中有了新的需求或变化,相关人员要及时告知业务接待。

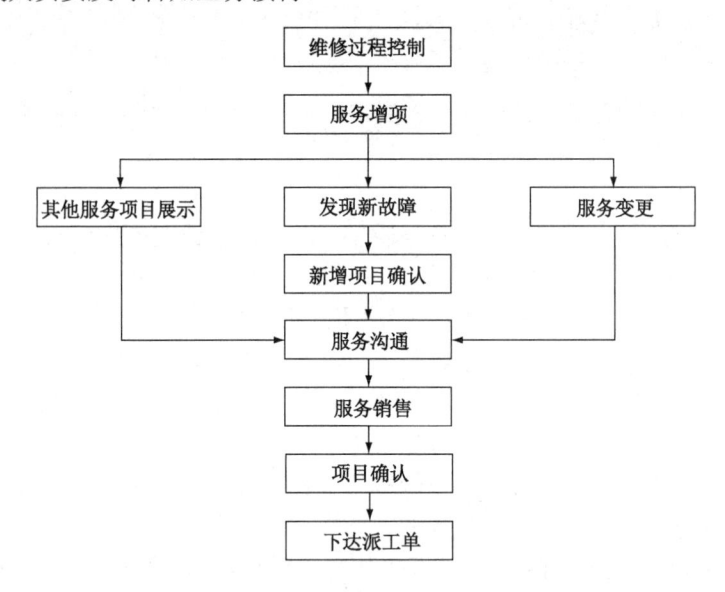

图 11-19 增项服务的作业流程

(3) 新增项目确认。

业务接待要对新增的维修服务项目或关联服务进行核实,如备件是否有货,维修时间是否变更,新增的项目是否必需,新增的维修费用有多少,关联服务是否能够准确提供,等等,只有经过相关问题的确认后,业务接待方可与客户沟通。

(4) 服务沟通。

业务接待要通过恰当的沟通技巧,将需要与客户沟通的信息传递给客户。

(5) 服务销售。

业务接待在服务沟通过程中,要准确把握客户的需求心理,告之推荐服务的必要性,以及将要增加的项目维修费用是多少,从而为实现销售奠定基础。

(6) 项目确认。

无论是哪一类维修项目,业务接待只能向客户推荐,而决定权在客户,服务项目只有通过客户的确认并签字后方可进行。

(7) 下达派工单。

当客户进行维修确认后,业务接待方可向相关服务提供部门下达派工单。

11.5 竣工检验

1. 竣工检验的内容

维修作业结束后,首先进行维修竣工检验,竣工检验合格后再进行一系列交车前的准备工作。这些准备工作包括车辆清洁、整理旧件、完工审查和通知客户取车等。

(1) 质量检查。质量检查有助于发现维修过程中的失误和验证维修的效果。质量检查也可对维修人员的考核提供基础依据。质量检查是维修服务流程中的关键环节。在维修服务流程中,实行过程检验,必须落实"三检"制度。

维修人员将车辆维修完毕后,需由质检员进行检验并填写质量检查记录。如果涉及转向系统、制动系统、传动系统、悬挂系统等行车安全的维修项目和异响类的专项维修项目，必须交由试车员进行试车并填写试车记录。车辆在维修作业完成后，必须经过质量检验员的检验合格后，才可真正称为竣工，这种检验又称为竣工检验。竣工检验不合格的车辆不得出厂，否则出厂后因车辆技术状况引起的部分纠纷企业要承担相关责任。机动车维修经营者对机动车进行二级维护、总成修理、整车修理的，竣工质量检验必须由承担机动车维修竣工质量检验的机动车维修企业或机动车综合性能检测机构实施竣工检测。竣工质量检验合格后，维修质量检验人员方可签发《机动车维修竣工出厂合格证》；未签发机动车维修竣工出厂合格证的机动车，不得交付使用，车主可以拒绝交费或接车。机动车维修竣工出厂合格证由省级道路运输管理机构统一印制和编号，县级道路运输管理机构按照规定发放和管理。机动车维修竣工出厂合格证如图 11-20 和图 11-21 所示。

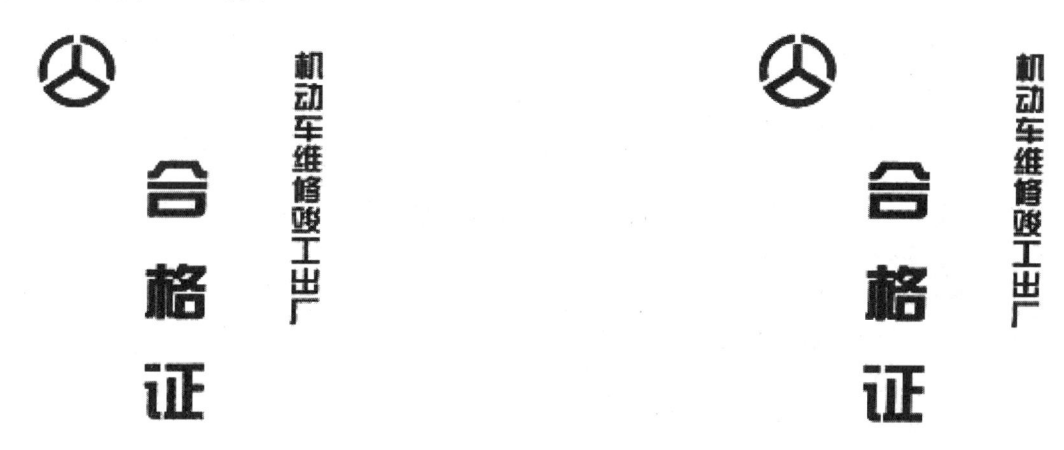

图 11-20　机动车维修竣工出厂合格证正面

根据《机动车维修管理规定》（2019 年 6 月 21 日起施行），机动车维修实行竣工出厂质量保证期制度：

汽车和危险货物运输车辆整车修理或总成修理质量保证期为车辆行驶 20 000km 或 100 日；

二级维护的质量保证期为车辆行驶 5 000km 或 30 日；

一级维护、小修及专项修理的质量保证期为车辆行驶 2 000km 或 10 日。

质量保证期中行驶里程和日期指标，以先达到者为准。机动车维修质量保证期，从维修竣工出厂之日起计算。企业承诺的质量保证期只能高于该规定期限和里程。

在质量保证期和承诺的质量保证期内，因维修质量原因造成机动车无法正常使用，且承修方在 3 日内不能或者无法提供因非维修原因而造成机动车无法使用的相关证据的，机动车维修经营者应当及时无偿返修，不得故意拖延或无理拒绝。在质量保证期内，机动车因同一故障或维修项目经两次修理仍不能正常使用的，机动车维修经营者应当负责联系其他机动车维修经营者，并承担相应修理费用。

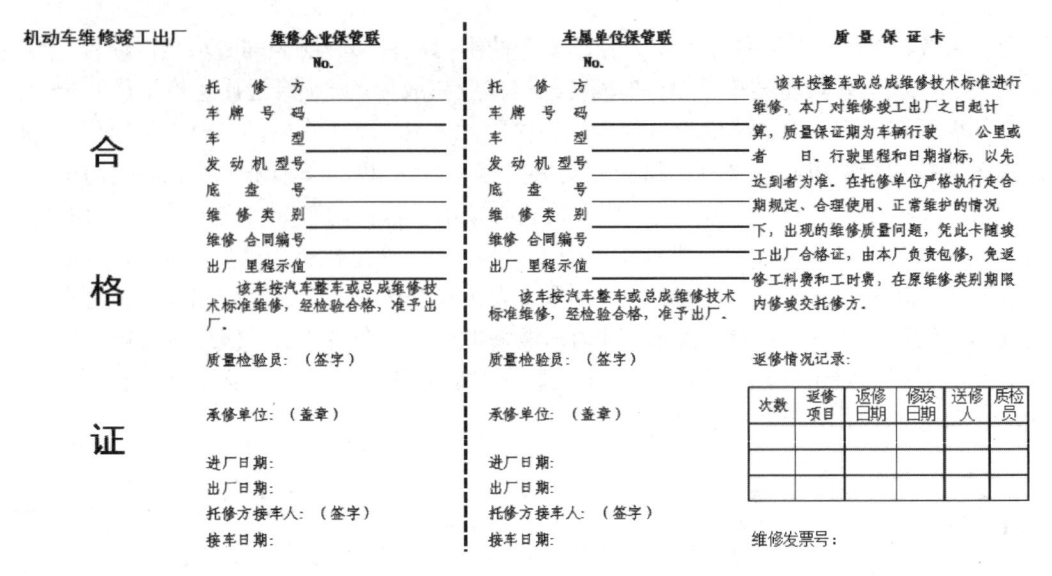

图 11-21　机动车维修竣工出厂合格证反面

（2）车辆清洁。客户的车辆维修完毕之后，应该进行必要的车内外清洁，以保证车辆交付给客户时维修完好、内外清洁、符合客户要求。

（3）整理旧件。如果委托书中显示客户需要将旧件带走，则维修人员应将旧件擦拭干净，包装好，放在车上或放在客户指定的位置，并通知业务接待。

（4）完工审查。承修车辆的所有维修项目结束并经过检验合格之后，业务接待进行完工审查。完工审查的主要工作是核对维修项目、工时费、配件材料数量，核查材料费是否与估算的相符，完工时间是否与预计的相符，故障是否完全排除，车辆是否清洁，旧件是否整理好。审查合格后通知客户交车。

2．竣工检验的实施规范

（1）所有维护或维修的车辆出厂时，都必须由总检验员进行总检（专职检验），检验合格后，车辆方可出厂。

（2）按照维修施工单中的项目逐项检查，确保所有项目均已进行。

（3）按照客户描述的情况进行检查，必要时进行路试，确保故障现象消除。

（4）依据维修施工单上关于车辆状况的记录，检查作业过程中外观、内饰、物品等有无损伤和遗失等。

（5）对于质检不合格车辆，在《返修车管理表》中进行记录。同时，专职检验员应在维修施工单上记录不合格情况，如可以当时采取措施纠正，则就地解决，解决后签名确认；否则签名后将维修施工单交与车间主管重新派工，计入内部返修车辆。

（6）对于由技术水平导致的内部返修车辆，车间主管应将工作安排给技术更高的班组进行。

（7）总检验员应将检验结果反馈给班组，以提高班组的技术水平，防止再次出现同样的问题。

（8）只有质检合格，总检验员在维修施工单上标注并签名后，车辆才可以驶出车间。

（9）返修车辆对客户满意度的负面影响非常大，因此经销商必须严格控制质检环节，一般将车辆返修率控制在 5% 以内。

3. 竣工检验的流程

竣工检验的流程如图 11-22 所示。

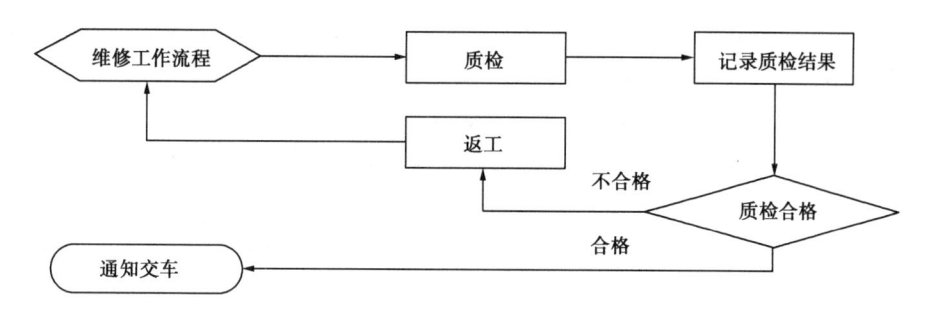

图 11-22　竣工检验的流程

11.6　结算/交车

1. 结算/交车的内容

结算/交车环节是服务流程中与客户接触的环节，由业务接待来完成或陪同完成。

客户到达交车工位后，不能让客户长时间地等待，应及时做好车辆维修项目的确认。在得到客户认可后，方能打印结算单。

结算单是客户结算修理费用的依据，结算单中包括以下内容：客户信息、客户车辆信息、维修企业信息、维修项目及费用信息、附加信息和客户签字等。客户信息包括客户名称和联系方式等；车辆信息包括牌照号、车型、底盘号、发动机号、上牌日期和行驶里程等；维修企业信息包括企业名称、地址、邮编、开户银行、账号、税号和电话等信息，以便客户联系；维修项目及费用信息包括进厂时间、结算时间、维修项目及工时费、使用配件材料的配件号、名称、数量、单价和总价等。客户签字意味着客户对维修项目及费用的认可。

结算单一般一式两联，客户将一联带走，另一联由维修企业的财务部门留存，如表 11-10 所示。财务人员负责办理收款、开发票、开出门证等手续。结算应该准确高效，避免耽搁客户过长的时间。

办理结算交车手续时应做好解释，即结算单内容解释和维修项目、维修过程解释，以尊重客户的知情权，消除客户的疑虑，让客户明白消费，提高客户满意度。

（1）结算单内容解释。业务接待应主动向客户解释清楚结算单上的有关内容，特别是维修项目工时费用和配件材料费用，让客户放心。如果实际费用与估算的费用有差异，需向客户解释说明原因，得到客户的认同。

交车是下次维修保养的开始，交付客户一辆洁净的车辆非常重要。尤其是一些细节，如烟灰盒里的烟灰必须倒掉，时钟要调正确，座椅位置调正确，汽车外观的保养占用的时间很少，却能得到事半功倍的效果。"额外的举手之劳"常常会在很大程度上增加客户的满意度。体现物超所值的服务，是交车工作必须重视的。

（2）维修项目与维修过程解释。如果是常规维护，业务接待应给客户一份维护记录单，告诉客户下次维护的时间或里程，以及需要更换的常规件和相应里程需作业的常规项目，同时在车辆维修手册上做好记录。如果是故障维修，业务接待应告诉客户故障原因、维修项目、维修过程和有关注意事项。

表 11-10　结算单

| 工号 No.: _____　客户: _____　车型: _____　车牌号: _____ |

维修类别	班组	工时费	材料费	管理费	税费（%）	总额

序号	材料名称	单位	数量	单价	金额	备注
1						
2						
3						
4						
5						
6						
7						
8						
9						
总额		万　千　百　拾　元				¥

日期: _____　制表: _____　财务: _____　复核: _____

在完成车辆离开的相关手续后，业务接待应亲自将客户送出门外，并提醒客户下次维护的时间和车辆下次应该修理的内容。

2. 结算/交车的实施规范

（1）车间对通过质检的车辆进行外部清洗、内部吸尘，清洁过的车辆必须比送来时更干净。清洁时必须注意保护漆面，车门玻璃上的水尽量擦干。

（2）车辆清洗完毕后，车间将车辆开至竣工车停车位上，通知业务接待验车。必须注意车辆应停放整齐，并保证车头面对通道或大门口，便于客户将车辆驶出。

（3）业务接待在验车时，将座椅、反光镜、后视镜等的位置及角度调回客户进厂时的状态。

（4）交车准备工作包括进厂项目是否全部完成、车辆外观是否有损伤、车内物品是否有遗失等内容。

（5）交车准备工作完成后，业务接待与客户取得联系，确定客户方便的提车时间。

（6）如果客户无法及时来经销商处提车，在条件允许的情况下，业务接待应为客户送车。送车前先准备好结算单，并通过电话向客户解释作业项目及发生费用，最后在送车时陪同客户验车并进行结算工作。

（7）陪同客户验车时，业务接待应携带一条白毛巾及维修工单陪同客户一起验车，对没有安置护车套件且维修人员可能接触到的位置进行擦拭，并当着客户的面将护车套件取下。

（8）验车时如果需要进行旧件交接，业务接待应告诉客户更换下来的旧件放置的位置，并请客户当面核对。

（9）若客户需要试车，业务接待应坐在副驾驶的座位上（此时副驾驶的座椅套和脚垫不能取下）陪同试车，试车完毕下车后将接触过的地方用白毛巾进行擦拭。

（10）业务接待需针对客户进厂时描述的情况将结算单中所涉及的作业项目和发生的费用向客户进行解释。如果有新增项目，也要向客户再次解释。

（11）客户对于维修项目与维修费用无异议，则请客户在结算单上签字确认，并由业务接待陪同客户到财务部进行付款。

（12）结算完毕，业务接待将车钥匙、行驶证、出厂凭证、保养提示卡等准备好，交还给客户。

（13）将车钥匙等物品交给客户时，业务接待应与客户约定回访时间，并向客户确认保养提示卡中注明的下次保养时间。如果向顾客提示当前的服务项目、新推出的项目和下次保养日期，一定会被很多客户欣赏接受，这是超值服务的一个体现。

（14）向客户提出关怀性的建议。

例如，节油建议，您后备厢内装了两箱矿泉水，额外的重量会使燃油消耗增加，若减少这些重量，估计百公里油耗会减少1升；轮胎气压不足会增加燃油消耗，因此您应经常检查胎压。只有业务接待亲自将车辆交给客户，良好的服务才算画上了圆满的句号。同时，也将再次向客户明确维修企业的维修服务能力。

（15）业务接待应将准备好的《客户满意度调查表》提请客户填写，为本次得到的服务进行评价，如表11-11所示。

表11-11 客户满意度调查表

(存档期：一年)

客户姓名		联系电话			交车日期	
车辆型号		车牌号			维修单号	
进厂事由	首保 □	日常保养 □		一般维修 □		钣金喷漆 □

您是如何知道这个地方的？（可多选）
A. 报纸 □　B. 杂志 □　C. 电视 □　D. 广播 □　E. 网络 □　F. 灯箱 □
G. 朋友推荐 □　H. 其他方式：

请您对下面16个问题进行打分，只需在相应的分数上圈出即可，如果该内容没有涉及，请圈"无"

1. 如果您进行了预约，为您安排的预约时间	10	9	8	7	6	5	4	3	2	1	无
2. 接待时，服务顾问对故障的诊断能力	10	9	8	7	6	5	4	3	2	1	无
3. 打印委托单前，服务顾问对预计维修时间及费用的说明	10	9	8	7	6	5	4	3	2	1	无
4. 服务顾问在接待时的工作效率	10	9	8	7	6	5	4	3	2	1	无
5. 发现新问题时，服务顾问与您及时沟通并征得您的同意	10	9	8	7	6	5	4	3	2	1	无
6. 维修过程中对车辆的爱护	10	9	8	7	6	5	4	3	2	1	无
7. 维修质量	10	9	8	7	6	5	4	3	2	1	无
8. 车间人员的工作效率	10	9	8	7	6	5	4	3	2	1	无
9. 交车时车辆的清洁状况	10	9	8	7	6	5	4	3	2	1	无
10. 交车时服务顾问对进行项目及发生费用的解释	10	9	8	7	6	5	4	3	2	1	无
11. 费用的合理性	10	9	8	7	6	5	4	3	2	1	无
12. 服务顾问在交车时的工作效率	10	9	8	7	6	5	4	3	2	1	无
13. 在经销商处停留期间，您对工作人员衣着仪表的满意度	10	9	8	7	6	5	4	3	2	1	无
14. 在经销商处停留期间，您对工作人员工作态度的满意度	10	9	8	7	6	5	4	3	2	1	无
15. 在经销商处停留期间，环境设施带给您的舒适程度	10	9	8	7	6	5	4	3	2	1	无
16. 对于本次服务，您的整体满意度	10	9	8	7	6	5	4	3	2	1	无

续表

您对我们有什么意见与建议，欢迎您提出，谢谢！
客户签名：
经销商处理意见：
服务经理签名：

（16）业务接待需将客户送至车旁，为客户打开车门，并主动帮客户将保养提示卡置于不妨碍客户驾车且醒目的地方。

（17）与客户道别并感谢客户惠顾之后，业务接待应目送客户车辆离开，直到客户车辆顺利驶出大门后再回到接待区（接待室）。

（18）客户离开后，业务接待应在《客户档案》中进行备案。

（19）从通知客户交车到物品交接完毕，应尽量控制在 5 分钟以内。

3．结算/交车的工作流程

结算/交车的工作流程如图 11-23 所示。

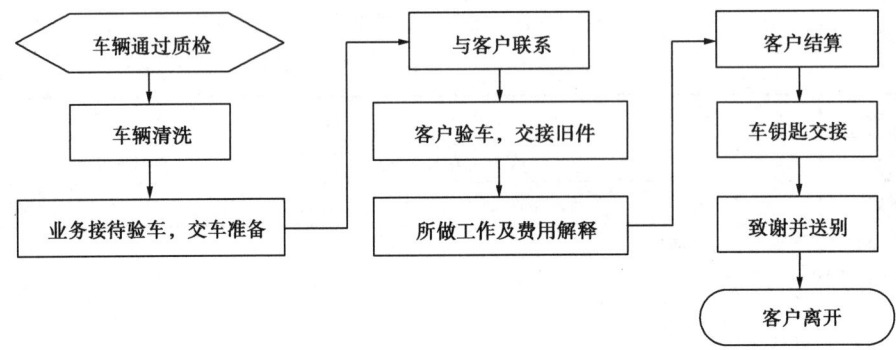

图 11-23　结算/交车的工作流程

11.7　跟踪回访服务

跟踪回访服务是经销商商业活动中最有效的促销手段之一，是服务质量承诺的有机组成部分。

1．跟踪回访服务的目的

完成交车作业、送客户离店并不代表服务的结束：

（1）汽车维护服务属于频次消费，一次维修的结束并不代表服务的终止。客服人员通过回访，请客户评价企业的服务情况，表达企业对车主的关心，从而加强客户对企业的印象。

（2）企业可以通过回访，及时发现服务过程中存在的不足，及时沟通客户不满意之处，消除分歧，避免客户将其不满传播或不再惠顾，提升客户对企业服务的满意度。

（3）企业通过回访，解答客户在车辆使用过程中的疑难问题，从而使企业的服务具有主动性，有利于企业培养稳定的忠诚客户群。

（4）企业通过回访，可以发现新的服务机会，进行新的服务预约，完成企业的闭环服务作业。

2．跟踪回访服务的内容

当客户修车离店后，维修企业一般应在 3 日之内完成跟踪回访（荣威 ei6 插电式混合动力汽车要求 24 小时内完成回访）。跟踪回访是维修服务流程中的最后一道环节，属于与客户的接触沟通和交流环节，一般由客服人员通过电话回访的方式进行。

客服人员严格按照电话礼仪的要求，正确问候及称呼对方，询问对方是否有时间接受回访，语言表达要清楚明了，并告知回访所需的大致时间。主要回访任务有：

（1）投诉事件处置。

①将客户投诉处理单登记编号后，当天提交经销商售后经理或总经理。

②重大投诉事件第一时间通知总经理，由总经理召开会议，并由服务经理会同客户管理部门协作处置。重大事件通常包括：

- 涉及金额较大的投诉事件；
- 可能导致媒体报道或产生较大负面影响的事件。

③一般投诉由服务经理完成客户投诉处理单后，第二天交回客服人员；对需要返工维修的车辆由客服人员通知服务接待与客户联系，并填写返工通知单，由服务接待与客户进行优先预约，安排返工。

④客服人员在处置后 3 日内进行一次回访，记录回访内容，需要上传厂家的，整理后上传厂家。

（2）一般回访。

①预约客服人员将客户的预约信息进行记录，填写预约单，并通知服务接待接单。

②客服人员整理并修订客户资料，联系不上或资料发生变更的要及时告知服务接待。

（3）满意度调查。

①客服人员请客户对企业的服务进行评价，包括整体服务情况、维修保养情况、服务接待的服务水平、客休区服务、维修价格等问题，并注意做好记录。

②了解车辆使用情况，解答客户疑问，并善意引导客户。对不能解答的问题，要做好记录，并与客户约定反馈时间。如表 11-12 所示，为某品牌汽车的"完全满意回访单"。

表 11-12　完全满意回访单

序　号	提　　问	回　　答	
1	是否当面检查车辆	是	否
2	是否按约定时间交车		
3	是否通知交车延误		
4	所做工作与要求是否一致		
5	是否因什么原因没有支付费用		
6	是否预估了费用		
7	是否认可预估费用		
8	是否已解释工作内容		
9	是否希望得到解释工作		
10	是否提供车辆保养方面的建议		
11	是否因为同一问题进行返修过		
12	交车前车辆是否进行清洗		

(4) 投诉处理。

客服人员如果遇到客户投诉，首先要真诚地道歉，然后认真地将客户的投诉内容如实记录到投诉处理单上，并表示对客户的同情，告知客户会立即联系相关人员处理。

(5) 主动邀约。

①客服人员根据客户档案，对近期内需要保养的车主进行服务提醒，邀约客户来店保养。

②如果企业近期内有促销活动，客服人员可以根据客户档案对符合参加促销活动条件的车主进行主动邀约。

(6) 关爱问候。

客服人员根据客户档案，在节假日或对客户而言很重要的日期（如生日、结婚纪念日等），对客户进行关爱问候，以体现公司对客户的重视及关爱。

客服人员应做好回访记录，作为质量分析和客户满意度分析的依据，回访记录表如表11-13所示。回访中如果发现客户有强烈抱怨和不满，应耐心地向客户解释说明原因并及时向服务经理汇报，在1天内调查清楚情况，给客户一个合理的答复，以平息客户抱怨，使客户满意，不可漠然处之。

表 11-13 回访记录表

日期：＿＿＿＿＿＿＿ (保存期一年)

序号	客户姓名	车牌号	联系电话	维修单号	出厂时间	车辆使用情况	工作人员态度	工作人员效率	工作人员业务水平	满意度	意见与建议
1											
2											
3											
4											
5											
6											

3．跟踪回访服务的规范

(1) 跟踪回访可通过电话、信件或微信进行，一般通过电话进行。通过电话回访顾客对维修工作的满意程度，应在顾客取车之后1~3天内进行。电话回访形式是一种行之有效的跟踪服务手段。

(2) 电话必须在客户方便的时间拨打，电话用语参考《日常工作规范》。

(3) 如果电话回访无法联系到客户，应在第4天向客户发出信函进行回访。

(4) 了解客户对车辆的使用状况是否满意。

(5) 当客户不满意或出现投诉时，应将情况转交给服务主管，由服务主管分配给当时的业务接待处理，直至客户满意为止。

(6) 对于满意的客户，在通话结束前，应向客户发出下次保养的邀请，并在下次保养前进行提醒服务。

(7) 跟踪回访后，在《客户档案》中进行备案。

(8) 每日的回访任务结束后，将当日的回访记录交给服务经理，并及时将跟踪结果向维修经理汇报。维修经理与客户联系，属服务质量问题的要将车开回进行维修，属服务态度问题的要向客户表示歉意，直至客户满意。这样从客户招揽、预约开始到跟踪回访结束，形成一个闭环控制。

4．跟踪回访服务的流程

跟踪回访服务的流程如图 11-24 所示。

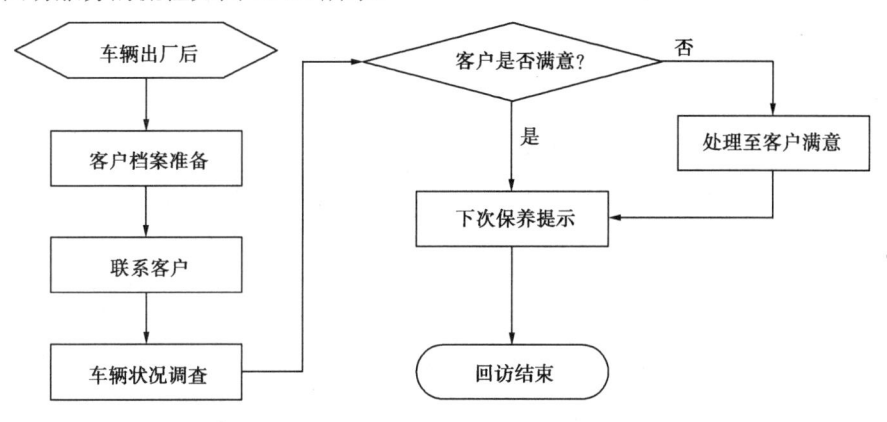

图 11-24　跟踪回访服务的流程

知识拓展

罗森塔尔效应（Robert Rosenthal Effect）

美国心理学家罗森塔尔等人于 1968 年做过一个著名实验。他们到一所小学，在一至六年级各选三个班的儿童进行煞有介事的"预测未来发展"的测验，然后实验者将认为有"优异发展可能"的学生名单通知教师。其实，这个名单并不是根据测验结果确定的，而是随机抽取的。它通过以"权威性的谎言"暗示教师，从而调动了教师对名单上的学生的某种期待心理。8 个月后，再次进行智能测验的结果发现，名单上的学生的成绩普遍提高，教师也给了他们良好的品行评语。这个实验取得了奇迹般的效果，人们把这种通过教师对学生心理的潜移默化的影响，从而使学生取得教师所期望的进步的现象，称为"罗森塔尔效应"。

管理启示

鼓励、重视、肯定员工的重要性。企业既是一个大家庭，又是生产经营单位。员工既是企业生产经营的主体和客体，又是企业利润的创造者和企业利润的获得者。归属感既是提升企业核心竞争力、激发员工工作热情、调动员工积极性、发挥员工创造性的内在动力，又是赢得企业利润的最大化，实现企业方针目标、促进企业又好又快发展的重要动力之一。员工对企业归属感的高低，直接关系到企业的生存发展和是否和谐稳定。

思考与练习

1．客户招揽的目的与方法是什么？
2．预约的分类是什么？提高企业客户预约率的方法是什么？
3．接待的流程是什么？接待实施的规范简介是什么？

4．维修作业的内容与流程是什么？

5．结算/交车的工作流程是什么？

6．跟踪回访服务的流程是什么？如何提高客户满意度？

7．汽车维修企业的核心流程是什么？建立维修企业的核心流程有什么作用？

能力训练

1．针对某汽车维修企业的维修服务流程存在的问题，设计一个改进方案。

2．模拟汽车维修业务接待的接待工作情景，请确定维修车辆的维修项目，并完成任务委托书。

3．模拟汽车维修业务接待的交车工作情景，请将维修完成的车辆交给车主。

4．针对某汽车维修企业，确定工单处理的流程的改进方案。

5．通过上网查找 J.D.Power 全球性的市场咨询公司的信息，了解它对于汽车售后服务满意度调研（Customer Satisfaction Index，CSI）的指标，找出提升汽车售后服务满意度的关键点。

6．品牌汽车经销店一般都存在售前神秘客户暗访和售后神秘客户暗访，或称"飞检考核"。通过神秘客户的体验，了解服务流程实施情况，提前发现问题和短板，为提升汽车 4S 店整体客户服务质量提供数据信息支持。下表为某品牌汽车的飞检考核表，为 SA 提升服务品质做参考：

××汽车飞检考核表

项目	检查对象		检查标准	检查方式	评估 合格	评估 不合格	需改进问题描述
			执 行 部 分				
电话预约	预约专员	1	预约专线保持畅通	抽查通话录音	Y		
		2	预约电话在三声内接起		Y		
		3	服务用语是否标准：您好！欢迎致电上海通用××××店客服中心…		Y		
		4	主动询问客户需求，并做提醒服务（如提醒客户带保养手册、预估费用等）		Y		
		5	核实客户信息和车辆信息		Y		
		6	业务熟练		Y		
		7	服务态度友好，电话结束时向客户道谢		Y		
		8	规范并完整填写《预约登记表》中每项内容	现场检查	Y		
		9	及时将《预约登记表》传递给服务经理安排准备工作		Y		
		10	及时填写预约欢迎板（要注意填写客户姓名）			N	
	服务顾问	1	根据预约信息，确定相应的维修技师，并准备相应的维修方案	现场检查	Y		
		2	根据制定的维修方案，确认备件		Y		
		3	提前 1 小时与客户做进厂确认，登记在《预约登记表》中		Y		
		4	对应预约信息和维修方案，提前制作《预约委托书》		Y		
		5	保证预约车主在服务过程中与常规车主有明显差异		Y		

续表

项目	检查对象		检 查 标 准	检查方式	评估		需改进问题描述
					合格	不合格	
迎接接待服务	引导员	1	引导台摆放在经销商入口明显位置	现场检查	Y		
		2	停车区线符合标准，有车位编号，设置限位横杆		Y		
		3	标准着装		Y		
		4	言行符合礼仪规范，使用标准问候语"您好，欢迎光临！"		Y		
		5	使用《当日预约登记表》		Y		
		6	引导客户停车、指示客户接待区位置		Y		
		7	通过对讲设备与服务顾问沟通，告诉服务顾问客户的车牌号码，服务顾问做好迎接准备			N	
	服务顾问	1	穿着统一的职业装及佩戴胸牌、领带，仪表整洁	现场检查	Y		
		2	保证接待台上摆放的常用工时费、备件价格、辅料价格手册外观整洁无破损		Y		
		3	主动出迎客户，或在距离客户3米远处起身欢迎并问候，引导入座		Y		
		4	服务顾问主动介绍自己的姓名，使用标准用语："我是服务顾问×××，请问我可以帮您做什么？"		Y		
		5	询问客户有无预约		Y		
		6	确认客户姓名、车辆信息、电话		Y		
		7	认真倾听客户需求		Y		
		8	根据车辆情况向客户推荐某一保养类型		Y		
维修方案及过程	服务顾问	1	当客户面安装四件套，进行环车检查或预检	现场检查及抽查记录性单据《接车单》《任务委托书》等	Y		
		2	检查车辆外观、里程、燃油量和客户陈述故障点，记录在《接车单》上		Y		
		3	对客户陈述和需求要详细记录		Y		
		4	为客户制定维修方案，告知客户某些需要拆解后才能确定的维修项目，使客户有足够的心理准备		Y		
		5	引导客户看《价格公示板》、备件质保规定看板和真假备件展柜		Y		
		6	向客户介绍原厂备件1年10万km质量担保规定		Y		
		7	向客户说明维修方案中备件、工时和总计费用，开立《任务委托书》		Y		
		8	向客户说明最终交车时间，记录在《任务委托书》上		Y		
		9	与客户确认旧件保留和结账方式，记录在《任务委托书》上		Y		
		10	请客户在认可的《任务委托书》上签字确认		Y		
		11	提醒贵重物品保管及免费洗车意愿		Y		
		12	服务顾问提醒或引导客户到客户休息室休息		Y		
		13	变更项目要征求客户意见，服务顾问重新向客户报价和约定交车时间，将信息记录在《任务委托书》上，并且由客户签字确认		Y		

续表

项目	检查对象		检查标准	检查方式	评估		需改进问题描述
					合格	不合格	
维修方案及过程	维修技师	1	维修技师完全了解工作内容和完工时间	现场检查及抽查记录性单据《接车单》《任务委托书》等	Y		
		2	维修技师正确使用车身护具保护车辆		Y		
		3	维修技师施工过程符合技术规范要求		Y		
		4	维修技师将对车辆的建议记录在《任务委托书》上		Y		
		5	维修技师按《任务委托书》上的要求处理旧件		Y		
		6	维修技师在完成的维修项目后做标记			N	
		7	维修技师应在约定交车时间15分钟前（包括洗车）完成车辆维修		Y		
		8	维修技师自检后在《任务委托书》上签字确认		Y		
		9	班组长核实技师工作，并在《任务委托书》上签字确认		Y		
	质检员	1	质量检验员终检车辆，并在《任务委托书》上签字确认		Y		
		2	车辆经过清洗，车身外部无污渍、无水印		Y		
		3	车窗、玻璃、灯罩干净透明		Y		
		4	内饰、仪表台、座椅、地板及烟灰缸干净无尘土		Y		
		5	轮胎、轮辋清洁干净			N	
客休室	客休室管理员	1	客休室管理员主动笑迎客户		Y		
		2	言行符合礼仪规范，使用标准问候语"您好，欢迎光临！"		Y		
		3	主动介绍休息室内免费服务项目及询问客户需求引导客户落座		Y		
		4	主动为客户提供免费饮料和糖果等		Y		
		5	及时添加茶水等饮品		Y		
		6	客户离开休息室时，礼貌和客户道别		Y		
交车验车	服务顾问	1	服务顾问检查竣工车辆，填写《质量标签》，并挂在车内后视镜上	现场检查	Y		
		2	服务顾问将维修技师对车辆的建议记录在系统中		Y		
		3	原接车服务顾问打印结算单，之后立刻通知客户提车		Y		
		4	在车旁当客户面取下四件套，适当解释车辆维修内容过程，强调准时完工		Y		
		5	强调对车辆的维修建议和注意事项，提醒客户阅读《质量标签》		Y		
		6	对照旧件解释结算清单明细，强调报价一致和优惠服务		Y		
		7	收银员面带微笑，起身招呼客户："您好！"		Y		
		8	服务顾问送客户到车旁，提醒下次保养时间和里程，推荐预约服务		Y		
		9	提醒客户在3日内，服务站客服中心将进行售后服务电话回访		Y		
		10	向客户递交名片，营销自己并告知客户救援热线		Y		
		11	和客户礼貌告别并且送客户离开		Y		

续表

项目	检查对象		检 查 标 准	检查方式	评估 合格	评估 不合格	需改进问题描述
跟踪回访	客服专员	1	3 天内对维修后的客户进行 100%回访	抽检 CRM 系统录音	Y		
		2	使用标准的回访问卷和用语		Y		
		3	使用系统的电话录音功能和《客户电话回访登记表》进行回访		Y		
		4	对客户的抱怨或投诉，填写《客户投诉处理跟踪表》	检查执行跟踪记录	Y		
		5	每周向服务部门提供《回访分析周报》，并抄送服务总监和总经理		Y		
		6	定期召开回访分析会，制定改进措施和具体实施流程		Y		
		7	对改进措施的执行情况进行跟踪		Y		
技术能力	技术经理	1	培训计划	检查记录	Y		
		2	培训记录		Y		
		3	培训效果考核记录		Y		
		4	技术小组周会记录及攻关故障案例		Y		
		5	返工记录		Y		
硬 件 部 分							
接待区		1	服务接待区域位置明显（有明显标记）		Y		
		2	服务接待区域干净、整齐		Y		
		3	服务品牌相关 DOS 有悬挂（展厅或车间，需注明）		Y		
		4	墙体挂板处于明显（指定）位置		Y		
		5	每位服务顾问有独立的开放式工作台		Y		
		6	在大厅内可以看到预约欢迎板		Y		
		7	服务接待区域布置能体现服务品牌核心理念		Y		
价格公开透明		1	（休息室、服务接待区）有备件、工时价格公示板	现场检查	Y		
		2	价格公示板字体清晰、一目了然		Y		
		3	接待台上摆放常用工时费、备件价格、辅料价格手册		Y		
		4	手册外观整洁无破损		Y		
		5	悬挂备件质量担保规定挂板		Y		
		6	有真、假备件展示柜台		Y		
休息区		1	客户休息区专人负责管理，服务人员主动为客户服务（端茶送水等）		Y		
		2	设施正常运转，卫生清洁		Y		
		3	有冷热调节的空调装置		Y		
		4	室内温度适宜		Y		
		5	室内空气清新		Y		
		6	有舒适、整洁的沙发、圆桌、椅子、茶几		Y		
		7	提供冷热水功能的饮水机，并免费提供饮品		Y		

续表

项目	检查对象		检查标准	检查方式	评估 合格	评估 不合格	需改进问题描述
休息区		8	有资料架,提供最新(不超过三个发行周期)的报纸、杂志	现场检查	Y		
		9	设服务吧台,提供小食品、饮料等		Y		
		10	设吸烟区,配有排风设施,及时清洁烟灰缸,每个烟灰缸内的烟头不得超过3个		Y		
		11	休息室内有能宽带或专线上网的台式计算机,至少2台			N	
		12	有笔记本电脑网线,网线处有清楚标识		Y		
		13	鲜花、绿色植被或观赏鱼具有可欣赏性		Y		
		14	灯光色调与区域相协调		Y		
		15	视听、音响设备具有一定先进性		Y		
		16	有专人对地面、便器、梳妆镜、洗手台清扫,确保无污垢、水汽、破损		Y		
		17	设清扫记录卡并按时登记		Y		
		18	卫生间设施正常运转,卫生清洁		Y		
		19	通风、除臭,摆放清香剂,通风扇保证运行正常		Y		
		20	具备干手器、卫生纸、洗手液等用品,用品短缺立即补齐		Y		
		21	洗手台摆放一束绿色植被或花束		Y		
		22	洗手间采用暖色照明,有足够照明,无照明设备损坏		Y		
		23	卫生间墙壁布置宣传画等装饰品		Y		
		24	清扫工具定置摆放		Y		
		25	清扫时,应设立黄色警示牌,提醒注意			N	
救援服务		1	公布4008全国市话热线		Y		
		2	公布经销商救援热线		Y		
		3	对抛锚地点、客户联系电话、车上人员情况、车辆故障做详细了解和记录,并安抚客户		Y		
		4	分析故障原因,准备相应的工具、备件		Y		
		5	施救时使用警示灯和警示三角板确保安全		Y		
		6	客户救援成功后3天进行回访		Y		
		7	100公里半径范围内发生的抛锚在120分钟内提供救援,市区内发生的抛锚60分钟内提供救助		Y		
		8	规范填写《外出救援服务登记表》		Y		
		9	规范填写《外出救援回访记录表》(救援成功后3天进行回访)		Y		
备注:							
1. 每周抽检2次进行内部飞检评估(神秘客户由服务总监或总经理进行神秘选择,建议给予一定价值的酬谢)							
2. 针对不合格项制定整改方案并严格执行							
3. 所有查检表在相关人员签字后,必须在客户服务部存档							

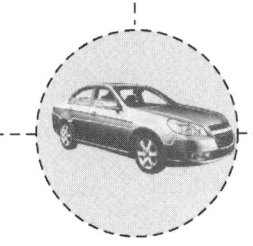

附录 A 汽车标准与规范

《缺陷汽车产品召回管理条例》（中华人民共和国国务院令第 626 号）
《家用汽车产品修理、更换、退货责任规定》（国家质量监督检验检疫总局令第 150 号）
《机动车强制报废标准规定》（商务部、发改委、公安部、环境保护部令 2012 年第 12 号）
《中华人民共和国消费者权益保护法》（2014 年 3 月 15 日，由全国人大修订的新版）
《汽车维修合同实施细则》（交通部、国家工商行政管理局）
《机动车运行安全技术条件》（GB 7258—2017）
《道路车辆 车辆识别代号（VIN）》（GB 16735—2016）
《道路车辆 世界制造厂识别代号（WMI）》（GB 16737—2004）
《质量管理 顾客满意 组织处理投诉指南》（GB/T 19012—2008）
《投诉处理指南》（GB/T 17242—1998）
《道路运输企业车辆技术管理规范》（JT/T 1045—2016）
《汽车维护、检测、诊断技术规范》（GB/T 18344—2016）
《家用汽车产品三包主要零件种类范围与三包凭证》（GB/T 29632—2013）
《家用汽车产品销售及售后服务规范》（DB65/T 3929—2016）
《汽车和挂车类型的术语和定义》（GB/T 3730.1—2001）
《汽车销售管理办法》（2017 年 2 月 20 日，商务部第 922 次部务会议审议通过）
《汽车品牌销售管理实施办法》（2017 年版）
《中国保险行业协会机动车辆商业保险示范条款》（2018 年版）
《机动车电子标识读写设备安装规范》（GB/T 35785—2017）
《机动车电子标识读写设备通用规范》（GB/T 35786—2017）
《机动车电子标识读写设备安全技术要求》（GB/T 35787—2017）
《机动车电子标识安全技术要求》（GB/T 35788—2017）
《机动车电子标识通用规范 第 1 部分：汽车》（GB/T 35789—2017）
《机动车电子标识安装规范 第 1 部分：汽车》（GB/T 35790—2017）
《机动车维修管理规定》（交通运输部令 2019 年第 20 号）
《道路运输车辆技术管理规定》（交通运输部令 2016 年第 1 号）

参 考 文 献

[1] 姚建盛，纪静波．汽车 4S 店经营管理．北京：中国石油大学出版社，2018．
[2] 鲁植雄．汽车服务工程（第 3 版）．北京：北京大学出版社，2017．
[3] 刘韵，李海燕．汽车服务顾问实战．上海：同济大学出版社，2014．
[4] 新知车业项目策划组．汽车 4S 店规范化管理全案．北京：化学工业出版社，2015．
[5] 金加龙．汽车底盘构造与维修（第 4 版）．北京：电子工业出版社，2016．
[6] 金加龙．机动车辆保险与理赔实务．北京：电子工业出版社，2012．
[7] 夏志华．汽车服务企业管理．北京：中国劳动社会保障出版社，2007．
[8] 许平．汽车服务企业管理基础．北京：电子工业出版社，2005．
[9] 才延伸．汽车行业客户关系管理．上海：同济大学出版社，2011．
[10] 庞远智．汽车维修企业管理．重庆：重庆大学出版社，2011．
[11] 丁卓．汽车售后服务管理．北京：机械工业出版社，2005．
[12] 北京市运输管理局．汽车维修企业管理制度编写指南．北京：北京理工大学出版社，2005．
[13] 谭德荣，董恩国．汽车服务工程．北京：北京理工大学出版社，2007．
[14] 程诚，庄继德，等．汽车服务系统工程．北京：人民交通出版社，2007．
[15] 林月明，郑志中．汽车售后服务实务一体化项目教程．上海：上海交通大学出版社，2012．
[16] http://www.toyota.com.cn
[17] https://www.ford.com.cn
[18] https://www.nissan.com.cn
[19] https://www.dongfeng-nissan.com.cn
[20] https://www.ftms.com.cn

反侵权盗版声明

电子工业出版社依法对本作品享有专有出版权。任何未经权利人书面许可，复制、销售或通过信息网络传播本作品的行为，歪曲、篡改、剽窃本作品的行为，均违反《中华人民共和国著作权法》，其行为人应承担相应的民事责任和行政责任，构成犯罪的，将被依法追究刑事责任。

为了维护市场秩序，保护权利人的合法权益，我社将依法查处和打击侵权盗版的单位和个人。欢迎社会各界人士积极举报侵权盗版行为，本社将奖励举报有功人员，并保证举报人的信息不被泄露。

举报电话：（010）88254396；（010）88258888
传　　真：（010）88254397
E-mail：　dbqq@phei.com.cn
通信地址：北京市海淀区万寿路 173 信箱
　　　　　电子工业出版社总编办公室
邮　　编：100036